Sciences sociales aux bords du récit

SCIENCES SOCIALES AUX BORDS DU RÉCIT

Sous la direction de
Marion Fontaine
Laurent Jeanpierre

ÉDITIONS DE L'ÉCOLE
DES HAUTES ÉTUDES
EN SCIENCES SOCIALES

Enquête • 16

ISSN 1629-7121

ISBN 978-2-7132-3401-9

L'anthropologie, la sociologie, l'histoire présentent une convergence épistémologique dont le statut est en débat. Entre leurs démarches, la collection « Enquête » souhaite privilégier la confrontation, en réfléchissant sur les partages disciplinaires, sur les procédures et les modes d'argumentation, ainsi que sur les différents fronts où se recomposent les objets du savoir et les modèles interprétatifs.

Maquette de la couverture : Michel Rohmer

Imprimé en France

Marion Fontaine, Laurent Jeanpierre

Les sciences sociales au(x) bord(s) du récit

Dans le premier volume d'*Enquête. Anthropologie, histoire, sociologie*, publié il y a trente ans, Jacques Revel s'interrogeait sur un « retour du récit » en histoire qu'il voyait s'affirmer depuis le début des années 1970[1]. Ce « retour » n'avait, à ses yeux, rien de nouveau ; il fallait le comprendre comme le dernier avatar d'un « éternel retour » ayant trouvé son élan initial au XIXe siècle, au moment où la pratique de l'histoire s'était peu à peu redéfinie en disqualifiant les prétentions à la connaissance de l'écriture littéraire, si bien que « faire de l'histoire » et « raconter une histoire » étaient devenues des opérations irréductibles l'une à l'autre et en partie détachées. Le doute envers les apports de savoir véhiculés en propre par l'écriture narrative n'avait fait par la suite, soulignait Revel, que se renforcer pendant une grande partie du XXe siècle, de François Simiand à Fernand Braudel en passant par Marc Bloch, le primat croissant des modèles nomologiques de scientificité paraissant incompatible avec la part jugée arbitraire et subjective du récit.

L'attention renouvelée au récit qui se manifestait dans la discipline historique à partir des années 1970 s'inscrivait dans un nouveau contexte national et international, marqué par l'importation d'éléments de « théorie française » aux États-Unis, la prépondérance des universités nord-américaine dans le champ académique, et la contre-attaque des disciplines des humanités contre l'ascension des sciences sociales durant la période antérieure[2]. Les questions de langage et d'écriture se mettaient alors à acquérir une nouvelle importance tout comme les *narrative studies* et la narratologie. Manifeste en histoire dans les débats liés au *linguistic turn* (le tournant linguistique), ce moment se caractérisait en outre par la remise en cause des autorités et des normes académiques et de certaines frontières

1. Jacques Revel, « Ressources narratives et connaissance historique », *Enquête*, n° 1, 1995, p. 43-70.
2. Sabina Loriga, Jacques Revel, *Une histoire inquiète. Les historiens et le tournant linguistique*, Paris, EHESS-Gallimard-Le Seuil, 2022.

In : Sciences sociales aux bords du récit, Paris, Éditions de l'EHESS, 2025

consolidées dans les décennies précédentes, par exemple entre histoire et fiction. De là, ses caractéristiques particulières et même cette ambivalence que soulignait Revel. D'un côté, dans les travaux de Paul Veyne par exemple[3], il s'agissait d'un mouvement critique des manières jugées alors hégémoniques de faire de l'histoire, et notamment de l'absolutisation de la démonstration et du modèle pouvant aller jusqu'à nier la part du récit. Poussé à son extrême dans certaines formulations, comme celles de l'historien étasunien Hayden White[4], ce parti pris pour le récit pouvait aller jusqu'à remettre en cause la frontière entre véridicité et fiction, semblant faire reculer ainsi l'ambition scientifique de l'histoire. Mais, d'un autre côté, l'intérêt pour le récit regroupait aussi un ensemble varié de propositions constructives qui lui accordaient des bénéfices cognitifs spécifiques, plus que de simples vertus littéraires ou rhétoriques, et n'en faisaient donc pas, par principe, un obstacle infranchissable à la quête de scientificité. Jacques Revel mentionnait à titre d'exemple les travaux créatifs de la microhistoire, à l'instar de ceux de Carlo Ginzburg[5], qui montraient que le choix d'une organisation narrative et d'un type d'intrigue n'allaient pas sans modèle d'intelligibilité, et que, sous certaines conditions, la mise en récit pouvait rester inséparable de l'élaboration critique d'une interprétation. Quelles que soient ses versions et ses formulations, ce moment de l'historiographie permettait de reconnaître que l'histoire ne saurait annuler ni effacer sa part narrative, autrement dit s'affranchir du récit et, avec lui, des problèmes qu'il pose[6].

Avant d'être publiée, l'intervention de Jacques Revel avait pris place dans un séminaire pluridisciplinaire intitulé « Le modèle et le récit » proposé de 1995 à 1999 par Claude Grignon et Maurice Aymard à la Maison des sciences de l'homme[7]. Venues de plusieurs disciplines – histoire, anthropologie, sociologie, économie, archéologie – les contributions qui en étaient issues rappelaient, qu'au-delà de leurs différences, chacun de ces savoirs se caractérise par des styles épistémiques et démonstratifs qui, selon les époques et les auteurs, vont de la construction de modèles aux pratiques du récit. La narration et la modélisation ne pouvaient pas être comprises comme de simples modes d'expression des connaissances mais devaient être entendues comme des manières distinctes de

3. Paul Veyne, *Comment on écrit l'histoire. Essai d'épistémologie*, Paris, Seuil, 1971.

4. Hayden White, *Metahistory: The historical imagination in nineteenth century Europe*, Baltimore, The Johns Hopkins University Press, 1973.

5. Jacques Revel cite à l'appui par exemple le fameux ouvrage de Carlo Ginzburg, *Le fromage et les vers*, Paris, Aubier, 1983 (éd. originale italienne, 1976).

6. Pour une conclusion contemporaine et semblable, voir Roger Chartier, *Au bord de la falaise*, Paris, Albin Michel, 1998. Pour une analyse littéraire des écritures historiennes contemporaines dans le domaine français, voir Philippe Carrard, *Le passé mis en texte. Poétique de l'historiographie contemporaine*, Paris, Armand Colin, 2013.

7. Jean-Yves Grenier, Claude Grignon et Pierre-Michel Menger (dir.), *Le modèle et le récit*, Paris, Éditions de la Maison des sciences de l'homme, 2001, p. 4, note 2.

produire des savoirs[8]. L'examen attentif de chaque discipline donnait même à voir une réalité cognitive où modèles et récits, plutôt que de s'opposer comme deux polarités inconciliables de toute science sociale, apparaissaient toujours hybridés en proportions variables.

Près de trente ans après ces réflexions, qu'y a-t-il de changé ? Certains ont affirmé que les récits seraient devenus des armes de la communication politique et des pièces centrales dans la fabrique des représentations et des identités collectives[9]. Et qu'il pourrait dès lors revenir à la littérature, aux arts et, peut-être, aux sciences humaines et sociales, de construire des contre-narrations qui déjoueraient les nouveaux grands récits dominants, intéressés et parfois mensongers[10]. Le « retour du récit » n'a pas cessé de faire retour en sciences sociales : les vertus épistémiques et surtout esthétiques de la narration ont à nouveau été louées ces dernières années. Dans le cas francophone, sans doute le plus maîtrisable et le plus immédiatement connu par le lecteur, manifestes, articles et ouvrages se sont multipliés invitant les sciences sociales, l'histoire mais aussi la sociologie ou encore l'anthropologie, à pratiquer la narration voire à imiter la littérature romanesque, à s'inspirer de ses techniques, à mêler écritures scientifique et littéraire[11]. Le récit n'est donc plus seulement un domaine d'enquêtes à part entière : c'est désormais un point de vue projeté sur l'écriture des sciences sociales elles-mêmes[12]. La littérature, les récits qui la traversent, sont devenus un modèle à imiter au moins autant qu'une ressource cognitive ou qu'un objet à étudier[13].

L'expression, par une partie des sciences sociales, d'une conscience plus élevée de leur part narrative s'est par ailleurs accompagnée d'une attraction croissante de certains écrivains pour les sciences historiques et sociales. Dans le domaine français,

8. *Ibid.*, p. 12.

9. Christian Salmon, *Storytelling. La machine à fabriquer des histoires et à formater les esprits*, Paris, La Découverte, 2007.

10. Yves Citton, *Mythocratie.* Storytelling *et imaginaire de gauche*, Paris, Amsterdam, 2010.

11. Voir par exemple, Ivan Jablonka, *L'histoire est une littérature contemporaine. Manifeste pour les sciences sociales,* Paris, Seuil, 2014 ; Numa Murard, « Présentation. Déplacer les points de vue », *Sociologie et société,* vol. XLVIII, n° 2, automne 2016, p. 5-19. On peut mentionner aussi des collectifs interdisciplinaires de recherche comme « La fabrique des écritures ethnographiques » [https://lafabriquedesecritures.fr/about/] dont la présentation ne fait aucun mystère : « La Fabrique est un lieu de création dédié aux écritures sensorielles en sciences sociales. Anthropologues, sociologues, historiens, et linguistes sont engagés dans la réalisation de documentaires filmiques ou sonores, de parcours muséaux, de livres comme des portfolios, des romans graphiques ou des bandes dessinées. Ils attachent une attention toute particulière à la description et la mise en récit de leur travail d'enquête sur le terrain ou en archives. »

12. Martin Kreiswirth, « Trusting the Tale : The Narrativist Turn in the Human Sciences », *New Literary History*, vol. 23, n° 3, 1992, p. 629-657, ici p. 634-635.

13. Anaïs Fléchet et Élie Haddad. « Introduction. Écriture de l'histoire et récit littéraire : actualités d'un débat », *Revue d'histoire moderne & contemporaine*, vol. 65, n° 2, 2018, p. 7-20. Voir en outre Étienne Anheim et Antoine Lilti (dir.), « Savoirs de la littérature », *Annales,* vol. 65, n° 2, 2010. Voir également d'autres numéros antérieurs des *Annales* : « Pratiques d'écriture », vol. 56, n° 4-5, 2001 ; « Littérature et histoire » avec une présentation liminaire par Christian Jouhaud, vol. 49, n° 2, 1994.

songeons, selon des protocoles pourtant bien différents – certains relevant de l'écriture du réel[14], d'autres de l'écriture de soi[15] – aux œuvres d'Éric Vuillard, Annie Ernaux, Didier Eribon, Édouard Louis, Emmanuel Carrère ou Aurélien Bellanger et à de nombreuses autres[16]. Ils et elles revendiquent la part de la recherche documentaire dans l'écriture romanesque et affirment leur volonté d'atteindre, à travers elle, une certaine vérité historique ou sociologique; certains mettent en avant les enjeux de connaissance du monde social que peuvent porter la biographie et l'écriture de soi; tous et toutes questionnent en général les frontières entre récit fictionnel et appréhension scientifique du réel.

Au-delà de ces cas connus, et qui sont loin de se cantonner à l'espace francophone[17], se développent ou se re-déploient des formes singulières de littérature, comme les « narrations documentaires » – relation de voyage, enquête, essai politique, récit biographique ou autobiographique – qui se veulent à distance du journalisme, des sciences sociales et du roman réaliste tout en empruntant à ces manières d'enquêter et d'écrire[18]. Ici encore, cette tradition n'est pas neuve: elle trouve certains de ses antécédents chez George Orwell ou Walker Evans en passant par le journalisme littéraire anglophone.

Un même accent narratif se retrouve aussi dans des formats éditoriaux et culturels en vogue – séries audiovisuelles[19], journalisme narratif (*narrative non fiction*)[20],

14. Il y a aussi le mouvement inverse d'une tentative d'enregistrement du réel en s'éloignant du récit mais en se rapprochant du montage, comme celui qui est pratiqué parfois dans les installations d'art contemporain. Voir Marie-Jeanne Zenetti, *Factographies. L'enregistrement littéraire à l'époque contemporaine*, Paris, Garnier, 2014.
15. C'est-à-dire la mise en récit de sa vie par l'auteur lui-même, de façon chronologique ou ciblée. Les formes de « l'écriture de soi » ne sont bien sûr elles non plus pas neuves et ont été largement étudiées dans l'historiographie, que ce soit par le biais des enquêtes sur l'écriture du for intérieur, ou par des travaux d'éditions de sources autobiographiques issues des mondes non-lettrés. Pour ne citer qu'un seul exemple, Daniel Roche (Prés.), *Journal de ma vie: Jacques-Louis Ménétra, compagnon vitrier au 18e siècle,* Paris, Montalba, 1982.
16. « [U]ne partie de la littérature "récente" affirme se détourner de la fiction pour aller vers l'enquête, le témoignage, tout en mettant au premier plan le Je, observateur impliqué d'une réalité dont il faut rendre compte ou projection hypertrophiée d'une autofictionnalisation de soi ». Dans Dominique Rabaté, *La passion de l'impossible. Une histoire du récit au XXe siècle*, Paris, Corti, 2018, p. 13 et p. 241, cité par Axelle Brodiez-Dolino et Émilien Ruiz. « Les écritures alternatives: faire de l'histoire "hors les murs"? », *Le Mouvement Social*, no 269-270, 2019, p. 18.
17. Voir par exemple l'œuvre du romancier espagnol Javier Cercas, ainsi son « roman non-fictionnel » *L'imposteur,* Arles, Actes Sud, 2015 (éd. originale en espagnol, 2014). Dans un registre comparable, voir le travail biographique consacré à Mussolini par le romancier Antonio Scurati, *M, l'enfant du siècle*, Paris, Les Arènes, 2020 (éd. originale italienne, 2018).
18. Lionel Ruffel, « Un réalisme contemporain: les narrations documentaires », *Littérature*, vol. 166, no 2, 2012, p. 13-25.
19. Les séries deviennent elles-mêmes des objets d'études pour les sciences sociales comme dans Sabine Chalvon-Demersay, *Mille scénarios: Une enquête sur l'imagination en temps de crise*, Paris, Éditions Métailié, 1994, ou, plus récemment, Rémi Lefebvre et Emmanuel Taïeb (dir.), *Séries politiques: le pouvoir entre fiction et vérité*, Bruxelles, De Boeck Supérieur, 2020.
20. La « *narrative nonfiction* » est une manière d'écrire de la « non-fiction » (c'est-à-dire des textes ou livres qui sont strictement factuels et non fictionnels) autour d'une histoire, d'une narration. Pour un aperçu, voir Nicolas Pélissier et Alexandre Eyriès, « Fictions du réel: le journalisme narratif », *Cahiers de Narratologie*, no 26, 2014, http://journals.openedition.org/narratologie/6852.

romans graphiques[21], entre autres. Ils nourrissent la conviction qu'existe dans le public un besoin, un désir de récits que devraient également satisfaire les sciences sociales. Depuis quelques années, en France notamment, plusieurs collections ou maisons d'édition ont ainsi placé cette exigence au cœur de leur projet[22]. Pour ces intermédiaires des sciences et de la culture, l'enjeu de la mise en narration serait aussi celui du maintien de la visibilité des sciences sociales dans l'espace public[23]. Les enjeux croissants de la valorisation et de la communication de leurs résultats, à la fois sur le plan éditorial, et dans le domaine de l'évaluation de la production scientifique, ont ainsi beaucoup contribué à la vogue du récit, supposé plus attractif et plus accessible pour le grand public.

La discipline historique, sans doute à cause de son lien singulier à la narration, s'est retrouvée de nouveau au cœur de cette nouvelle dynamique. La question a surtout été posée dans les termes du rapport de l'histoire à la littérature, le plus souvent réduite au roman et suivant une acception souvent assez ahistorique et essentialiste du genre. L'actuel « retour au récit » s'est ainsi manifesté comme la possibilité pour les historiens de recourir, sinon à la fiction, du moins à des formes d'écriture romanesque ou bien à des mises en intrigue débarrassées en partie des conventions disciplinaires. On a assisté aussi à un élargissement des supports (BD, film documentaire, etc.) et à la recrudescence de la « tentation de l'essai » chez certains historiens. Ces tentatives n'ont cependant pas donné lieu à une hybridation véritable entre écriture académique et écriture romanesque[24]. Les « espaces de validation » – pour reprendre la formule de Jean-Claude Passeron[25]

21. Elisa Bricco, « Le roman graphique et l'Histoire : pour un récit engagé », *Cahiers de narratologie*, n° 26, 2014, http://journals.openedition.org/narratologie/6864.
22. Parmi plusieurs exemples, voir le manifeste des éditions Anamosa : « Le projet des éditions Anamosa est d'explorer les champs de la société et de l'histoire en valorisant la recherche ou la création de modes de narration à la fois savants et populaires. L'idée maîtresse est de promouvoir les sciences humaines, qui, loin du jargon, sont un outil nécessaire pour comprendre le monde et le changer. Anamosa se veut également un espace d'expériences pour le récit, la fabrication, l'illustration. » Voir encore la présentation de la collection « Terra Incognita » aux Éditions Flammarion : « Mêlant récits et essais mais aussi écrivains, écrivaines et universitaires, la collection "Terra Incognita" dirigée par Arnaud Esquerre et Frédérique Aït-Touati aux éditions Flammarion entreprend d'explorer le monde en quête de nouveaux concepts et de nouvelles idées. Ses terrains de prédilection : la politique, la terre, le social et l'intime. » Voir https://www.fabula.org/actualites/122369/terra-incognita-une-nouvelle-collection-aux-editions-flammarion.html.
23. Pour des éléments de réflexion sur ce point, Axelle Brodiez-Dolino et Émilien Ruiz, « Les écritures alternatives : faire de l'histoire "hors les murs" ? », *op. cit.*
24. Patrick Boucheron, « "Toute littérature est assaut contre la frontière". Note sur les embarras historiens d'une rentrée littéraire », *Annales. Histoire, Sciences Sociales*, vol. 65, n° 2, 2010, p. 441-467. Cet article s'insérait dans le numéro déjà mentionné des *Annales* consacré aux « Savoirs de la littérature » sous la direction d'Étienne Anheim et Antoine Lilti. Ce dossier ne se contentait pas de constater un certain embarras ou même une impasse historienne devant certaines nouvelles formes hybrides entre histoire et littérature, mais il mettait aussi en avant tout ce qu'une approche proprement historienne pouvait tirer de la littérature, en abordant par exemple la question de l'exemplarité, le rôle de la fiction dans les sciences ou dans la pensée politique, la question de l'historicité dans le travail romanesque, etc.
25. Jean-Claude Passeron, *Le raisonnement sociologique. L'espace non-poppérien du raisonnement naturel*, Paris, Nathan, 1991.

– demeurent différents dans chacun des deux cas, et la plupart des historiens et historiennes français des années 2010, ont perçu à leur tour les risques scientifiques de la fictionnalisation et de la confusion entre réel et fiction.

Quelles conclusions tirer alors de cette impression de répétition et de reproduction de certains débats – les modes d'écriture, le rapport à la fiction, etc. – d'une décennie à l'autre ? Ne fait-elle pas écran aux profondes transformations des configurations et des pratiques de savoirs en sciences sociales survenues depuis les années 1970 et même les années 1990 ? Depuis cette date, en effet, l'étude des récits et les *narrative studies* n'ont cessé de prendre de l'ampleur, que ce soit dans le champ scientifique de la narratologie et des études littéraires proprement dites ou dans les sciences sociales en général. La théorie esthétique et la philosophie ont multiplié les analyses des formes de savoir et de véridiction que produisent les œuvres fictionnelles et les différents types de processus narratifs[26]. Quant aux autres sciences humaines et sociales, elles se penchent sur toutes les formes narratives, orales et écrites, textuelles et visuelles, contemporaines ou anciennes, ordinaires ou savantes. Cet essor narrativiste n'est pas allé sans un mouvement paradoxal : alors que la vague narrative n'a jamais semblé aussi englobante dans les études littéraires et les sciences sociales, que les enquêtes sur les récits et sous forme de récits ne cessent de se développer, la théorie du récit apparaît non seulement sans véritable consistance institutionnelle mais désertée, en crise : les plus importantes œuvres synthétiques dans ce domaine, après celles de Greimas, Genette ou Ricœur, ont été produites il y a déjà plusieurs décennies[27].

Quoi qu'il en soit, face à la concurrence accrue que peuvent représenter, dans leur aspiration à dire le monde historique et social, tout une série de formes narratives, les voies empruntées par les sciences sociales n'ont pas seulement été celles de l'imitation ou de la déploration. Tel est le constat qui fonde la raison d'être de ce volume. Plutôt que de prendre parti une nouvelle fois dans les querelles épistémologiques autour de l'emploi des récits en sciences sociales, il s'agit de prendre acte de la variété de leurs usages accumulés depuis quelques décennies en partant de différentes pratiques de recherche et d'écriture observées dans un certain nombre de disciplines. Même si ce mouvement s'opère dans une grande confusion, ou du moins dans une prolifération désordonnée, il est important de savoir comment les disciplines scientifiques se sont appuyées sur la nouvelle sensibilité culturelle au récit, en vue d'en renouveler les modes de saisie et

26. Voir par exemple, toujours en langue française, les travaux de Jean-Marie Schaeffer, depuis *Pourquoi la fiction ?*, Paris, Le Seuil, 1999 jusqu'au récent *Les troubles du récit : pour une nouvelle approche des processus narratifs*, Paris, Éditions Thierry Marchaisse, 2020. On pourrait renvoyer également au séminaire du CRAL « Recherches en narratologie » et à ses développements depuis le début des années 2000 : http://narratologie.ehess.fr/.

27. Raphaël Baroni, « L'empire de la narratologie, ses défis et ses faiblesses », *Questions de communication*, n° 30, 2016, p. 217-238.

d'analyse[28]. Le succès de la vogue narrative est tel en effet qu'il est impossible d'en dresser une carte exhaustive ni même d'en dessiner les lignes de force. Chaque discipline en a produit une vision souvent partielle et kaléidoscopique. Mais on peut au moins s'arrêter sur la place accordée aux récits par les sciences sociales dans leur protocole, leur méthode ou la définition de leurs objets de recherche. Les nombreux bénéfices esthétiques et rhétoriques prêtés aujourd'hui aux récits dissimulent, de fait, une très grande diversité de traitements. L'enjeu sera d'en dessiner un certain nombre de lignes directrices ; quelques exemples seulement seront abordés ici, essentiellement livrés par les contributrices et les contributeurs de ce volume.

Deux grands ensembles s'en dégagent. Le premier propose de traiter les récits comme des objets empiriques susceptibles d'une multitude d'opérations de connaissance. Le second envisage le récit comme un analyseur réflexif, épistémologique et critique, permettant d'interroger le contenu et les effets du discours scientifique lui-même. Avant de parcourir ces deux territoires en partie distincts, en partie conjoints, il faut brièvement revenir sur ce qu'a été la « révolution » narrative, la manière dont elle peut être racontée et explicitée, et ce qu'elle a pu produire sous différents angles disciplinaires.

Raconter le « retour du récit » ?

Dessiner une forme générale pour le tournant narratif des sciences sociales est une entreprise impossible. D'abord parce que, au lieu d'un tournant unique, les sciences sociales ont davantage connu, selon des amplitudes et des rythmes divers (qui mériteraient une étude à part entière) depuis une cinquantaine d'années, des « vagues » narratives successives, des appels ou des rappels au récit[29]. Ensuite parce que les causes, non pas seulement intellectuelles, mais aussi sociologiques et institutionnelles, de ces inflexions ou de ces attractions successives, variables par ailleurs selon les configurations disciplinaires et nationales, demandent encore à être élucidées s'il s'agit de mieux analyser le retour au récit comme fait épistémique et social.

28. Alessandro Leiduan, « Préface. Nouvelles frontières du récit », *Cahiers de Narratologie*, n° 26, 2014, Dossier « Nouvelles frontières du récit. Au-delà de l'opposition entre factuel et fictionnel », https://journals.openedition.org/narratologie/6812.

29. Pour une critique des représentations de l'histoire des sciences sociales en termes de tournants successifs, voir Jean-Louis Fabiani, « La généralisation dans les sciences historiques. Obstacles épistémologiques ou ambition légitime ? », *Annales. Histoire, sciences sociales*, vol. 62, n° 1, p. 9-28. Dans le cadre de son histoire conceptuelle de la notion de récit (*narrative*), Matti Hyvärinen propose de distinguer quatre « tournants narratifs » d'amplitude croissante : un tournant de la théorie littéraire des années 1960 qui, à travers la narratologie, se serait diffusé dans l'historiographie durant la décennie suivante, puis dans les sciences sociales à partir des années 1980 et, enfin, un tournant plus général et culturel en direction des récits. Derrière ces vagues générales, chaque retour au récit à sa propre dynamique propre qui varie selon les champs disciplinaires. Matti Hyvärinen, « Revisiting the Narrative Turns », *Life Writing*, vol. 7, n° 1, 2010, p. 69-82.

Elles tiennent schématiquement à une transformation globale des mondes académiques, mais aussi à la manière dont ces derniers ont entendu et entendent répondre à la demande sociale, et éditoriale aussi, dans un temps qui a vu s'accentuer la démocratisation et la pluralisation des savoirs[30]. Contre le caractère jugé élitiste des savoirs scientifiques et l'idiome spécialisé des chercheurs, l'enjeu a été non seulement d'écrire dans une langue plus accessible et d'écrire aussi pour le public le plus large possible. Avec cette exigence vient un autre topos classique : la narration ferait appel aux sens et au sensible là où les manières dominantes d'écrire dans ces disciplines auraient été conçues pour parler à la raison. Parier sur le récit permettrait également de faire advenir une vérité plus proche de l'expérience des acteurs et de rendre présent le point de vue des individus[31]. Cela suppose de faire du sujet individuel la clef de voûte de la vérité historique et du raisonnement scientifique. Cette orientation épistémologique est-elle partagée par tous les chercheurs qui se tournent vers le récit ? Dans toutes ses conséquences ? Inversement, cela veut-il dire que les entités collectives, réelles ou structurelles, résisteraient au récit ?

Quoi qu'il en soit, sur un plan épistémique, le récit serait le moyen le plus sûr en vue d'une description « plus épaisse »[32], plus précise, qui ou bien ferait défaut aux recherches à visée d'abord explicative, ou bien en serait une condition primordiale, négligée dans les programmes objectivistes des sciences sociales. Le récit offrirait aussi un meilleur accès à l'expérience ordinaire qui elle-même est faite de mise en récits et ne s'affranchit jamais du passage du temps. Mais le récit est aussi paré d'autres vertus épistémologiques, puisqu'il serait l'instrument privilégié de la réflexivité nécessaire à toute démarche scientifique, en permettant, mieux que tout autre procédé, à la chercheuse ou au chercheur, de se mettre en scène dans son travail d'enquête, sur le terrain ou dans les archives. Il inviterait en outre à revenir sur un élément indépassable de toute exposition savante : la rhétorique de la preuve et l'art de la démonstration.

Voilà pourquoi, pour certains chercheurs en sciences sociales, comme pour une partie de leurs lecteurs, un bon récit est devenu plus convaincant, plus plaisant à lire ou à fabriquer qu'un simple modèle, toujours soupçonné de schématisme, ou

30. Sur cette transformation, voir encore une fois les premiers chapitres de Sabina Loriga et Jacques Revel, *Une histoire inquiète, op. cit.*

31. Anaïs Fléchet et Élie Haddad. « Introduction », *op. cit.*, p. 20. « Le caractère aigu de la question posée à l'histoire par la littérature aujourd'hui tient alors à la croyance largement partagée, y compris par les historiens, dans le fait que la vérité de l'histoire se situe du côté des individus (de leurs actions, de leurs pensées) et au pouvoir de la littérature à exprimer et rendre présent le point de vue des individus, et donc la vérité de l'histoire ».

32. Le concept de « description épaisse » ou « thick description » a été développé par l'anthropologue Clifford Geertz, *The Interpretation of Cultures : Selected Essays,* New York, Basic Books, 1973. L'enjeu principal pour lui était de parvenir par-là à une meilleure interprétation des cultures, en comprenant le sens que leur donnent les individus et la manière dont ils les expérimentent. Les débats autour de la « thick description » ont depuis très largement débordé les frontières de l'anthropologie en direction d'autres disciplines comme l'histoire. Sur ces débats, voir le volume « La description I », *Enquête,* n° 6, 1998.

qu'une théorie synthétique, par nature menacée de désincarnation et de décontextualisation. Il n'est pas certain que les bonnes raisons de faire retour au récit, invoquées par les chercheurs épuisent l'explication du phénomène. Des facteurs institutionnels et sociaux livrent d'autres clefs. Parmi elles, il faut compter, comme le faisait Claude Grignon, pour le cas français du moins, avec l'autonomie difficile des sciences sociales – même s'il est nécessaire de faire des différences en leur sein, l'économie ou le droit n'ayant, à l'évidence, pas ici le même statut que les autres domaines – vis-à-vis des humanités qui sont des disciplines plus anciennes[33]. Pour expliquer l'attrait pour le récit, Grignon évoque aussi, dans le système singulier des carrières scientifiques en France, une victoire relative des « professeurs » sur les « chercheurs » dans la définition des normes légitimes de production des sciences sociales, en particulier s'agissant de leur écriture[34]. Les bénéfices symboliques, à court terme du moins, d'une écriture plus littéraire et narrative seraient aussi supérieurs et, pour cette raison, plus attractifs[35]. L'intérêt pour la narration a des soubassements différents selon les pays. Mais on ne comprendrait pas non plus l'essor du narrativisme dans presque tous les domaines et traditions nationales sans prendre en compte l'importance de la sphère anglo-américaine dans l'économie des échanges scientifiques internationaux.

Le théoricien de la littérature Martin Kreiswirth a proposé une narration simplifiée de ce mouvement d'extension en distinguant deux phases de l'intérêt marqué pour le récit dans les sciences, essentiellement à l'échelle anglophone[36]. Dans une première phase, celle des années 1960-1990, l'interrogation sur le récit, issue d'abord des études littéraires, serait, selon lui, restée avant tout formelle. Elle portait sur les structures et les fonctions des récits, sur leurs différences avec d'autres formes de discours comme l'argumentation ou des figures comme la métaphore. Dans les dernières décennies, l'attention aux récits serait plus

33. Claude Grignon, « La formalisation et les sciences du récit : le cas de la sociologie », dans Jean-Yves Grenier, Claude Grignon et Pierre-Michel Menger (dir.), *Le modèle et le récit*, *op. cit.*, p. 32.

34. Sur l'opposition entre professeurs et chercheurs, voir Christophe Charle, *La République des universitaires, 1870-1940*, Paris, Seuil, 1994. Cette « victoire » symbolique supposée mériterait certainement d'être interrogée à la lumière des transformations des métiers de l'enseignement supérieur dans les dernières décennies, mutation qui a vu se dégrader fortement les conditions de travail des « professeurs » et diminué le temps qu'ils et elles pouvaient consacrer à la recherche originale. Voir, par exemple, Christine Musselin, *Les universitaires*, Paris, La Découverte, coll. « Repères », 2008 ; Dominique Glaymann, *Enseignants-chercheurs : un grand corps malade*, Bordeaux, Le Bord de l'eau, à paraître.

35. Claude Grignon, « La formalisation et les sciences du récit », *op. cit.*, p. 33. Et d'en conclure : « À plus longue échéance, collectivement, les sciences humaines ont (…) tout à perdre à ce jeu : à force de se prendre elles-mêmes pour un genre de littérature ou de philosophie, elles s'exposent à être confondues avec elles et à disparaître pour avoir trop voulu paraître. »

36. Martin Kreiswirth, « Merely Telling Stories ? Narrative and Knowledge in the Human Sciences », *Poetics Today*, vol. 21, n° 2, Summer 2000, p. 293-318, ici p. 296-297. Pour d'autres tentatives de panorama, voir Martin Kreiswirth, « Tell Me a Story : The Narrativist Turn in the Human Sciences » dans Martin Kreiswirth, Thomas Carmichael (eds), *Constructive Criticism : The Human Sciences in the Age of Theory*, Toronto, University of Toronto Press, 1994, p. 61-87 ; Donald Polkinghorne, *Narrative Knowing in the Human Sciences*, New York, State University Press of New York, 1988.

substantielle et viserait d'abord à mieux connaître ce que sont les récits, en particulier leur valeur en termes de connaissance, leur épistémologie, leur morale et leur politique éventuelles. Parallèlement à ce déplacement, les définitions du récit avec lesquelles les sciences sociales travaillent en ont considérablement étendu le spectre et la place. Alors que la narratologie s'était d'abord constituée à partir d'études de textes littéraires, le narrativisme contemporain porte plus souvent sur des récits issus de la vie quotidienne aussi bien que sur des œuvres, sur des formes écrites et sur des occurrences orales. Il concerne tous les médias, de la musique à la peinture en passant par les jeux vidéo. La narratologie littéraire s'est transformée en narratologie générale[37].

Ces deux mouvements d'affirmation du récit dans les recherches de sciences sociales ont eu pour effet, selon Kreiswirth, de reconfigurer les disciplines en créant de nouveaux ponts entre elles, en déplaçant leurs frontières, en mettant en cause, si ce n'est en crise, les courants les plus positivistes en leur sein. L'enquête sur le récit ou par le récit est ainsi devenue à la fois pluridisciplinaire, transdisciplinaire et métadisciplinaire[38]. Une telle transformation n'est pas allée sans risques : une conception trop large du récit finit par interroger la définition même de la science si celle-ci est réduite à ne produire que des narrations ou bien des narrations de narrations[39]. Car, sur un plan formel, rien ne distingue un récit fictionnel d'un récit qui ne l'est pas. On peut chercher à caractériser les récits explicatifs en les distinguant formellement d'autres types de récits[40]. On peut toujours détacher les finalités esthétiques des finalités cognitives de la mise en récit. Mais la véracité des récits sur le monde existant reste une question extérieure aux récits eux-mêmes. Et chez les narrativistes, les sources d'autorité ou de légitimité de l'objet raconté et du sujet qui raconte varient en conséquence[41].

Derrière l'expansion narrativiste, il n'y a pas simplement des manières diverses de concevoir le rapport de la connaissance au récit, en plaçant schématiquement celui-ci en position de moyen ou de finalité de la science, d'objet ou de structure du savoir, mais, pour Kreiswirth, deux grandes épistémologies du récit qui recoupent l'une des divisions structurantes des sciences sociales contemporaines : celle qui oppose naturalismes et constructivismes[42]. Pour les narrativistes naturalistes, la mise en récit est une faculté mentale fondamentale, un processus cognitif avant d'être une activité langagière. Dans l'un des textes classiques du tournant narratif, le psychologue

37. Marc Marti, « De la narratologie littéraire à la narratologie générale : l'empire et ses limes », *Questions de communication*, nᵒ 31, 2017, p. 199-214.
38. Martin Kreiswirth, « Trusting the Tale : The Narrativist Turn in the Human Sciences », *op. cit.*, p. 636.
39. Martin Kreiswirth, « Merely Telling Stories ? Narrative and Knowledge in the Human Sciences », *op. cit.*, p. 301.
40. Voir la tentative de Raphaël Baroni qui distingue récits configurants (et explicatifs) et récits intrigants (ou mimétiques) dans *Id.*, *L'œuvre du temps. Poétique de la discordance narrative*, Paris, Seuil, 2009.
41. Martin Kreiswirth, « Merely Telling Stories ? Narrative and Knowledge in the Human Sciences », *op. cit.*, p. 304.
42. Cyril Lemieux et Michel de Fornel (dir.), *Naturalisme vs Constructivisme ?*, Paris, Éditions de l'EHESS, coll. *Enquête*, 2007.

Jerome Bruner proposait de distinguer deux modes de connaissance, l'un narratif et l'autre logico-scientifique[43]. La valeur scientifique des récits tient alors à leur ancrage dans l'esprit. Loin de se superposer à une réalité qui lui serait extérieure, le récit, dans ce cadre, est une modalité primordiale de l'appréhension du monde. Certains chercheurs en sciences cognitives, comme Mark Turner, affirment même que le récit précède la grammaire et constitue un équipement mental universel des humains[44]. Situer ainsi la narration et son objet dans l'esprit ou le cerveau est censé garantir au récit sa réalité cognitive au risque, peut-être, de perdre les moyens de distinguer le récit des autres formes de discours[45]. Pour les constructivistes, au contraire, le récit n'a rien d'ancré ni de fixe, il est l'objet d'une négociation constante entre celui ou celle qui raconte et ce qui est raconté, entre l'expérience et le sens. Il met en rapport deux temporalités distinctes : une suite d'événements d'un côté et une séquence de mots, d'images, de sons, de gestes de l'autre. La somme de Ricœur sur le récit, qui joua, elle aussi, un rôle fondamental dans le tournant narratif, est l'une des œuvres fondatrices de ce courant[46]. Font en particulier écho à ces conceptions temporelles du récit l'intérêt des sciences sociales pour l'identité narrative, la vie comme récit, les récits de soi.

L'opposition entre naturalistes et constructivistes est certainement parlante mais elle est moins ferme qu'il n'y paraît. On peut considérer que la faculté narrative est universelle et naturelle tout en reconnaissant que le récit fabrique un monde à part, qui n'est pas celui de l'expérience elle-même, et qui lui est adjacent[47]. Inversement, certains constructivistes peuvent naturaliser voire ontologiser la narration comme lorsque Ricœur affirmait par exemple qu'« il existe entre l'activité de raconter une histoire et le caractère temporel de l'expérience humaine une corrélation qui n'est pas purement accidentelle, mais présente une forme de nécessité transculturelle. Ou, pour le dire autrement : que le temps devient temps humain dans la mesure où il est articulé sur un mode narratif (…) »[48].

S'emparer du récit : variations et convergences disciplinaires

À côté de ce tableau général, chaque discipline a intégré les questions narratives de manière différente. En sociologie, par exemple, l'usage des récits comme matériaux est au moins aussi ancien que ne le sont les travaux pionniers de William Isaac Thomas et Florian Znaniecki dans *Le Paysan polonais en Europe*

43. Jerome Bruner, *Actual Minds, Possible Worlds*, Cambridge, Harvard University Press, 1986.
44. Mark Turner, *The Literary Mind*, New York, Oxford University Press, 1996.
45. Martin Kreiswirth, « Trusting the Tale : The Narrativist Turn in the Human Sciences », *op. cit.*, p. 307.
46. Paul Ricœur, *Temps et récit*, Paris, Seuil, 3 vol., 1983-1985.
47. C'est par exemple le sens de la proposition théorique générale de Jean Molino et Raphaël Lafhail-Molino, *Homo Fabulator. Théorie et analyse du récit*, Arles, Actes Sud, 2003.
48. Paul Ricœur, *Temps et récit*, vol. 1, *op. cit.*, p. 85.

et en Amérique qui font usage de correspondances et d'histoires de vie[49]. Les récits de vie sont au cœur de plusieurs travaux de l'école de Chicago mais la sociologie d'après-guerre, plus tournée vers les méthodes quantitatives, a marginalisé le recours à la biographie dans la discipline. À côté des élaborations sociolinguistiques de William Labov et Joshua Waletzsky sur la structure des récits oraux[50], l'œuvre de Daniel Bertaux représente un marqueur notable dans le retour du récit en sociologie[51]. À la fin des années 1970, Bertaux a développé une critique du langage des variables dans les études de stratification et de mobilité sociale[52] qui l'a conduit à recourir quelques années plus tard à la méthode des récits de vie (puis des *family case histories*, des récits issus de plusieurs générations d'un même groupe familial[53]) dont il fut un inlassable promoteur, à la fois international – dans le cadre de l'Association internationale de sociologie – et interdisciplinaire – en s'associant en particulier avec les historiens dans lesquels il voyait les seuls véritables sociologues[54]. L'analyse des récits de vie occupe ainsi aujourd'hui une part déterminante dans les *curricula* de la discipline au sein du monde universitaire anglo-américain[55]. En sens inverse, la critique de « l'illusion biographique » développée quelques années plus tard par Pierre Bourdieu peut être lue comme une dénonciation de la méthode des « histoires de vie » promue par Bertaux et d'autres[56]. La controverse n'a pas été close, la publication, en 1990, de *Soi-même comme un autre* de Paul Ricœur, avec son concept d'« identité narrative », ayant relancé le débat[57]. Quelques années plus tard, l'ouvrage *La Misère du monde*, dirigé par Pierre Bourdieu, sans s'appuyer explicitement sur la méthode des récits de vie, laissait pourtant

49. William Isaac Thomas et Florian Znaniecki, *Le paysan polonais en Europe et en Amérique. Récit de vie d'un migrant (Chicago 1919)*, Paris, Nathan, 1998.

50. William Labov et Joshua Zaretzky, « Narrative analysis », dans J. Helms (dir.), *Essays on the Verbal and Visual Arts*, Seatle, University of Washington Press, 1967, p. 12-44.

51. Voir en particulier Daniel Bertaux, « L'approche biographique. Sa validité méthodologique, ses potentialités », *Cahiers internationaux de sociologie*, vol. LXIX, n° 2, juillet-décembre 1980, p. 198-225 ; *Id.* (dir.), *Biography and Society : the Life History Approach in Social Science,* Londres et Beverly Hills, SAGE Publications, 1981 ; Daniel Bertaux et Martin Kohli, « The Life Story Approach : A Continental View », *Annual Review of Sociology*, n° 10, 1984, p. 215-237 ; Daniel Bertaux, *Les récits de vie : perspectives ethnosociologiques*, Paris, Nathan, 1997.

52. Daniel Bertaux, *Destins personnels et structure de classe*, Paris, PUF, 1977.

53. Daniel Bertaux et Catherine Delcroix, « Case Histories of Families and Social Processes : Enriching Sociology », dans Prue Chamberlayne, Joanna Bornat et Tom Wengraf (dir.), *The Turn to Biographical Methods in Social Science, Comparative Issues and Examples*, Londres, Routledge, 2000, p. 71-89.

54. Deux terrains historiques, en particulier, ont retenu l'attention de Bertaux, l'Union soviétique et Mai 68. Voir Ronald Fraser, Daniel Bertaux, Bret Eynon, Ronald Grele, Beatrix Le Wita, Daniele Linhart, Luisa Passerini, Jochen Staadt et Annemarie Tröger, *1968. A Student Generation In Revolt*, Londres, Chatto & Windus, 1987 ; Daniel Bertaux, Paul Thompson et Anna Rotkirch (dir.), *On Living in Soviet Russia*, Londres, Routledge, 2004.

55. Barbara Laslett, « Review. Personnal Narratives as Sociology », *Contemporary Sociology*, vol. 28, n° 4, juillet 1999, p. 391-401.

56. Pierre Bourdieu, « L'illusion biographique », *Actes de la recherche en sciences sociales*, n° 62-63, 1986, p. 69-72.

57. Gérôme Truc, « Une désillusion narrative ? De Bourdieu à Ricœur en sociologie », *Tracés. Revue de Sciences humaines*, n° 8, 2005, p. 47-67.

transparaître de nombreuses trajectoires individuelles dont on peut faire l'hypothèse qu'elles ont été en partie l'un des facteurs de succès du livre[58]. À la surprise des anciens lecteurs de Bourdieu, le point de vue du sociologue était même comparé, dans ce livre collectif, à celui de romanciers comme Faulkner, Joyce ou Virginia Woolf.

Aujourd'hui, Matti Hyvärinen repère, dans la littérature sociologique existante, trois courants disjoints de recours aux récits[59]. L'étude des textes narratifs au sens large, qui peut comprendre des textes, des données issues d'entretiens, mais aussi des images ou d'autres objets sémiotiques, est la première de ces voies. Une autre façon de nouer sociologie et narration envisage le compte-rendu sociologique comme écriture d'un récit qui n'est pas seulement une étape de restitution mais une démarche heuristique à part entière[60] et dont l'auto-ethnographie, parmi d'autres méthodes possibles, constitue un exemple. La sociologie des « réalités narratives », troisième orientation de recherche, vise à rendre compte des récits existant dans le monde social et des situations où des récits sont produits : Francesca Polletta analyse ainsi les pratiques de narration dans les *sit-in* du mouvement des droits civiques ou parmi les protagonistes de la Commission Vérité et Réconciliation sud-africaine[61]. Cette tripartition des rapports entretenus par la sociologie avec la forme-récit n'épuise sans doute pas les propositions qui ont été faites dans la discipline autour de la narrativité[62]. Mais aussi schématique soit-il, un tel tour d'horizon autorise des comparaisons avec d'autres disciplines.

L'anthropologie, sans doute plus encore que la sociologie, a également placé les récits au centre de son enquête en prolongeant les travaux de collecte des mythes, des contes et des légendes qui avaient commencé en Europe au XVIe siècle et se sont intensifiés au XIXe siècle[63]. Boas, Malinowski, Lévi-Strauss font de l'étude des récits

58. Pierre Bourdieu, *La Misère du monde*, Paris, Seuil, 1993.

59. Matti Hyvärinen, « Narrative and Sociology », *Narrative Works*, vol. 6, n° 1, 2016, p. 38-62, 46.

60. En France, l'idée d'une « sociologie narrative » a été développée en particulier par Numa Murard, Jean-François Laé et Annick Madec. Voir, entre autres, Numa Murard, Jean-François Laé et Annick Madec (dir.), « Sociologie narrative : le pouvoir du récit », *Sociologie et sociétés*, vol. 48, n° 2, automne 2016 et Jean-François Laé, Numa Murard, *Les récits du malheur*, Paris, Descartes & Cie, 1995.

61. Francesca Polletta, « "It was like fever..." : Narrative and Identity in Social Protest », *Social Problems*, vol. 45, n° 2, 1998, p. 137-159.

62. On pense en particulier aux propositions d'Andrew Abbott autour de ce qu'il appelle le « positivisme narratif » dont l'objectif est de dépasser l'opposition entre méthodes quantitatives et narratives et de rompre avec le langage des variables et de la « réalité unilinéaire » qui domine dans la sociologie nord-américaine. Il s'agit alors de repérer des structures communes à des processus pouvant décrire aussi bien des carrières individuelles que des histoires institutionnelles concernant des organisations, des marchés, des États, etc. Andrew Abbott, « Conceptions of Time and Events in Social Science Methods », *Historical Methods*, vol. 23, n° 4, 1990, p. 140-150. Pour une présentation d'ensemble, *Id.*, *Processual Sociology*, Chicago, University of Chicago Press, 2016. Pour une synthèse en langue française, Jean-Louis Fabiani, « Pour en finir avec la réalité unilinéaire », *Annales. Histoire, Sciences sociales*, vol. 58, n° 3, 2003, p. 549-565.

63. Pour une mise en récit synthétique des rapports entre l'anthropologie et le récit, nous suivons ici Barbara Götsch et Monika Palmberger, « The Nexus of Anthropology and Narrative : Ethnographic Encounters with Storytelling Practices », *Narrative Culture*, vol. 9, n° 1, 2022, p. 1-22.

ou des mythes des éléments centraux du travail anthropologique et de l'accès à la culture et aux mentalités des peuples. À partir des années 1980, le tournant réflexif de la discipline, symbolisé en particulier par *Writing Culture* de James Clifford et George Marcus, place la question de l'écriture ethnographique au cœur d'une critique de la représentation anthropologique et du pouvoir des chercheurs sur les informateurs[64]. Plus récemment, la relation d'enquête a fait aussi l'objet d'une réflexion particulière, qui conduit certains à l'envisager comme une conversation voire un récit dont la restitution est indispensable à l'œuvre anthropologique[65]. Tous ces mouvements ont eu des échos dans nombre de traditions nationales où ils ont fait des émules, plusieurs auteurs réclamant que l'anthropologie fasse récit et qu'elle emploie l'écriture littéraire[66]. Dans l'actuel retour du récit des sciences sociales françaises, la discipline occupe d'ailleurs une place singulière, au même titre que l'histoire, plusieurs de ses praticiens ayant revendiqué le recours au récit comme mode alternatif de connaissance. En témoigne, entre autres, *Croire aux fauves* de Nastassja Martin qui raconte la rencontre en 2015, dans la région du Kamtchaka, de la jeune ethnologue avec un ours blanc qui l'a attaquée[67]. On observera cependant que la question éditoriale du récit ethnologique n'est pas non plus nouvelle. Il suffit de songer à l'importance de la collection « Terre humaine », créée en 1954 par le géographe et ethnologue Jean Malaurie aux éditions Plon, et qui mêlait délibérément, dans des ouvrages distincts, récits d'anthropologues et témoignages de première main[68].

Clifford Geertz appelait, lui aussi, à sortir l'anthropologie du modèle scientiste pour trouver d'autres formes d'analyse des rituels, des relations et des mondes sociaux, comme jeu, mais aussi comme textes à décrypter en vue de comprendre le sens que les individus et les collectifs donnent à leurs actions et à leurs comportements[69]. Au même moment l'enquête sur les récits de vie et les histoires orales se développait. Les récits d'expérience personnelle sont devenus

64. James Clifford et George Marcus (dir.), *Writing Culture: The Poetics and Politics of Ethnography*, Berkeley, University of California Press, 1986. Pour une actualisation récente de la question en langue française: Chiara Calzolaio, Estelle Delaine, Manon Denoun, Aurore Dupuy, Martin Lamotte, Michel Naepels et Alexandre Pieroni, « De l'enquête ethnographique au texte de recherche. Un atelier d'écriture », *ethnographiques.org*, nº 37, juin 2019, dossier « Revenir. Quêtes, enquêtes et retrouvailles », https://www.ethnographiques.org/2019/Calzolaio_Naepels-et-al.

65. À titre d'exemple récent, voir Steven Prigent, *L'anthropologie comme conversation: la relation d'enquête au cœur de l'écriture*, Toulouse, Anacharsis, 2021.

66. Dans le cas français, voir par exemple Alban Bensa, *Après Lévi-Strauss. Pour une anthropologie à taille humaine*, Paris, Éditions Textuel, 2010. Voir aussi le projet de la collection « Les ethnographiques » des éditions Anacharsis, créée par Alban Bensa (https://www.editions-anacharsis.com/Les-ethnographiques).

67. Nastassja Martin, *Croire aux fauves*, Paris, Verticales, 2019.

68. Pour une étude sur la collection, voir Pierre Aurégan, *Terre humaine: des récits et des hommes. Un autre regard sur les sciences de l'homme*, Pocket, coll. « Agora », 2004.

69. Clifford Geertz, « Blurred Genres: The Refiguration of Social Thought », *The American Scholar,* vol. 49, nº 2, 1980, p. 165-179. Voir également *Id.*, *Works and Lives. The Anthropologist as Author,* Stanford, Stanford University Press, 1988.

une pièce centrale du travail ethnographique. En France, Daniel Fabre a joué un rôle important dans cette orientation de l'ethnologie vers une diversité d'écritures : ordinaires[70], quotidiennes[71], biographiques[72], bien au-delà de la simple transcription de la littérature orale à laquelle ses premiers travaux s'étaient consacrés en Occitanie[73]. Objets narratifs, écriture disciplinaire, pratiques du récit dans la société : la tripartition des préoccupations narratives repérées en sociologie trouve donc des équivalents dans sa discipline voisine[74].

En histoire aussi, les renouvellements et les dynamiques en la matière ont largement excédé les questions du rapport au roman ou des modes d'écriture déjà évoquées. Les historiens et les historiennes se sont saisis des narrations littéraires, non pas seulement pour les imiter, mais pour en rendre raison, interroger leur caractère de sources et la manière dont il convient de les comprendre, pour les examiner également dans leur matérialité et leurs formes de construction et de transmission[75]. Les années 1970-1980 ont vu éclore tout une série de tentatives, que ce soit à travers la microhistoire italienne ou encore la nouvelle histoire culturelle représentée notamment par Natalie Zemon Davis[76], pour construire des architectures narratives nouvelles visant à édifier des formes inédites d'intelligibilité. Il s'agissait de répondre aux questions suivantes : comment articuler le récit à l'échelle d'un cas ou d'un individu à des enjeux sociaux plus vastes ? Comment faire en sorte qu'il ne s'agisse pas d'un rétrécissement mais au contraire d'un enrichissement de l'analyse ? C'est aussi, sous une autre forme, le même but que poursuivent jusqu'à aujourd'hui certaines recherches qui s'interrogent sur le genre biographique, le rapport entre vérité historique et vérité littéraire, les relations entre mouvement général de

70. Daniel Fabre (dir.), *Écritures ordinaires*, Paris, P.O.L., 1993.

71. Daniel Fabre (dir.), *Par écrit, ethnologie des écritures quotidiennes*, Paris, MSH, 1997.

72. Daniel Fabre, Jean Jamin et Marcello Massenzio (dir.), « Auto-biographie, ethno-biographie », *L'Homme*, n° 195-196, 2010.

73. Daniel Fabre et Jacques Lacroix, *La tradition orale du conte occitan : les Pyrénées audoises*, Paris, Presses universitaires de France, 2 vol., 1973-1975.

74. Les alliances entre fractions de disciplines et méthodes autour de l'anthropologie dessinent bien entendu un paysage plus complexe où, sans exhaustivité, coexistent la narratologie littéraire classique, les études sur la littérature orale et les arts verbaux, l'histoire orale, les approches en termes d'histoires de vie, la psychologie narrative, l'anthropologie psychologique, l'anthropologie linguistique, en particulier lorsqu'elle est appliquée aux discours, aux interactions ou encore aux performances. Voir Barbara Götsch et Monika Palmberger, « The Nexus of Anthropology and Narrative : Ethnographic Encounters with Storytelling Practices », *op. cit.*, p. 4. On peut se demander si ce type de divisions se retrouverait dans les autres disciplines des sciences sociales. Mais on mesure surtout l'empan du narrativisme dans les approches actuelles de certains domaines de savoir.

75. Outre les références mentionnées dans la note 13, sur le plan des œuvres individuelles, on renverra à Judith Lyon-Caen et Dinah Ribard, *L'historien et la littérature,* Paris, La Découverte, 2010 ; Dinah Ribard, Christian Jouhaud et Nicolas Shapira, *Histoire Littérature Témoignage. Écrire les malheurs du temps,* Paris, Éditions Gallimard, collection Folio Histoire, 2009 ; Judith Lyon Caen, *La griffe du temps. Ce que l'histoire peut dire de la littérature*, Paris, Gallimard, 2019 ; Dinah Ribard, *Le Menuisier de Nevers. Poésie ouvrière, fait littéraire et classes sociales (XVIIe-XIXe siècle),* Paris, Seuil - Gallimard - Éditions de l'EHESS, 2023.

76. Natalie Zemon Davis, *Le retour de Martin Guerre,* Paris, Laffont, 1982.

l'histoire et cas singuliers[77]. Le questionnement sur les récits de vie individuelle a pu conduire par ailleurs à un renouvellement des sources. Toute une partie de l'histoire contemporaine s'est penchée avec une attention renforcée sur la question des sources orales[78], en parallèle avec une série de travaux sur des époques antérieures portant sur la question de la voix de sans voix, ainsi avec l'ethno-histoire[79], et en lien avec l'intérêt croissant, à la fois scientifique et militant, pour les cultures subalternes. En les mobilisant en complément de sources écrites plus classiques, il s'agissait de saisir autrement la perception que les individus peuvent avoir de certains phénomènes sociaux ou politiques et d'articuler mémoire individuelle et mémoire collective. Il y avait aussi un enjeu de démocratisation de l'histoire, très présent par exemple dans certains des premiers travaux de l'histoire orale anglophone : faire la part des voix populaires ou subalternes, aux récits qu'elles peuvent avoir de leur époque, en ne se contentant pas des traces écrites émanant des groupes dominants[80].

L'attention portée aux récits des individus s'est accompagnée en général, dans les sciences sociales, de la prise de conscience que ces récits sont enchâssés dans des rapports sociaux qui sont souvent des rapports de pouvoir. Une série de nouvelles recherches en droit[81] remet ainsi en cause l'opposition entre la rationalité juridique, présentée comme naturelle, universelle, et les règles ou les normes, présentées sous forme de récits, de contes ou de narrations d'une injustice vécue, et renvoyées par-là à une forme d'irrationalité. Elles soulignent que le droit dominant est lui aussi un récit susceptible d'être critiqué ou remis en cause par d'autres récits. Le but est de montrer comment les narrations des groupes minoritaires ont été exclues ou marginalisées dans le discours juridique dominant. C'est la voie que suivent certaines recherches en humanités juridiques comme celles qui s'attachent par exemple aux contes des peuples autochtones canadiens. La mise au jour de ces contes, et de la normativité qu'ils contiennent, permet de mettre à mal la hiérarchisation entre les traditions juridiques occidentales et les traditions des peuples autochtones en faisant apparaître différents types de récits, les uns dominants, les autres cantonnés à la subalternité. De telles perspectives se

77. Sabina Loriga, *Le petit X. De la biographie à l'histoire,* Paris, Seuil, 2010 ; *Ead.*, « The Role of the Individual in History. Biographical and Historical Writing in the Nineteenth and Twentieth Century », dans Hans Renders et Binne de Haan (eds), *Theoretical Discussions of Biography. Approaches from History, Microhistory, and Life Writing*, Leyde-Boston, Brill, 2014, p. 113-142. Plus généralement, Hans Renders, Binne de Haan et Jonne Harmsma (dir.), *The Biographical Turn. Lives in History*, Londres, Routledge, 2016.

78. Robert Perks et Alistair Thompson (dir.), *The Oral History Reader,* Londres, New York, Routledge, 2015 ; Ariane Mak (dir.), « Histoire orale des mondes ouvriers », numéro spécial, *Le Mouvement social,* n° 274, 2021.

79. Par exemple, Nathan Wachtel, *La vision des vaincus. Les Indiens du Pérou devant la conquête espagnole, 1530-1570,* Paris, Gallimard, 1971.

80. Voir en particulier, Paul Thompson, *The Voice of the Past : Oral History*, Oxford, Oxford University Press, 1978.

81. Julie Saada, « Récits et contre-récits dans le droit. Usages et critiques du narrativisme juridique dans la *Critical Race Theory* », *Droit et société*, vol. 108, n° 2, 2021, p. 319-335. Voir également l'article d'Émeric Nicolas, « Une narration subjective de la norme », dans ce volume.

retrouvent également en anthropologie et en sociologie[82]. La perspective narrative vise une dé-hiérarchisation afin de comprendre comment et pourquoi certains récits apparaissent comme objectifs et non-narratifs (récits des institutions, du droit, des sciences sociales), quand d'autres – ceux des groupes subalternes – sont cantonnés au rang de récits individuels ou sans perspective générale.

La science comme narration ?

Utiliser la perspective narrative pour interroger l'écriture des disciplines est une démarche qui se retrouve en histoire et en sociologie des sciences. L'idée que les sciences, y compris naturelles, peuvent être envisagées comme des narrations s'est ainsi développée, elle aussi, à la faveur, notamment, de l'extension définitionnelle de la catégorie de récit et des propositions de la narratologie. Dans cette perspective, la narrativité n'est plus l'autre, même irréductible, de la scientificité. Au contraire, la scientificité n'est qu'une narrativité qui s'ignore mais gagne à se connaître elle-même. L'œuvre de Bruno Latour, mentionnée dans ce volume par Elinor Ochs, s'adosse, sans s'y réduire, à cette proposition[83]. Les faits scientifiques, pour Latour, sont produits, avant même leur publication, dans le laboratoire lui-même par des « opérations sur des énoncés »[84]. D'autres opérations sont nécessaires à leur fabrication qui engagent des actions matérielles. Mais toute science, en tant qu'elle fait l'objet d'une publication, n'en reste pas moins appréhendable comme un discours et même un récit particulier, ne serait-ce qu'un récit agonistique où des prétendants à la vérité mettent en scène la destitution de leurs concurrents ainsi que leur lente conquête de leur objet et de sa vérité pour constituer puis accumuler de la crédibilité. Vu sous cet angle, la rhétorique du discours scientifique épouse des structures repérées par Greimas dans sa grammaire narrative[85]. Certains commentateurs ont même suggéré que la sociologie latourienne de l'acteur-réseau pouvait être lue comme une extension à l'ensemble du monde social des catégories (comme celle d'épreuves) et des manières avec lesquelles Greimas avait pensé les récits. Latour lui-même a laissé entendre que ses premiers

82. Francesca Polletta, Pang Ching Bobby Chen, Beth Gharrity Gardner et Alice Motes, « The Sociology of Storytelling », *Annual Review of Sociology*, 2011, n° 37, p. 109-130. Paul R. Spickard et W. Jeffrey Burroughs (dir.), *We are a People: Narrative and Multiplicity in Constructing Ethnic Identity*, Philadelphia, Temple University Press, 2000.

83. Bruno Latour et Paolo Fabbri, « La rhétorique de la science », *Actes de la recherche en sciences sociales*, n° 13, février 1977, p. 81-95.

84. Bruno Latour et Steve Woolgar, *La vie de laboratoire. La production des faits scientifiques*, Paris, La Découverte, 1996 (première éd. 1979), p. 87.

85. Algirdas J. Greimas, *La sémantique structurale*, Paris, Larousse, 1966 ; *Id.*, *Sémiotique et sciences humaines*, Paris, Seuil, 1976 ; Algirdas J. Greimas, Joseph Courtès et Michael Rengstorf, « The Cognitive Dimension of Narrative Discourse », *New Literary History*, vol. 7, n° 3, dossier « Thinking in the Arts, Sciences, and Literature », 1976, p. 433-447.

travaux sur les sciences étaient marqués de la double empreinte de Garfinkel et de Greimas[86]. Mais Latour n'est pas un narrativiste intégral même si, dans son anthropologie des sciences et des techniques, il est possible d'isoler des propositions générales sur les récits scientifiques.

La question du récit dans les sciences a été aussi posée sous d'autres angles, par exemple lorsque la sociologie des sciences, dans plusieurs de ses courants, déplace l'attention traditionnelle de l'histoire des savoirs de l'exégèse de la vérité scientifiquement validée vers la variété des modes de production collective de la vérité[87]. Ou bien lorsque des philosophes ou des anthropologues interrogent les modalités et surtout le sujet de la narration scientifique en critiquant l'anthropocentrisme constitutif des sciences modernes[88]. On peut aussi considérer que la science est faite de récits dans la mesure où ses protagonistes cherchent, dans leurs activités, en particulier dans leurs publications, à résoudre des énigmes et à rendre compte d'un événement qui remet en cause des conceptions établies ou posent des questions nouvelles. C'est en partant d'une hypothèse de ce type que Luc Boltanski s'est par exemple interrogé sur les émergences concomitantes, à la fin du XIXe siècle, de la sociologie scientifique et des genres romanesques policier et d'espionnage. Malgré des ressemblances formelles, il n'en concluait pas pour autant à leur équivalence en termes de connaissance ni de vérité[89]. C'était aussi ce que suggérait Ginzburg dans l'article célèbre, « Signes, traces, pistes », où il proposait sa fameuse démarche indiciaire[90]. Lorsque l'analogie entre romans et sciences est plus forte, l'analyse narratologique peut alors être mise au service d'une analyse de la véridicité scientifique. Ce parti pris narrativiste conduit à une déconstruction esthétique ou rhétorique des récits savants. Dans un mouvement inverse, il permet de justifier que des expérimentations narratives s'essayent à renouveler les pratiques des sciences sociales, non seulement l'acte d'écriture mais aussi les autres opérations de recherche.

Que le récit puisse être plus qu'un objet d'enquête, un élément irréductible de toute démarche scientifique, fût-elle modélisée, telle était l'une des conclusions auxquelles aboutissaient déjà les études disciplinaires dont participait le texte de Jacques Revel publié dans *Enquête* en 1995. Le retour du récit observé à partir des années 1970 en sciences sociales signalait l'impasse autant que l'impossibilité des prétentions nomologiques de ces disciplines. Mais cette constatation n'allait pas

86. Bruno Latour, *Ré-assembler le social*, Paris, La Découverte, 2008.

87. Pour un exemple devenu canonique, Steven Shapin, *A Social History of Truth. Civility and Science in Seventeenth-Century England*, Chicago, University of Chicago Press, 1994.

88. Vinciane Despret, *Autobiographie d'un poulpe et autres récits d'anticipation*, Arles, Actes Sud, 2019 ; *Ead.*, *Au bonheur des morts : récits de ceux qui restent*, Paris, La Découverte, 2015 ; *Ead.*, *Habiter en oiseau*, Paris, Actes Sud, 2019. Vinciane Despret et Isabelle Stengers, *Les faiseuses d'histoires : que font les femmes à la pensée ?* Paris, La Découverte, 2011. Donna Haraway, *Récits pour notre temps*, Lyon, Presses universitaires de Lyon, 2024.

89. Luc Boltanski, *Énigmes et complots. Une enquête à propos d'enquêtes*, Paris, Gallimard, 2012, p. 359.

90. Carlo Ginzburg, « Signes, traces pistes. Racines d'un paradigme de l'indice », *Le Débat*, n° 6, 1980, p. 3-44.

seule, elle s'accompagnait d'une affirmation symétrique, et tout aussi exigeante, suivant laquelle les sciences sociales, pas plus qu'elles ne sauraient être formalisées sous forme de lois, ne peuvent être conçues simplement comme des combinaisons plus ou moins sophistiquées de récits, qu'elles ont un lieu avec un savoir vérifiable, et que prouver n'est pas simplement raconter.

Depuis *Le Raisonnement sociologique*, publié en 1991, l'effort de Jean-Claude Passeron a précisément consisté à placer l'espace argumentatif des sciences sociales par-delà les versions manichéennes opposant les savoirs modélisés aux opérations narratives tout en récusant l'idée, développée en particulier par Wolf Lepenies, d'une sociologie et de sciences sociales épistémologiquement et formellement logées, depuis leurs origines, entre science et littérature. L'entretien en partie inédit publié dans ce volume, contemporain du texte de Revel, et révisé depuis, invite, comme on le verra, à se méfier des « effets de réel » qui, selon Passeron, hantent « tout usage du langage narratif ». Cette notion d'effet de réel, reprise à Barthes, désigne des indications réalistes n'ayant pas de nécessité spécifique dans un récit, par exemple dans une description, mais qui viennent s'ajouter à sa structure. Inévitables dans tout usage de la langue naturelle, ces effets de réel brouillent, dans les sciences, les efforts de connaissance alors que, dans la littérature, ce sont eux, au contraire, qui fixent la manière dont des éléments empiriques, qui ont pu être collectés par l'écrivain, seront ordonnés. Autrement dit, l'effet de réel, en littérature, est le principal vecteur de connaissance alors qu'il n'en va pas de même, selon Passeron, en sociologie où il fait, à l'inverse, en partie écran à l'intelligibilité scientifique, qu'elle soit explicative ou compréhensive. De là l'idée que les sciences sociales ne sont pas simplement ni librement narratives : elles s'efforcent de contrôler leurs récits. Délibérément « ascétique », leur écriture est soumise à des contraintes lexicales et « schématiques » dont les récits littéraires – mais aussi, même si Passeron ne les évoque pas, les récits ordinaires – peuvent s'affranchir pour être considérés comme vrais. Elles s'appuient en outre sur des éléments empiriques dont la collecte ou la construction est, elle aussi, soumise à des contraintes spécifiques. Échappent ainsi à l'idée d'une nature narrative générale de sciences sociales, pour Passeron, les opérations d'enquête les plus concrètes, d'observation et surtout de comparaison ou de mesure qui, selon lui, caractérisent inévitablement la sociologie ainsi que les autres disciplines de description et d'analyse du monde social. Car, jusque dans l'étude de cas, la monographie, l'analyse d'une individualité, les sciences historiques ne peuvent s'affranchir, écrit Passeron, d'un « souci de représentativité » qui reste étranger à la littérature. Même dans sa forme réaliste, celle-ci ne peut atteindre qu'au « pittoresque » et reste définie par une exigence de « singularisation » repérée, dès le début du vingtième siècle, par Chklovski[91]. Passeron est catégorique au sujet de ce

91. Victor Chklovski, *L'art comme procédé*, Paris, Allia, 2008 (1917 pour l'édition originale en russe).

qui sépare la littérature des sciences sociales : Proust décrit sans doute avec merveille l'aristocratie et la bourgeoisie de la Belle Époque ; mais Proust n'est pas sociologue[92].

Les méditations de Passeron sur les différences de méthodes et de structures textuelles en littérature et en sciences permettent néanmoins de mieux comprendre les raisons pour lesquelles le récit n'en finit pas de faire retour et de travailler les manières de faire en sciences sociales. Car la maîtrise littéraire des effets de réel, si elle ne suffit pas, pour le sociologue, à augmenter l'intelligibilité du monde ou la véridicité des phrases, n'en produit pas moins, lorsqu'elle parvient à ses fins, un plaisir important, une émotion et une empathie qui passent par des mécanismes d'identification et débouchent sur une compréhension « intense », « envoûtante » parfois, des situations, des personnes et des univers dans lesquels ils évoluent. Quelques œuvres rares, comme celle de Richard Hoggart[93], échappent malgré tout à la partition nette, dessinée par Passeron, entre techniques de vérité de la littérature et des sciences sociales. Alors que ceux qui mêlent attention littéraire et démarche savante finissent en général par voir absorbée la seconde dans la première, Hoggart, selon lui, serait parvenu, en particulier dans *33 Newport Street*, son récit autobiographique, à subordonner l'écriture à l'analyse et l'anecdotique au général. L'ambiguïté du rapport au récit des sciences sociales n'est donc pas complètement résorbée ni peut-être susceptible de l'être.

Il reste que l'effet principal du long tournant narratif est d'avoir arraché le récit à son appréhension avant tout textuelle et *a fortiori* littéraire pour faire un objet social ordinaire, consubstantiel à l'existence collective, présent en permanence dans les rapports sociaux et jusque dans l'activité scientifique elle-même.

La matière narrative et son traitement

Le présupposé d'une telle approche est que le récit est un élément central de la vie quotidienne voire qu'il n'est pas de vie possible sans narration. C'est ce que suggère dans ce volume le texte d'Elinor Ochs, chercheuse étasunienne spécialisée en anthropologie linguistique. Publié initialement en 1997, son article propose une manière de concevoir et d'étudier l'activité narrative entendue dans son sens le plus large. Pour les narrativistes comme Ochs, en effet, le récit commande notre manière de penser et de nous relier aux autres. Lorsqu'ils partent d'une telle hypothèse, la plupart des auteurs s'intéressant à la narration s'accordent autour d'une définition minimale qui voit dans le récit une séquence ordonnée d'événements décrivant le passage d'un état à un autre. Le récit fait correspondre

92. Catherine Bidou-Zachariasen, *Proust sociologue. De la maison aristocratique au salon bourgeois*, Paris, Descartes et Cie, 1998.

93. Richard Hoggart, *33 Newport Street. Autobiographie d'un intellectuel issu des classes populaires anglaises*, Paris, Gallimard-Seuil-EHESS, 1991 (première édition anglaise 1988) ; Jean-Claude Passeron, « Portrait de Richard Hoggart en sociologue », *Enquête. Cahiers du Cercom*, n° 8, 1993, p. 79-111.

une suite d'événements et une suite de propositions. Sa structure comprend un commencement, un milieu et une fin, une grande partie de l'effort narratologique ayant consisté à complexifier notre compréhension de cette structure. Ochs propose ainsi de décomposer les récits en plusieurs éléments. Le cadre initial est ce qui précède l'événement narratif. Si un récit est produit, c'est que quelque chose a attiré l'attention, qu'un problème est apparu. Cet événement est suivi de ses réactions qui peuvent être physiques ou psychiques. Elles ont elles-mêmes des effets pouvant entraîner d'autres réactions avant qu'un dénouement ne stabilise à nouveau la situation. Les récits ne décrivent pas une réalité, explique Ochs, ils interprètent ce qui a eu lieu. Ils rendent compréhensible ce qui ne l'était pas et leur répétition permet de sédimenter des représentations. À partir de cette acception, le récit peut épouser des formes variées, orales, écrites, graphiques, visuelles ou musicales. Ces formes peuvent encore être combinées, elles sont même le plus souvent hybridées dans les situations de communication. L'historien médiéviste Vincent Debiais montre, dans les pages qui suivent, que les inscriptions du XIVᵉ siècle, observées sur des blocs d'un vestibule entre le cloître et le temple du monastère de Saint-André d'Arroyo, en Espagne, font récit, même si elles ne reproduisent en rien les chroniques écrites, parce qu'elles sont intégrées à des objets. Cette nature objectale du récit est, pour l'historien, une spécificité médiévale déclinée en de multiples supports qui vont du livre au cartulaire en passant par les épitaphes.

La perspective anthropologique insiste par ailleurs sur le caractère interactionnel du récit dont la forme élémentaire vient, selon Ochs, de la conversation ordinaire. De ce point de vue, tout récit a toujours plusieurs auteurs. Il peut faire l'objet d'une activité collective, dans un couple, une famille, un groupe d'amis, une organisation. Car les récits ne sont pas non plus détachés des activités de leurs producteurs : ils sont intégrés à des scènes sociales précises, une dispute, un repas, un discours politique, des doléances, une cure analytique, etc. Ils définissent des rôles et des identités pour celles et ceux qui les racontent et pour leurs destinataires.

Parce qu'il est ordinaire et susceptible de répétitions comme de variations, le récit peut être relié à d'autres récits qui lui ressemblent. Mettre en série des récits, les comparer, dégager leurs éventuelles régularités, sont des opérations classiques que les sciences sociales engagent depuis longtemps, en dehors des études littéraires ou narratologiques, vis-à-vis du fait narratif. Il n'est pas d'analyse possible des récits médiévistes, soutient par exemple Vincent Debiais, sans une mise en série de sources et d'objets narrants, dispersés et parfois même absents. Formé en histoire, Julien D'Huy met, quant à lui, en série des versions d'un même mythe répertoriées dans des bases de données, inscrivant sa démarche « phylomythologique » dans le lointain sillage des *Mythologiques* de Lévi-Strauss. La méthode phylogénétique appliquée aux mythes doit permettre de comprendre les différences et la sélection des récits. On suppose alors que les récits qui survivent sont ceux qui sont les plus mémorables et dont l'intrigue est la plus partagée. Sur ces bases peuvent s'établir une géographie ainsi qu'une généalogie des récits mythiques ; leurs origines temporelle et spatiale peuvent être conjecturées.

Une approche littéraire et culturelle des récits contemporains permet d'interroger la singularité des opérations savantes de mise en série. À partir de ses travaux sur la production, la circulation et la consommation des récits dans la culture de masse des deux derniers siècles, Mathieu Letourneux suggère que la sérialité est devenue une propriété intrinsèque de la forme narrative. Des « imaginaires sériels », polyphoniques, multiples, concurrents, structurent notre manière de voir le monde et de nous raconter et forment ce que Gérard Genette appelait l'architexte de nos récits[94]. Ils prescrivent des conventions, des formats, des principes de publication des œuvres de fiction, comme dans les feuilletons littéraires du XIXe siècle, le roman policier ou de science-fiction. L'empreinte sérielle s'étend aussi aux récits factuels, comme le montre le compte-rendu des faits divers, les manières de considérer la ville ou le crime. Elle affecte les comportements sociaux, ce dont témoignent entre autres les scripts sexuels ou amoureux. Elle se diffuse jusque dans le « discours social » déplaçant alors notre façon de voir la réalité et de parler du monde. Une telle influence n'empêche pas les variations ni les appropriations différenciées ; elle ne fait pas taire le conflit des interprétations ; elle évolue et change de contenus selon les circonstances historiques mais elle agit néanmoins comme un précodage des narrations en vigueur. La sérialité narrative n'a plus rien ici d'une construction savante : c'est un fait social et culturel dont il s'agit d'étudier la portée ainsi que les traits, et dont l'activité scientifique ne propose, en définitive, qu'une expression localisée.

Si la mise en série des récits est devenue, quelles que soient ses finalités de connaissance, une opération ordinaire des sciences sociales, dont l'importance s'est accrue encore par les possibilités nouvelles offertes aux méthodes quantitatives par les outils numériques[95], elle n'en pose pas moins de redoutables problèmes d'interprétation. Le plus évident d'entre eux touche plus largement tous les travaux issus du tournant narratif qui tendent à accorder aux récits une large autonomie. Jusqu'à quel point peut-on décontextualiser un récit, *a fortiori* lorsqu'on adopte à son sujet une définition anthropologique, étendue, qui en fait une pratique intégrée à un tissu de relations et d'activités ? Parce qu'il doute que ces opérations de décontextualisation ne soient pas sans dommages pour la connaissance, Charles Delattre montre toute la fragilité de la pratique de la mythologie et du terme même de « mythe » dont il rappelle que la signification ne va pas de soi dans le cadre de la Grèce antique. Le mythe grec, explique-t-il, n'est pas même un objet

94. Gérard Genette, *Introduction à l'architexte*, Paris, Seuil, 1979.

95. Voir par exemple Michel Grossetti, « Les narrations quantifiées. Une méthode mixte pour étudier des processus sociaux », *Terrains & travaux*, vol. 19, n° 2, 2011, p. 161-182.

délimité d'enquête. À la suite de Claude Calame, il affirme qu'il est au contraire une catégorie contemporaine qui ne correspond à aucune production discursive du monde antique. Et de recommander que se forme, sur cette base réaliste, une « micro-mythologie » : une étude localisée, contextualisée, et pluridisciplinaire des documents dans leur singularité aux antipodes de ce que propose la mise en série des mythes ou de leurs éléments constituants. L'enquête débouche ainsi sur le résultat paradoxal suivant : rien ne garantit que ce que nous appelons « mythe » dans la tradition mythographique ait bel et bien eu la forme d'un récit. Le monde grec ne livre pas tels quels, autrement dit, des récits mythiques. La narration n'y a rien de donné. C'est au contraire une construction savante et transitoire effectuée à partir d'un corpus documentaire varié et fragmentaire. Plus radicalement encore, le cas grec jette un doute sur les prétentions à la naturalité et à l'universalité du récit que porte une partie des narrativistes.

Expérimentations narratives

Ce parti pris constructiviste peut aussi conduire à d'autres traitements encore de la matière narrative de l'enquête. Quelques-uns d'entre eux trouvent leur place dans ce volume qui visent à rompre avec la problématique de la représentation en proposant une expérimentation du chercheur sur les récits qu'il ou elle étudie et qu'il ou elle écrit.

Dans l'arsenal de plus en plus vaste des méthodes narratives en sciences humaines et sociales[96], la proposition faite, à des enquêtés, de produire des récits de toutes sortes est de plus en plus fréquemment pratiquée. Nicole Biagioli rend compte d'un protocole d'enquête interdisciplinaire, qui s'inscrit dans le cadre innovateur de la médecine narrative, en invitant des patients à créer des récits après écoute collective d'un concert. Le dispositif permet de confirmer qu'il existe, à partir d'une même œuvre, une diversité d'expériences esthétiques et de manières de la raconter. La pratique narrative engage plus que la langue, la mémoire et, par conséquent, l'expérience du temps passé qui, presque chez tous les protagonistes de l'expérimentation, finit par être reliée à la situation vécue au présent. Quant aux vertus thérapeutiques d'un partage collectif de mises en récit, elles sont également discutées, et placées au centre de la méthodologie. Il s'agit de soigner autrement, en convoquant non seulement l'art, mais le récit, de compléter d'autres formes de soin et d'atténuer la verticalité de la relation soignante avec les professionnels de santé, en particulier les médecins. La fonction heuristique du recours au récit est ici transcendée par sa dimension éthique voire politique.

96. Voir par exemple en langue française, Hervé Breton, *L'enquête narrative en sciences humaines et sociales*, Paris, Armand Colin, 2022. En langue anglaise, Anna de Fina et Alexandra Georgakopoulou (eds), *The Handbook of Narrative Analysis,* Oxford, Wiley Blackwell, 2015 ; Ivor Goodson (éd.), *The Routledge International Handbook on Narrative and Life History,* Londres, Routledge, 2017.

C'est un horizon semblable que partagent, comme c'est le cas de nombreux travaux narrativistes contemporains, ceux de Sophie Houdart lorsqu'elle se demande, dans ce volume, comment faire récit de l'expérience des personnes vivant sur le territoire de la catastrophe de Fukushima. Cela passe d'abord, selon elle, par une déconstruction des grands récits dominants sur l'événement, à commencer par celui des autorités elles-mêmes qui affirment qu'on peut apprendre à vivre avec la radioactivité en faible dose. La description, projetée initialement par l'anthropologue, des vies qui perdurent à Fukushima ne risque-t-elle pas d'alimenter ce grand récit normalisateur ? Le noyau du discours nucléaire tient, en réalité, pour l'anthropologue, à la linéarité du récit catastrophique qui, comme tout récit, contient un début, un milieu, une fin, et interdit tout retour en arrière. Contre cette narration univoque et unilatérale, la stratégie d'enquête vise à multiplier les « petits » récits, à les mettre en relation avec d'autres récits semblables et éloignés, dans un site comparable, à La Hague. Suivre des lieux, des lignes spatiales en vue de déjouer la linéarité temporelle et la prolifération des *scenarii* catastrophiques que les autorités nucléaires ne cessent de produire. Rendre compte des résurgences de la catastrophe, des répliques traumatiques, contre l'exercice narratif conventionnel des « retours d'expérience » pratiqué par les autorités. Ainsi conduite, l'expérimentation interroge ce que l'événement critique, ici catastrophique, fait aux pratiques de récit : il entraîne leur prolifération. L'anthropologue entend accroître cette démultiplication plutôt que de la simplifier voire de la résorber. L'écriture s'apparente ici à un montage auquel est prêtée une signification politique au moins autant qu'épistémique. Car faire foisonner les petits récits ordinaires contre le grand récit institutionnel, ce serait rendre accessibles des voix inaudibles et écrasées et opposer au récit dominant un contre-récit polyphonique et irrécupérable par les pouvoirs en place[97]. Poussée à sa limite, la démarche conduit à questionner la définition canonique du récit comme lié à un événement et à contester le carcan de cette structure élémentaire.

Ce type d'expérimentations, comme d'autres, conduit aussi à questionner les modes de fonctionnement des disciplines, et notamment les formes d'objectivation et de rationalité qu'elles revendiquent. C'est ce qu'avance le juriste Émeric Nicolas, en montrant comment il tente de développer en pratique le concept de « narration subjective », emprunté à l'écrivain Pierre Bergounioux, dans le domaine du droit. Comme nous l'avons vu, l'appréhension inattendue du droit par les contes et par les récits s'est développée ces dernières années, que ce soit en soulignant combien les normes juridiques et la jurisprudence sont aussi des récits ou bien faisant ressortir la dimension normative de certains

97. L'opposition formelle et politique entre « grand récit » et « petits récits » a notamment été thématisée par Jean-François Lyotard à partir de la fin des années 1970, en particulier dans *Rudiments païens*, Paris, Christian Bourgois, 1976 ; *Id.*, *Instructions païennes*, Paris, Galilée, 1977 ; *Id.*, *La Condition postmoderne. Rapport sur le savoir*, Paris, Les Éditions de Minuit, 1979.

récits, autochtones ou colonisés par exemple, ou bien encore en mobilisant le conte et la fiction en vue de proposer d'autres manières d'étudier et de discuter le droit[98]. Emeric Nicolas observe que l'ensemble de ces approches narratives du droit continue de reposer sur des formes de récit expert, en surplomb, évacuant la personnalité du juriste narrateur. Il propose de faire un pas supplémentaire en mettant en jeu la relation subjective qu'il entretient aux flux normatifs contemporains. Cela débouche sur une écriture hybride où le récit de vie du juriste (incluant ses émotions, ses perceptions, des éléments autobiographiques) s'articule à des analyses issues de son champ de recherche ou d'autres disciplines des sciences sociales. L'usage du récit à la première personne permettrait ainsi d'écrire autrement le droit, loin d'une narration de type objective et technicienne, et par-là d'interroger les fondements et le fonctionnement de ce champ disciplinaire. Il en ressort la proposition suivante, celle d'une analyse du droit complémentaire de l'analyse dominante : une lecture au présent du droit tel qu'il est perçu dans les interactions de la vie quotidienne et à travers la manière dont il modèle les expériences individuelles.

En travaillant sur l'histoire de l'Universidad de Rosario, à Bogota, en Colombie, et sur ses liens avec l'histoire de la traite transatlantique, l'historien Bastien Bosa plaide pour un autre type d'expérimentation narrative en sciences sociales : la « fabulation critique » proposée par l'historienne afro-américaine Saidiya Hartman dans une perspective de politisation du récit historique[99]. Comment parler des personnes mises en esclavage sans redoubler, à cause de la nature des sources qui les évoquent, la violence initiale dont elles ont été victimes d'une violence savante qui les représente sans voix et sans capacité d'agir ? Alors que de nombreux documents permettent d'établir que l'esclavage et le racisme ont été des conditions décisives de création et de continuité de l'université dont Bosa entend retracer l'histoire, les histoires des personnes concernées n'ont pas laissé de traces suffisantes. Pour Hartman, rappelle Bosa, combler les lacunes des documents, dépasser les récits de dépossession qui répètent la violence des oppresseurs, et « spéculer » sur des vies d'esclaves possibles n'est pas un choix scientifique : cela relève d'abord d'un impératif éthique. Les risques d'une telle démarche sont connus de celles et ceux-là mêmes qui en défendent la pratique. Ils les choisissent donc généralement en connaissance de cause en franchissant la frontière entre récit d'histoire et récit fictionnel. Dans ces expérimentations fabulatrices ou spéculatives, le récit n'est donc plus tant une matière à traiter qu'un opérateur critique des narrations disciplinaires en vigueur.

98. Émeric Nicolas mentionne en particulier sur ce point les travaux du juriste belge François Ost, spécialiste du courant droit et littérature, et auteurs de plusieurs recueils visant à présenter sous forme de récits des expériences d'acteurs du droit, voir pour le plus récent : François Ost, *Le congrès et autres contes juridiques,* Paris, Lefebvre/Dalloz, 2024.

99. Voir en particulier, Saidiya Hartman, *À perte de mère. Sur les routes atlantiques de l'esclavage*, Paris, Presses du Réel, 2023 (éd. originale anglaise, 2007).

Malgré son caractère partiel et sa brièveté, la reconnaissance opérée par ce volume dans le narrativisme actuel des sciences sociales a permis de repérer deux grandes polarités d'usages derrière lesquelles se répartissent par ailleurs deux manières de pratiquer les sciences sociales. Les usages empiriques ou critiques de la narration croisent, sans se confondre avec elles, les conceptions naturalistes ou constructivistes du récit. Quatre grands archétypes d'utilisation des récits en sciences sociales découlent de cette répartition. Les premiers conçoivent le récit comme une matière qui est universelle et peut être mise en série ou comparée, dans ses expressions variées, parce qu'elle procède d'une faculté naturelle présente à toutes les époques et dans toutes les civilisations. Les deuxièmes voient au contraire dans toute production de récit une construction historique et située singulière, irréductible, et qui dépend du contexte et de règles spécifiques et localisées de formation. Un troisième type d'usage interroge les récits scientifiques, leurs spécificités et leurs conditions de possibilité depuis une idée générique de ce qu'est une forme narrative. Quant au quatrième ensemble d'usages, il rassemblerait les recherches qui envisagent le discours scientifique au-delà même de l'idée de linéarité comme un montage proliférant de récits produits selon des modalités distinctes. Cette vaste extension, en sciences sociales, des usages de la narration déployée depuis trois décennies, et le premier numéro d'*Enquête*, laisse bien entendu de nombreuses questions en suspens qui ne sont ici qu'évoquées à la lumière des textes rassemblés dans ce volume.

La première porte précisément sur les manières de différencier entre pratiques narratives dès lors que le récit est considéré, ou bien comme une forme de l'esprit, ou bien comme une pratique omniprésente. Cet « impérialisme narratif » a été critiqué par certains narratologues eux-mêmes[100]. Que le sujet individuel et le cours du monde soient partout et toujours des objets de récit a été contesté[101]. Corollaire de ce questionnement : qu'est-ce qui, dans le discours ou la parole, n'est pas ou n'est plus récit après le tournant narrativiste ? L'argumentation, en particulier, peut-elle toujours être assimilée à un récit ? Un rêve, même raconté, est-il un récit ? Dans le discours scientifique, la littérature, les traditions orales, tout

100. Le narratologue nord-américain James Phelan, qui a dirigé la revue *Narrative* de 1993 à 2024, définit « l'impérialisme narratif » comme « la tendance venant de ceux qui étudient le récit à revendiquer de plus en plus de territoire et de plus en plus de pouvoir pour notre objet d'étude et nos façons de l'étudier. (…) [C]omme d'autres projets colonialistes, l'impérialisme narratif peut aussi avoir des conséquences négatives, tant pour les colonisés que pour le colonisateur. L'impérialisme narratif peut nous conduire à dévaloriser certaines conceptions héritées des disciplines colonisées. Il risque aussi d'élargir le concept de récit à tel point que nous perdons de vue ce qui lui est propre. Et cela peut nous conduire à simplifier à outrance certains phénomènes que nous cherchons à expliquer. » Dans *Diegesis*, 2015, « My Narratology. An Interview with James Phelan », vol. 4, n° 2, p. 81-87, cité par Raphaël Baroni, « L'empire de la narratologie, ses défis et ses faiblesses », *op. cit.*, p. 220.

101. Voir par exemple la critique philosophique de la narrativité formulée par Galen Strawson, « Contre la Narrativité », dans *Fabula-LhT*, n° 9, dossier « Après le bovarysme », dirigé par Marielle Macé, mars 2012, http://www.fabula.org/lht/9/strawson.html.

ce qui est dit ou écrit relève-t-il de la narration ? L'approche narrative généralisée a eu pour effet de reléguer dans l'ombre toutes ces questions classiques.

L'autre postulat à interroger et à spécifier tient au caractère social, accepté ou revendiqué par la plupart des chercheurs narrativistes, des pratiques de mises en récit. Pour les sciences sociales du récit, ceux-ci doivent être étudiés dans leurs contextes sociaux, politiques, institutionnels d'énonciation. Comment se négocie le sens d'un récit ? Quelles en sont les modalités d'évaluation ? Pourquoi, par quels mécanismes, certains récits sont jugés plus convaincants que d'autres et peuvent apparaître comme objectifs et généraux, quand d'autres sont cantonnés à la marge ou rabattus au seul registre de l'expérience individuelle[102] ? À quelles conditions des récits deviennent collectifs, dans quels contextes, avec quelle portée, avec quelles significations pour les destinataires ?

Si elle tend enfin à insérer le texte scientifique et sans production dans un ensemble beaucoup plus vaste d'activités narratives, l'extension anthropologique de la définition du récit conduit à imaginer le récit scientifique comme une activité collective dont les lecteurs sont des interprètes voire des co-auteurs plus ou moins en phase avec l'auteur savant. S'il était suivi jusqu'à son terme, un tel raisonnement demanderait de s'interroger sur les horizons d'attente des lecteurs de sciences sociales, ou sur leurs habitus de lecteurs, et sur la manière dont ils interfèrent avec les textes produits par les disciplines pour en définir l'intérêt et la pertinence. L'actuel retour au récit des sciences sociales françaises, en partie promu par les intermédiaires de l'édition et de la culture, serait alors compris comme une reconnaissance du rôle joué par le lecteur ou le spectateur dans la légitimation différentielle des énoncés scientifiques, voire dans leur puissance véridictionnelle effective. La redéfinition des communautés de validation des produits de la recherche voire la dispersion de la prétention à dire le vrai et surtout à le rendre crédible représentent ici le point de fuite de la perspective narrativiste.

D'où une ultime interrogation qui témoigne elle-même de l'ampleur du chemin parcouru, et peut-être perdu, par les sciences sociales dans leur rapport au récit. Car, trente ans après les premiers échos du « tournant » narratif dans *Enquête*, les sciences sociales peuvent-elles encore se penser en position de démêler le réel de la fiction et le vrai du faux dans une masse de récits en circulation, si elles n'en sont, en définitive, que l'un des éléments constituants ? En cas de réponses négative, le constat serait amer même s'il n'annule en rien la richesse de nouveaux éclairages apportés par les narrativismes dans nos disciplines. Tout juste incite-t-il, avec plus d'urgence encore, à partir à la recherche de ce qui, dans la somme des symboles, des paroles, des discours construits et partagés, résiste à l'empire du récit.

102. Francesca Polletta, Pang Ching Bobby Chen, Beth Gharrity Gardner et Alice Motes, « The Sociology of Storytelling », *op. cit.*

Elinor Ochs

Le récit*

Traduit par Laurent Vannini

Les univers du récit

Imaginons un monde sans récit. Traverser l'existence sans dire à quiconque ce qui nous est arrivé, à soi ou à quelqu'un d'autre, et ne pas raconter ce qu'on a lu dans un livre ou vu dans un film. Ne pas être en mesure d'entendre, de voir ou de lire des pièces de théâtre élaborées par d'autres. Pas d'accès à des conversations, des textes publiés, des images ou des films qui traitent d'événements présentés comme réels ou fictionnels. Imaginons ne pas même composer de récits intérieurs, à soi-même et pour soi-même. Non. Un tel univers est inimaginable, car il signifierait un monde sans histoire, mythes ou théâtre ; et des vies sans réminiscence, sans révélation et sans relecture interprétative.

Lorsque nous pensons au récit, les formes littéraires nous viennent à l'esprit comme textes narratifs par excellence. Depuis la *Poétique* d'Aristote[1] au moins, les genres narratifs tels que la tragédie et la comédie obsèdent les philosophes et les critiques. Le récit, en tant que genre fondamental qui organise notre manière de penser et d'interagir avec les autres, recouvre cependant un énorme éventail de formes discursives, qu'il s'agisse de genres populaires ou artistiques. La forme la plus élémentaire et la plus universelle de récit est peut-être le produit non pas de la muse poétique, mais de la conversation ordinaire.

Les spécialistes du récit soutiennent l'idée que les récits ont pour auteurs et autrices non seulement celles et ceux qui les font connaître, mais également les

* [NdÉ] : Cet article est la traduction de Elinor Ochs, « Narrative », dans Teun A. van Dijk (éd.), *Discourse as Structure and Process : Discourse Studies : A Multidisciplinary Introduction*, vol. 1, Londres, Sage Publications, 1997, p. 185-207. Nous sommes reconnaissants à l'auteur et à l'éditeur d'avoir autorisé la traduction en français de ce texte et sa publication par les Éditions de l'école des hautes études en sciences sociales.

1. Aristote, *Poétique*, traduction de Pierre Destrée, Paris, Flammarion, 2021.

In : Sciences sociales aux bords du récit, Paris, Éditions de l'EHESS, 2025

nombreux lecteurs et interlocutrices qui orientent le cours du récit[2]. Ce co-autorat est le plus manifeste dans les récits conversationnels, là où les interlocutrices posent des questions, commentent et, en outre, contribuent ouvertement à une histoire évolutive[3]. La production interactionnelle du récit perpétue et transforme les personnes et les relations[4]. La manière dont nous pensons à nous-mêmes et aux autres est influencée tant par le contenu du message des récits narrés conjointement que par l'expérience collective du travail de construction d'un récit cohérent.

Notre espèce a la chance d'avoir accès à plusieurs modalités communicationnelles à sa disposition pour créer un récit. Les récits peuvent être produits à travers des modes de représentation parlés, écrits, kinesthésiques, graphiques et musicaux. Les récits oraux et écrits sont chose courante. Les représentations dramatiques d'événements au moyen de mouvements corporels et d'expressions du visage représentent peut-être même un véhicule narratif plus élémentaire encore, au regard de l'historicité, de l'ubiquité et de l'attrait de la performance[5]. En effet, Kenneth Burke évoque le drame rituel « comme la *Ur-form* (la forme originelle), le "foyer", et tous les autres aspects de l'action *humaine* sont traités comme des rayons irradiant de ce foyer »[6]. Et toute image raconte une histoire sous la forme d'un récit plus ou moins condensé. En réalité, l'histoire de l'art est, pour partie, une histoire de la représentation narrative[7]. Parfois, un récit se transmet à travers une série de descriptions, comme dans certaines formes d'art rupestre ou certains manuscrits médiévaux illustrés. Dans d'autres cas, la séquence d'événements est

2. Mikhail Bakhtin, *The Dialogic Imagination : Four Essays*, traduit du russe par Caryl Emerson et Michael Holquist, Austin, TX, University of Texas Press, 1981 ; *Id.*, *Speech Genres and Other Late Essays*, Austin, University of Texas Press, 1986 ; Richard Bauman, *Story, Performance, and Event*, Cambridge, Cambridge University Press, 1986 ; Charles Goodwin, *Conversational Organization : Interaction between Speakers and Hearers*, New York, Academic Press, 1981.
3. Konrad Ehlich (éd.), *Erzahlen im Alltag*, Frankfurt, Suhrkamp, 1980 ; Charles Goodwin, « Notes on Story Structure and the Organization of Participation », dans Maxwell Atkinson et John Heritage (eds), *Structures of Social Action*, Cambridge, Cambridge University Press, 1984, p. 225-246 ; Marjorie Harness Goodwin, *He-Said-She-Said : Talk as Social Organization among Black Children*, Bloomington, Indiana University Press, 1990 ; Gail Jefferson, « Sequential Aspects of Storytelling in Conversation », dans Jim Schenkein (éd.), *Studies in the Organization of Conversational Interaction*, New York, Academic Press, 1978, p. 219-248 ; Jenny Mandelbaum, « Recipient-driven Storytelling in Conversation », Thèse de doctorat non publiée, Université du Texas à Austin, 1987 ; Elinor Ochs, Carolyn Taylor, Dina Rudolph et Ruth Smith, « Story-telling as a Theory-Building Activity », *Discourse Processes*, vol. 15, nº 1, 1992, p. 37-72 ; Uta M. Quasthoff (éd.), *Erzahlen in Gesprachen*, Tübingen, Narr, 1980 ; Harvey Sacks, « Some Technical Considerations of a Dirty Joke », dans Jim Schenkein (éd.), *Studies in the Organization, op. cit.*, p. 249-269.
4. Peggy J. Miller, Judith Mintz, Lisa Hoogstra et Heidi Fung, « The Narrated Self : Young Children's Construction of Self in Relation to Others in Conversational Stories of Personal Experience », *Merrill-Palmer Quarterly*, vol. 38, 1992, p. 45-67.
5. Aristote, *Poétique, op. cit.*, 2021.
6. Kenneth Burke, *The Philosophy of Literary Form*, Berkeley, University of California Press, 1973, p. 103.
7. Theodor Adorno, *Théorie esthétique*, trad. française, Paris, Klincksieck, 2011 ; John Berger, *Voir le voir*, trad. française, Paris, Éd. B42, 2014 ; Ellen Dissanayake, *What Is Art For ?*, Seattle, University of Washington Press, 1988 ; Alexander Marsack, *The Roots of Civilization. The Cognitive Beginnings of Man's First Art, Symbol and Notation*, Mount Kisco, Moyer Bell, 1991.

condensée en une seule représentation, exigeant de l'observateur qu'il démêle l'intrigue à partir des différents éléments composant la scène. D'un certain point de vue, l'art minimaliste exerce de lourdes contraintes sur les observateurs en les conviant à créer un récit à partir de formes et de juxtapositions profondément abstraites et insaisissables. D'un autre point de vue, l'art minimaliste exonère l'observateur d'avoir à distinguer un seul récit écrit à l'avance par un artiste ou un mécène et faisant autorité. Au contraire, l'observateur est libre de donner un large éventail d'interprétations narratives suscitées ou inspirées par les formes visuelles[8].

Le spectre d'interprétations narratives qui caractérise les paradigmes des arts visuels caractérise également d'autres modes narratifs, la musique en particulier. Les instruments, la tonalité et les leitmotivs mélodiques peuvent, plus ou moins de manière explicite, plus ou moins de manière iconique, construire des personnages et leur faire traverser des univers d'émotions et d'actions. L'ethnomusicologue Steven Feld décrit la manière dont le peuple Kaluli de Papouasie-Nouvelle-Guinée associe les contours mélodiques des chants d'oiseaux à des formes particulières de sentiments, d'activités et d'états d'être humains. Certaines hauteurs de notes, par exemple, traduisent la tristesse et les larmes, qui peuvent à leur tour évoquer la perte et l'abandon[9]. Les Kaluli reproduisent ces contours mélodiques dans des récits chantés afin d'éveiller des sentiments profonds en celles et ceux qui les écoutent[10].

Un récit peut être façonné à travers une seule modalité, mais le plus souvent les narrateurs entremêlent une multiplicité de modalités. Les narratrices peuvent citer ou faire référence à des extraits narratifs provenant d'un livre ou d'un journal, mélangeant les instrumentalités orales et écrites. Des descriptions impliquant des objets peuvent également être incorporées, comme lorsque les enfants des écoles états-uniennes se livrent à une activité narrative intitulée « *sharing time* » (le temps du partage) pendant laquelle ils et elles racontent une histoire tant à l'aide de mots qu'au moyen d'objets rapportés de chez eux[11]. De la même manière, le récit peut impliquer des narrateurs qui commentent, regardent et se réfèrent à des représentations visuelles. C'est le cas des exposés de faits au tribunal, lorsque témoins et avocats reconstituent un récit plausible, à l'aide d'objets et d'images qu'ils conçoivent comme des éléments de preuve[12]. Les récits scientifiques s'appuient également sur des graphiques, des diagrammes et d'autres

8. Lisa Capps, Robert Bjork et Dan Siegel, « The Meaning of Memories », *UCLA Magazine*, vol. 4, nº 4, 1993, p. 8-10.
9. Steven Feld, *Son et sentiment : oiseaux, pleurs, poésie et chant chez les Kaluli de Papouasie-Nouvelle-Guinée*, trad. française, Genève, Éditions Héros-limite, 2023.
10. Edward L. Schieffelin, *The Sorrow of the Lonely and the Burning of the Dancers*, New York, St Martin's Press, 1976.
11. Sarah Michaels, « "Sharing Time" : Children's Narrative Style and Differential Access to Literacy », *Language in Society*, vol. 10, 1981, p. 423-442.
12. Charles Goodwin, « Professional Vision », *American Anthropologist*, vol. 96, nº 3, 1994, p. 606-633.

représentations schématiques encore. Si parfois les scientifiques ne se réfèrent qu'à une simple représentation schématique, il leur arrive également, lorsqu'elles sont aux prises avec un problème scientifique, de produire un compte-rendu narratif du point de vue d'un objet symbolique *au sein* d'une représentation schématique[13]. En ces occasions, les scientifiques utilisent la représentation schématique comme cadre de référence lorsqu'elles font gestuellement et vocalement le récit des changements d'états physiques à l'appui de repères symboliques au sein de la représentation schématique. Les livres d'images entremêlent également des images et du texte linguistique, invitant les lecteurs à suivre une ligne narrative entre ces deux modalités. Et le drame théâtral peut être mis en scène à l'aide d'une variété de modalités incluant la pantomime, la voix, le texte écrit, l'image visuelle et l'instrumentation musicale.

Dans certains cas, l'interpénétration des modalités communicatives est suggérée plus qu'elle n'est rendue manifeste. Plutôt que d'utiliser différents modes de communication, le narrateur sous-entend ces modes en recourant à la variation stylistique. Par exemple, lorsque des auteurs passent d'une prose descriptive à une citation exacte, ils sous-entendent un passage au discours. Ce faisant, ils transforment également le lecteur en auditeur (fortuit). Ces interpénétrations produisent des intertextes ou des types de discours hybrides[14]. L'entremêlement de modalités sous-entendues est fréquent dans le roman en particulier. Les autrices y élaborent non seulement des dialogues parlés, mais également des formes de communication intérieures et silencieuses, sous une forme littéraire. Le jeu des canaux communicatifs tisse une relation complexe entre l'auteur, le personnage et le lecteur/l'auditeur (fortuit). Élaborée avec soin, une telle complexité produit des significations qui font de l'auteur un artiste et du produit une œuvre d'art.

Comme le laisse entendre cette réflexion, le récit recouvre une diversité de genres. À mesure qu'ils donnent à entendre un récit, les locuteurs peuvent se livrer à une grande diversité d'activités langagières. Par exemple, ils peuvent intégrer une dispute au sein d'un récit, comme dans l'échange suivant[15] entre membres d'une famille racontant une histoire :

La mère :	= On n'a pas <u>ri</u>, crois-moi.
Rhoda :	[<u>Si vous avez ri</u> – vous avez co[mmencé à <u>rire</u>.
Corky :	[((*fait non de la tête*)) [hh
	((*La mère regarde Corky pour qu'il corrobore le souvenir*))

13. Elinor Ochs, Sally Jacoby et Patrick Gonzales, « Interpretive Journeys : How Physicists Talk and Gesture through Graphic Space », dans Mario Biagoli, Roddey Reid et Sharon Traweek (eds), *Located Knowledges : Intersections between Cultural, Gender, and Science Studies*, Numéro spécial de *Configurations*, vol. 2, n° 1, 1994, p. 151-171.
14. Mikhail Bakhtin, *The Dialogic Imagination*, *op. cit.*
15. Voir les conventions de transcription en fin d'article.

La mère: Je ne pense pas qu'on ait ri – Je [devais partir-
Rhoda: [SI VOUS AVE:Z RI!
(Extrait du *Corpus de dîners en famille*, Ochs, 1986 – 1990[16])

Dans cet exemple, Rhoda accuse sa famille d'avoir ri d'elle au cours d'un incident gênant. Lorsqu'un interlocuteur est la cible d'un récit, il ou elle conteste souvent le compte-rendu des événements. Le ragot, une forme narrative dans laquelle est racontée une transgression de la norme culturelle, est singulièrement provocateur[17]. La nature profondément antagonique du ragot est donnée à voir dans l'exposé que fait Goodwin de cette activité parmi un groupe de filles africaines-américaines[18]. Ces pré-adolescentes se livrent à des récits complexes et hautement conflictuels, appelés « He-said-she-said[19] », au cours desquels une fille dit à une autre/aux autres ce qu'une troisième fille a dit à propos d'elle/d'elles (tel qu'« Elles disent que vous dites toutes que c'est moi qui ai écrit tout ce qu'il y a là-bas »). Cette accusation rapportée est réfutée (« ***Non*** non ! = ***C'est*** **Vincent qui l'a dit**. ») entraînant à son tour un long débat public.

Le récit peut non seulement abriter d'autres activités langagières, mais il peut lui-même être englobé dans un genre ou une activité plus larges. Par exemple, le récit peut non seulement abriter une dispute, mais il peut également être incorporé dans une dispute en cours, comme lorsque quelqu'un se lance dans une histoire pour illustrer un point qu'il ou elle essaie de défendre. Des récits peuvent également être intégrés à une prière. Dans l'exemple qui suit, une enfant commence à dire le bénédicité avant le repas du soir, mais au milieu de la formule convenue de remerciements, elle se lance dans un récit portant sur les événements de sa journée :

Laurie: = Dac – Jésus ? – S'il-te plai:?it – euh – aide-nous à aimer
Et .hh euh – Merci de nous avoir donné cette b:elle journée
Et permis de faire une (bonne[20]) sieste ?

16. Un grand nombre des exemples utilisés dans cette analyse sont tirés du *Corpus de dîners en famille* constitué entre 1986 et 1990 dans le cadre d'un projet de plus grande envergure intitulé « *Discursive Processes in American Families* » (Processus discursifs dans les familles américaines), soutenu financièrement par le National Institute of Child Health and Development (subvention n°ROH HD 20992-01A1). L'équipe de recherche comprenait les investigateurs principaux Elinor Ochs et Tom Weisner, et les assistants de recherche Maurine Bernstein, Dina Rudolph, Ruth Smith et Carolyn Taylor.
17. Donald Brenneis, « Grog and Gossip in Bhatgaon : Style and Substance in Fijian Indian Conversation », *American Ethnologist*, vol. 11, 1984, p.487-506 ; John B. Haviland, *Gossip, Reputation, and Knowledge in Zinacantan*, Chicago, University of Chicago Press, 1977 ; Marjonie Harness Goodwin, *He-Said-She-Said, op. cit.*
18. *Ibid.*
19. [Ndt] Littéralement « Il a dit, elle a dit », et qui trouve son équivalent en français dans l'expression « la parole de l'un contre la parole de l'autre ».
20. [Ndt], (*fine/fun*) dans le texte original, la difficulté de compréhension et de transcription rencontrée par l'autrice est difficilement transposable en français.

	.hh – e:t – pour (avoir laissé) Maman s'en aller
	Et je suis contente d'avoir pleuré aujourd'hui ?
	Parce que j'aime bien pleurer [.hh et
Annie ? :	[((*ricanement*))
Laurie :	Je [suis contente (quelque chose/toutes ces choses)
	soi-en-t arrivé aujourd'hui =
Roger ? :	[((*ricanement*))
Laurie :	= au nom de Jésus
	((*frappe dans ses mains*)) A:-MEN !

(Extrait du *Corpus de dîners en famille*, Ochs, 1986-1990.)

Dans cet exemple, l'histoire de Laurie au sujet de ses pleurs à l'école lorsque « maman s'en est allée », est enchâssée dans la récitation du bénédicité. Cependant, ce dernier ne sert pas simplement à encadrer le récit de Laurie, tel que schématisé ci-dessous :

Bénédicité | Récit | Bénédicité

Au contraire, les caractéristiques du genre du bénédicité s'immiscent dans l'histoire racontée :
Bé R né É ci CI té T

En particulier, une caractéristique majeure du bénédicité est l'expression d'un sentiment de gratitude. Ce sentiment structure le récit de Laurie lorsqu'elle rapporte « Et je suis contente d'avoir pleuré aujourd'hui » et « j'aime bien pleurer ». Les événements tels que le fait de pleurer, qui sont normalement associés à de la tristesse, sont imprégnés d'une sensibilité de circonstance au moment de dire le bénédicité avant le repas. Ainsi, les récits s'organisent en fonction des contextes dans lesquels ils sont élaborés.

Lorsque nous pensons aux récits écrits, un grand nombre d'entre nous se les représente différemment du récit de Laurie. Circonscrits par des titres et des espacements typographiques, voire par une couverture de livre, les textes écrits semblent avoir des limites définies. Néanmoins, même les textes écrits peuvent faire partie d'un échange communicationnel en cours – par exemple, une dispute, une supplique ou un programme politique – qui façonne le texte narratif de manière subtile et profonde. Kenneth Burke constate : « Les travaux critiques et imaginatifs sont des réponses aux questions posées par le contexte dans lequel elles surgissent. Ce ne sont pas seulement des réponses, mais ce sont des réponses *stratégiques*, des réponses *simplifiées* »[21]. Des chercheurs allant de Burke aux

21. Kenneth Burke, *The Philosophy of Literary Form*, Berkeley, University of California Press, 1973, p. 1.

formalistes russes[22] en passant par les partisans des études culturelles[23] implorent les exégètes du récit d'intégrer de tels textes dans les dialogues historiques et sociaux auxquels ils contribuent.

Étant donné la diversité des modes et des genres qui constituent l'activité narrative, examiner dans quelle mesure le récit est enraciné dans les systèmes culturels de la connaissance, des croyances, des valeurs, des idéologies, de l'action, des émotions et d'autres dimensions encore de l'ordre social représente une tâche gigantesque. Habituellement, les analyses culturelles du récit se concentrent sur un contexte particulier d'activité narrative, comme par exemple les récits chantés ou parlés[24], les contes mythiques[25], les récits conversationnels tirés d'expériences personnelles[26], la lecture d'histoires[27], l'écriture d'histoires[28], ou les événements narratifs en classe[29]. Le récit, dans chacun de ces contextes, est rendu significatif

22. Mikhail Bakhtin, *The Dialogic Imagination*, *op. cit.* ; Tzvetan Todorov, Mikhail Bakhtine, *Le principe dialogique*, Paris, Le Seuil, 1981.

23. Raymond Williams, *The Sociology of Culture*, New York, Schocken Books, 1982 ; *Id.*, *Writing in Society*, Londres, Verso, 1983.

24. Richard Bauman, *Story, Performance and Event*, *op. cit.* ; Alton L. Becker, « Text-building, Epistemology, and Aesthetics in Javanese Shadow Theatre », dans *Id.* et Aram A. Yendoyan (eds), *The Imagination of Reality : Essays in Southeast Asian Coherence Systems*, Norwood, Ablex Publishing, 1979, p. 211-243 ; Charles L. Briggs, « "Since I am a Woman, I Will Chastize my Relatives" : Gender, Reported Speech, and the (Re)production of Social Relations in Warao Ritual Wailing », *American Ethnologist*, vol. 19, 1992, p. 337-361 ; Steven Feld, *Son et sentiment*, *op. cit.* ; Dell Hathaway Hymes, « The "Wife" Who "Goes Out" Like a Man : Re-interpretations of a Clackamas Chinook Myth », dans Pierre et Elii Köngäs Maranda (eds), *Structural Analyses of Oral Traditions*, Philadelphie, University of Pennsylvania Press, 1971 ; Denis Tedlock, *Finding the Center : Narrative Poetry of the Zuni Indians*, New York, Dial Press, 1972 ; Karen Ann Watson-Gegeo et Stephen T. Boggs, « From Verbal Play to Talk Story : The Role of Routines in Speech Events among Hawaiian Children », dans Susan Ervin-Tripp et Claudia Mitchell-Kernan (eds), *Child Discourse*, New York, Academic Press, 1977, p. 67-90 ; Gary Witherspoon, *Language and Art in the Navajo Universe*, Ann Arbor, University of Michigan Press, 1977.

25. Claude Lévi-Strauss, *Tristes Tropiques*, Paris, Plon, 1955 ; Bambi B. Schieffelin, « Ade : A Sociolinguistic Analysis of a Relationship », dans John Baugh et Joel Sherzer (eds), *Language in Use : Readings in Sociolinguistics*, Englewood Cliffs, Prentice-Hall, 1984, p. 229-243.

26. Peggy J. Miller, Randolf Potts, Heidi Fung, Lisa Hoogstra et Judy Mintz, « Narrative Practices and the Social Construction of Self in Childhood », *American Ethnologist*, vol. 17, n° 2, 1990, p. 292-311 ; Peggy Miller, Judy Mintz, Lisa Hoogstra et Heidi Fung, « The Narrated Self : Young Children's Construction of Self in Relation to Others in Conversational Stories of Personal Experience », *op. cit.* ; Marcyliena H. Morgan, « Indirectness and Interpretation in African American Women's Discourse », *Pragmatics*, vol. 1, n° 4, 1991, p. 421-451 ; Elinor Ochs et Carolyn Taylor, « Family Narrative as Political Activity », *Discourse and Society*, vol. 3, n° 3, 1992, p. 301-340.

27. Shirley Brice Heath, *Ways with Words : Language, Life and Work in Communities and Classrooms*, Cambridge, Cambridge University Press, 1983.

28. Ron Scollon et Suzanne Scollon, « The Literate Two-year-old : The Fictionalization of Self : Abstracting Themes : a Chipewayan Two-year-old », dans Roy O. Freedle (éd.), *Narrative, Literacy and Face in Interethnic Communication*, Norwood, Ablex, 1981, p. 57-96 ; Niko Besnier, « Reported Speech and Affect on Nukulaelae », dans Jane H. Hill et Judith Irvine (eds), *Responsibility and Evidence in Oral Discourse*, Cambridge, Cambridge University Press, 1993, p. 161-181 ; Donald Brenneis, « Grog and Gossip in Bhatgaon », *op. cit.* ; Marjonie Harness Goodwin, *He-Said-She-Said*, *op. cit.* ; John B. Haviland, *Gossip, Reputation, and Knowledge in Zinacantan*, *op. cit.*

29. Courtney Cazden et Dell Hymes, « Narrative Thinking and Storytelling Rights : A Folklorist's Clue to a Critique of Education », *Keystone Folklore*, vol. 22 n° 1-2, 1978, p. 21-35 ; Sarah Michaels, « "Sharing Time" », *op. cit.* ; Elinor Ochs et Carolyn Taylor, « Mothers' Role in the Everyday Reconstruction of "Father Knows

vis-à-vis d'une certaine propriété de l'éthos local – par exemple, une tendance à l'autonomie ou à l'intervention, à la moralisation explicite, à la sacralisation du texte, à sa factualité, aux moi imaginaires, aux asymétries sociales et ainsi de suite. À ce jour, il n'existe aucune étude faisant l'analyse de l'activité narrative en tant qu'objet d'interprétations variées selon les modes, les circonstances et les participants au sein d'une même communauté linguistique. De ce fait, il nous faut être prudents lorsque nous formulons des généralisations larges qui identifient une culture à un style narratif en particulier.

Récit et temps

Le terme de « récit » est utilisé dans un sens étroit pour spécifier le genre de l'histoire ou dans un sens large pour englober un vaste éventail de genres, qui comprend non seulement les histoires, mais également les comptes-rendus d'événements, les retransmissions sportives et les bulletins d'information, les plans et les programmes entre autres. Qu'est-ce qui unit ces différents modes de récit ? Indépendamment des contextes dans lesquels ils apparaissent, de leurs modalités d'expression, et des strates de genres qui les composent, tous les récits *dépeignent une transition temporelle d'un état de fait à un autre.* Cet attribut ne définit pas uniquement le récit. Nous pouvons appréhender cet attribut temporel comme une forme de caractérisation du récit nécessaire mais insuffisante. Nous le verrons plus loin, les récits décrivent bien plus qu'une séquence ordonnée d'événements.

Le philosophe littéraire Paul Ricœur désigne la propriété temporelle du récit comme la « dimension chronologique[30]. » Cette transition est représentée d'un point de vue linguistique par une séquence de deux propositions au moins qui se suivent dans le temps[31]. Cette caractérisation englobe les récits captivants tout autant que les récits ennuyeux. Elle inclut les comptes-rendus d'événements énigmatiques aussi bien que ceux d'événements prévisibles. Un récit peut être une simple chronique d'événements ou un exposé qui contextualise des événements, en essayant de les expliquer et/ou de persuader d'autres personnes de leur pertinence.

Les récits peuvent avoir trait au passé, au présent, au futur, à l'hypothétique, à l'habituel ou à d'autres modalités pertinentes culturellement de mesure du temps. Les récits qui portent principalement sur des *événements passés* comprennent les genres larges tels que les contes, les récits historiques et les comptes-rendus traitant

Best" », dans Kira Hall, Mary Buchholtz et Birch Moonwonon (eds), *Locating Power: Proceedings of the 1992 Berkeley Women and Language Conference*, Berkeley, Université de California, 1994 ; Bambi B. Schieffelin, « Creating Evidence : Making Sense of Written Words in Bosavi », dans Elinor Ochs, Emanuel A. Schegloff et Sandra A. Thompson (eds), *Interaction and Grammar*, Cambridge, Cambridge University Press, 1995.

30. Paul Ricœur, *Temps et récit*, Paris, Le Seuil, 1983-1985.

31. William Labov, *Le parler ordinaire : la langue dans les ghettos noirs des États-Unis*, trad. française, Paris, Les Éditions de Minuit, 1978.

de questions personnelles ou professionnelles. Livia Polanyi, par exemple, souligne que les « contes et les comptes-rendus du temps passé sont des récits du temps passé spécifiques et affirmatifs qui parlent d'une série d'événements qui eurent lieu à des moments uniques dans un monde unique du passé. »[32] William Labov et Joshua Waletzky désignent les histoires personnelles comme des « récits d'expérience personnelle » et les définissent linguistiquement comme « une méthode de récapitulation des expériences passées consistant à faire correspondre une séquence verbale de propositions à la séquence d'événements qui (peut-on en déduire) ont réellement eu lieu »[33]. Les deux extraits de récits présentés plus haut, au sujet de la gêne de Rhonda et des pleurs de Laurie, sont des récits d'expérience personnelle.

Les récits peuvent également porter principalement sur des séquences d'événements qui ont lieu dans le temps *présent*, par exemple, les retransmissions sportives durant lesquelles les chroniqueurs commentent les actions, les stratégies et les réactions des joueurs et de leurs publics. Il se peut aussi que les récits portent sur le *futur*, à l'instar des séquences d'événements tels que les programmes, les prescriptions, les conseils, les propositions, les instructions, les prévisions, les avertissements, les menaces et les planifications en général. Dans l'extrait suivant, une jeune fille émet une série de propositions, établissant un plan pour sa fête d'anniversaire :

Sally :	<u>Maman</u> ! Je sais ce que j'vais faire pour mon anniversaire ? – Est-ce qu'on peut se maquiller pour notre anniversaire ?
La mère :	Si tu veux,
Sally :	((*comptant sur ses doigts tout en parlant*)) Maman, se maquiller, en premier – Bon, après. Aller au parc, en deuxième, Papa doit faire le monstre, en troisième, E:uh: – en !QUATRIÈ:?:me !, aller au mini-<u>golf</u> Et en cinquième aller à la piscine de l'université – Et en <u>SIXIÈME</u> ? – embrasser maman, Ha ha je dis ça pour rire,

(Extrait du *Corpus de dîners en famille*, Ochs, 1986-1990.)

Les récits concernant des mondes *hypothétiques* peuvent porter sur un passé, un présent, un futur ou un temps générique tous hypothétiques, et comprennent des genres tels que les plans, la science-fiction, et les récits d'expérience personnelle. Par exemple, le segment suivant de récit hypothétique est élaboré par un

32. Livia Polanyi, *Telling the American Story : a Structural and Cultural Analysis of Conversational Storytelling*, Cambridge, MIT Press, 1989, p. 17.
33. William Labov et Joshua Waletzky, « Narrative Analysis », dans William Labov *et al.* (eds), *A Study of the Non-Standard English of Negro and Puerto Rican Speakers in New York City*, New York, Columbia University, 1968, p. 287.

investigateur principal (IP) et un étudiant qui planifient la manière de résoudre un problème scientifique :

IP : Si on amène notre li:gne ici (0.2) et qu'on –
Baisse la [température (0.5) jusque:: là où se trouve
[((*L'étudiant regarde le tableau*))
Ce mot [ordre à longue distance
[((*L'étudiant se lève, va au tableau*))
L'étudiant : Oui,
IP : Est-ce qu'on y voit la moindre dynamique ?[34]

Dans cet extrait, l'investigateur principal utilise une représentation schématique tracée au tableau pour emmener l'étudiant avec lui dans un voyage narratif imaginaire[35]. L'investigateur principal propose une séquence de mouvements hypothétiques, et incite l'étudiant à imaginer un événement générique corrélatif.

Les récits scientifiques (tels que les comptes-rendus d'expérimentations) évaluent principalement le temps comme une quantité mesurable scientifiquement, tandis que l'autobiographie et les autres genres de récits personnels envisagent le temps à travers l'appréhension qu'en a une personne. Comme le fait remarquer Ricœur, le temps narratif est un temps humain, et non un temps d'horloge. L'approche que Ricœur propose du récit puise dans la philosophie de Martin Heidegger[36], qui distingue le temps physique du temps existentiel[37]. Dans *Être et Temps*, Heidegger avance l'idée que les humains font l'expérience du temps comme d'une fusion du passé, du présent et du futur. Nous vivons l'expérience de nous-mêmes dans le monde à l'instant présent, mais avec le souvenir du passé, et une angoisse à l'égard du futur. L'une des propriétés de l'espèce humaine est le fait de ressentir des soucis ; et ces soucis nous poussent à contextualiser le présent au regard du passé et du futur, le passé au regard du présent et du futur, et le futur au regard du passé et du présent.

Ce sont nos soucis concernant le présent et plus particulièrement concernant le futur qui organisent nos réminiscences collectives des événements passés. Le récit a pour fonction essentielle d'emporter le passé dans la conscience du temps présent. Autrement dit, le récit procure un sens de la continuité de soi et de la société. Mais plus important encore peut-être, les comptes-rendus narratifs d'événements passés nous aident à supporter notre futur incertain. Dans le système philosophique de Heidegger, lorsque nous construisons des récits à propos du passé, nous les appréhendons au regard de ce qu'ils impliquent pour le présent et le futur.

34. Elinor Ochs, Sally Jacoby et Patrick Gonzales, « Interpretive Journeys », *op. cit.*
35. Elinor Ochs et Carolin Taylor, « Mothers' Role », *op. cit.*
36. Martin Heidegger, *Être et temps*, trad. française, Paris, Gallimard, 1992.
37. Paul Ricœur, *Temps et récit*, *op. cit.*

Par conséquent, les récits qui évoquent les événements passés traitent toujours également du présent et du futur[38]. Dans certains cas, les récits fournissent de nouveaux modèles, et ouvrent de nouveaux horizons, pour façonner nos vies à venir. Dans d'autres cas, les récits à propos du passé déclenchent une inquiétude au sujet du présent ou du futur. Par exemple, dans les récits de type « il a dit, elle a dit » narrés par les filles africaines-américaines, les ragots à propos du passé « poussent » l'une des interlocutrices (l'accusée) à se défendre dans le présent et à déclarer comment elle redressera ce tort dans le futur[39].

Barbara: Eh bien, tu lui ***d***is de venir me le dire
En fa:ce. (0.6) et ***J***e ***la*** remettrai
En place.

Dans les récits conversationnels, une inquiétude à l'égard du présent et du futur peut surgir à n'importe quel moment de la narration. Les co-narratrices déambulent sur la carte du temps, se focalisant sur le passé puis le reliant au présent et au futur, pour retourner ensuite vers un autre fragment du passé. Par exemple, après que Laurie a raconté (pendant le bénédicité) comment elle avait pleuré quand sa mère l'avait laissé à l'école, la famille est revenue sur le drame vécu par Laurie pour l'aider à faire face au lendemain[40].

La mère: mais chérie? – Je ne travaille – que cette – ce n'est que cette semaine que j'ai travaillé là-bas toute la semaine? Parce que c'était la première semaine? d'école.
[mais –
Annie: [elle a <u>pleuré</u> à 15h aussi
(0.2)
La mère: mais après cette? – ça – je ne travaille qu'un jour par semaine? là-bas
et c'est le mardi.

La famille rebondit narrativement d'éléments pertinents du passé:
La mère: Laurie? – tu n'as pas apporté ta ((*faisant non de la tête*)) –
Couverture non plus à l'école, n'est-ce pas.
Laurie: Non, je l'ai (ou)<u>bliée</u> ((*de mauvaise humeur*)).

aux stratégies pour surmonter le futur:
La mère: Il faudra qu'on la sorte du placard –

38. Elionor Ochs, « Stories that Step into the Future », dans Douglas F. Biber et Edward Finegan (eds), *Sociolinguistic Perspectives on Register: Situating Language Variation in Sociolinguistics*, Oxford, Oxford University Press, 1994, p. 106-135.
39. Marjonie Harness Goodwin, *He-Said-She-Said*, *op. cit.* , p. 271.
40. Elinor Ochs, « Stories that Step into the Future », *op. cit.*, p. 129.

Et qu'on la mette là avec les affaires du déjeuner
(2.0)
Jimmy: Oui – pour que tu puisses – l'apporter (avec toi/à) l'école.

Quelle est l'importance du temps vécu (du temps humain) pour comprendre le récit ? L'une des implications est le fait que des genres narratifs différents, tels que les contes et les plans, mettent sur pied le même texte. La contraction de différents univers temporels au sein d'un seul segment de discours laisse penser également que le genre se comprend mieux comme une *perspective* sur un texte plutôt que comme un *type* de texte[41]. Plutôt que de plaquer des genres particuliers sur des séquences narratives distinctes, nous examinons le même segment de parole, d'écrit, de musique ou de représentation visuelle pour y déceler les propriétés de genres différents. Plutôt que de nous demander : « À quel genre appartient ce texte ? », nous nous demandons : « Comment (si tel est le cas) ce texte s'organise-t-il comme une histoire ? Un plan ? Une émission ? Une prévision ? » et ainsi de suite. La tâche des narrateurs et des chercheurs est de suivre les fils génériques qui traversent l'ensemble d'un texte et de comprendre leurs imbrications.

Pour le reste de ce chapitre, l'analyse portera essentiellement sur les caractéristiques d'un genre narratif en particulier, à savoir les histoires. Nous explorerons la structuration linguistique, psychologique et sociologique de ces récits.

Le point de vue narratif et la structure de l'intrigue

Même si, en principe, les récits peuvent relater des événements entièrement prévisibles, habituellement les histoires portent sur des événements dignes d'intérêt. Quelque chose a eu lieu que le raconteur trouve surprenant, troublant, intéressant ou racontable pour toute autre raison[42]. En temps normal, les histoires visent à soulever un point important, qui organise la construction du récit lui-même. Souvent il s'agit de l'évaluation morale d'un fait, d'une action ou d'une position psychologique en lien à un ensemble d'événements.

Les histoires ne sont pas tant des descriptions de faits que des interprétations d'événements. Kenneth Burke envisage les histoires comme des *morceaux choisis* de réalité plutôt que comme des *reflets* de cette dernière[43]. Et Erving Goffman fait remarquer :

41. *Ibid.*
42. William Labov et Joshua Waletzky, « Narrative Analysis », *op. cit.* ; Wallace L. Chafe (éd.), *The Pear Stories : Cognitive, Cultural, and Linguistic Aspects of Narrative Production*, Norwood, Ablex, 1980.
43. Kenneth Burke, *A Grammar of Motives and a Rhetoric of Motives*, Cleveland et New York, Meridian Books, 1962.

> Un récit ou une anecdote, c'est-à-dire, une reprise, une séquence rejouée, n'est jamais le simple compte-rendu d'un événement passé. Dans son sens plein, c'est la formulation personnelle d'un locuteur, effectif ou virtuel, lui-même situé de telle sorte que certains développements temporels et dramatiques de l'événement qu'il rapporte découlent de ce point de départ. Une séquence rejouée, c'est donc, incidemment, une expérience dans laquelle ceux qui nous écoutent peuvent eux-mêmes s'insérer par empathie, qu'ils peuvent revivre par délégation. Une reprise, en somme, ne rapporte pas un événement, elle raconte une expérience personnelle[44].

Ricœur nomme « point de vue » la dimension *configurationnelle* du récit[45]. Aristote introduit le terme *mythos* ou « intrigue » pour définir la manière dont les événements et les émotions s'enchevêtrent pour former un récit cohérent. C'est l'intrigue qui différencie une liste d'événements d'un compte-rendu historique d'événements ou d'un récit d'événements[46]. En créant une intrigue, les historiens et les raconteurs structurent des événements au sein d'un système conducteur de sens. L'intrigue rassemble des éléments circonstanciels tels que des lieux, des agents, une capacité d'agir (des moyens), des actes et des fins sous forme d'un système cohérent qui tourne autour d'un événement exceptionnel, troublant le plus souvent[47].

L'intrigue peut être considérée comme une théorie des événements dans le sens où elle fournit une explication aux événements à partir d'un point de vue singulier[48]. À cet égard, les histoires sont comparables aux récits scientifiques. Les récits scientifiques accordent une moindre attention aux agents et aux motivations[49], mais ils ont en commun avec les récits d'histoires la propriété de raconter quelque chose d'inhabituel – une énigme, un décalage, une étrangeté, une remise en question, un renversement qui perturbe l'équilibre. En outre, tant les récits personnels que scientifiques essaient de faire la lumière sur ce problème en le plaçant au sein d'une séquence d'événements et de circonstances inscrits dans une relation de cause à effet.

La capacité de créer et de déchiffrer des intrigues est une faculté emblématique de l'espèce humaine. Jérôme Bruner a suggéré l'idée que le récit est un dispositif fondamental de la psychologie populaire[50]. Les histoires sont des *outils* culturels par

44. Ervin Goffman, *Les cadres de l'expérience*, trad. française, Paris, Les Éditions de Minuit, 1991, p. 494-495.

45. Paul Ricœur, « La fonction narrative », *Études théologiques et religieuses*, vol. 54, 1979, p. 209-230.

46. Northrop Frye, *Anatomie de la critique*, trad. française, Paris, Gallimard, 1969 ; Paul Ricœur, *Hermeneutics and the Human Sciences. Essays on Language, Action and Interpretation*, Cambridge, Cambridge University Press, 1981 ; Hayden White, « The Value of Narrativity in the Representation of Reality », dans William John Thomas Mitchell (éd.), *On Narrative*, Chicago, University of Chicago Press, 1981.

47. Kenneth Burke, *A Grammar of Motives and a Rhetoric of Motives*, *op. cit.*

48. Carol Feldman, « Monologue as Problem-solving Narrative », dans Katherine Nelson (éd.), *Narratives from the Crib*, Cambridge, Harvard University Press, 1989 ; Elinor Ochs, Carolyn Taylor, Dina Rudolph et Ruth Smith, « Story-telling as a Theory Building Activity », *op. cit.*

49. Bruno Latour, *La science en action : introduction à la sociologie des sciences*, trad. française, Paris, La Découverte, 2005.

50. Jérôme Bruner, *Car la culture donne forme à l'esprit : de la révolution cognitive à la psychologie culturelle*, trad. française, Paris, Eshel, 1991.

excellence pour comprendre des attitudes inhabituelles et inattendues. En racontant une histoire, les narrateurs enchevêtrent deux domaines de comportement, ce que Bruner appelle des « paysages doubles » : (1) les circonstances contextuelles et les actions des protagonistes, et (2) l'état mental des protagonistes. Souvent, par exemple, les narrateurs expliquent une action inhabituelle et inattendue en fonction des pensées et sentiments du protagoniste. Ce faisant, le récit sert à « rendre compréhensible l'exceptionnel »[51]. Les histoires relatent des événements qui sortent de l'ordinaire, et c'est pourquoi ils servent également à formuler et pérenniser des interprétations courantes de ce que la culture considère comme ordinaire. C'est pour cette raison entre autres que le récit est un puissant vecteur de familiarisation aux conceptions locales de justesse circonstancielle pour les enfants et d'autres néophytes. Les co-narrateurs indiquent souvent comment ils se comporteraient au cœur des événements relatés et comment les autres auraient dû se comporter eux-mêmes. Dès lors qu'ils participent à ces interactions narratives, les enfants en viennent à comprendre ce qui est attendu, normal et approprié.

Construire un récit

Comment les récits d'histoires se construisent-ils ? Comment prennent-ils forme et se développent-ils, et comment prennent-ils fin ?

Lorsque nous voyons un texte imprimé, un titre ou d'autres caractéristiques visibles peuvent dans un premier temps identifier un texte à une possible histoire. Les histoires relatées lors de conversations n'ont pas de titre, mais elles sont souvent précédées de *préfaces au récit*[52]. Plutôt que de commencer abruptement une histoire, un raconteur effectue une transition avec la coopération d'autres interlocuteurs. Cette activité est accomplie grâce à des préfaces de récit telles que « Vous voulez que je vous raconte une histoire ? », par lesquelles les interlocutrices indiquent une intention de relater une histoire et obtenir le feu vert des autres pour se lancer. Les raconteurs d'histoires dans les interactions conversationnelles ont souvent une fonction supplémentaire : ils font non seulement savoir aux autres qu'une histoire est à venir (qui va occuper l'espace de la parole au-delà d'un seul énoncé), mais il leur faut également relier leur histoire ne serait-ce que vaguement à la conversation en cours. Cet objectif peut être atteint en répétant une portion de leur conversation antérieure, comme dans l'exemple suivant[53] :

Roger : En parlant de *quaran*taine. J'ai bossé sur un bo-ost:er, la Ford
quarante-neuf de Morganelli.

51. *Ibid.*, p. 52.
52. Harvey Sacks, *Lectures on Conversation*, Cambridge, Blackwell, 1992.
53. Gail Jefferson, « Sequential Aspects », *op. cit.*, p. 221.

Parfois les préfaces de récit sont formulées par quelqu'un d'autre que la personne qui commencera finalement l'histoire. Par exemple, il arrive parfois que les femmes préfacent et fassent progresser une histoire que leurs maris raconteront[54]. Dans l'extrait ci-dessous, Phyllis introduit une histoire d'une manière telle que son époux Mike demeure son principal raconteur[55].

Phyl : *M*ike dit qu'y a eu une grosse *b*agarre là-bas hier soir,
Curt : ah ouais ?
(0.5)
Phyl : Avec *K*eegan et, aussi,
Paul [de Wa::*ld*?]
Mike : *P*aul de Wa:ld. Un gars qui vient d'on ne sait…

Une fois qu'une histoire est lancée, elle prend une structure particulière. Les éléments qui composent une histoire ont été analysés par les philosophes, les folkloristes, les critiques littéraires, et les analystes du discours au moins depuis Aristote. Aristote décrivit en détail l'architecture de la tragédie et de la comédie. Il définit la tragédie en fonction des principes de l'intrigue, des traits de caractère (les habitudes morales), de l'expression, du raisonnement, de la mise en scène (manière de l'imitation) et du chant[56]. Pour Aristote, l'intrigue est l'âme de la tragédie, et les traits de caractère sont d'une importance secondaire. Une intrigue doit avoir un commencement, un milieu et une fin, mais cette progression n'est pas aussi évidente qu'elle ne semble à première vue :

> Un commencement, c'est ce qui, par nécessité, ne vient pas après autre chose, mais ce après quoi quelque chose d'autre est ou devient naturellement. Par contre, la fin est ce qui vient naturellement après autre chose, soit par nécessité, soit le plus souvent, et que rien d'autre ne suit. Le milieu est à la fois ce qui suit autre chose et ce qui est suivi par autre chose. Bref, pour être bien construites, les intrigues ne doivent ni commencer ni finir de manière arbitraire, mais doivent appliquer les normes qui viennent d'être énoncées[57].

Les études littéraires telles que *Morphologie du conte* (1973) de Vladimir Propp, *Anatomie de la critique* (1969) de Northrop Frye, *Temps et récit* (1983-1985) de Paul Ricœur et *L'Aventure sémiologique* (1985) de Roland Barthes s'appuient toujours sur ces principes aristotéliciens dans leur analyse de la structure des récits d'histoires[58].

54. Charles Goodwin, « Audience Diversity, Participation and Interpretation », *Text*, vol. 6, n° 3, 1986, p. 283-316 ; Jenny Mandelbaum, « Recipient-driven Storytelling in Conversation », *op. cit.*
55. Charles Goodwin, « Audience Diversity, Participation and Interpretation », *op. cit.*, p. 298.
56. Aristote, *Poétique*, *op. cit.*
57. *Ibid.*, p. 109.
58. Vladimir Propp, *Morphologie du conte*, trad. française, Paris, Éd. du Seuil, 1973 ; Northrop Frye, *Anatomie de la critique*, *op. cit.* ; Paul Ricœur, *Temps et récit*, *op. cit.* ; Roland Barthes, *L'Aventure sémiologique*, Paris, Éd. du Seuil, 1985.

L'analyse linguistique des récits d'expérience personnelle que réalise William Labov convoque également la théorie aristotélicienne des fondements du récit que sont le commencement, le milieu et la fin[59]. Plutôt que d'analyser des récits écrits, Labov recueillit des récits oraux d'expériences supposément vécues lors d'entretiens avec un groupe de locuteurs à New York. Les récits étaient produits en réponse à la question suivante posée lors de l'entretien, « Vous-êtes-vous déjà trouvé-e dans une situation où vous risquiez sérieusement d'être tué-e ? » En analysant ces récits, Labov remarque que certains « sont complets dans le sens où ils ont un commencement, un milieu et une fin, », mais d'autres récits plus aboutis présentent les caractéristiques structurelles suivantes propres aux récits d'expérience personnelle : (1) le résumé (par exemple, « mon frère m'a planté un couteau dans le crâne »), (2) l'orientation (« C'était quelques jours à peine avant la mort de mon père »), (3) la complication (« Je lui ai tordu le bras dans le dos… »), (4) l'évaluation (« Si c'est pas malheureux ? »), (5) le résultat ou la résolution (« Après tout ce truc, j'ai donné à ce bougre une cigarette, après tout ça ») et (6) le coda (« et ça s'est fini comme ça »)[60].

Ces éléments sont repris dans les « grammaires de récit », qui, plus ou moins en parallèle de la morphologie des contes russes de Propp, élaborent une syntaxe des récits d'histoire[61]. Dans ces analyses, les histoires ont des composantes grammaticales, qui à leur tour sont constituées de composantes internes. Les composantes et les principes qui les gouvernent sont considérés comme le reflet de notre connaissance tacite de la structure de l'histoire. Dans Stein et Glenn (1979), les composantes majeures de l'histoire comprennent : (1) un cadre, (2) un événement initiateur ou bien (3) une réponse interne, (4) une tentative manifeste, (5) une conséquence directe. Stein et Policastro ajoutèrent une sixième composante à l'histoire : une réaction à (3), (4) ou (5)[62]. Jean Mandler et Nancy Johnson incluent également une composante de « finalisation », et font une distinction supplémentaire entre les histoires qui sont orientées vers un objectif et celles qui ne le sont pas[63]. Celles qui sont orientées vers un objectif sont comparables au modèle de Stein et Glenn. Les histoires qui ne le sont pas sont composées (1) d'un cadre, (2) d'un commencement, (3) d'une réaction simple

59. W. Labov, *Le parler ordinaire*, *op. cit.*

60. *Ibid.*, p. 363.

61. Jean M. Mandler et Nancy S. Johnson, « Remembrance of Things Parsed : Story Structure and Recall », *Cognitive Psychology*, vol. 9, 1977, p. 111-151 ; Jean M. Mandler, « Categorical and Schematic Organization in Memory », dans C. Richard Puff (éd.), *Memory Organization and Structure*, New York, Academic Press, 1979 ; Nancy Stein et Chrisitine G. Glenn, « An Analysis of Story Comprehension in Elementary School Children », dans Roy O. Freedle (éd.), *New Directions in Discourse Processing*, Norwood, Ablex, 1979, p. 53-120 ; Nancy Stein et Margaret Policastro, « The Concept of a Story : A Comparison between Children's and Teacher's Viewpoints », dans Heinz Mandl, Nancy Stein et Tom Trabasso (eds), *Learning and Comprehension of Text*, Hillsdale, Erlbaum, 1984, p. 113-155.

62. *Ibid.*

63. Jean M. Mandler et Nancy S. Johnson, « Remembrance of Things Parsed », *op. cit.*

– une réponse émotionnelle ou bien une action non planifiée – et (4) d'une fin. Toutes les composantes constituant l'épisode d'une histoire, à l'exception du cadre, sont considérées comme étant ordonnancées de façon invariable.

Le concept de *cadre* est commun aux modèles de récit littéraire, linguistique et psychologique. Les grammaires de récit et les conceptualisations linguistiques du cadre définissent le cadre en fonction du contexte temporel physique, social et culturel du comportement des protagonistes. Les analyses littéraires d'histoires et les approches psychologiques des cultures insistent sur le fait que le cadre va au-delà des circonstances spatiales, sociales et temporelles et englobe le climat psychologique qui anticipe les prémisses d'un événement narratif[64]. L'essor historique du roman et d'autres genres narratifs est lié à la plus grande attention accordée à ce que Bruner appelle « le paysage mental », comprenant les états émotionnels, la moralité, les perspectives et les motivations des protagonistes lorsqu'ils participent à un événement narratif déterminant[65]. C'est le climat psychologique qui donne aux protagonistes leur statut de héros/héroïnes ou bien de bouffons. Aristote indique, par exemple, qu'une tragédie s'appuie sur le fait d'établir que le protagoniste est doté d'une grande vertu morale et qu'il est une victime accidentelle des circonstances. Ce contexte psychologique prend forme dans les cadres.

Des fragments du cadre apparaissent au début des histoires, mais les narrateurs peuvent également retarder la révélation d'aspects critiques de ce dernier jusqu'à bien plus tard dans le récit. Il y a plusieurs raisons à cela. L'une d'entre elles est le fait que le narrateur peut souhaiter divulguer lentement des éléments vitaux du contexte afin de créer du suspense. Si le narrateur révélait dès le départ tous les éléments clés de l'arrière-plan, l'histoire perdrait sa tension dramatique. Une autre raison est que les narrateurs eux-mêmes ne sont pas toujours conscients des détails importants du cadre de l'histoire au commencement du récit. Ce n'est qu'une fois l'histoire lancée, que les raconteurs établissent un lien entre une circonstance antérieure et l'événement pénible qui les préoccupe dans le récit. Dans les récits conversationnels, il se peut que de telles circonstances soient rappelées au narrateur par les co-narrateurs participant à l'interaction[66]. Dans les conversations thérapeutiques, le psychothérapeute joue souvent un rôle déterminant lorsqu'il s'agit d'évoquer des états d'esprit, des actions ou des circonstances non mentionnés mais qui peuvent donner plus de signification encore à l'événement faisant l'objet d'un récit[67].

64. Jérôme Bruner, *Car la culture donne forme à l'esprit, op. cit.* ; *Id.*, « The Narrative Construction of Reality », *Critical Inquiry*, vol. 18, 1991, p. 1-21 ; Carol Feldman, « Monologue as Problem-solving Narrative », dans Katherine Nelson (éd.), *Narratives from the Crib*, *op. cit.*, p. 98-122.
65. Jérôme Bruner, « The Narrative Construction of Reality », *op. cit.*
66. Elinor Ochs, Ruth Smith et Carolyn Taylor, « Dinner Narratives as Detective Stories », *Cultural Dynamics*, vol. 2, 1989, p. 238-257.
67. Lisa Capps et Elinor Ochs, « Out of Place », *Discourse Processes*, vol. 19, n° 3, 1995, p. 407-440 ; Lisa Capps et Elinor Ochs, *Constructing Panic*, Cambridge, Harvard University Press, 1995.

Une autre raison encore à la révélation tardive des cadres réside dans le fait que les narrateurs essaient au départ de se donner le beau rôle en tant que protagonistes[68]. Ils construisent des cadres de telle manière que leurs émotions et leurs actions semblent raisonnables et dignes de l'empathie de leurs interlocuteurs. Cependant, parfois, même les plans les mieux échafaudés dérapent, lorsque d'autres co-narrateurs donnent à entendre des fragments non divulgués du cadre qui détricotent cet autoportrait élogieux. Une semblable dissimulation se produit dans l'extrait de récit qui suit. L'histoire s'ouvre sur Lucy, âgée de neuf ans, qui se plaint de la punition inappropriée qui a été infligée par la directrice de son école à une fille qui a soulevé la robe de son amie devant les garçons :

Lucy :	je ne crois pas que Mme euh Andrew soit juste parce que euh Quand on était de retour à l'école euh – Cette fille ? – elle a soulevé euhh – la robe de Vicky ((*approche la main de son genou*)) Jusque-là ((*fait un geste de la main en haut de la poitrine*)) devant les garçons
La mère :	hum ?
Lucy :	Elle n'a eu – ce qu'elle a fait ne lui a valu qu'un jour de retenue.

Sa famille se rallie à l'avis de Lucy. Puis, de manière inattendue, son frère âgé de six ans, Chuck, met au jour un élément du cadre inconnu de ses parents : Lucy avait elle-même été punie par la directrice et pour la même durée (une journée) que la fille ayant fait honte à son amie :

Chuck :	Lucy ? – Tu n'y allée qu'une fois – n'est-ce pas ? =
Le père :	((s'éclaircit la voix)) (1.0) ((*Lucy fait le dos rond, les yeux grands ouverts, semble stupéfaite, commence à faire « non » de la tête une fois, le père la regarde*))
La mère :	(Tu [as été retenue ? Tu peux nous en parler, non ?)
Le père :	(J'éc?oute)
Lucy :	((*à voix basse à Chuck*) (merci) (0.4)
Lucy :	((*plus fort*)) [oui – ça – (n'était)
La mère :	[(Elle a été retenue) qu'une seule fois ? (0.6)
Lucy :	qu'une seule fois[69]. .

68. Elinor Ochs, Ruth Smith et Carolyn Taylor, « Dinner Narrative as Detective Stories », *op. cit.*
69. Elinor Ochs, Carolyn Taylor, Dina Rudolph et Ruth Smith, « Story-telling as a Theory-building Activity », *op. cit.*, p. 47.

La détresse de Lucy est un phénomène courant dans les récits conversationnels. Lorsque nous racontons des histoires à des proches tels que les membres de notre famille ou des ami·es, nous nous exposons à la connaissance qu'ils ont de nos vies. Ils peuvent à tout moment exposer une information personnelle qui discrédite l'idée que nous essayons de faire passer en tant que narrateurs.

Toute caractérisation des histoires spécifie *un événement clé qui bouleverse l'équilibre de circonstances ordinaires et attendues*. Par exemple, les notions de « nœud »[70], de « perturbation »[71], d'« éloignement de l'ordinaire »[72], d'« élément de transformation »[73], d'« événement initiateur »[74] ou d'« événement déclencheur »[75] se rapportent tous à un événement problématique, inhabituel ou imprévisible qui devient le centre d'un épisode narratif. Dans l'histoire que raconte Laurie lorsqu'elle dit le bénédicité, par exemple, elle porte son attention sur l'événement problématique de « Maman s'en est allée ». Dans l'histoire de Lucy, l'attention est portée initialement sur le comportement problématique d'une camarade de classe: « Cette fille? – elle a soulevé euhh – la robe de Vicky jusque-là devant les garçons. »

Dans un grand nombre d'histoires, il est considéré que l'événement problématique clé engendre des *réponses psychologiques* et des *actions* qui tentent de réinstaurer un sens de l'équilibre. Dans le cadre d'analyse proposé par Mandler et Johnson, ce sont des histoires orientées vers un objectif[76]. Par exemple, dans l'histoire de Laurie, « Maman s'en est allée » est perçu comme ce qui déclenche les pleurs de Laurie. Dans l'histoire de Lucy, la transgression commise par la camarade de classe est considérée comme ce qui incite la directrice de l'école à punir la transgresseuse d'une journée de retenue.

Ces réponses psychologiques et actionnelles ont à leur tour des *répercussions*, qui à leur tour peuvent provoquer d'autres *réponses psychologiques et actionnelles*. Par exemple, dans l'histoire de Lucy, Lucy est contrariée lorsqu'elle découvre que la directrice n'a donné à sa camarade de classe qu'une journée de retenue. Elle dit à sa famille que la directrice n'est pas juste; et lorsque sa mère lui demande, « Tu penses qu'elle aurait dû être suspendue? », Lucy répond « Au MINIMUM! »

Lors de l'analyse de la construction narrative de l'agoraphobie, Lisa Capps et Elinor Ochs ont constaté que les récits d'expérience de panique racontés par une femme agoraphobe ne cessent de délinéer une spirale d'événements problématiques,

70. Aristote, *op. cit.*
71. Kenneth Burke, *A Grammar of Motives*, *op. cit.*
72. Jérôme Bruner, « The Narrative Construction of Reality », *op. cit.*
73. William Labov, *Le parler ordinaire*, *op. cit.*
74. Nancy Stein et Christine G. Glenn, « An Analysis of Story Comprehension in Elementary School Children », *op. cit.*
75. Stefan Sharff, *The Elements of Cinema : Toward a Theory of Cinesthetic Impact*, New York, Columbia University Press, 1982.
76. Jean M. Mandler et Nancy S. Johnson, « Remembrance of Things Parsed », *op. cit.*

chaque problème en amenant un autre[77]. Par exemple, un embouteillage est considéré comme la source d'une vigilance accrue. Cette prise de conscience à son tour entraîne une crise de panique, qui incite la protagoniste à mettre en œuvre une série de tentatives pour atténuer la panique, sans y parvenir, ce qui déclenche une plus grande panique jusqu'à ce que la protagoniste finisse par partager sa détresse et échapper à la situation. En entassant les problèmes l'un sur l'autre, la narratrice construit un monde dans lequel elle est impuissante et mue par la panique.

Lorsque les raconteurs relatent qu'un événement problématique a déclenché des réponses psychologiques ou des actions, l'histoire semble être encapsulée dans le passé. Néanmoins, comme nous l'avons vu précédemment, les histoires ont le don de s'immiscer dans le futur, et les raconteurs dépeignent souvent un événement déclencheur, une réponse psychologique ou une tentative de faire face à cet événement comme étant *toujours* non résolus, *toujours* problématiques au moment de la narration. Par exemple, dans l'histoire de Laurie, Laurie considère elle-même l'événement problématique de « Maman s'en est allée » comme une affaire résolue (Je suis contente (que quelque chose/toutes ces choses) soient arrivées aujourd'hui au nom de Jésus A:-MEN !), mais pas sa mère. La mère de Laurie considère tant l'événement « Maman s'en est allée » que la réponse de Laurie comme des problèmes *en cours*, ce qui la pousse à proposer un ensemble d'actions futures pour y remédier. Dans les cas des récits de panique, la personne souffrant d'agoraphobie ne cesse de présenter la panique non seulement comme un problème passé, mais également comme un problème persistant aux conséquences débilitantes. En effet, l'une des caractéristiques principales de l'agoraphobie est la tendance à ressasser les conséquences des épisodes de panique passés pour appréhender des expériences de vie future. Le passé raconté devient un chemin de pensée pour l'ici-et-maintenant et au-delà[78].

Un grand nombre de récits semblent être motivés par l'insatisfaction que ressentent au présent les narrateurs à l'égard de la manière dont eux ou d'autres protagonistes ont fait face à une situation, comme dans la protestation de Lucy devant la réponse donnée par sa directrice d'école à un problème advenu à l'école. En effet, l'une des raisons pour lesquelles les narrateurs donnent forme à des histoires est d'examiner avec d'autres interlocuteurs ce qu'ils ressentent ou devraient ressentir à propos de certains éléments d'une situation passée. L'écrivain Vaclav Havel remarque, dans ses *Lettres à Olga*, que cette raison fait partie intégrante d'une quête universelle de mise en lien de nos vies personnelles avec un horizon plus vaste de relations, de lieux, d'objets, d'idéologies, de valeurs et d'autres préoccupations humaines[79]. Nos expériences sont remplies d'énigmes,

77. Lisa Capps et Elinor Ochs, *Constructing Panic*, *op. cit.*
78. *Ibid.*
79. Vaclav Havel, *Lettres à Olga*, trad. française, La Tour-d'Aigues, Éd. de L'Aube, 1997.

et nous racontons des histoires pour explorer avec d'autres ces mystères et ces frustrations. Si la nature de la co-narration varie, cette activité offre la possibilité et le potentiel d'une réflexion commune non seulement sur le sens d'expériences particulières, mais également sur le sens de la vie dans ses dimensions historique, culturelle et cosmologique.

Dans un grand nombre de communautés humaines, l'activité de résolution des problèmes par le biais de récits collaboratifs est emblématique de l'amitié, de la collégialité, ou de l'appartenance à une famille. Malheureusement, les membres de ces communautés ne sont pas toujours en mesure d'enjoindre leurs proches d'examiner narrativement ces problèmes. Même dans une étroite proximité physique avec les membres de leur famille ou leurs ami·es, des personnes peuvent se sentir gênées ou incapables de présenter un récit non résolu. En l'absence de telles rencontres informelles dédiées à la résolution de problèmes, les narrateurs en herbe amèneront peut-être leurs histoires à des professionnels au sein de leur communauté. Dans un certain nombre de sociétés, on dit de ces professionnels qu'ils ont pour rôle de « démêler »[80], et dans d'autres, qu'ils pratiquent une « psychothérapie ».

Identités narratives

Le récit n'est pas seulement un genre de discours, c'est également une activité sociale impliquant différents rôles de participant. Tant Bakhtine que Goffman distinguent le rôle narratif de l'auteur (ou, pour reprendre les termes de Goffman, le mandant) de celui du narrateur (ou, pour reprendre la terminologie de Goffman, l'animateur)[81]. Comme nous l'avons souligné précédemment, le travail de Bakhtine inspira également l'idée selon laquelle le public narratif joue un rôle essentiel dans la construction du récit[82]. Le public est un co-auteur de la forme et du sens du récit.

Jennifer Mandelbaum avance l'idée que l'implication du public varie dans la narration[83]. Elle fait la distinction entre les histoires impulsées par le raconteur et les histoires impulsées par les destinataires. Les histoires impulsées par le raconteur ressemblent à la description que fait Erving Goffman d'une histoire : « Parfois, il [le participant] continuera son histoire sur plusieurs tours [de parole], les autres participants intercalant, ici et là, des encouragements, des marques d'attention et d'autres effets de rétroaction[84] ». Dans la narration impulsée par les destinataires,

80. Karen Ann Watson-Gegeo et Geoffrey Miles White (eds), *Disentangling : Conflict Discourse in Pacific Societies*, Stanford, Stanford University Press, 1990.

81. Mikhail Bakhtine, *The Dialogic Imagination*, *op. cit.* ; Erving Goffman, *Les cadres de l'expérience*, *op. cit.*

82. Alessandro Duranti, « The Audience as Co-author : An Introduction », *Text*, vol. 6, n° 3, 1986, p. 239-247 ; Charles Goodwin, « Audience Diversity », *op. cit.*

83. Jenny Mandelbaum, « Recipient-driven Storytelling in Conversation », *op. cit.*

84. Erving Goffman, *Les cadres de l'expérience*, *op. cit.*, p. 500.

ces derniers adoptent un rôle plus actif : « le raconteur et le destinataire déterminent ensemble le « sujet » d'une narration et la manière dont elle doit être comprise »[85]. La narration impulsée par les destinataires caractérise des situations dans lesquelles le destinataire est également un protagoniste de l'histoire, en particulier lorsque le destinataire est au centre de l'histoire. Cette observation fait écho avec l'étude de Marjorie Goodwin consacrée aux interactions de type « Il a dit, elle a dit », dans lesquelles la principale destinataire de l'histoire fait à la fois l'objet d'une accusation et prend une part très active dans la structuration de l'histoire qui s'ensuit[86].

Charles Goodwin montre que les destinataires d'une histoire diffèrent dans leur connaissance et leur expertise à l'égard des détails de l'histoire[87]. Dans les interactions narratives entre adultes nord-américains, les destinataires les mieux informés ont tendance à apporter une plus grande contribution à la narration en cours. Leur connaissance peut être considérée comme une prérogative de raconter[88]. Cette connaissance n'est pas toujours au fondement de droits narratifs. La recherche de Carolyn Taylor consacrée à la narration familiale, indique que les enfants nord-américains n'ont souvent pas la possibilité de raconter des histoires les concernant, mais qu'il est plutôt attendu d'eux qu'ils écoutent lorsque l'un des parents, ou bien les deux s'octroient ce droit[89]. De la même manière, l'anthropologue médical Basil Sampson a écrit un article intitulé « The sick who do not speak[90] » dans lequel il donne à voir comment des personnes des communautés aborigènes australiennes qui ont été malades ou blessées sont privées du droit de raconter l'histoire de leur maladie[91]. Les malades sont considérés comme n'étant pas eux-mêmes dans cet état et par conséquent incapables de décrire les événements. Ce sont celles et ceux qui les soignent qui détiennent ce droit.

L'assignation des rôles de raconteur et de public, ou de raconteur et de destinataire, dans le cadre de récits entiers, finit par ne plus fonctionner dans les narrations conversationnelles, au sein desquelles un grand nombre de participants construisent l'histoire. Là où la narration en particulier inclut des amis proches et des membres de la famille, un grand nombre de personnes peuvent participer au récit. Cela a plus de sens, dans ces cas précisément, d'assigner les rôles de raconteur

85. Jenny Mandelbaum, « Recipient-driven Storytelling in Conversation », *op. cit.*, p. 238.
86. M. H. Goodwin, *He-Said-She-Said*, *op. cit.*
87. Charles Goodwin, « Audience Diversity », *op. cit.*
88. Amy Shuman, *Storytelling Rights : The Uses of Oral and Written Texts by Urban Adolescents*, Cambridge, Cambridge University Press, 1986.
89. Carolyn Taylor, « "You Think It Was a Fight ?" Co-constructing (the Struggle for) Meaning, Face, and Family in Everyday Narrative Activity », *Research on Language and Social Interaction*, vol. 28, nº 3, 1995, p. 283-317 ; *Ead.*, *Child as Apprentice-Narrator : Socializing Voice, Face, Identity, and Self-Esteem amid the Narrative Politics of Family Dinner*, Thèse de doctorat non publiée, Université de Californie du Sud, 1995.
90. [Ndt], « Les malades qui ne parlent pas »
91. Basil Sampson, « The Sick Who Do Not Speak », dans David J. Parkin (éd.), *Semantic Anthropology*, New York, Academic Press, 1982, p. 183-195.

et de public/destinataire au fur et à mesure qu'évolue la narration. Il est possible qu'un participant soit le raconteur à un moment donné, et un destinataire le suivant.

Lors de l'analyse de récits familiaux, Ochs *et al.* jugèrent utile de considérer tous les membres de la famille présents comme des co-raconteurs du fait que la narration passait systématiquement d'un membre de la famille à un autre au cours d'une histoire[92]. Nous avons fait la distinction entre le *raconteur initial*, une personne qui démarre une histoire, et les *autres raconteurs*, celles et ceux qui contribuent au récit d'une histoire une fois qu'elle a démarré. Plutôt que d'endosser un rôle mineur, les membres de la famille, en tant qu'autres raconteurs, contribuaient considérablement à la construction de l'histoire, apportant notamment des éléments du cadre, proposant des réponses psychologiques, et tentant de résoudre le problème central de l'histoire. Par exemple, après que Lucy, dans le rôle de raconteuse initiale, a entamé l'histoire au sujet de sa camarade de classe qui ne récolte que d'un jour de retenue, sa mère continue l'histoire en proposant une réponse psychologique à Lucy face aux actions blessantes de la camarade de classe en question :

Lucy : Elle n'a eu – ce qu'elle a fait ne lui a valu qu'un <u>jour</u> de re<u>ten</u>ue.
La mère : hum ? – <u>tu</u> penses qu'elle aurait dû être suspendue ?
(0.6)
Lucy : au <u>MINIMUM</u>
La mère : (parce que Lucy) était <u>vraiment</u> gênée
((*faisant oui de la tête, parlant tout en mangeant*))
(1.6)
La mère : (je veux dire que toi/Lucy, vraiment) tu aurais bien aimé la tuer
cette – cette fille – hein ?
Lucy : [((*fait oui lentement de la tête, tout en mâchant, la fourchette dans la bouche*))
La mère : [(parce que) tu étais en colère contre elle –
((*parlant très vite*)), mais tu t'es contenue
Parce que tu (pensais) que ton école allait le faire
Et l'école ne l'a pas fait et ça te met en <u>colère</u>-

D'autres membres de la famille interviennent également en tant que co-raconteurs. Chuck, par exemple, le plus jeune frère de Lucy, déclare qu'il donnerait plus de jours de retenue comme punition :

Chuck : Je <u>pense</u> ? qu'elle devrait – <u>y être</u> pendant <u>tout</u> un MOIS ? ou
presque =
?:=(enfin peut-être)

92. Elinor Ochs, Carolyn Taylor, Dina Rudolph et Ruth Smith, « Story-telling as a Theory-building Activity », *op. cit.*

(0.6)
Chuck : chaque jour elle devrait y être – chaque jour chaque jour
chaque jour
même si ?...

Et comme nous l'avons indiqué précédemment, c'est Chuck qui oriente l'histoire dans une direction radicalement différente lorsqu'il dévoile que Lucy a elle-même été en retenue.

Raconter des vies

Lorsque celles et ceux qui sont impliqués dans des interactions narratives y participent activement en tant que raconteurs et destinataires, ils et elles exercent leur prérogative de co-auteurs du récit. Lorsque ce récit a pour sujet une expérience vécue, les co-auteurs influencent la compréhension de cette expérience. Ce n'est pas seulement un récit, mais une vie ou une rétrospective historique qui est construite de manière collaborative. Le récit est une activité créatrice de sens ; c'est également un vecteur primordial de conservation des expériences dans la mémoire. La prérogative de co-raconter un récit est dès lors un droit puissant, embrassant le passé, le présent, le futur ainsi que les mondes imaginés.

En ébauchant une histoire, les co-raconteurs produisent un ou plusieurs messages narratifs. Le message peut avoir trait à ce qui s'est passé, déterminant le statut de *vérité* des événements. Par conséquent, raconter une histoire devient, bon gré mal gré, un moyen d'établir un sens de la réalité dans la mémoire. D'autre part, le message narratif peut avoir trait à ce qui aurait dû arriver, identifiant la valeur morale des événements[93]. En effet, puisque les récits présentent tous au moins un point de vue, ils sont intrinsèquement vecteurs de jugements. Tous les récits pris comme exemple dans ce chapitre véhiculent de puissants messages moraux, mais l'histoire la plus marquante est peut-être celle de Lucy et de la jeune fille qui reçut une journée de retenue à l'école. Tous les membres de la famille donnent à entendre leur jugement moral au sujet de la jeune fille puis au sujet de Lucy. Très souvent, les récits d'histoires sont les véhicules de socialisation des valeurs de la famille ou d'une institution publique telle qu'une école ou une communauté dans son ensemble.

Les messages portant sur la vérité ou la moralité contribuent aux *explications causales* que construisent systématiquement les récits. Parce qu'ils présentent un point de vue et parce qu'ils dépeignent un événement comme suscitant

93. Alessandro Duranti, *From Grammar to Politics : Linguistic Anthropology in a Western Samoan Village*, Berkeley et Los Angeles, University of California Press, 1994 ; Elinor Ochs, Carolyn Taylor, Dina Rudolph et Ruth Smith, « Story-telling as a Theory-building Activity », *op. cit.*

des réponses, les récits d'histoires en particulier permettent aux co-raconteurs d'échafauder des explications pour les situations narrées[94]. Dans certains cas, les co-raconteurs travaillent ensemble pour établir un compte-rendu convenable des événements. Dans ces cas, la narration collaborative permet de créer de la solidarité – par exemple, une culture familiale, institutionnelle ou collective cohérente.

Cependant, dans d'autres cas, les co-raconteurs contestent les explications des uns des autres concernant les émotions, les actions et les circonstances. Cela arrive souvent lorsque les histoires sont relatées parmi un groupe de personnes ayant entre eux, et avec les protagonistes d'un récit d'histoire, une expérience vécue en commun. Au sein de sociétés telles que l'Amérique traditionnelle, celles et ceux qui ont connaissance d'éléments contextuels pertinents concernant une histoire en train d'être relatée peuvent radicalement en changer la trame en les évoquant. Par exemple, dans l'histoire au sujet de la retenue à l'école, la révélation par le plus jeune frère de Lucy de sa propre expérience de retenue vient ébranler l'explication de Lucy quant à la décision injuste de la directrice d'école. Lucy avait fondé son sens de l'injustice sur la gravité de l'infraction commise par sa camarade d'école, mais son frère donne une autre justification au jugement de Lucy : la directrice n'a pas été juste en donnant à Lucy et à sa camarade d'école le même temps de retenue. La co-narration qui implique la contestation et le remaniement de la trame d'une histoire est comparable aux remises en question et corrections universitaires et juridiques d'explications données à des événements. Dans les deux cas, les remises en question transforment un compte rendu narratif en une *version* de l'expérience vécue plutôt qu'en un fait. À ce titre, la narration collaborative d'expériences personnelles est un espace de socialisation des compétences intellectuelles requises dans les milieux professionnels[95].

Remettre en question la manière dont quelqu'un d'autre raconte une histoire est, comme toute autre action humaine, quelque chose d'organisé socialement. Il y a des postulats concernant le type d'histoires qu'il est possible de contester. Par exemple, Heath (1983) souligne qu'il rebutait aux familles blanches travailleuses faisant l'objet de son étude de contester les récits écrits[96]. De la même manière, les cultures familiales, institutionnelles et communautaires peuvent déterminer structurellement qui endosse le rôle de contestataire. Dans un grand nombre de communautés, par exemple, les adultes se voient accorder cette prérogative plus que les enfants[97]. Dans les familles blanches américaines de classe moyenne

94. *Ibid.*
95. Elinor Ochs et Carolyn Taylor, « Science at Dinner », dans Claire Kramsch et Sally McConnell-Ginet (eds), *Text and Context : Cross-Disciplinary Perspectives on Language Study*, Lexington, D.C. Heath, 1992 ; Elinor Ochs, Carolyn Taylor, Dina Rudolph et Ruth Smith, « Story-telling as a Theory-building Activity », *op. cit.*
96. Shirley Brice Heath, *Ways with Words*, *op. cit.*
97. *Ibid.* ; Esther N. Goody, *Questions and Politeness : Strategies in Social Interaction*, Cambridge, Cambridge University Press, 1978 ; Elinor Ochs et Carolyn Taylor, « Family Narrative as Political Activity », *op. cit.* ; Elinor Ochs et Carolyn Taylor, « Mothers' Role in the Everyday Reconstruction of "Father Knows Best" », *op. cit.*

étudiées par Ochs et Taylor, les mères apportaient la contradiction plus de deux fois plus souvent et les pères plus de trois fois plus souvent que les enfants lors des interactions constituantes d'un récit collaboratif. Puisque l'activité narrative est omniprésente dans ces foyers, les rôles narratifs récurrents des membres de la famille contribuaient à la constitution de leurs identités familiales. Lorsqu'un membre d'une famille endosse systématiquement le rôle de contestataire, ce rôle narratif devient partie intégrante de son identité familiale. Dans les familles américaines de classe moyenne, contester les comptes-rendus narratifs est une action sociale au quotidien qui contribue à l'identité de parent, mais plus particulièrement à l'identité de père. La prédilection des parents, des pères plus particulièrement, pour ce rôle de contestation est bien compris par les jeunes enfants, qui pour leur part affichent une prédilection pour le sabotage ou ne se soumettent que de façon minimale aux tentatives parentales de leur soutirer des histoires. Il est fréquent, dans ces foyers, d'avoir des échanges de ce type : « Qu'est-ce que tu as fait à l'école aujourd'hui ? » « Rien. » Les enfants dans ces familles répugnent à ce que leurs histoires soient problématisées et remaniées par des co-narrateurs autoritaires.

Conclusion

Ainsi, l'activité narrative est à la fois un médium discursif d'exploration et de résolution des problèmes à l'échelle collective, et un outil d'instanciation des identités personnelles et sociales[98]. L'activité narrative permet aux membres de communautés de représenter et de réfléchir sur des événements, des pensées et des émotions, mais cette possibilité peut parfois être distribuée de manière asymétrique, octroyant des droits de réflexion à certains plus qu'à d'autres. Essentielle à la construction de soi, de l'autre et d'une société, la co-narration façonne des biographies et des récits historiques ; cependant le sens de l'expérience et de l'existence – ce qui est possible, réel, raisonnable, désirable – a tendance à être défini par certains plus que par d'autres. À ces fins, le récit a la capacité de limiter, voire d'emprisonner, ou bien d'enrichir et de transformer la psyché humaine.

* * *

Je suis redevable à Lisa Capps et Teun Van Dijk pour leur lecture attentive des premières versions et leurs suggestions. Ce travail est en partie soutenu financièrement par la Spencer Foundation for Educational Research.

98. Dennis K. Mumby, *Narrative and Social Control*, London, Sage, 1993.

Lectures recommandées par l'autrice

Mikhail Bakhtin, *The Dialogic Imagination : Four Essays*, traduit du russe par Caryl Emerson et Michael Holquist, Austin, TX, University of Texas Press, 1981.

Jérôme Bruner, *Car la culture donne forme à l'esprit : de la révolution cognitive à la psychologie culturelle*, trad. française, Paris, Eshel, 1991.

Alessandro Duranti, « The Audience as Co-author : An Introduction », *Text*, vol. 6, n° 3, 1986, p. 239-247.

Charles Goodwin, « Notes on Story Structure and the Organization of Participation », dans Maxwell Atkinson et John Heritage (eds), *Structures of Social Action*, Cambridge, Cambridge University Press, 1984, p. 225-246.

Marjorie Harness Goodwin, *He-Said-She-Said : Talk as Social Organization among Black Children*, Bloomington, Indiana University Press, 1990.

Shirley Brice Heath, *Ways with Words : Language, Life and Work in Communities and Classrooms*, Cambridge, Cambridge University Press, 1983.

William Labov et Joshua Waletzky, « Narrative analysis », dans William Labov *et al.* (eds), *A Study of the Non-Standard English of Negro and Puerto Rican Speakers in New York City*, New York, Columbia University, 1968.

Peggy J. Miller, Randolf Potts, Heidi Fung, Lisa Hoogstra et Judy Mintz, « Narrative Practices and the Social Construction of Self in Childhood », *American Ethnologist*, vol. 17, n° 2, 1990, p. 292-311.

Elinor Ochs et Carolyn Taylor, « Family Narrative as Political Activity », *Discourse and Society*, vol. 3, n° 3, 1992, p. 301-340.

Paul Ricœur, *Temps et récit*, Paris, Le Seuil, 1983-1985.

Harvey Sacks, *Lectures on Conversation*, Cambridge, Blackwell, 1992.

Nancy Stein et Margaret Policastro, « The Concept of a Story : a Comparison between Children's and Teacher's Viewpoints », dans Heinz Mandl, Nancy Stein et Tom Trabasso (eds), *Learning and Comprehension of Text*, Hillsdale, Erlbaum, 1984, p. 113-155.

Hayden White, « The Value of Narrativity in the Representation of Reality », dans William John Thomas Mitchell (éd.), *On Narrative*, Chicago, University of Chicago Press, 1981.

Conventions de transcription

.hhh	aspiration du locuteur
Hhh	expiration du locuteur
Soulignement	emphase particulière sur une syllabe ou un mot
:	allongement syllabique
(0.2)	pause en secondes et fractions de seconde
(.)	micro-pause (inférieure à 0.2 secondes)
((*commentaire*))	commentaires du transcripteur ou phénomènes non transcrits
.	descente intonative (finale)
?	montée intonative (finale)
,	continuité intonative (finale)
?,	intonation (finale) légèrement montante
Texte en gras	phénomène d'insistance
[	actions ou paroles qui se chevauchent
()	quelque chose a été prononcé, mais de manière inaudible
Bu-	Troncation d'un mot ou d'une syllabe
°you°	segments de parole peu forts ou doux
>well<	Le segment de parole est compressé ou précipité
CAPITALES	volume fort de la voix
^	montée soudaine du ton de la voix
*	friture vocale

Jean-Claude Passeron

Décrire le monde : pacte romanesque et écriture scientifique
Extraits d'un entretien avec Jean-Claude Passeron

Nous sommes heureux de publier quelques pages d'un entretien avec Jean-Claude Passeron, conduit par la sociologue Raymonde Moulin et l'historien Paul Veyne en novembre 1995, et publié quelques mois plus tard dans la *Revue européenne des sciences sociales*. Le texte intégral a, depuis, été repris et retravaillé par l'auteur et doit faire l'objet d'une prochaine publication [1]. On sait le rôle qu'a joué Passeron à l'origine du projet scientifique d'*Enquête* puis dans son animation pendant un quart de siècle. Il venait de publier *Le raisonnement sociologique* [2] et menait déjà depuis plusieurs décennies une réflexion continuée sur les relations des sciences sociales, de la sociologie en particulier, avec la langue, la littérature et la narration. Après sa traduction et sa présentation de *La Culture du pauvre* de Richard Hoggart publiée par les Éditions de Minuit en 1970 – dont il mettait en valeur l'écriture originale en sociologie –, sa thèse d'État, rédigée dix ans plus tard, et toujours inédite, *Les mots de la sociologie*, en a cristallisé un premier moment. Ont succédé, parmi de nombreux autres travaux effectués en parallèle, des enquêtes sur la lecture et les bibliothèques puis une comparaison devenue célèbre, menée avec Claude Grignon, sur la représentation des classes populaires en sociologie et en littérature (*Le Savant et le populaire. Misérabilisme et populisme en littérature et en sociologie*, 1989) ainsi qu'une méditation conjointe des deux mêmes auteurs, à l'occasion de la publication en français, en 1991, de l'autobiographie intellectuelle d'Hoggart, *33 Newport Street*, au sujet de son écriture singulière et des raisons de sa réception différenciée en Grande-Bretagne et

1. Jean-Claude Passeron, Raymonde Moulin et Paul Veyne, « Entretien avec Jean-Claude Passeron : un itinéraire de sociologue », *Revue européenne des sciences sociales*, « Du bon usage de la sociologie. Pavane pour Jean-Claude Passeron », tome 34, 1996, p. 275-354. [N.d.É] Avec l'accord de l'auteur, le texte a été annoté et légèrement amendé par la rédaction d'*Enquête*. Nous remercions Jean-Claude Passeron et la *Revue européenne de sciences sociales* d'en avoir autorisé à la publication dans ce volume.
2. Jean-Claude Passeron, *Le raisonnement sociologique. L'espace non-poppérien du raisonnement naturel*, Paris, Nathan, 1991 ; 2e éd. revue et augmentée, Paris, Albin-Michel, 2006.

en France[3]. Il se dégage de ses réflexions au moins deux traits principaux que l'on retrouvera dans les pages qui suivent à partir d'observations sur les usages du récit dans le roman et les sciences sociales. Le premier tient à l'attention particulière portée par Jean-Claude Passeron à ce qu'il faudrait appeler une pragmatique différentielle des textes, avant tout celle des récits scientifiques et littéraires – interrogation qui passe notamment par une problématisation de ce que Umberto Eco a nommé « pactes de lecture » et par une distinction fine, inspirée en partie par Barthes, entre « effets de réel », « de connaissance » et « d'intelligibilité » (ou « de véridicité ») dans les écritures savantes et romanesques. Le second trait découle du premier dans la mesure où, fort de cette heuristique des régimes écrits de vérité, Passeron s'oppose avec vigueur à la réduction de l'histoire ou de la sociologie à une littérature comme les autres et, corrélativement, aux analyses philosophiques, épistémologiques mais aussi sociologiques de la force probatoire des sciences sociales qui entendaient faire, et font encore reposer celle-ci sur des dispositifs purement rhétoriques ou narratologiques. Ici, le sociologue, qui est aussi l'un des grands épistémologues de sa discipline, invite à adopter une certaine méfiance vis-à-vis des réalismes du récit en même temps qu'il réaffirme combien les sciences sociales relèvent pour lui d'une discursivité qui est de part en part scientifique plutôt qu'elle n'emprunterait, par essence ou par construction historique, à la fois à la science et à la littérature. Sans jamais exclure par principe le récit, le discours de la sociologie tout comme celui de l'histoire ne sauraient donc, pour Passeron, être réduits à un enchaînement plus ou moins réussi d'opérations narratives de natures diverses. Autrement (et plus abruptement) dit : tout n'est pas récit en sciences sociales.

J. R. et L. J.

Raymonde Moulin

Au moins autant qu'entre philosophie et sociologie, je vous ai connu, dans les années 1960 ou Centre de sociologie européenne que dirigeait Raymond Aron à l'École des hautes études, balançant entre sociologie quantitative et passion des romans, dont vous parliez plus que de vos questionnaires. [...], j'ai assisté à certaines des réunions de travail de l'Enquête Kodak – dont sortira *Un art moyen*[4] – et j'ai fait deux terrains : les clubs petits-bourgeois de photographie à Lille et, avec vous, la section « photo » du Club d'entreprise chez Renault. Vous m'avez donné alors, à Boulogne-Billancourt, une définition de la sociologie qui m'a paru éblouissante : « C'est du roman, mais en faisant l'économie du génie. »

3. Claude Grignon, Jean-Claude Passeron, « *33 Newport Street* – conversation sur un chef-d'œuvre. Entretien avec Claude Grignon et Jean-Claude Passeron », dans Alain Finkielkraut (dir.), *Ce que peut la littérature*, Paris, Stock, 2006, p. 195-216.

4. Pierre Bourdieu, Luc Boltanski, Robert Castel, Jean-Claude Chamboredon, *Un art moyen. Essai sur les usages sociaux de la photographie*, Paris, Les Éditions de Minuit, 1965.

Jean-Claude Passeron

[…] Rétrospectivement le mot de « génie » me gêne, puisque, alors comme aujourd'hui, je n'en vois pas de définition possible dans une science de l'homme. Je voulais peut-être dire « talent littéraire », lequel se définit plus facilement et se laisse même assez bien mesurer, par une sociologie de la « réception » des œuvres: on peut comparer la longévité des traces que laissent les auteurs dans la postérité lisante. J'aurais donc, pour le plaisir de l'aphorisme, employé le terme grandiloquent de « génie » *cum grano salis*, avec des guillemets en somme. Et, bien sûr, j'avais tort, comme toujours quand les guillemets – auxquels recourent à tout bout de champ les intellectuels français qui les miment parfois à l'oral, en imitant les universitaires américains, d'un geste de deux doigts des deux mains repliés à côté de leurs oreilles – sont là pour noter, non pas la simple référence *déictique* à la citation littérale d'un mot ou d'une phrase précise, mais la mise à distance prudente d'une expression trop répandue, par crainte de sembler s'engager sur son sens ou sa pertinence. Voulant, je le suppose, parler en sociologue, qui vient de découvrir les « gratifications secondaires » de son nouveau métier de sociologue, j'aurais pourtant dû – en contrôlant l'usage des tics de langage, en principe bannis de ce métier – énoncer platement la synonymie partielle que je croyais vraie, et non jouer du clin d'œil que suppose l'introduction d'un mot prononcé au style indirect invisible, lequel fait ainsi parler aux littérateurs, pour les railler doucement, le langage un peu trop complaisant du « génie » dont ils usent à tout bout de champ, pour parler de leurs admirations: bref je faisais de la littérature pour préciser ce en quoi la sociologie n'est pas littérature.

De ma part, c'était faute pédagogique et scientifique gravissime, comme tout mélange des « modalités » ou des « degrés » d'une assertion. Le plaisir de « deuxième degré », qui est invoqué par le lettré subtil pour laver ses goûts et ses opinions spontanées de toute culpabilité ou naïveté, trahit bien souvent une complaisance – variable de forme et d'intensité – pour l'expérience du « premier degré » qu'il récuse, mais dont il révèle, par la vivacité du plaisir pris à en plaisanter, le rôle qu'elle joue dans le *discours d'accompagnement* qui donne sens et saveur à son ironie. Je crois toujours entendre quelque chose du plaisir au « premier degré » dans les raisons érudites ou sarcastiques que me donne un savant ou un amateur de littérature savante lorsqu'il m'explique qu'il goûte aussi Guy des Cars ou Paul Loup Sulitzer…, mais, bien sûr, au « second degré ». C'est cette même recette d'ambiguïté sémantique qui fait le succès des plaisanteries dont le ton d'*Hara Kiri* – ou même de Guy Bedos et Coluche – définit une limite frôlant parfois l'aveu, lorsque la parodie prétend par exemple disqualifier le racisme en se contentant de le mimer et en laissant à son public le soin de faire la différence entre la charge et l'objet de la charge – « puisque c'est dans un journal antiraciste ou chez un contestataire à succès que je vois cette caricature de *beauf'* raciste ou conformiste, nul ne peut me soupçonner d'y prendre un plaisir au premier degré ». *Mea culpa* : j'avais en 1962 brouillé la communication sociologique avec vous par ma complaisance à l'embrouillamini littéraire.

Raymonde Moulin

J'ajoute pour l'anecdote que j'ai été confortée dans mon opinion par mon éditeur, Jérôme Lindon. Très respectueux de ses auteurs, il m'a fait une seule remarque sur *Le marché de la peinture*[5], me demandant si je jugeais indispensable d'écrire dans l'introduction que, pour rendre compte de la complexité sociale des « mondes de l'art » et de la subtilité des relations qui s'y nouent entre hommes et œuvres, il eût fallu Balzac ou Proust. Selon lui, compte tenu de l'apparition du « nouveau roman », c'était précisément aux sociologues qu'il revenait de prendre le relais des romanciers du XIXe siècle et de leur « réalisme » sociologique.

Jean-Claude Passeron

Jérôme Lindon ne me persuadait pas plus en cela que lorsqu'il hésitait à publier la traduction pourtant terminée (et payée) de *The Uses of Literacy*, parce qu'à la relecture, me dit-il, l'écriture narrative de Richard Hoggart « faisait un peu trop Dickens ». Je crois que Lindon aimait bien renvoyer le sociologue dans l'antichambre meublée en style XIXe du romanesque vieux jeu, pour réserver le grand salon au « nouveau roman » : c'était chose normale dans le rôle où il se voyait de découvreur et presque d'éditeur-inventeur de genres nouveaux. Sa remarque, qui rend équivalents la sociologie empirique d'aujourd'hui et le roman du XIXe siècle, nous ramène à l'ambiguïté de ma phrase qui voulait suggérer l'économie de talent littéraire que permet l'usage des méthodes sociologiques, lorsqu'il s'agit de décrire et de faire comprendre au lecteur le même « monde réel » que celui dont prétend parler le « roman réaliste ».

Je ne voulais évidemment pas dire – du moins je l'espère – que la sociologie s'exprimerait au même registre de « vérité » descriptive que le roman réaliste ; ni que les critères qui définissent les « pactes de lecture » dans lesquels s'inscrivent ces deux manières de décrire la « prose du monde » seraient de même facture. Pour produire chacune son effet propre – d'une part, l'*effet de plaisir littéraire* que l'écriture d'un texte vise à produire sur le lecteur par ses choix de lexique et l'organisation de sa discursivité dans le cas du récit de fiction et, d'autre part, dans le cas de la description sociologique, l'*effet d'intelligibilité,* lequel ne peut être produit qu'en recourant à des démarches d'observation, de comparaison ou de mesure des comportements séquentiels observés – chacune des deux écritures doit obéir à des exigences de *lexicalisation* et de *schématisation* du discours qui ne sont pas du même ordre. Dans chacune de ces deux situations d'énonciation, on se conforme à un « cahier des charges » descriptible dans sa différence – selon l'expression employée

5. Raymonde Moulin, *Le Marché de la peinture en France*, Paris, Les Éditions de Minuit, 1967.

par Philippe Hamon pour décrire l'invention du « roman » moderne au XVIIIe siècle avec la *Pamela* de Richardson[6]. D'un côté (1), il y a usage d'une habileté d'écriture dans le « faire-croire » romanesque propre aux conventions stylistiques d'une époque – talent qui, s'il recourt parfois à l'observation ou à la documentation, les biaise volontairement en les pliant au seul souci de la « littérarité » de ses « effets de réel » ; (2) de l'autre, il y a dans les sciences de l'homme, un usage contraignant des méthodes d'observation, d'enquête et de traitement des données, mises au service d'une démarche qui ne vise qu'à renforcer les preuves d'une causalité effective ou à contrôler l'interprétation du sens culturel d'un acte.

L'analyse sociologique, qui doit travailler ses observations comme un *corpus* – où peuvent d'ailleurs figurer, au même titre que d'autres données, les œuvres romanesques d'une époque – ne s'écarte jamais, quelque technique de description – typologique ou énumérative – qu'elle emploie, du souci de *représentativité,* inséparable de la tâche de faire la preuve qu'il existe une ou des relations explicatives entre les faits sociaux qu'elle décrit. Dans une science, il s'agit d'abord de *dire-vrai* – ou le plus vrai possible (en langue naturelle) – même quand on parle en général – ou le plus généralement possible – sur une série de « cas ». Pour y revenir encore une fois, je ne parlais donc, à propos de « l'économie du génie », que d'une *impression* dont je suis assuré, en tant que lecteur paresseux : l'impression de faire, grâce à la sociologie – la bonne s'entend, celle qui ne se prend ni pour de la littérature ni pour de la morale ou de l'exhortation à un engagement politique – une *économie* sur des exigences littéraires auxquelles il est toujours hasardeux de se mesurer, sauf quand on s'y sent contraint par son caractère. Après tout, le talent romanesque ne court pas les rues, comme on le voit à la rareté relative des récits de fiction qui survivent longtemps aux changements d'une intertextualité d'époque, en leur première forme textuelle. Je parle du talent capable de faire entrer le lecteur dans un *plaisir littéraire* intense et complexe, qui associe le fait de « croire » à une intrigue ou à des personnages de roman et celui de « *n*'y croire *que* comme » à une fiction – modalité de la croyance dont Husserl (suivi de Sartre) a analysé le caractère irréductible dans sa phénoménologie de l'imagination. J'ai l'impression que je ne perds pas mon temps à la lecture d'un sociologue, tant que ma *curiosité intellectuelle* y trouve son compte – en somme tant que je m'y sens gratifié par le prosaïsme même de l'explication et de l'interprétation sociologiques, pourvu qu'elles m'aident à approfondir le sens culturel des intrigues qu'on peut observer dans le monde historique. C'est, par exemple, le cas quand j'accompagne chez Weber les allers-retours comparatifs de sa sociologie historique des religions, du droit ou de l'économie – plaisir d'intellection qui s'impose à moi, en dépit de sa grammaire harassante et de son style étranger à toute élégance littéraire : ça ne

6. Philippe Hamon, « Un discours contraint », *Poétique*, n° 16, 1973, repris dans Gérard Genette et Tzvetan Todorov (dir.), *Littérature et réalité*, Paris, Seuil, 1982, p. 119-181.

ressemble pas du tout à du Balzac ou à du Flaubert, qui parleraient des mêmes choses mais, bien sûr, si on ne veut goûter que le plaisir de *comprendre intensément* et « comme si on y était » les relations entre les hommes d'un lieu et d'une époque, l'émotion empathique de s'identifier au « pauvre cœur des hommes » – *Kokoro,* comme dit en japonais le titre du roman de Natsumé Sôséki[7] – de ressentir la vibration vitale de leurs relations publiques ou intimes, sans avoir à se soucier du contrôle scientifique de cette compréhension ou de la valeur de ses preuves, alors il est vrai que la littérature romanesque fait faire au lecteur une économie inverse de la sociologie, celle des détours, des ralentissements et des parcours laborieux qu'imposent la méthodologie statistique ou l'érudition historique. En somme, pour l'amateur de « gibier humain » – je reprends la métaphore parlante qu'utilisait Marc Bloch pour caractériser le métier d'historien – on peut dire que cet ogre trouvera à savourer les mêmes « effets de réel » dans la lecture des romanciers que dans celle des sociologues ; mais, à mon avis, si on n'aspire qu'au plaisir littéraire, à bien moindres frais d'ennui dans le roman réaliste.

On touche alors à une autre ambiguïté de mon aphorisme boiteux qui parlait de l'écrit sans mentionner que les textes n'ont évidemment pas la même portée pour ceux qui les écrivent et pour ceux qui les lisent. L'économie dont je parlais repose en fait sur une équation bancale qui n'intègre pas les mêmes variables pour l'écrivain et pour son lecteur. Pour ce dernier, la « beauté » singulière ou improbable d'un « cas » n'ôte rien à la révélation d'une vérité psychologique ou sociale, telle que la délivre une fiction littéraire – laquelle ne peut produire son effet d'envoûtement que grâce à la disposition des mots et des phrases – alors que la particularité monographique d'un isolat social exploré centimètre par centimètre endort le lecteur dans une thèse de sociologie. Et si l'on tient à examiner le travail exigé des auteurs, la comparaison de leurs budgets-temps ou de leurs efforts n'a guère de sens car, s'il existe des lecteurs qui se plaisent à lire également des ouvrages de littérature et de sociologie, je ne connais pas d'auteur qui, pratiquant pleinement et séparément les deux métiers, pourrait renseigner une comparaison sur les dépenses et les investissements mentaux de chacun. Qui est jamais passé avec succès de la pratique sérieuse d'une science sociale à l'écriture de romans véritables – sauf parfois de *narrations autobiographiques* ? Peut-être est-ce le cas – la tentation en tout cas – des anthropologues qui ont rôdé leur curiosité pour l'altérité exotique dans les patiences de l'observation ethnographique avant de passer à la littérature ? Victor Segalen ou Michel Leiris par exemple ; ou *Tristes Tropiques* encore, pour Lévi-Strauss. Mais, en règle générale, les sociologues, voués à débroussailler laborieusement la complexité des sociétés auxquelles ils appartiennent, font plutôt de piètres romanciers. Au total, lorsqu'on choisit de pratiquer la recherche en sociologue, mû par le désir de comprendre quelques-

7. Natsumé Sôséki, *Kokoro*, (1914), trad.fr. : *Le pauvre cœur des hommes*, Paris, Gallimard, 1987.

uns des rouages et des sentiments cachés qui font tourner le monde social d'une époque, on fait sans doute l'économie d'un douloureux travail d'écriture littéraire. Mais on doit en revanche s'investir sans compter dans le labeur d'enquête : je ne sais lequel est le plus incommode au confort des jours, n'ayant jamais pratiqué que le second. Du point de vue de l'écrivain qui veut communiquer à son public des tableaux intelligibles et lisibles du monde social, j'ai longtemps cru que le travail de recherche faisait l'affaire – terrain, écoute, questionnement, patience dans la répétition des contrôles et l'arpentage du champ de l'observable. Mais quand je lis dans la *Correspondance* de Flaubert la description des tourments et des nausées que lui donnaient les reprises interminables de son travail d'écriture romanesque – il parlait de la confection de *Madame Bovary* – je me dis que le cours du monde historique fait également ahaner et souffrir toute description langagière, par quelque bout ou quelque biais qu'on prenne la tâche de dire cette satanée diversité des « choses » et des hommes, en enjambant le hiatus insurmontable entre le langage et le monde.

Raymonde Moulin

Il me semble que la réflexion sur la proximité et la contradiction entre l'écriture romanesque et l'écriture sociologique a été une constante dans vos préoccupations. Tout au début de votre conversion à la sociologie empirique vous vous signalez par une introduction à la traduction française de *The Uses of Literacy* de Richard Hoggart[8], où vous le décrétez sociologue, voire ethnologue, des cultures populaires, en dépit de son indifférence affichée pour les techniques et les méthodologies de la mesure. Pourtant, au fil des années et des articles, je vous ai vu pourfendre de plus en plus vivement la « sociologie littéraire » et les dérives « essayistes » des sociologues tentés par les succès d'audience. Cette défense des aspects les plus « durs », les plus statistiques du métier de sociologue comme la mise en garde contre « l'illusion de la représentativité romanesque » étaient encore très présentes dans votre thèse *Les mots de la sociologie*. Et pourtant, dans ce même travail vous placiez la métaphore au cœur des opérations cognitives du raisonnement sociologique en affirmant que « toute intelligibilité sociologique est de forme analogique ». Et, tout récemment, à l'occasion de la publication de *Life and Times*, vous revenez dans un « Hoggart in Retrospect » sur ce qu'a d'incomparablement sociologique l'écriture de cet auteur pourtant inséparable du style narratif et littéraire de son autobiographie. Que signifie cette hésitation entre deux positions apparemment contradictoires ?

8. Richard Hoggart, *The Uses of Literacy : Aspects of Working-Class Life, With Special References to Publications and Entertainments*. Londres, Chatto et Windus, 1957 (trad. fr., *La Culture du pauvre*, traduit par F. et J.-Cl. Garcias et J.-Cl. Passeron, présentation de J.-Cl. Passeron, Paris, Les Éditions de Minuit, 1971).

Jean-Claude Passeron

Tout simplement [...], qu'avec Richard Hoggart, je ne sais trop sur quel pied danser, quand j'essaie de définir « l'effet de véridicité » sociologique que font sur moi ses livres pourtant soigneusement dépouillés de toutes nos prothèses méthodologiques. J'ai de la peine à distinguer chez lui la vérité sociologique et la « vérité » romanesque, l'exactitude pointilleuse de l'enquêteur – du fouineur, de l'expert – et l'aptitude de l'écrivain à rendre perceptible le sens social des actes les plus intimes de chacun. Mon admiration pour cet auteur tient donc à sa réussite, toute personnelle, dans l'art indéfinissable d'utiliser, pour mieux communiquer une intelligibilité sociologique à son lecteur, les ressources romanesques du *savoir-faire-voir* et du *savoir-faire-ressentir*, détournant ainsi les « effets de réel » qui découlent de la justesse de ton de sa narration, au profit de la vérité du sens sociologique des notations qui informent sa description. Chez Hoggart c'est la légèreté suggestive de l'écriture littéraire qui se met au service de l'exactitude sociographique et de son prosaïsme explicatif, alors que chez tant d'autres pratiquants du mélange des genres on assiste au détournement inverse : c'est la littérature – l'usage et l'abus des moyens rhétoriques de faire accroire ou de faire *effet de réel* – qui engloutit le propos affiché par l'écrivain « réaliste » de disséquer une réalité sociale et d'en extraire la « vérité typique ». La réussite de Richard Hoggart est difficile à scruter en une phrase. J'avais essayé, pour rendre compte de la contradiction que vous relevez, de distinguer, en analysant le style d'écriture et les arrière-plans de l'autobiographie que donne Hoggart (dans *A Measured Life*[9]), entre le *romanesque sociologique,* où cet auteur excelle, et le *romanesque du pittoresque social* qui fonctionne en sens inverse. C'est ce dernier qui tient lieu de sociologie stéréotypique pour la plupart des auteurs et des lecteurs de romans – dont sans doute Jérôme Lindon, d'après la remarque que vous m'avez rapportée tout à l'heure. Le romanesque hoggartien, c'est de la sociologie, mais qui permet encore au lecteur de faire l'économie des parcours de l'analyse quantitative et de l'abstraction lourdement conceptuelle, ou du moins de leur intrusion directe dans le texte. Chez Hoggart, l'exactitude de l'analyse se reconnaît pourtant, au bout du compte, aux mêmes critères que ceux d'un compte-rendu d'enquête[10].

Tout à l'opposé du romanesque sociologique, le « romanesque social » produit ses « effets de réel » en procédant par assemblage arbitraire des atmosphères et des caractères sociaux au seul bénéfice d'un effet spécifique de pittoresque, comme dans l'art des bouquets. C'est un genre littéraire qui a fleuri en France

9. Richard Hoggart, *A Measured Life. The Times and Places of an Orphaned Intellectual*, 3 vol., Londres, Chatto et Windus, 1988-1992. Seul le premier volume a été traduit en français : *33 Newport Street. Autobiographie d'un intellectuel issu des classes populaires anglaises*, trad. par Christiane et Claude Grignon avec la collaboration de Christopher Todd, Paris, « Hautes Études », Gallimard/Seuil, 1991.

10. Jean-Claude Passeron, « Portrait de Richard Hoggart en sociologue », *Enquête*, n° 8, 1993, p. 79-111.

dans les romans « réalistes » dès le début du XIXe siècle, mais qui s'était préparé depuis longtemps un peu partout en Europe, si l'on songe au picaresque espagnol, au théâtre de Goldoni, au décor social des romans de Fielding ou de Marivaux, puis au réalisme des descriptions de Londres par Dickens et à sa longue postérité dans le roman anglais, ou encore au pittoresque urbain des descriptions de Paris par Restif de la Bretonne. La ligne est continue, d'Eugène Sue à Hugo, Balzac, Stendhal, Maupassant, Zola ou Proust, Dostoïevski ou Thomas Mann, et même encore Roger Martin du Gard ou Jules Romains. Ce genre romanesque, devenu dominant au XXe siècle partout dans le monde, a évidemment connu ses grands comme ses petits-maîtres, ses réussites d'exception comme ses *remakes*, ses feuilletons et ses rengaines populistes ou misérabilistes, comme ses monuments de raffinement savant qui frôlent l'effet sociologique. Mais le désir d'exploiter un nouveau filon thématique n'est jamais une garantie de réussite pour la création littéraire. Personnellement, quand je lis un roman, en sociologue amateur de littérature, je préfère de loin, dans la vaste gamme des peintures littéraires du « peuple », la liberté de jeu des variations et transpositions poétiques, ou même les piétinements des romans « naturalistes » et leurs surcharges laborieuses, au souci de ciseler un bibelot d'art dans un matériau populaire, choisi pour son pittoresque comme dans l'« écriture artiste » de *Germinie Lacerteux* par les frères Goncourt. Reste que, sous toutes ses formes, les mieux documentées comme les plus visionnaires, le romanesque de la vie sociale ou, aussi bien, le tragique politique des théâtres élisabéthain ou romantique – de Shakespeare au *Danton* de Büchner ou au *Lorenzaccio* de Musset – ne se préoccupent pas principalement de livrer au public une sociologie représentative ou une histoire érudite de la société. Et cela reste vrai même chez les auteurs comme Brecht qui ont voulu créer un spectacle total en rehaussant leurs scénarios des couleurs locales les plus vives ou en les chargeant des émotions politiques les plus puissantes – afin d'engendrer une plausibilité sociologique ou historique plus prégnante que celle de l'historien spécialisé – puisqu'elle se trouve intensifiée par la multiplicité mouvante des significations propre à l'œuvre d'art. « L'illusion sociologique » dont s'est nourri le roman moderne ne résulte pas d'une combinaison d'informations visant à produire un « effet de connaissance » sur la société, mais d'une manipulation des « effets de réel » par le recours à une écriture consciemment travaillée pour produire un effet proprement littéraire : c'est là toute la formule du « réalisme » en littérature. Quand le talent d'écriture s'associe au réalisme littéraire, l'effet de *l'illusion sociologique* sur l'auditoire est assurément plus intense que celui d'une sociologie d'enquête consacrée aux mêmes objets. Mais on ne peut pas dire que le réalisme, le naturalisme, l'expressionnisme, l'exotisme ou le populisme littéraires aient anticipé au XIXe siècle ce que les méthodes d'analyse sociologique ont apporté à la description et à l'explication historiques au XXe siècle.

Je ne dis pas cela pour placer au-dessus de toute autre la valeur de l'analyse sociologique, mais au contraire pour faire ressortir dans tout son relief la spécificité du « pacte romanesque » qu'ont bien identifié et localisé historiquement les théories « formalistes » de la littérature. Rien ne m'horripile tant que les analyses de ces « sociologues de la littérature » qui – au lieu de faire la sociologie d'une forme, d'un auteur ou d'un moment littéraires pour tenter d'expliquer quelque chose du destin social des œuvres, sans renoncer à les traiter comme des œuvres littéraires – s'emparent de la description des détails d'une société telle que son auteur l'a inscrite dans une œuvre de littérature « réaliste », pour rapetisser son auteur à la taille d'un faiseur de *corpus* et son œuvre aux critères d'un travail sociologique, sans autre originalité que d'abaisser son niveau d'exigence quant à la « représentativité » de ses « petits faits vrais ». Même bien faite, une sociologie de la littérature risque toujours, assurément, de réduire, par son principe scientifique même, la valeur proprement littéraire des œuvres à l'explication qu'elle en propose à partir de leur contexte local, idéologique ou social – de Taine à Goldmann ou Bourdieu. Mais l'utilisation platement documentaire des œuvres d'art opère une réduction pire. Double réduction – tant de la valeur proprement artistique des objets symboliques analysés que de la valeur scientifique du travail historique qu'on leur a consacré – puisqu'elle réduit à un art d'illustration naïve, s'épuisant dans le bariolage de ses couleurs locales, tout ce qui fait, chez les historiens, le sens et la portée explicative d'une interprétation sociologique.

Certains sociologues semblent trouver un plaisir enfantin à tendre des verges aux amateurs de littérature pour s'en faire fustiger, lorsqu'ils saccagent méthodiquement la structure et l'intention d'un roman, en portant un regard d'huissier sur une œuvre qu'ils s'empressent de mettre en miettes comme pour satisfaire leur rapacité documentaire. On ne comprend ni ce qu'est la sociologie ni ce qu'est le roman, lorsqu'on lit une œuvre littéraire comme un dossier de police ou un bordereau de documentaliste. L'auteur y devient doublement méconnaissable – en tant qu'aspirant romancier comme en tant que sociologue du monde réel. Je me souviens d'une thèse qui piétinait l'univers romanesque de Proust pour n'en extraire en fin de labeur qu'une sociologie stéréotypée de la vie mondaine dans l'avant-guerre parisienne. Le projet d'enquêter sur les mondanités et le snobisme de la Belle Époque avait certes son intérêt, comme n'importe quel autre sujet d'histoire culturelle, mais l'auteur se serait donné un bien meilleur corpus, plus large et plus diversifié, moins subtilement déformé par l'art du romancier, en dépouillant le carnet mondain du *Figaro* ou les articles de revues qui ont la même fonction. Même « réaliste », le romancier fait de l'alchimie lorsqu'il fait son métier d'écrivain pour dégager la poésie ou le tragique du monde social. Même amoureux de ses objets d'étude, le sociologue reste tenu aux règles scientifiques de la chimie : on ne saurait attendre les mêmes liqueurs de nos deux distillateurs, même placés devant la même paillasse.

Roland Barthes a fort bien identifié dans l'écriture littéraire ce qu'il appelle l'« effet de réel »[11]. Il le décrit comme le ressort de la croyance en la *réalité de ce que représente une fiction,* réalité qui se trouve insidieusement suggérée au lecteur par la présence dans un texte d'une notation réaliste, apparemment sans fonction dans le scénario d'un récit (ou du tableau de David sur la mort de Marat) – « infonctionnelle » (*sic*) dit-il – c'est-à-dire sans rapport ni métaphorique ni métonymique avec le sens du récit ou l'atmosphère de l'intrigue. Ainsi défini, *l'effet de réel* hante tout usage d'un langage narratif ou descriptif, que celui-ci soit littéraire ou non – familier, poétique, journalistique, technique, sociologique, anthropologique. L'effort d'argumentation que les sciences sociales placent entre les références aux faits – afin de produire, par analyse ou synthèse méthodiquement réglées, un « effet de connaissance » – aboutit du même coup à un résultat paradoxal, puisque, du fait de son inscription dans une « langue naturelle » d'exposition, un texte sociologique risque à chaque instant d'étendre à tout le texte le *pouvoir de suggestion* réaliste dont sont porteurs les « déictiques » et les noms propres utilisés dans le texte. Lorsqu'un texte scientifique écrit en langue naturelle produit un effet partiel de connaissance, celui-ci suscite insidieusement, chez le lecteur conquis par le réalisme de l'écriture, la même adhésion littéraire que celle qui découlerait de n'importe quel autre « effet de réel » produit par un romancier. C'est de cet « effet de réel » ambigu que relève trop souvent, dans l'écriture sociologique, le mélange entre la simple retranscription entre guillemets du libellé des interviews et le commentaire du sociologue qui en détourne à son profit d'interprète le pouvoir littéraire de suggestion « réaliste ». Et symétriquement, quand « l'effet de réel » se dégage de la narration d'une fiction, c'est son efficacité littéraire même qui tend à le rapprocher de l'« effet de connaissance », puisque le premier suscite *ipso facto* dans l'esprit du lecteur une impression illusoire de « représentativité » statistique ou typique.

De là qu'effets *de connaissance et* effets *de réel s'appellent* et se mêlent si facilement pour produire un « effet d'intelligibilité » globale qui participe des deux, tant chez les romanciers que chez les sociologues, les historiens, les anthropologues ou les journalistes. Mais cette osmose réciproque des différents « réalismes », tous liés aux fonctions d'un langage dénotatif, n'a pas les mêmes conséquences sur les écritures littéraires et sur les méthodes professionnelles de recherche. Dans le cas d'un auteur qui prélève ses objets dans le monde réel, pour faire de sa peinture une œuvre de fiction, en travaillant la réécriture romanesque de ses notes de voyage par exemple, toute information exacte lui est utile qui vient de la sociologie – et aussi bien de la psychologie et de la psychanalyse – ou qui pourrait en provenir. Tout lui est bon à butiner pour faire son miel, sans trop se soucier de la proportion des différentes espèces sociales qu'il a récoltées et incorporées à sa distillation. Dans le

11. Roland Barthes, « L'effet de réel », *Communications*, n° 11, 1968, p. 84-89.

cas du sociologue au contraire, recourir à des moyens rhétoriques pour produire un « effet de réel » – dès lors que cet effet s'obtient *au détriment* de l'usage d'une méthode réglée de prélèvement des informations sur le monde – revient à se renier comme sociologue, c'est-à-dire à rompre le « pacte de chercheur » qui fonde une science sociale en le liant aux autres chercheurs par le respect des règles d'une méthode commune. La sociologie se définit d'abord par son obéissance à une *règle ascétique* : résister à toutes les tentations de faire un autre usage du langage que celui qui est grammaticalisé par les méthodes et dans les concepts de cette science. De là, ai-je dit ailleurs, qu'on ait souvent vu faire de la bonne littérature avec de la mauvaise sociologie, parfois même avec de la bonne ; jamais de la bonne sociologie avec quelque littérature que ce soit, bonne ou mauvaise.

[…] Vous voyez qu'en dépit de mon refus des abus formalistes qui pèsent aujourd'hui sur l'explicitation grammaticale et sémantique d'un raisonnement sociologique – c'est-à-dire sur la *désimplication* constante des schèmes du raisonnement scientifique dans les sciences sociales – je n'ai pas un seul instant la tentation de réduire l'argumentation sociologique à la rhétorique ou à la littérature et, encore moins au simple usage de procédés efficaces de persuasion, c'est-à-dire à un ensemble de « marques » et de marqueurs linguistiques qui seraient repérables à la seule inspection des *énoncés de surface* figurant dans un discours persuasif, indépendamment de leur organisation logique sous-jacente et de son indexation sur des observations empiriques. Je pense que mon interprétation du rôle du *schématisme* dans le discours scientifique des sciences sociales ne revient pas ici à de celle de Wolf Lepenies qui, dans *Les trois cultures*, situe la sociologie comme un *μεταξυ* aristotélicien entre science et littérature[12].

Ce n'est pas dire, en effet, que mon épistémologie de la sociologie la loge à mi-chemin de la littérature et de la science, dans un espace logique où elle combinerait sans tri ni contraintes les schèmes assertoriques des deux autres « cultures », puisque mon analyse situe résolument les sciences sociales dans l'univers de la science, subdivisant simplement l'univers des assertions scientifiques en plusieurs régimes de scientificité selon la structure de leur logique probatoire. Pour interpréter ou expliquer des « cas », il faut tester et retester le « sens référentiel » des phrases bien formées que nous prononçons dans les moments successifs d'une description historique, dont nous voulons tirer argument pour faire la preuve que ce « cas » s'explique et se comprend dans une « série » de cas *analogues*. Le « sens référentiel » dont je parle, c'est donc *Bedeutung,* comme le nommait Gottlob Frege pour le distinguer du « sens » *(Sinn)* que prennent les mots dans un « système linguistique » conventionnel, indépendamment de leur « référence » à des objets

12. Wolf Lepenies, *Les trois cultures. Entre science et littérature, l'avènement de la sociologie*, Paris, Éditions de la Maison des sciences de l'homme, 1990.

– empiriques ou idéels (c'est une autre question)[13]. Proposer d'analyser la texture probatoire des « schèmes » qui font le ressort du raisonnement historique, en le distinguant du raisonnement expérimental, ne conduit donc pas à adopter le point de vue hyper-nominaliste du « constructivisme » radical systématisé aux USA et qui, porté par la vague du *linguistic turn*, atteint maintenant l'Europe. Pour Hayden White par exemple, l'histoire prétendument scientifique racontée par les historiens ne serait qu'une « tropologie » ; et toute compréhension historique des causalités pourrait alors se ramener à une intelligibilité qui serait déjà préformée dans une rhétorique du récit par les tropes de la narration[14].

13. Gottlob Frege, « Sens et dénotation » (1892), dans *Écrits logiques et philosophiques* (traduits par Claude Imbert), Paris, Seuil, 1971, p. 102-126.
14. Hayden White, *Metahistory. The Historical Imagination in Nineteenth Century Europe*, Baltimore, Johns Hopkins University Press, 1973.

I

La matière narrative et son traitement

Vincent Debiais

Objet médiéval, médiéviste et médiévaliste
Récits en matière à l'épreuve du Moyen Âge

Introduction

Le monastère de Saint-André d'Arroyo (Palencia, Espagne), fondé à la fin du XIIe siècle dans le grand élan cistercien qui reconfigure la vie monastique dans le nord de l'Espagne, est l'un des nombreux monuments médiévaux d'exception de la province de Palencia témoignant de la vitalité artistique, économique et politique de cette région de Castille au Moyen Âge central[1]. La qualité de la sculpture dans le cloître, le nombre des inhumations de prestige et l'ampleur du complexe architectural témoignent dans le paysage vallonné de la Ojeda de l'importance de la fondation monastique – sa puissance de signe raconte à elle seule une histoire d'emprise territoriale, d'échanges et d'influence politique. Au côté nord de l'église abbatiale, une construction dont la fonction est difficile à déterminer aujourd'hui est adossée au portail; elle permet la circulation entre le cloître, la nef et le transept et accueille plusieurs sépultures. Dans ce vestibule, espace liminaire du temple, se trouvent trois documents épigraphiques singuliers: sur des blocs distincts, on a produit trois inscriptions dont on donne ici le texte en restituant les lacunes et en traduction[2] [fig. 1a & 1b] :

1. Sur l'histoire du site et sur le complexe architectural du monastère, voir la notice « Santibáñez de Ecla – monasterio San Andrés de Arroyo », dans *Encicopedia del románico. Palencia*, Aguilar de Campoo, Fundación Santa María la Real, 2002, p. 867-882.
2. Les trois inscriptions sont éditées de façon succincte dans la notice citée précédemment. Elles sont analysées par María Encarnación Martín López, « De epigrafia cisterciense: las inscripciones del monasterio San Andrés de Arroyo », *Cistercium*, nº 208, 1998, p. 489-508, mais l'étude la plus complète est due à Ricardo Martínez Ortega, « Epigrafía medieval: tres inscripciones de San Andrés de Arroyo y el rey Alfonso noveno (1312-1350) », *Revista de Filología*, nº 21, 2003, p. 219-238.

In: Sciences sociales aux bords du récit, Paris, Éditions de l'EHESS, 2025

Figure 1a. Saint-André de Arroyo, église du monastère. Inscriptions commémorant les batailles d'Alphonse XI (première moitié du XIVe siècle), © Vincent Debiais.

Figure 1b. Saint-André de Arroyo, église du monastère. Inscriptions commémorant les batailles d'Alphonse XI (première moitié du XIVe siècle), © Vincent Debiais.

> En l'an de l'ère 1357 sont morts les infants Jean et Pierre, et ils prirent [les places fortes de] Tiscar, Cambil, Alhabar, Bélmez, et Rute.
>
> En l'an de l'ère 1378, le lundi de la Toussaint, le roi Almohacen traversa la mer et pris Tarifa avec 80 000 cavaliers. Il installa son campement, ce que les cavaliers de Castille empêchèrent. Le roi Alphonse de Castille, roi bon et honnête, peu après arriva et tua beaucoup de Maures ; il prit le camp à la première heure et en à peine une journée il libéra 4 000 chrétiens et tua tant de Maures que personne ne put les compter.
>
> Le 23 mars, en la vigile de sainte Marie, le roi et seigneur Alphonse de Castille a pris Algésiras en l'an de l'ère 1382.

Les textes sont tracés sans dispositif graphique particulier et ne sont en relation avec aucune image, peinte ou sculptée. Les blocs de ce mur semblent être en place et on a préservé les inscriptions lors des restaurations dont les parements gardent la trace. Les variations dans la graphie et dans la mise en œuvre des textes laissent envisager que l'on a là trois gestes d'écriture distincts, éventuellement produits à des dates différentes (peut-être en 1319, 1340 et 1344, dates portées par les inscriptions[3]), même s'il est très difficile de l'établir à partir de l'analyse paléographique. Les inscriptions sont liées dans leur disposition, sur un même mur du complexe monastique, et dans leur thématique puisqu'elles rapportent de façon monumentale des événements militaires du règne du roi Alphonse XI (1312-1350) : les conquêtes et la mort des infants Jean de Castille et Pierre de Castille qui assuraient la régence durant l'enfance du futur Alphonse XI ; la reconquête de Tarifa en 1340 ; la prise d'Algésiras en 1344, qui permet de reprendre le contrôle du détroit de Gibraltar et de limiter ainsi les incursions venues d'Afrique du Nord[4]. De façon fragmentaire, en se concentrant sur quelques événements particuliers du règne long et agité d'Alphonse XI, les inscriptions font le récit des campagnes militaires en Andalousie et tracent une carte virtuelle de la reconquête sur le mur du monastère.

La dégradation de l'objet épigraphique et l'absence de complément visuel ou textuel permettant de mettre l'inscription en situation font des textes de Saint-André d'Arroyo un fragment de récit hors-sol, des parcelles de chronique venues du milieu du XIVe siècle et installées dans un contemporain qui ne fait presque pas contexte. Les inscriptions font surgir dans le vestibule une narration militaire pour installer en ce lieu la mémoire du souverain, qu'elle n'invente pas pour autant. On conserve en effet pour le règne d'Alphonse XI deux sources principales faisant le récit des épisodes saillants de la vie du monarque ; une « chronique » rédigée sur ordre du roi par Fernán Sánchez de Valladolid qui s'achève précisément sur le siège d'Algésiras[5] ; un long poème épique en quatrain écrit par un clerc et faisant le récit du règne jusqu'en 1348, en y incluant des passages sur la vie sentimentale, épique elle aussi, d'Alphonse XI[6]. Il faut ajouter à cela une chronique en langue portugaise rédigée pour les événements jusqu'en 1344 et s'inspirant grandement des deux sources en castillan[7]. Les études philologiques menées sur les trois inscriptions de Saint-André d'Arroyo établissent le paradoxe selon lequel les textes épigraphiques ne sont pas fondamentalement différents dans leur teneur narrative des textes manuscrits, mais ceux-ci ne sont pas pour autant les sources des inscriptions qui composent des récits originaux[8]. De façon générale, les études

3. La divergence entre les dates portées dans les inscriptions et les dates qu'on leur attribue ici est liée au fait que les textes adoptent le système dit de « l'ère hispanique » qui présente un décalage de 38 ans par rapport au calendrier julien.

4. Javier de Santiago Fernández, « La epigrafía bajomedieval en Castilla », dans *II Jornadas científicas sobre documentación de la Corona de Castilla s. XIII-XV)*, Madrid, Universidad Complutense, 2003, p. 247-276, ici p. 259.

5. Édition dans *Crónicas de los Reyes de Castilla*, Madrid, Ediciones Atlas, 1953, p. 171-392.

6. Édition critique et traduction dans *Poema de Alfonso Onceno*, Madrid, Ediciones Cátedra-Letras Hispánicas, 1991.

7. *Crónicas dos sete primeiros reis de Portugalítica de la Gran Crónica de Alfonso XI*, Lisbonne, Academia portuguesa de Historia, 1952-1953.

8. Ricardo Martínez Ortega, « Epigrafía medieval », *op. cit.*, p. 221-223.

sur l'historiographie du règne d'Alphonse XI signalent l'intrication des différentes branches de la production chronistique d'une part, et les liens qu'elle entretient avec d'autres textes narratifs tels que la *Chronique troyenne d'Alphonse XI*, version galicienne du *Roman de Troie* mise par écrit vers 1373 d'autre part.

La relation lâche entre les récits épigraphiques et manuscrits des conquêtes d'Alphonse XI pose la question des circonstances de réalisation des inscriptions. Faut-il envisager que l'on ait fabriqué sur le mur un récit par « entrée » à mesure que les événements marquants se produisaient dans le sud de l'Espagne, ou bien doit-on considérer que l'on ait prélevé des fragments de récits *a posteriori* dans la masse narrative disponible après 1348 ? Faut-il encore penser que le compte rendu des batailles circulait par oral ou par écrit avant la date d'achèvement des sources manuscrites et que ce sont ces récits autonomes que l'on a traduit de façon épigraphique sur le mur du vestibule ? Les variations dans le module des lettres et dans la disposition de l'écriture excluent, semble-t-il, que les trois entrées aient été produites en même temps, en/ou après 1344, à moins d'envisager trois « mains » à l'œuvre dans la création de ce récit lapidaire. La datation paléographique n'est malheureusement pas assez précise pour ordonner chronologiquement les trois inscriptions, mais on formulera volontiers l'hypothèse suivante. L'inscription rapportant la reconquête de Tarifa en 1340 est la plus longue et la plus soignée ; elle s'adapte parfaitement aux dimensions du bloc sur lequel elle est tracée avec soin ; la langue est la plus élaborée et présente des similarités formulaires avec le poème épique achevé en 1348. Elle pourrait être considérée comme le noyau du récit sur le mur, geste d'écriture premier qui assure la monumentalisation du récit, et que l'on datera des années 1340-1350. Le récit aura été augmenté par la suite des entrées 1319 et 1344 – dont le style est le plus « chronistique » – sur des blocs adjacents au noyau, dans une écriture moins régulière, afin de transformer par juxtaposition et accumulation le mur du vestibule en récit monumental.

Dans tous les cas, les textes épigraphiques ne peuvent sans doute pas être envisagés seulement comme la réduction ou la monumentalisation du récit de ces chroniques – l'inscription n'est jamais ou presque la « version » d'un autre texte au Moyen Âge. En d'autres termes, il ne s'agit pas d'un même récit : le contenu n'est pas fondamentalement différent d'un texte à l'autre, mais on a produit pour leur diffusion des objets graphiques distincts : le livre contenant la chronique ou le poème, qui fixe dans la stabilité relative des matériaux la volatilité du rapport oral de la geste d'Alphonse XI ; l'inscription qui propose une forme lapidaire, au sens propre comme au sens figuré, de l'histoire du souverain. La dimension objectale du récit doit être retenue parmi les spécificités médiévales, non parce qu'il faudrait envisager qu'il y a récit si et seulement s'il y a objet – le récit possède au Moyen Âge comme jamais une existence orale irréductible à l'objet – ou parce que l'objectalité du récit disparaîtrait avec le Moyen Âge – on fabrique des livres et des inscriptions après 1500 – mais parce que le lien entre récit et « objet narrant » possède pour le Moyen Âge comme pour la médiévistique une complexité remarquable, « de civilisation » pour le dire rapidement[9]. L'objet-livre, paradigme d'autorité et d'efficacité dans la culture chrétienne de l'Occident médiéval, mais aussi le document diplomatique et la charte, instruments d'exercice du droit, sont dans leur production, leur présence, leur circulation et leur disparition de puissants acteurs dans la mise en ordre du social[10]. Indépendamment du contenu narratif ou non des textes qu'ils contiennent, ils font récit, précisément parce qu'ils sont objets, et parce qu'ils racontent dans leur matérialité un Moyen Âge historique, historien et contemporain ; une histoire médiévale, médiéviste et médiévaliste par l'objet narrant. C'est à l'exploration de ces trois catégories de récits objectaux qu'est consacré cet article, sans prétention à l'épuisement.

Récits médiévaux

Reconnaître par le travail des sources que chaque période historique produit et fait usage de sa propre histoire, voilà qui revient d'une part à affirmer l'existence de discours historiques en prise avec le temps qu'ils regardent (et donc à ne pas faire du récit une construction historienne exclusivement), et d'autre part à établir que la production du récit historique dépend de circonstances singulières qui déterminent, au moins en partie, l'être, la forme et le contenu de la narration, sans qu'il faille pour autant assumer que tous les récits produits au Moyen Âge ou ailleurs sont des écrits « de circonstance », à charge ou à vocation apologétique. Phénomène de structure certes, mais la période médiévale, en Occident comme en Orient, constitue le temps de l'historiographie reine, avec une double dimension : la prise en compte de l'événement d'abord, et la mise en récit de ce qui advient dans l'ordre terrestre du monde ; l'écriture englobante de la création chrétienne ensuite, l'élaboration d'histoires universelles qui se tendent de la Genèse vers l'Apocalypse en incluant les âges du monde dans la perspective du salut[11].

On doit aux travaux de la grande médiéviste américaine Gabrielle Spiegel des réflexions fondamentales pour la compréhension du sort que la pensée médiévale de l'histoire a réservé à la notion de récit, à la fois discours total sur le temps – une continuité d'écriture qui fait que l'*historia* est aussi codex ou rouleau, objet renfermant la succession des âges – et accumulation d'épisodes remarquables

9. Dans les pages suivantes, on emploiera le participe présent « narrant » comme un adjectif (en l'accordant en genre et en nombre le cas échéant) ; ce barbarisme est destiné à signaler la puissance narrative d'objets non-narratifs et à pointer la capacité des textes et des artefacts à créer coûte-que-coûte du récit.

10. Pour une vue d'ensemble de la culture écrite médiévale et de ses problématiques historiques et anthropologiques, voir Paul Bertrand, « À propos de la révolution de l'écrit (Xe-XIIIe siècle) : considérations inactuelles », *Médiévales*, no 56, 2009, p. 75-92 et Joseph Morsel, « Ce qu'écrire veut dire au Moyen Âge… Observations préliminaires à une étude de la scripturalité médiévale », *Memini. Travaux et documents*, no 4, 2000, p. 3-43.

11. Sur ces questions complexes entre temps et écriture au Moyen Âge, on verra Alain Bourreau, *L'événement sans fin. Récit et christianisme au Moyen Âge*, Paris, Les Belles-Lettres, 1993.

sous la forme d'une juxtaposition des péricopes – culture du fragment narratif, tirée de l'habitus biblique et liturgique, puis hagiographique, de la parabole et de l'*exemplum*[12]. Elle enseigne ce que signifient écrire et lire une chronique dans laquelle l'événement se mêle à l'anecdote, l'historique au légendaire, l'attesté à l'entendu. Si « le passé est un texte », comme aime à l'écrire Gabrielle Spiegel, il s'agit de comprendre les mécanismes qui conduisent à la mise en récit, les enjeux politiques et sociaux d'une histoire dont on passe commande, les processus de sélection et d'exergue, les mécanismes rhétoriques d'une argumentation souvent généalogique ou institutionnelle qui se fondent sur une conception toute médiévale de l'authenticité et un équilibre complexe entre la louange et le silence[13]. L'écriture historiographique recouvre alors des genres littéraires très variés, des annales à la chanson de gestes, de la vie de saint au récit de fondation. Et Gabrielle Spiegel d'en donner de nombreux exemples au cours de sa carrière pour la période carolingienne avec la *Chronique du Pseudo-Turpin*, les Capétiens à Saint-Denis, les usages héraldiques à la fin du Moyen Âge ou encore le traitement de l'histoire ancienne chez les chroniqueurs anglo-normands au XIIe siècle[14].

La puissance discursive de l'historiographie médiévale telle qu'elle a été signalée par Gabrielle Spiegel ne doit pas laisser penser que seule l'écriture historiographique puisse faire récit (elle propose d'ailleurs de lire la « narration » à l'œuvre dans la microstructure et dans la macrostructure de la *Légende dorée* de Jacques de Voragine, par exemple[15]) ; que le rapport exclusivement continu et chronologique des événements dans une même unité textuelle possède une vertu narrative, chronistique ou fictionnelle. Alain Bourreau l'a bien montré, toute nécessité de discours – polémique, juridique ou doctrinal – devient l'occasion de créer *du* récit en rapportant sous forme narrative le litige à l'origine de la loi, la controverse donnant naissance à la décision normative[16]. La typologie documentaire autorisant le récit est donc en réalité très large au Moyen Âge, à commencer par la documentation diplomatique (les chartes, les contrats, les décisions et tout ce qui est produit et régi par le droit), ou bien parce que la charte contient en préambule ou dans le dispositif une partie narrative rappelant les

12. Les principales contributions de l'historienne sur ces questions d'historiographie médiévale sont rassemblées dans le volume suivant : Gabrielle Spiegel, *The Past as A Text : the Theory and Practice of Medieval Historiography*, Baltimore, Johns Hopkins Éditions, 1993.

13. Gabrielle Spiegel, « Theory into Pratice : Reading Medieval Chronicles », dans Erik S. Kooper (éd.), *The Medieval Chronicle*. Proceedings of the first International Conference on the Medieval Chronicle (Dribergen-Utrecht, 13-16 July 1996), Amsterdam, AUP, 1996, p. 1-12 ; *Ead.*, « Structures of Time in Medieval Historiography », *The Medieval History Journal*, n° 19, 2016, p. 21-33.

14. L'article suivant peut être considéré comme l'un des plus représentatifs de la pensée de l'historienne américaine : Gabrielle Spiegel, « Pseudo-Turpin, the Crisis of the Aristocracy and the Beginnings of Vernacular Historiography in France », *The Journal of Medieval History*, n° 12, 1986, p. 207-223.

15. Gabrielle Spiegel, « Memory and History : Liturgical Time and Historical Time », *History and Theory*, n° 41-2, 2002, p. 149-162.

16. Alain Boureau, *L'événement sans fin*, *op. cit.*, p. 34 *et sq.*

circonstances de la décision légale, ou parce que les documents sont organisés de telle sorte qu'ils produisent, par juxtaposition au sein d'un même objet, un récit[17].

C'est le cas des cartulaires, ces regroupements médiévaux de chartes et de diplômes pour une même institution, agencés dans un ouvrage selon des critères chronologiques, géographiques ou dynastiques[18]. S'ils sont éventuellement « lus » par prélèvement, consultés à la façon d'un répertoire dans le cadre d'une pragmatique de l'écrit, les cartulaires sont aussi des documents continus et suivis qui mettent en forme l'histoire d'une institution. Les recherches récentes sur ce type documentaire signalent que le cartulaire, dans sa fonction et par-delà les aspects juridiques, relève d'une gestion graphique du récit des origines et du pouvoir de l'abbaye ou de la collégiale qui commande sa constitution à un moment donné de l'histoire où les enjeux de prise en main (territorial ou juridictionnel) ont besoin du contrôle de l'histoire de l'institution. Pour le cartulaire de la collégiale de Saint-Seurin de Bordeaux, Patrick Henriet a brillamment démontré que le volume compilé par le chanoine Rufat à la fin du XIIe siècle et contenant près de 200 actes est avant tout un « lieu de mémoire » pour l'institution, mais aussi pour le clerc et sa famille[19]. Les chartes sont mises en ordre de telle sorte qu'elles rappellent *d'abord* la fondation de Saint-Seurin, *puis* ses privilèges ; certains actes sont réécrits par le compilateur afin de « faire récit » dans la succession des pièces. Rufat est donc à la fois un gestionnaire de l'écrit et un auteur d'histoire. La réunion des pièces dans un seul objet codicologique, dans un même livre, par écriture continue d'une même main et non par constitution d'une liasse de documents indépendants, assure la cohérence paléographique d'un récit ininterrompu.

Au-delà de la continuité évidente de la chronique et de l'histoire, le Moyen Âge fabrique du récit par accumulation et juxtaposition à l'échelle du codex, comme pour le cartulaire, mais aussi à l'échelle monumentale. Les documents épigraphiques de Saint-André d'Arroyo en ouverture de ce texte le démontrent : il n'y a d'*effet chronique* que dans le nombre et l'emplacement des inscriptions. Le « programme épigraphique » conservé dans la petite église de Saint-Sauveur de Fuentes (Asturies, Espagne) en témoigne davantage puisque le contenu des inscriptions tracées sur les montants d'une porte latérale de la nef est de nature diplomatique beaucoup plus qu'historique [fig. 2][20]. Les

17. Robert Maxwell, « Chartes décorées à l'époque romane », *Bibliothèque de l'école des chartes*, n° 165, 2011, p. 11-39, propose à partir des images des réflexions passionnantes sur tout ce que fait la charte en dehors du droit.
18. Pour une vue d'ensemble des questions liées à l'étude des cartulaires médiévaux, voir Pierre Chastang, « Cartulaires, cartularisation et scripturalité médiévale : la structuration d'un nouveau champ de recherche », *Cahiers de civilisation médiévale*, n° 49-193, 2006, p. 21-31.
19. Patrick Henriet, « *Res gestas scripti memorie comendare.* Rufat et le premier cartulaire de Saint-Seurin (années 1160-1190) », dans Isabelle Cartron, Dany Barraud, Patrick Henriet et Anne Michel (eds), *Autour de Saint-Seurin : lieu, mémoire, pouvoir. Des premiers temps chrétiens à la fin du Moyen Âge*, Bordeaux, Ausonius, 2009, p. 129-140.
20. Édition des inscriptions dans Francisco Diego Santos, *Inscripciones medievales de Asturias*, Oviedo, Diputación de Oviedo, 1994, p. 214-221 ; *Enciclopedia del Románico en Asturias*, Aguilar de Campoo, Fundación Santa María

inscriptions rapportent en effet la série de décisions juridiques et liturgiques qui ont conduit à la donation, à la fondation, à la consécration de l'église et au dépôt des reliques dans le temple. Ces différentes actions se sont déroulées sur le temps long de l'installation de la communauté de Saint-Sauveur et ont donné lieu à la rédaction consécutive de plusieurs actes diplomatiques, conservés ou non. En revanche, la traduction monumentale de cet ensemble d'informations juridiques, récapitulatives et prescriptives, est le produit d'un seul geste d'écriture; une même graphie sur les montants de la porte, divisant en « chapitres » le récit de la constitution de Saint-Sauveur de Fuentes. Comme dans ce que l'on lirait dans le cartulaire, ce sont les formules juridiques qui dominent dans le texte, avec des variations dans les temps et les sujets des verbes d'action qui dénotent les difficultés prosodiques inhérentes à l'assemblage de documents diplomatiques préexistants. L'exposition à vif des « sutures » entre les chartes et la constitution d'un récit qui montre ses plaies discursives participent de la construction médiévale d'une histoire dynamique, mouvante, sujette aux conditions de son écriture. Le saut du « je » au « il », une entrée *in media res* mêlant la chronologie et les acteurs (« Diego Pérez, qui a édifié cette maison du Seigneur, et son épouse et sa mère, nous concédons [...] ») et le seing notarial pour refermer l'inscription donnent la sensation d'un déroulement non-linéaire et chaotique des événements, mais ils correspondent en réalité à cet « événement sans fin » relevé par Alain Bourreau: une plasticité des discours historiques en fonction de ce que l'on considère comme être la centralité, le pivot du temps; dans le cas de Saint-Sauveur de Fuentes, la constitution matérielle du lieu de culte signalée et fixée par l'écriture dans la structure même du bâtiment.

Le phénomène de « cartularisation » et sa capacité à générer le récit par la juxtaposition *a posteriori* d'unités textuelles invitent à attribuer une puissance narrative singulière pour le Moyen Âge à la forme du recueil, qui n'a d'existence qu'objectale d'une part, et qui peut réunir des pièces sans aucune vocation narrative d'autre part. On le voit fréquemment avec la constitution de livres (*liber*) produits pour des institutions religieuses par juxtaposition d'éléments de forme et de typologie différentes, chargée de dire précisément dans la rupture de continuité textuelle entre les pièces et dans la reconstruction matérielle de leur unité, l'histoire de l'institution[21]. Les *Écrits sur la consécration* rédigés par l'abbé de Saint-Denis Suger après 1144 constituent le degré zéro de cette rupture-reconstruction puisque l'ensemble des éléments épars – diplomatiques,

la Real, 2006, p. 361-366; lecture complète des textes dans César García de Castro Valdés, *Arqueología cristiana de la alta Edad Media en Asturias*, Oviedo, Real Instituto de Estudios asturianos, 1995, p. 97-99.

21. On verra pour exemple de ces compositions textuelles le dossier de saint Gilles étudiées par Eliana Magnani, « Le dossier hagiographique et liturgie latine de saint Gilles: composition et diffusion des manuscrits médiévaux », dans Andreas Hartmann-Virnich (dir.), *De Saint-Gilles à Saint-Jacques: recherches archéologiques sur l'art roman*, Avignon, Marion Charlet, 2021, p. 21-40.

Figure 2. Villaviciosa, Saint-Sauveur de Fuentes, intérieur de l'église. Ensemble épigraphique de fondation (xe siècle ?), © Fundación Cardín.

architecturaux, poétiques – ont fait l'objet d'une réécriture totale, d'une mise en récit composite, de la plume de l'abbé, dans un texte solidaire – un texte-monument qui construit pierre à pierre, ligne après ligne, le bâtiment qu'il prescrit et décrit à la fois[22]. Le manuscrit en tant qu'artefact peut acquérir ce statut

22. Françoise Gasparri, « La pensée et l'œuvre de l'abbé Suger à la lumière de ses écrits », dans Dominique Poirel, Jacques Dalarun et Monique Cazeaux (eds), *L'abbé Suger, le manifeste gothique de Saint-Denis et la pensée victorine*, Turnhout, Brepols, 2001, p. 91-107.

de « monument », y compris quand il contient, comme c'est très fréquemment le cas au Moyen Âge, un ensemble de pièces écrites, souvent disparates dans leur forme, leur contenu, leur date de copie, plutôt qu'un texte unique. C'est ce que l'on peut retenir de l'analyse d'un manuscrit aujourd'hui célèbre puisqu'il constitue une véritable pierre angulaire de l'histoire clunisienne[23] ; à ce titre, il a fait l'objet de plusieurs études détaillées pour faire l'inventaire des textes et des images et pour en montrer la cohérence narrative par-delà l'effet « recueil » ou « mélange » du codex[24]. Le manuscrit contient en effet tout à la fois des pièces liturgiques, attribuées à Pierre le Vénérable pour la plupart, un long recueil de miracles, du même auteur, des actes et des récits relatifs à Hugues de Semur (chartes, lettres, translations de reliques, miracles) et des écrits diplomatiques récapitulant l'histoire de l'exception clunisienne. De cette masse de documents agencés autour de la fondation de Cluny naît un discours sur la « gloire de l'ordre et son histoire », pour synthétiser la description qu'en fait Patricia Stirnemann ; un système d'écrits et d'images qui met en récit et en arguments les principaux temps de la fondation. Le manuscrit (qui provient du prieuré de Saint-Martin-des-Champs) aurait été mis en forme pour l'abbé Guillaume II (1207-1215), ancien prieur de cette fondation, et daterait donc du début du XIIIe siècle. Il comporte quelques peintures à pleine page et des lettres ornées, contemporaines de la copie du manuscrit, qui participent de la même cohérence discursive, avec une insistance sur l'église abbatiale de Cluny [fig. 3] : au f° 23, un moine en prière, peut-être Pierre le Vénérable, devant la Vierge à l'Enfant au portail d'un édifice ; au f° 91, la consécration de l'église par Urbain II en 1095. L'album clunisien souligne la figure abbatiale de Pierre et d'Hugues, liturgistes, annalistes, législateurs, historiens, garants de l'ordre. Le rapprochement de genres littéraires différents et l'accumulation des pièces servent à démontrer l'étendue de leurs actions et l'ampleur de leurs qualités dans la réalisation de l'histoire clunisienne. L'efficacité argumentative et narrative de la diversité des pièces devient, pour le médiéviste, une leçon épistémologique et une invitation à la lenteur taxinomique : d'un recueil, d'un mélange, d'une juxtaposition peut naître un récit et il convient d'identifier la racine du système narratif, plutôt que de discuter la cohérence du manuscrit ; et ce n'est pas parce que l'agencement n'est pas évident, pas parce qu'il défie la linéarité étendue d'un récit que l'on doit supposer l'autonomie des pièces ou l'absence de continuité discursive.

23. Paris, Bibliothèque nationale de France, ms. lat. 17716.
24. Dominique Iogna-Prat, « Un Recueil liturgique et historique du tournant des années 1200 (Paris, BnF, ms. latin 17716) », *BUCEMA*, n° 9, 2005, http://cem.revues.org/792 ; Patricia Stirnemann, « Un Recueil de pièces glorifiant Cluny et son histoire : Paris, Bibliothèque nationale de France, ms. lat. 17716 », dans Neil Stratford (éd.), *Cluny 910-2010 : Onze siècles de rayonnement*, Paris, Éditions du patrimoine, 2010, p. 276-279.

Figure 3. Consécration de Cluny par Urbain II. Paris, Bibliothèque nationale de France, ms. lat. 17716, fol. 91r (fin XIIe, début XIIIe siècle), © Gallica.

Dans une culture de l'histoire médiévale centrée sur le texte et profondément calée sur la notion de « source manuscrite », on oublie parfois que la force narrative du « recueil » telle qu'elle s'exprime dans le manuscrit clunisien de Saint-Germain-des-Prés, ne se limite pas au monde manuscrit et que d'autres formes écrites ont travaillé également par assemblage de pièces au sein d'un même objet. C'est le cas du très beau monument funéraire mis en place pour l'infante Sancha, fille de la reine Urraca, morte en 1159, et enterrée dans le panthéon des rois de la collégiale Saint-Isidore de León (Espagne) à son décès [fig. 4][25]. Cette pièce attenante au cloître, décorée de belles peintures murales figurant des scènes de l'Évangile et un calendrier très riche, accueille tout au long des XIIe-XIIIe siècles les sépultures de la royauté castillo-léonaise et présente encore aujourd'hui une collection de dalles ornées et inscrites d'épitaphes plus ou moins complexes[26]. Au sein de cet ensemble, le couvercle de la cuve sépulcrale de Sancha se distingue par la longueur de l'inscription, la richesse du texte et la qualité de l'écriture. La surface est intégralement inscrite, sans solution de continuité, mais elle présente en réalité deux textes, gravés à deux dates consécutives. Le premier, en vers, a été tracé avec des lettres de grandes dimensions juste après le décès de l'infante. Sur trois lignes, il propose un éloge funèbre poétique vantant les qualités morales de la défunte et lamentant son décès dont la date est donnée une première fois sous forme métrique. En dehors du nom de l'infante, les données biographiques sont très limitées dans cette première épitaphe qui doit être considérée comme une déploration funèbre plutôt que comme un récit personnel. Le second texte, gravé en caractères plus petits dans les interlignes du poème, change de ton et propose, cette fois-ci en prose, une véritable notice biographique de Sancha, avec la mention explicite (et non plus poétique) de son lignage, de son action politique de fondation auprès de la communauté de Saint-Isidore de León, de ses habitudes dévotionnelles, avant de se refermer par une nouvelle mention de la date de son décès. Ce texte a été inscrit sur le couvercle de la sépulture au début du XIIIe siècle à la demande de la communauté canoniale de Saint-Isidore qui tenait, dans une période tendue de ses relations avec la royauté et la perte progressive de ses attentions, à rappeler le lien entre l'institution et le lignage de Sancha. Il ne s'agissait pas de remplacer le poème funéraire par un texte disposant *a priori* d'une efficacité politique plus explicite, mais au contraire de *faire histoire* de cette première inscription en l'insérant – prosodiquement et visuellement – dans le récit des actions de Sancha. Il n'y a ni redondance ni contradiction entre

25. L'étude de référence sur cette inscription est celle de Rocío Sánchez Ameijeiras, « The Eventful Life of the Royal Tombs of San Isidoro in León », dans Therese Martin et Julie A. Harris (eds), *Church, State, Vellum, and Stone. Essays on Medieval Spain in Honor of John Williams*, Leiden, Brill, 2005, p. 479-519, ici en particulier p. 486-488.
26. Vicente García Lobo, « Las inscripciones medievales de San Isidoro de León. Un ensayo de paleografía epigráfica medieval », dans *Santo Martino de León. Ponencias del I Congreso Internacional sobre Santo Martino en el VIII Centenario de su obra literaria (1185-1985)*, León, Servicio de publicaciones, 1987, p. 373-394.

les deux parties qui ne forment qu'un seul « tissage » – *textus*, en latin médiéval, le « texte »[27]. L'enchâssement que met en scène le dispositif graphique à la surface de la dalle devient l'instrument d'une continuité historique qui dépasse la succession des phases d'écriture et la juxtaposition des contenus. C'est bien l'histoire de Sancha qui s'affiche ainsi dans le panthéon des rois, soulignant le temps de ses splendeurs (l'éloge funèbre faisant de la défunte le « miroir de l'Hespérie ») et de ses contingences (la prose rappelant le rôle juridique de fondation et de construction de l'infante)[28]. Très pratiquement, considérer que les deux inscriptions font récit indépendamment de leur date de production pose des questions ecdotiques complexes que l'épigraphie médiévale a encore du mal à résoudre: faut-il éditer les deux textes séparément, ou bien proposer une seule séquence, « caviardant » le poème de 1159 de la prose du XIIIe siècle? La constitution par les chanoines d'un prosimètre comme indice d'une histoire continue est trop consciente pour qu'on la fasse disparaître dans le processus de restitution des textes.

Figure 4. Saint-Isidore de León, panthéon royal. Inscription funéraire pour Sancha (XIIe-XIIIe siècle), © Fundación Santa María la Real.

27. Cécile Treffort, « Tissages textuels et transcendance du signe: autour des poésies visuelles du haut Moyen Âge », *Revista de poética medieval*, no 27, 2013, p. 45-59.
28. Ana Suárez González, « Del pergamino a la piedra. De la piedra al pergamino (Entre diplomas, obituarios y epitafios medievales de San Isidoro de León) », *Anuario de Estudios Medievales*, no 33-1, 2003, p. 365-415.

Le monument funéraire de Sancha propose là où l'on ne l'attend pas un récit dans la rencontre de l'objet-tombe et de deux textes successifs, le dispositif mémoriel dans son ensemble, qui fusionne écriture et matériau, devenant un objet narrant sur le temps long (pour l'éternité, dans son intention d'écriture). C'est le cas de nombreux objets produits au Moyen Âge qui font récit par leur transformation et qui font, par analogie, l'objet d'une *réécriture*. On peut prendre pour exemple l'olifant aujourd'hui conservé au Musée d'histoire de Vienne (Autriche) qui présente une amplitude chronologique importante entre la date de production de l'objet, dans la seconde moitié du XIe siècle, et celle de l'inscription dans l'ivoire en 1199 [fig. 5][29]. Le texte épigraphique, très élégamment tracé et qui devient ainsi un élément du décor de la corne, multiplie les déictiques pour identifier l'olifant comme un don d'Albert III de Habsbourg. Il est à la fois l'olifant, objet d'apparat, produit dans le sud de l'Italie vers 1050, que « tous regardent » (*istud cornum aspicientibus*) et l'olifant-relique donné 150 ans plus tard, transformé par le geste du don et par sa fixation narrative et diplomatique par l'écriture (*cornum istud ditavit*). L'inscription est là pour manifester l'histoire conduisant de l'un à l'autre; la réunion de l'objet et de l'écriture produit quant à elle visuellement le récit du changement d'état inhérent à l'introduction des objets précieux au sein des trésors dont parle Philippe Cordez[30], cette « conversion de l'objet » décrite par Philippe Buc[31]. Il s'agit par l'inscription d'en faire le récit public: *notum sit omnibus*. Le texte mêlant les informations matérielles et juridiques relatives à l'objet est l'instrument d'une opération graphique visant à distinguer l'olifant au sein du trésor qu'il intègre en 1199, à le rendre ainsi deux fois exceptionnel. Cette mise en récit des artefacts peut se passer complètement d'écriture et la constitution des trésors pour les grands sites ecclésiastiques du Moyen Âge est une archive ouverte sur l'histoire du lieu. L'ensemble tout à fait singulier du trésor de l'abbaye Sainte-Foy de Conques fait récit par l'accumulation des pièces; il prend pour origine la statue-reliquaire de la sainte qui ouvre la collection et s'enrichit d'autres objets (reliquaires, autels portatifs, vaisselle liturgique, tissus) à mesure que grandit le prestige spirituel et économique de l'institution[32]. La collection met l'accent sur la grande figure de l'abbé Bégon, entre autres, et dit l'apogée artistique de Sainte-Foy comme le ferait une chronique: par accumulation et accentuation. On doit une nouvelle fois à Philippe Cordez la mise au jour des enjeux discursifs de la thésaurisation

29. Vienne, Kunsthistorisches Museum, Kunstkammer 4073; objet et inscription publiés dans *Ornamenta Ecclesiae. Kunst und Künstler der Romanik*, 3 volumes, Cologne, Ville de Cologne, 1985, vol. 3, H13, p. 90.
30. Philippe Cordez, *Trésor, mémoire, merveilles: les objets des églises au Moyen Âge*, Paris, Éditions de l'EHESS, 2016.
31. Buc Philippe, « Conversion of Objects: Suger of Saint-Denis and Meinwerk of Paderborn », *Viator* 28, 1997, p. 99-143.
32. Xavier Barral i Altet, « Définition et fonction d'un trésor monastique autour de l'an mil: Sainte-Foy de Conques », dans Michel Sot, Philippe Contamine, Carol Heitz et Claude Lepelley (eds), *Haut Moyen Âge: culture, éducation et société. Études offertes à Pierre Riché*, La Garenne-Colombes, Publidix, 1990, p. 401-408.

médiévale, qui dépasse très largement les objectifs économiques, et qui prend en charge la mise en récit des acteurs impliqués dans la commande, la fabrication, l'usage et la conservation des artefacts[33].

Figure 5. Vienne, Musée d'histoire, inv. 4073. Olifant d'Albert III (1050-XIIIe siècle), © Kunsthistorisches Museum

Le Moyen Âge en Occident est le temps d'une historiographie qui échappe à l'emprise exclusive du récit écrit et continu, et qui s'instaure comme la modalité discursive d'organiser des matériaux (textes et artefacts) afin de générer la narration y compris là où elle n'existe pas *a priori*; c'est paradoxalement le temps de l'annale et de sa mise au défi. En ce sens, toutes les sources médiévales ne peuvent se départir typologiquement ou formellement d'une éventuelle ambition narrative (ce qui invite à nuancer très fortement la catégorie même de « source narrative » pour l'histoire médiévale). Cette organisation des matériaux ne peut se défaire d'une manifestation objectale puisque c'est bien dans la constitution d'un objet matériel (un codex, une inscription, un trésor) que se manifeste le récit; c'est dans la création de l'artefact que la narration se fait jour et que l'objet devient monument.

Récits médiévistes

La médiévistique s'est fondée d'abord sur des récits linéaires constitués par les textes; des chroniques, des annales, des vies, des gestes dans le domaine de l'historiographie; mais aussi des romans et des chansons dans le domaine de la

33. Philippe Cordez, « Vers un catalogue raisonné des objets légendaires de Charlemagne: le cas de Conques (XIe-XIIe siècle) », dans Philippe Cordez (éd.), *Charlemagne et les objets. Des thésaurisations carolingiennes aux constructions mémorielles*, Bern, Peter Lang, 2012, p. 135-167.

littérature, et des *vitae* et des miracles dans le domaine de l'hagiographie – ce sont là les trois grands « terrains » du récit médiéval et les chantiers permettant à l'histoire médiévale d'écrire l'Histoire du Moyen Âge. Contenant les faits et leurs dates, les récits autorisent une histoire événementielle, généalogique, évolutive qui permet de passer du haut au bas Moyen Âge, du début à la fin de l'époque médiévale, à la façon dont on tournerait les pages d'un récit linéaire s'ouvrant à la fin de l'Antiquité tardive et se refermant à la Renaissance. Sur des sujets précis, la médiévistique a longtemps appliqué un même fonctionnement historien se développant à l'ombre de la narration et de l'itinéraire en s'intéressant à ce que les sources « racontaient » plutôt qu'à la façon dont elles opéraient le récit. Le développement de l'École des *Annales*, de la Nouvelle histoire et de l'anthropologie historique n'est pas à retracer ici, mais il faut constater combien l'histoire du Moyen Âge a bénéficié du renouvellement des méthodes et de l'éloignement d'une histoire événementielle et institutionnelle fondée en récits – en sources narratives[34] ; bien plus, la médiévistique, précisément parce que l'historiographie constitue un trait structurel de la culture du Moyen Âge, a largement contribué à ce changement de perspective, et l'on doit encore à Gabrielle Spiegel d'avoir démontré les liens entre formes de l'histoire au Moyen Âge et méthodes contemporaines de l'histoire médiévale[35]. Changement de perspective donc, dans deux directions principales.

D'abord une direction archéologique, dans l'identification des phénomènes de juxtaposition, qui passe par une approche ouverte, non cloisonnée des sources et par la prise en compte de la matérialité des objets narrants. Il ne s'agit plus seulement d'appréhender les contenus mais les conditions dans lesquelles ils ont fait l'objet d'une élaboration matérielle. On peut, pour illustrer cette première direction archéologique, retourner à Saint-Isidore de León où la tombe de l'infante Sancha indiquait déjà une volonté médiévale de raconter l'histoire du lieu ; on signalait aussi le décor peint dans le panthéon des rois. En décloisonnant les approches de la médiévistique, on peut rapprocher le texte de l'épitaphe d'images, d'objets et d'inscriptions à l'échelle de la collégiale : en associant la mention des reliques de saint Isidore dans le texte en prose de la sépulture avec l'inscription rappelant la construction de l'église et le transfert des reliques, aujourd'hui au-dessus d'une porte murée aux pieds de la tombe de Sancha ; des portraits des monarques au pied de la Crucifixion peinte sur l'un des murs du panthéon pour renforcer la dimension dynastique du lieu ; des objets précieux conservés au trésor de Saint-Isidore, commandés, donnés et signés par les principaux membres féminins de la famille royale tout au long des XIe-XIIe siècles. Pris séparément,

34. Pour un bilan critique, voir André Burguière, « L'anthropologie historique et l'école des *annales* », *Cahiers du Centre de recherches historiques*, nº 22, 1999, https://journals.openedition.org/ccrh/2362 ; plus spécifiquement pour la médiévistique : Jean-Claude Schmitt, « L'anthropologie historique de l'Occident médiéval. Un parcours », *L'Atelier du Centre de recherches historiques*, nº 6, 2010.
35. Gabrielle Spiegel, *The Past as A Text*, *op. cit.*, p. 3-28 et 83-98, par exemple.

dans la distance matérielle, chronologique et typologique qui les sépare, ces objets ne font pas récit de façon évidente, même s'il faut envisager que la qualité et le prestige des pièces assuraient au Moyen Âge la reconnaissance d'une intention discursive dans leur commande et leur exposition. C'est à la mise au jour de cette intention et de cette réalité historique qu'une médiévistique s'émancipant des contenus et des disciplines doit s'attacher pour révéler le récit en action, en tout cas en puissance, qui se tient dans la mise en œuvre des textes et des artefacts. À Saint-Isidore de León, on peut identifier un programme narratif sur le temps long de l'histoire de l'institution avec des objets qui font plus que se juxtaposer: ils se répondent, s'incrémentent, se corrigent et s'actualisent. Loin de fossiliser les faits, l'approche archéologique permet de reconstruire une histoire dynamique des phénomènes et de déterminer dans quelle mesure ils font récit: la reprise au XIIIe siècle de l'épitaphe de Sancha n'est qu'un événement dans l'écriture au long cours de l'histoire de l'institution, et le travail de la médiévistique concerne la mise au jour de ces relations narratives d'un objet à l'autre.

En parallèle de cette approche archéologique dans la mise au jour des récits, la médiévistique s'attache également à une dimension pragmatique, dans la reconstitution des récits en pointillé qui existent à l'état de fragment (ou à l'état d'hypothèse) dans la disjonction des sources et des objets. C'est toute la pratique des archives qui est en jeu ici[36]; dans la longue durée de leur constitution, elles peuvent faire récit, dans la succession des pièces mais aussi dans les trous, les blancs, les manques, les aléas de conservation. La médiévistique se déplace alors de l'événementiel à la sérialité, en manifestant des suites et des continuités que le Moyen Âge ne semble pas manifester à première vue; en rassemblant et en liant les morceaux, elle possède un rôle de conjonction de coordination dans les trous syntaxiques des sources, voire dans les trous du récit proprement dit. L'approche philologique de la variante et du témoin manquant consacre la dimension pragmatique puisqu'il s'agit de produire une histoire du texte, un récit de son passage par le Moyen Âge et se tient, derrière toute édition critique, une approche événementielle de l'écriture faite d'accidents, d'aléas, d'inconnus[37]. Même si ce n'est pas son but critique premier, l'établissement d'une version d'une source fabrique toujours un récit de la vie du texte. Et cela dépasse très largement le domaine des sources écrites puisque la notion de sérialité pour l'histoire de l'art médiéval, en particulier telle qu'elle a été élaborée dans les travaux de Jérôme Baschet[38], peut être envisagée comme une mise en récit

36. On renvoie ici aux travaux d'Arlette Farge, *Le goût de l'archive*, Paris, Seuil, 1989; voir aussi Étienne Anheim et Olivier Poncet, « Fabrique des archives, fabrique de l'histoire », *Revue de synthèse*, n° 25, 2004, p. 1-15.

37. C'est la conséquence ou le corollaire de l'archéologie du texte telle qu'elle est prescrite par Bernard Cerquiglini, *Éloge de la variante: histoire critique de la philologie*, Paris, Seuil, 1989.

38. Jérôme Baschet, « Inventivité et sérialité des images médiévales. Pour une approche iconographique élargie », *Annales. Histoire, Sciences Sociales*, n° 51-1, 1996, p. 93-133.

de la transformation. L'identification de grands types dans l'iconographie du Moyen Âge, le repérage des variations dans la structure ou le détail, la mise en carte et en réseau des témoins indépendamment des techniques et des supports sont autant de points permettant de faire l'histoire d'un motif qui, en lui-même, n'a pas d'ambition narrative. De l'étude sérielle jaillit une histoire de l'image pour des objets *a priori* sans relation. La sérialité permet de passer d'une approche généalogique contenue par nécessité dans des sources du même type, à une lecture sociale et discursive de phénomènes disjoints. L'approche généalogique de la sculpture romane sur les chemins de Saint-Jacques-de-Compostelle entre la France et l'Espagne – un dossier moteur dans les grands débats historiographiques concernant l'art médiéval, entre l'Europe et les États-Unis, et ce depuis la Deuxième Guerre mondiale[39] – a permis de générer un récit linéaire d'un lieu à l'autre, avec un mouvement des formes et des artisans géographiquement et chronologiquement ou bien de la Bourgogne à la Galice, ou bien dans les deux sens à partir de la Castille. Une approche sérielle et pragmatique des images revient aujourd'hui très largement sur ces propositions en envisageant des histoires locales bien plus spécifiques et socialement marquées, créant des récits plus précis autour de la transformation et en incorporant au discours historique des phénomènes moins saisissables et plus contingents : nécessité économique, effet de mode, disponibilité technique, aléa climatique, etc.

Si elle permet de penser la structure, la sérialité permet aussi et sans paradoxe de penser la transformation dans le détail, et de défier l'évidence d'une linéarité supposée ; de formuler un autre récit. Au côté sud de la petite église Saint-Pierre de Melle (France), des trouvailles puis des fouilles archéologiques ont établi la présence d'un important lieu d'inhumation, en place dès le haut Moyen Âge et jusqu'à l'époque romane, au moment où on édifie l'église toujours visible aujourd'hui[40]. Les inhumations sont faites de sarcophages monumentaux ; plusieurs des couvercles portent des inscriptions funéraires, étudiées récemment par Cécile Treffort[41]. Les fouilles conduites dans ce cimetière ont montré que le site a connu de nombreuses perturbations médiévales, avec des modifications, des chevauchements, des déplacements qui suivent immédiatement l'inhumation. S'il est difficile d'établir les raisons historiques qui ont conduit à modifier de la sorte l'organisation des tombes, conduisant notamment au recouvrement total de certaines épitaphes, la stratigraphie atteste d'une gestion heurtée de l'espace funéraire qui résiste à la linéarité du récit historique et qui témoigne bien davantage d'une conception pragmatique du lieu d'inhumation. L'analyse sérielle des inscriptions de Melle conteste elle aussi cette

39. Sur ces questions, voir Xavier Barral i Altet, *L'art médiéval*, Paris, Presses Universitaires de France, 2020, p. 92-118 ; voir aussi Éric Michaud, *Les invasions barbares. Une généalogie de l'histoire de l'art*, Paris, Gallimard, 2015.

40. Bernard Farago-Szekeres, « Les fouilles du cimetière de l'église Saint-Pierre à Melle », *Bulletin de la Société historique et scientifique des Deux-Sèvres*, vol. 1, n° 3, 1993, p. 375-442.

41. Cécile Treffort, *Épitaphes carolingiennes du Centre-Ouest*, Paris, CNRS Éditions, 2020.

dimension linéaire de l'histoire puisque Cécile Treffort a pu établir la coexistence de cultures écrites diverses et d'habitudes épigraphiques variées, loin de toute forme évidente d'évolution et de rupture, entre l'écriture « mérovingienne » et le style graphique de la réforme carolingienne notamment[42] : ce qui est « évolutif » pour les lettres ne l'est pas pour la langue et vice-versa ; des inscriptions situées au-dessus dans la stratigraphie présentent une écriture plus ancienne que les inscriptions situées en-dessous [fig. 6]. Il y a bien une histoire médiévale dans ce qui n'est *a priori* qu'une série épigraphique, et il appartient à la médiévistique de la rendre lisible, de la produire dans la complexité des phénomènes sociaux qui conduisent une communauté isolée dans l'Empire carolingien à se jouer dès leur origine des grands bouleversements culturels décidés dans les centres de pouvoir laïcs et ecclésiastiques.

Figure 6. Niort, musée du Donjon (prov. : Melle, église Saint-Pierre). Inscription funéraire pour Ermengarde (IXe siècle ?), © J.-P. Brouard CESCM/CIFM.

La médiévistique s'est fondée et se fonde donc encore sur les récits, qu'elle s'en saisisse (comme à Saint-Isidore de León) ou qu'elle les construise (comme à Saint-Pierre de Melle), qu'elle leur fasse confiance ou qu'elle les critique, qu'elle les considère comme le point de départ ou l'aboutissement de la recherche. Le genre de la biographie historique est peut-être le lieu épistémologique où la médiévistique joue avec le plus de force son rôle de conjonction de coordination. Là, elle crée un récit second, elle remet la vie en histoire. La première partie du *Saint Louis* de Jacques le Goff – que les médiévistes doivent considérer comme un modèle du genre – est le récit médiéviste du récit médiéval de Joinville, il lui

42. Cécile Treffort, *Mémoires carolingiennes. L'épitaphe entre célébration mémorielle, genre littéraire et manifeste politique (milieu VIIIe-début XIe siècle)*, Rennes, PUR, 2007.

emboîte le pas et le réorganise[43]. Joinville est la source de la biographie de Jacques le Goff et cette remise en récit est, à son tour, la source pour les autres parties de l'ouvrage qui, sous l'angle de l'anthropologie historique cette fois, interroge la réalité médiévale de saint Louis, y décèle les phénomènes culturels, l'empreinte du religieux, y replace les circonstances politiques du temps au-delà du royaume de France. Le *Saint Louis* de Jacques le Goff n'est pas un récit qui s'ignore, c'est une histoire de médiéviste et, comme n'ont pas manqué de le faire les recensions à la parution de l'ouvrage, on peut se demander si le « saint Louis de *Saint Louis* » a existé. Dans tous les cas, qu'elle la relise ou non, la mise en récit par la médiévistique ne peut ignorer le retour à la source pour la dépouiller des récits qui sur elle se sont fondés au fil du temps. C'est sans aucun doute le grand mérite du livre essentiel de Patrick Geary *The Myths of Nations*, publié en 2001, qui sépare le récit fait par les sources altomédiévales des interprétations nationalistes quant aux origines européennes, des interprétations qui à leur tour construisent une histoire pour le moins biaisée du Moyen Âge[44]. Relier les pointillés dans des sources fragmentaires et proposer un récit scientifiquement recevable du passé consistent à proposer comme liant de l'histoire et par analogie ou comparaison ce que la médiévistique a établi ailleurs comme structure ; ou encore à faire de fragments multiples, épars voire décousus de récits, une histoire globalement suivie.

Les textes ne sont pas les seuls à entrer dans le tissage de la médiévistique. La place de l'artefact dans la saisie de l'histoire médiévale, l'irrépressible tendance du récit à s'incarner dans le matériau, du livre-objet au lieu-monument, permet aux historiennes et aux historiens du Moyen Âge de produire à leur tour des récits qui se fondent sur la narrativité latente des objets, sur leur capacité à être source d'un récit qu'ils n'ont pas fait en leur temps. L'histoire de la constitution des collections muséales et leur mise en scène est un champ très actuel de la recherche et relève de cette pratique consistant à produire un récit *par* les objets, à les prendre pour point de départ dans l'écriture de l'histoire du Moyen Âge. Il est difficile de ne pas penser au *Saint Bernard. L'art cistercien* de Georges Duby, ouvrage audacieux à tout point de vue qui tente une histoire de la pensée cistercienne à partir des œuvres d'art, de l'architecture en particulier[45] ; des objets qui viennent servir le récit de l'émergence, du florissement, de l'apogée et de la survivance de la spiritualité cistercienne et de l'esthétique qui en découle. L'attaque du livre de Georges Duby est sans ambiguïté : « Le bâtiment dont je vais parler » ; l'objet au point de départ du récit, un objet décrit par l'auteur dans la solidité de ses matériaux, la rigueur de ses décors, l'originalité de ses formes, la beauté de son environnement naturel. Le tour de force de *Saint Bernard* est bien celui-ci : construire un récit continu de la

43. Jacques le Goff, *Saint Louis*, Paris, Gallimard, 1996.
44. Patrick Geary, *The Myths of Nations. The Medieval Origins of Europe*, Princeton, Princeton University Press, 2001.
45. Georges Duby, *Saint Bernard. L'art cistercien*, Paris, Arts et Métiers graphiques, 1976.

pensée cistercienne à partir des pointillés que sont, pour l'historien plutôt que pour l'historien de l'art, les objets qu'elle a produits et qui témoignent encore aujourd'hui de sa vitalité au Moyen Âge. La première édition de l'ouvrage de Georges Duby est richement accompagnée de belles photographies en noir et blanc (très « Zodiaque » dans leur traitement) qui ne sont que des illustrations du récit[46] – les recensions ne se sont pas privées de souligner cet usage « touristique » de l'image[47] – et qui renforcent encore la fonction liante de l'écriture historique. On se retiendrait sans doute aujourd'hui, pour des raisons disciplinaires plutôt que pour des raisons scientifiques, d'une telle audace intellectuelle, et l'on préférerait libérer les objets de l'écriture d'un récit, les laissant raconter eux-mêmes ce qu'ils ont à dire du Moyen Âge. C'est ce que l'on retient de la lecture de l'ouvrage récent *The Middle Ages in 50 objects* publié par Elina Gertsman et Barbara Rosenwein[48]. Le titre est limpide : il s'agit pour les autrices de construire un récit total du Moyen Âge à partir d'artefacts emblématiques, précieux ou non, mais déconnectés, disjoints, juxtaposés comme ils le seraient dans un musée imaginaire. Si les objets longuement décrits et mis en contexte sont organisés en quatre sections thématiques (quatre « salles »), ils sont classés chronologiquement dans chacune d'entre elles, l'ouvrage offrant ainsi quatre récits-points de vue de l'histoire du Moyen Âge. Rien ne les relie, rien ne justifie la sélection et l'agencement. L'action discursive des historiennes se limite ici à faire émerger le statut d'objet narrant.

Entre le *Saint Louis* de Jacques le Goff et le *Saint Bernard* de Georges Duby, les grands bouleversements qui affectent l'histoire du Moyen Âge peuvent être ramenés, de façon caricaturale, au passage du récit-source, considéré comme une réalité exclusivement textuelle, contenant l'ensemble des informations à exploiter, à la reconnaissance d'une possibilité narrative présente dans l'ensemble des artefacts médiévaux (dans des textes envisagés comme des constructions matérielles d'encre, de parchemin, de pierre, de bois, de métal, mais aussi dans les objets les plus diverses) qui sont à même de faire récit pour le Moyen Âge autant que pour les démarches historiennes qui les étudient pour produire un nouveau discours. Dans l'un et l'autre cas, c'est l'investissement narratif de l'historienne et de l'historien qu'il faut calibrer et déterminer le seuil de la mise en récit. Si l'on peut désormais s'émanciper des tensions entre histoire et littérature, de nouvelles formes d'écriture de l'histoire semblent aujourd'hui ouvrir des pistes intéressantes empruntant à l'anthropologie et à l'égo-histoire autour de l'enquête, du témoignage ; Jérémie Foa,

46. On verra, pour cet « autre récit » de l'art médiéval que constituent les volumes de la collection Zodiaque, Janet Marquardt, *Zodiaque. Making Medieval Modern (1951-2001)*, University Park, Pennsylvania State University Press, 2015.

47. Voir par exemple le compte rendu de Georges Pon, « Georges Duby, Saint Bernard. L'art cistercien », *Cahiers de civilisation médiévale*, n° 23-89, 1980, p. 57-59.

48. Elina Gertsman et Barbara Rosenwein, *The Middle Ages in 50 objects*, Cambridge, Cambridge University Press, 2018.

avec son surprenant *Tous ceux qui tombent*, fait des archives notariales fragmentaires, indigentes en apparence, la base de micro-récits autour du massacre de la Saint-Barthélemy[49]. Le Moyen Âge regorge de dossiers de ce type – partiels mais parlants – que l'écriture de la médiévistique peut et doit sans doute mettre à son tour en récit.

Récits médiévalistes

Avec *The Myths of Nations*, Patrick Geary signalait l'usage du Moyen Âge dans l'écriture des récits nationalistes du XIXe siècle – c'est en cela qu'il s'agit d'un livre important, puisqu'il pointe la « migration du récit » dans laquelle la forme médiévale de la chronique est reprise pour produire une nouvelle chronique, à distance, entre maintien de la forme et modification des intentions d'écriture. La conservation du genre permet de créer l'illusion de vérité, l'intention de la réécriture passant inaperçue sous la continuité des formes. En interrogeant les codes et les spécificités formelles du récit, la médiévistique des *Annales* a interrompu cette continuité, non pas pour renoncer au récit mais pour rendre sensible la distance nécessaire entre l'histoire et l'Histoire. Dans cette manifestation de la distance, l'attachement à la dimension matérielle du récit est une garantie érudite de la fiabilité des sources – le récit n'est pas un phénomène insaisissable de narration mais un objet que l'on peut critiquer, localiser, dater et tracer. Les faux produits au XIXe siècle pour construire le récit d'un lieu ou d'un personnage s'accompagnent très souvent de la production d'objets textuels qui semblent attester l'authenticité des événements mis en récit par les historiens. Dans le cadre d'inventions de ce type, il ne s'agit pas seulement de citer la source mais aussi de la montrer, de produire une preuve matérielle sur laquelle on fonde le nouveau récit. Le faux se doit d'être un objet pour jouer son rôle dans le détournement ou l'invention de la vérité historique. Il n'est alors pas surprenant que les documents épigraphiques se trouvent en bonne place dans la liste des faux modernes puisqu'ils sont à la fois texte et objet, contenu et artefact, et qu'ils répondent à une double nécessité de faire connaître (une information, vraie ou fausse) et paraître (ancien et réel). Un exemple épigraphique célèbre de cet usage détourné des inscriptions est encore visible dans l'oratoire de Théodulph à Germigny-des-Prés, connu principalement pour sa belle mosaïque carolingienne de l'arche d'alliance[50]. Sur l'un des chapiteaux du sanctuaire, un texte gravé sur deux lignes donne la date de 806 et la titulature de l'oratoire (« sous l'invocation de sainte Genièvre (*sic*) et saint Germain ») [fig. 7]. L'inscription attesterait d'une part de l'ancienneté de l'édifice et d'autre part du lien entre le nom « Germigny »

49. Jérémie Foa, *Tous ceux qui tombent. Visages du massacre de la Saint-Barthélemy*, Paris, Éditions la Découverte, 2022.
50. Anne-Orange Poilpré, « Le décor de l'oratoire de Germigny-des-Prés : l'authentique et le restauré », *Cahiers de civilisation médiévale*, n° 41, 1998, p. 281-297.

et saint Germain. Elle permettrait de fabriquer un récit singulier dans l'histoire de l'Église et accorderait un statut particulier à l'oratoire dans l'histoire des cultes des grands saints parisiens Germain et Geneviève. Or, la critique interne du texte permet de montrer que rien ne va dans l'inscription de Germigny : les formules de datation sont anachroniques ; la ponctuation employée inconnue avant le XIIe siècle ; les formes orthographiques du nom des saints sont inédites ; l'écriture mélange des graphies tout à fait disparates. De plus, cette inscription n'est jamais citée dans les travaux sur l'oratoire avant l'année 1847 (alors que l'on mentionne d'autres textes dans la bibliographie ancienne)[51]. On peut alors attribuer ce faux épigraphique aux campagnes de restaurations de l'oratoire au début des années 1840 et aux activités de l'architecte Charles-François Vergnaud-Romagnési. Le caractère apparemment inaltérable de l'inscription, inamovible, structurellement lié à l'édifice auquel elle donne une date et un nom, explique l'emploi du support épigraphique qui permet de faire un autre récit du lieu, et avec lui de la christianisation de la France[52].

Figure 7. Germigny-des-Prés, oratoire, travée orientale de la nef. Inscription mentionnant la titulature de l'oratoire (XIXe siècle), © J. Michaud CESCM/CIFM.

51. Robert Favreau, *Épigraphie médiévale*, Turnhout, Brepols, 1997, p. 185.

52. Cécile Treffort, « Les inscriptions de Germigny et la production épigraphique de Théodulf d'Orléans », *BUCEMA*, hors-série n° 11, 2019, http://journals.openedition.org/cem/16066.

Même si la notion d'authenticité possède au Moyen Âge des implications si riches qu'elle commande sans doute des usages singuliers de manipulation dans le contemporain, la production d'un récit fondé sur le faux n'est pas limitée à l'histoire médiévale[53]. Toutes les grandes supercheries historiques ont en effet la possibilité de passer par la réalisation d'un objet qui à son tour peut devenir une image, dans une économie de la preuve qui fait du tangible le lieu du réel. Il faudrait nuancer : qui *faisait* du tangible le lieu du réel ; en tout cas jusqu'au surgissement du *deep fake* et d'une rhétorique du détournement de l'image comme régime de vérité. Dans un projet aussi provocateur que génial, le photographe Jonas Bendiksen, avec son *Book of Veles*, en fait une démonstration éclatante en construisant entièrement un récit sur des images-preuves qui n'existent pas – elles n'existent ni dans ce qu'elles sont en tant qu'objets, ni dans ce qu'elles montrent comme contenu[54]. Dans un contexte tout à fait différent, la médiévistique se trouve confrontée à des problématiques de recherche analogue, dans la mesure où il semble que tout nouveau récit, toute nouvelle saisie de la réalité historique, ne peut passer que par la découverte (ou la redécouverte) d'un nouvel objet, textuel ou archéologique, souvent dans un contexte polémique. On pourrait sourire de l'identification du calice offert dans la seconde moitié du XIe siècle par la reine Urraca, toujours à Saint-Isidore de León, avec le saint Graal, proposée en 2014 par de très sérieux historiens espagnols[55], mais les entreprises critiques publiées à la suite de cette « découverte » l'ont déjà fait en apportant les preuves historiennes de l'impossibilité d'une telle identification[56]. Il est plus intéressant en revanche de constater que cette assimilation permet de produire un nouveau récit pour l'institution canoniale de León, plus généralement pour la monarchie castillane au Moyen Âge, et au-delà pour l'histoire du catholicisme en Espagne. D'autre part, la sacralité soudaine acquise par cet objet se fait par le biais d'autres objets, eux aussi anciens en apparence, à savoir deux documents sur parchemin du XIVe siècle, reproduits dans l'ouvrage publié en 2014, au titre de preuve et de point de départ du nouveau récit sur le Graal. On se gardera de juger les intentions des auteurs dans la production de cette contre-histoire du calice pour signaler une nouvelle fois les possibilités narratives de la culture matérielle du Moyen Âge, et ce bien au-delà de la médiévistique.

L'écriture de nouveaux récits concernant le Moyen Âge dépasse en effet la discipline historique pour se concentrer sur les pratiques médiévalistes, soit l'invention d'univers fictionnels en lien avec une compréhension singulière, partielle, lissée ou au contraire exubérante d'un Moyen Âge mêlant les récits médiévaux eux-mêmes, leur

53. On attend, pour une nouvelle mise au point sur ces questions, l'ouvrage à paraître de Paul Bertrand ; d'ici-là, on verra Olivier Poncet, « Juger le faux : où est le vrai ? » dans Olivier Poncet (éd.), *Juger le faux*, Paris, Publications de l'École nationale des chartes, 2011, https://doi.org/10.4000/books.enc.261.
54. Jonas Bendiksen, *The Book of Veles*, Londres, GOST Books, 2021.
55. Margarita Torres et José Miguel Ortega del Río, *Los Reyes del Grial*, Madrid, Reino de Cordelia, 2014.
56. Patrick Henriet, « Le Graal est à León ! », *L'Histoire*, nº 412, 2015, p. 20-21.

récupération sur le temps long des cultures populaires et scientifiques, et leur place dans la construction de certaines identités ou certains archétypes contemporains[57]. Cantonnées au domaine de la fiction littéraire, cinématographique, plus récemment étendues à celle des jeux vidéo et de la télévision, ces nouvelles versions du Moyen Âge sont fondamentalement, voire exclusivement, narratives et exaltent des figures ; elles sont là pour raconter la vie d'un personnage, un héros qui incarne les stéréotypes ou qui les défie. S'il faut prendre en considération cette production dont l'impact est difficilement mesurable tant il est profond dans la culture populaire, c'est parce que le médiévalisme constitue sans doute actuellement la branche la plus active de la médiévistique qui cherche précisément à identifier comment le récit médiéval passe dans les récits contemporains sur le Moyen Âge, révélant ainsi des phénomènes historiographiques, mais aussi politiques et sociaux. Dans ces nouveaux récits médiévalistes, la référence au Moyen Âge – ce qui fait que le lecteur ou le spectateur sait qu'on est là à l'époque médiévale – passe avant tout par la culture matérielle et les objets. Dans la version cinématographique du *Nom de la Rose*, Adso et Guillaume contemplent, posé sur la table de la réserve de la bibliothèque, un exemplaire manuscrit du *Traité sur l'Apocalypse* de Beatus de Liebana, plus précisément le Beatus de Facundus, copié en 1047. Incongru dans le nord de l'Italie au XIVe siècle, le manuscrit est pourtant présenté ouvert aux folios 183v-184 pour afficher l'une des peintures médiévales les plus célèbres et reproduites [fig. 8a & 8b][58]. L'accessoire cinématographique est un livre-icône du Moyen Âge, un objet qui à lui seul raconte une histoire dans l'histoire. Le récit médiéval de ce traité (dont les images vivantes, violentes et saturées ont inspiré des artistes contemporains dans leur avant-garde[59]) est inséré dans le récit médiévaliste d'Umberto Eco en ce qu'il signale à lui seul tout un univers de significations étranges, inconnues, insaisissables. Le paradigme du récit dans le récit qui passe, pour le médiévalisme, par la convocation de la culture matérielle pourrait être la grande salle des armures du Metropolitan Museum of Art de New York. Tout à fait spectaculaire dans la scénographie, elle montre une « troupe » de cavaliers lourdement armés d'objets de provenance et de datation diverses, mais il se dégage de la composition générale une impression visuelle *de* Moyen Âge – le combat en armure lourde et le cheval suffisent à suggérer une image romantique, gothique, moyenâgeuse du « tournoi », que de belles recherches récentes sur le combat et l'armement au Moyen Âge ont bien du mal à nuancer[60].

57. Voir sur ces questions le *Dictionnaire du Moyen Âge imaginaire : le médiévalisme, hier et aujourd'hui*, Paris, Vendémiaire, 2022, ainsi que l'ouvrage collectif Martin Aurell, Florian Besson, Justine Breton et Lucie Malbos (eds), *Les médiévistes face aux médiévalismes*, Rennes, PUR, 2023.
58. Madrid, Bibliothèque nationale, ms. Vit. 14-2.
59. Amanda Wasielewski, « Interfaces of Art : Meyer Schapiro, Fernand Léger, and the Role of the Art Historian in Anachronistic Artistic Influence », *Journal of Art Historiography*, n° 26, 2022, https://arthistoriography.wordpress.com/26-jun22/.
60. Sur le tournoi, voir l'excellent ouvrage de David Crouch, *Tournament. A Chivalry Way of Life*, Londres, Hambledon Continuum, 2005.

Figure 8a.

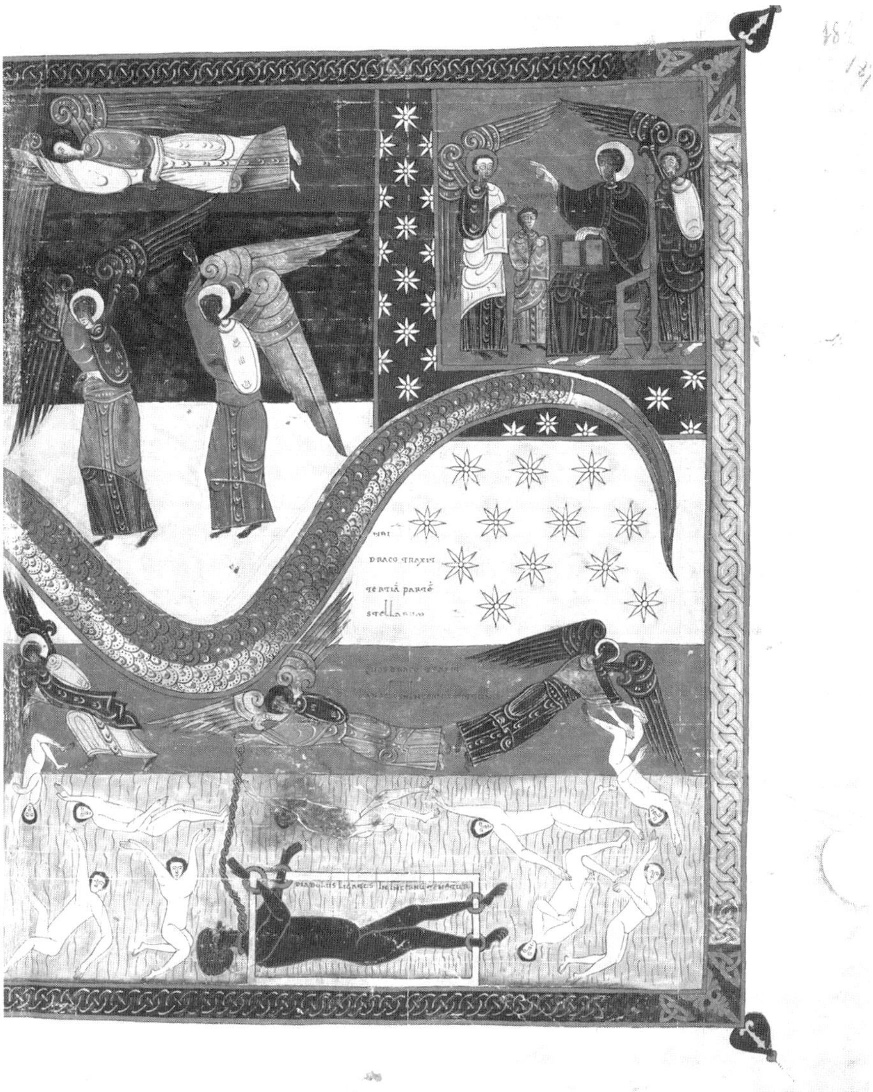

Figure 8b.

Figures 8a et 8b. La bête de l'Apocalypse dans le Beatus de Facundus. Madrid, Bibliothèque nationale, ms. Vit. 14-2, fol. 183v-184 (1047), © Madrid, Biblioteca nacional.

La dimension narrative de la salle pourrait être limitée si cette troupe n'était pas littéralement placée sous les bannières montrant les armoiries des chevaliers de la Table ronde telles qu'elles sont décrites dans le cycle arthurien et dans les armoriaux des XIIIe-XVe siècle[61]. La muséographie convoque ainsi, pour une collection qui dépasse pourtant très largement le Moyen Âge et l'Occident chrétien, un récit qui s'incarne dans des images emblématiques, et qui place le monde médiéval, en tant que totalité culturelle, à la source d'une fiction populaire.

Si l'étude des phénomènes médiévalistes est nécessaire, ce n'est pas seulement pour mettre au jour les raisons profondes de la persistance d'une certaine image du Moyen Âge, mais c'est surtout parce que ces nouveaux récits prennent souvent une forme politique et identitaire, avec la ressaisie par un certain nombre de mouvements d'un univers médiévaliste pour réécrire un passé médiéval, et le mettre par le récit au service d'idéologies contemporaines. En août 2017 s'est tenue à Charlottesville, en Virginie (USA), sous l'intitulé *Unit the Right*, une série de manifestations convoquées par plusieurs groupes d'extrême-droite et des associations néonazies pour protester contre le démontage d'une statue symbole de la Confédération. Ces rassemblements sont marqués par de nombreux actes de violence et la mort d'une contre-manifestante. Les images diffusées partout dans le monde au moment des faits témoignent de l'état de tension que génère la question de la suprématie blanche dans la société américaine, notamment dans les états du Sud. Elles font aussi état d'une théâtralisation de cette revendication raciale et raciste, d'un usage tous azimuts de symboles hétérogènes, d'une mise en scène de la menace et de la peur, d'une justification par l'image d'une violence nécessaire. Dans le flot de ces images, ce sont les références au Moyen Âge qui dominent : croix du Temple, aigle de saint Maurice, armement de cavalerie (les mêmes qu'au MET). L'évidence de cette récupération est telle que la Medieval Academy of America répond sur son site web dès le 16 août en condamnant l'usage pervers de ces symboles et invitant les médiévistes à plus de vigilance pour en terminer avec les liens trop souvent manifestes entre l'image du Moyen Âge et les droites extrêmes dans la construction d'un récit faussement linéaire d'un Moyen Âge, blanc, masculin et chrétien[62]. C'est la place de la culture matérielle, des images et des objets, qui frappe à Charlottesville et qui convoque, par les couleurs et les formes, un Moyen Âge réinterprété, canalisé, fabriqué, mis en images, avec un transfert de signes et de codes qui repose sur un anachronisme volontaire et nécessaire, sur l'évocation d'un passé lointain, perdu et à reconquérir. Par les objets, on reprend le récit du Temple et des Croisades et on cherche à en produire une continuation fondée sur la distorsion, l'incompréhension et le contresens. Pas de slogan médiéval à Charlottesville, pas de formule latine, pas

61. Michel Pastoureau, *Armorial des chevaliers de la Table ronde. Étude sur l'héraldique imaginaire à la fin du Moyen Âge*, Paris, Le Léopard d'or, 2006.
62. https://www.themedievalacademyblog.org/medievalists-respond-to-charlottesville/.

de citation de chronique, pas de référence à un événement particulier, mais l'écriture d'un récit continué par la reprise d'une iconographie qui n'appartient déjà plus au Moyen Âge. Aussi le contemporain ne crée-t-il pas de récit médiéval sans objet, ou bien parce qu'il convoque les objets médiévaux au titre de preuve, ou bien parce qu'il en invente qui « ressemblent » au Moyen Âge.

Conclusion

Le récit médiéval possède la capacité d'embrasser le monde sans distinguer l'événement dans la chronique de l'épisode romanesque, le miracle de la bataille. Cette convergence narrative de tous les types de sources textuelles au Moyen Âge permet de transformer l'archive en récit. On peut identifier dans la culture médiévale en Occident une « soif de narration » et ainsi attribuer le qualificatif d'objet narrant à tout artefact qui dans sa forme propre, dans ses transformations, dans sa juxtaposition et son accumulation prend en charge le récit. L'invention (au sens médiéval du terme) de cet objet par les disciplines historiques, le fait de faire surgir à la surface du matériau tout ce que l'artefact raconte, permet d'établir le récit que l'on n'a pas, que l'on n'a plus. Effet positif du *material turn* ou apanage tardif du paradigme de la trace, la médiévistique admet désormais qu'il y a récit autre que textuel, et simultanément que le texte est un objet et que sa dimension narrative ne peut être coupée de sa dimension objectale, l'histoire matérielle de l'objet-texte pouvant être établie au rang de récit et le *stemma codicum* « racontant » une micro-histoire des textes ou une macro-histoire des idées.

Ces questions ne sont pas tout à fait nouvelles pour la médiévistique puisqu'elles concernent les liens entre la littérature, le récit, l'histoire et l'écriture de l'histoire, cet équilibre instable permettant de garantir la scientificité des démarches et le compte rendu d'un passé qui réside dans les plis et les creux du récit autant que dans l'immédiateté de la chronique. Elles acquièrent cependant, et au-delà de *Unit the Right*, une actualité singulière dans la mesure où l'écriture enragée d'un roman national instituant un Moyen Âge protectionniste et repoussant les ennemis de l'Occident met au défi les apports des disciplines historiques[63]. Il s'agit, dans ce contexte, de revenir aux structures des récits médiévaux, pour démontrer leur traitement des événements, et à la matérialité des objets-source pour expliquer leurs contextes et leurs transformations. Les politiques de restitution des objets aujourd'hui exposés dans les musées interrogent directement le caractère fondateur du récit comme modalité d'organisation du réel puisqu'en restituant l'œuvre d'art, il ne s'agit pas simplement de rendre un artefact mais de rendre une capacité de retrouver ou fabriquer du récit.

63. Voir à ce sujet le volume publié par Florian Besson, Pauline Ducruet, Guillaume Mancereau et Mathilde Larrère, *Le Puy du Faux. Enquête sur un parc qui déforme l'Histoire*, Paris, Les Arènes, 2022.

Julien d'Huy

Aux sources des mythes
Récits et phylomythologie

Pour écrire tous les mythes qui ont pu être racontés, il faudrait plus d'encre qu'en a pu produire l'humanité. Cependant, de ceux que l'on connaît, certaines leçons peuvent être tirées. À l'origine, *mûthos* (μῦθος) signifiait simplement « parole, discours, propos », sans connotation de vérité ou de fausseté. Chez Homère, *mûthos* s'oppose à *epos*; le premier désigne le contenu, la parole qui fait autorité, le second, la forme, le signifiant[1]. À partir du VIe siècle avant notre ère, sous l'influence de penseurs comme Hécatée de Milet, *mûthos* commence à être distingué de *logos*. Hécatée utilise *logoi* pour désigner les discours risibles de ses compatriotes et se désigne lui-même comme « faisant des mûthoi ». Pindare et Hérodote inversent cette distinction. Ils utilisent *mûthos* pour des récits fictifs ou des légendes, et *logos* pour des récits fondés en vérité et en raison[2].

Par la suite, ce glissement continue à s'accentuer, notamment avec Platon, qui utilise *mûthos* pour parler des contes racontés aux enfants, tandis que *logos* est associé à l'argumentation philosophique sérieuse[3]. Cependant, même à cette époque, la distinction entre *mûthos* et *logos* n'est pas nette et ces termes peuvent se chevaucher dans leurs significations et fonctions. Ainsi, Protagoras, dans le texte éponyme, utilise à la fois le *mûthos* et le *logos* pour démontrer que la vertu peut s'enseigner. Les histoires mythiques pouvaient donc contribuer à l'argumentation rationnelle[4].

En anthropologie, plusieurs définitions ont été données au mot « mythe ». Selon Mircea Eliade, « [c]haque mythe montre comment une réalité est apparue, qu'il s'agisse de la réalité totale, le cosmos, ou seulement d'un fragment – une île, une

1. Richard P. Martin, *The Language of Heroes: Speech and Performance in the « Iliad »*, Ithaca, Cornell University Press, 1989, p. 22.
2. Jean-Loïc Le Quellec et Bernard Sergent, *Dictionnaire critique de mythologie,* Paris, CNRS Éditions, 2017, p. 858.
3. Luc Brisson, *Platon, les mots et les mythes,* Paris, F. Maspero, 1982.
4. Claude Calame, « *Mûthos, lógos* et histoire. Usages du passé héroïque dans la rhétorique grecque », *L'Homme,* no 147, 1998, p. 127-149, p. 132.

In : Sciences sociales aux bords du récit, Paris, Éditions de l'EHESS, 2025

espèce végétale, une institution humaine… [il] devient le modèle paradigmatique de toutes les activités humaines[5] ». Pierre Clastres soutient que « le mythe, comme récit de la geste fondatrice de la société par les ancêtres, constitue le fondement de la société, le recueil de ses maximes, de ses normes et de ses lois, l'ensemble même du savoir transmis aux jeunes gens dans le rituel d'initiation[6] ». Pour Alan Dundes, « un mythe est un récit sacré expliquant comment le monde et l'homme ont acquis leur forme actuelle[7] ». De façon générale, tous les mythes partagent ce que Claude Lévi-Strauss nomme un « air de famille ».

Conformément à son étymologie, « la substance du mythe […] se trouve […] dans l'histoire qui est racontée[8] ». Aussi, si l'on posait une équivalence entre l'histoire et le récit[9], pourrait-on avancer que tout mythe est un récit, relatant généralement des événements situés soit dans les commencements soit dans un futur ultime, deux extrémités de la flèche du temps les rendant inaccessibles. Les mythes expliquent comment le monde est advenu tel qu'il est et comment il finira. Ils établissent les fondements de la société et fournissent des modèles de comportements. Leur apparence d'immuabilité et d'indépendance est alors socialement cruciale, faisant *a priori* d'eux des récits extrêmement stables dont il est possible de reconstruire l'histoire.

Je reviendrai plus loin sur la définition des mythes comme récits, notamment pour la nuancer, et proposerai de présenter ici une nouvelle méthode : la phylomythologie. Pour ce faire, j'adopterai comme fil rouge l'étude de mythes où il est dit que l'être humain est originellement issu d'un végétal. Je montrerai la façon dont la phylomythologie traite ces différents récits et tâcherai de souligner ce qu'elle rend visible, sans négliger les impensés et les risques de réduction.

Historique de l'idée phylogénétique

Les folkloristes utilisent depuis longtemps des métaphores biologiques pour étudier les mythes, les comparant à des organismes vivants évoluant selon des lois déterminées[10]. Aussi la convergence de méthode entre l'histoire des mythes et la biologie évolutionniste s'annonçait-elle possible depuis longtemps. Dans cet esprit, Axel Olrik introduit l'idée de sélection culturelle, semblable à la sélection naturelle. Il note que bien que de nombreuses histoires ne soient pas transmises avec précision, les formes défectueuses disparaissent rapidement, laissant place à

5. Mircea Eliade, *The Sacred and the Profane: The Nature of Religion,* New York, Harcourt, Brace & Cie, 1959, p. 97-98.
6. Pierre Clastres, « Indiens de la forêt (Amérique du Sud) », dans Yves Bonnefoy (eds), *Dictionnaire des mythologies et des religions des sociétés traditionnelles et du monde antique*, Paris, Flammarion, 1981, p. 546-553, p. 552.
7. Alan Dundes, *Sacred Narrative: Readings in the Theory of Myth,* Berkeley, University of California Press, 1984, p. 1.
8. Claude Lévi-Strauss, *Anthropologie structurale,* Paris, Plon, 1958, p. 232.
9. Tzvetan Todorov, *Grammaire du Décaméron*, La Hague/Paris, Mouton, 1969.
10. Valdimar Hafstein, « Biological Metaphors in Folklore Theory: An Essay in the History of Ideas », *Arv,* n° 57, 2000, p. 7-32.

une « lutte pour la survie » parmi les récits. Ceux qui sont les plus mémorables et possèdent une intrigue claire et universelle seraient préférés[11]. Barre Toelken identifie de nombreux facteurs possédant des analogues dans l'évolution des espèces, comme la transmission traditionnelle, l'adaptation locale, la fossilisation des récits, les mutations et la diffusion géographique[12].

Claude Lévi-Strauss intègre aussi discrètement la métaphore biologique dans son étude des mythes. Dans le final de *L'Homme nu*, il compare linguistique structurale, mythologie et code génétique, soulignant que les unités discrètes (phonèmes, mythèmes, bases chimiques) se combinent pour former des structures plus complexes (mots, mythes, triplets de nucléotides). Un peu plus loin, Lévi-Strauss affirme que, tout comme en génétique et en linguistique, l'infinité des combinaisons possibles rend improbable la répétition exacte de deux énoncés suffisamment longs. Puisque le hasard ne saurait expliquer les ressemblances, il est logique d'avancer que de fortes similitudes entre mythes suggèrent une parenté. Par ailleurs, selon l'anthropologue, les mythes, comme les langues et les gènes, voient leur structure modifiée par des mutations, enjambements, croisements et emprunts[13]. Cependant, ces changements conservent le caractère de groupe, car les mythèmes initiaux ne sont jamais tous transformés simultanément[14].

Franchissons ici un Rubicon disciplinaire. Les biologistes ont développé une approche, appelée cladistique ou encore systématique phylogénétique, pour établir des relations de parenté entre les espèces. Un clade est un groupe dont tous les membres (taxa) sont plus apparentés entre eux qu'avec tout autre groupe. Un cladogramme est une hiérarchie de ces clades, représentant les relations de parenté entre les taxa classifiés. L'analyse cladistique reconstruit les cladogrammes à partir de caractères dérivés partagés, appelés synapomorphies. Or, au vu des analogies existant entre l'évolution des mythes et celles des espèces, il est possible d'adapter précautionneusement ces méthodes de la cladistique à l'étude de la mythologie.

L'idée que la sélection naturelle et l'adaptabilité s'appliquent aux mythes comme aux animaux a été proposée par Edward A. Armstrong[15], qui suggère d'utiliser la méthode phylogénétique pour étudier le folklore, notamment en représentant les phénomènes folkloriques sous forme arborescente. Cependant, il souligne également les limites d'une telle approche, comme la possibilité de convergences fortuites entre deux thèmes, et recommande de ne pas la considérer comme un moyen universel de comprendre le passé mais comme une hypothèse de travail

11. Axel Olrik, « Episke love i folkedigtningen », *Danske studier,* n° 5, 1908, p. 69-89.
12. J. Barre Toelken, « A Descriptive Nomenclature for the Study of Folklore. Part I : The Process of Tradition ». *Western Folklore,* vol. 28, n° 2, 1969, p. 91-100, p. 99.
13. Claude Lévi-Strauss, *L'Homme nu,* Paris, Plon, 1971, p. 612, 613-614.
14. Daniel Dubuisson, *Mythologies du* xx*e siècle : Dumézil, Lévi-Strauss, Eliade*, Villeneuve d'Ascq, Presses universitaires du Septentrion, 2008, p. 155.
15. Edward A. Armstrong, « A Technique for Ascertaining the Age of Folklore », *Folklore*, vol. 70, n° 4, 1959, p. 519-532, p. 520.

utile pour reconstruire ce qui nous est inaccessible à partir des connaissances actuelles. Armstrong identifie trois méthodes pour reconstruire l'histoire évolutive des traits folkloriques : historique, géographique et psychologique. Il note aussi que de nombreuses histoires, mythes et rituels paraissaient attachés à des territoires spécifiques depuis le Néolithique, voire le Paléolithique, sans diffusion au-delà de ces limites.

En 1987, Thomas Abler est le premier à réellement appliquer la méthode phylogénétique à la mythologie[16]. Il analyse 41 versions d'un mythe iroquois de la création du monde, décomposant le corpus en 266 traits et utilisant plusieurs algorithmes pour construire des arbres phylogénétiques basés sur le nombre de traits partagés. Cette méthode révèle une tendance à l'uniformisation des variantes au sein des traditions tribales ou nationales.

Par la suite, d'autres chercheurs adoptent des approches similaires à des fins de classement. Jun'ichi Oda utilise notamment des outils phylogénétiques pour aligner les « chaînes de fonctions » des contes merveilleux russes selon le modèle de Vladimir Propp[17]. Cette approche présente toutefois des limites, notamment en raison du nombre réduit de fonctions utilisées et de la dépendance à leur ordre d'apparition dans les récits. Jamshid J. Tehrani a également utilisé la méthode phylogénétique pour montrer, à partir d'un nombre très limité de versions, que « Le Petit Chaperon rouge » et « Le loup, la chèvre et les chevreaux » constituaient des types de récits formellement distincts[18].

À la suite de Thomas Abler, l'utilisation d'outils phylogénétiques a aussi permis d'étudier les écotypifications d'histoires orales, c'est-à-dire la façon dont elles s'adaptent à une culture donnée. En reprenant cette piste en 2012 puis en 2013, j'ai démontré que les versions proches d'un même récit-type se regroupent par aires géographiques et linguistiques[19]. Leurs différenciations peuvent être notamment associées à des migrations de populations, et le changement géographique d'une

16. Thomas S. Abler, « Dendrogram and Celestial Tree : Numerical Taxonomy and Variants of the Iroquoian Creation Myth », *The Canadian Journal of Native Studies,* vol. 7, n° 2, 1987, p. 195-221.

17. Jun'ichi Oda, « Description of the Structure of the Folktale : Using a Multiple Alignment Program of Bioinformatics », *Senri Ethnological Studies*, n° 55, 2001, p. 153-174.

18. Jamshid J. Tehrani, « The Phylogeny of Little Red Riding Hood », *PloS One*, vol. 8, n° 11, 2013 [en ligne, https://doi.org/10.1371/journal.pone.0078871].

19. Autour de la Chasse cosmique : Julien d'Huy, « Un ours dans les étoiles : recherche phylogénétique sur un mythe préhistorique », *Préhistoire du Sud-Ouest,* vol. 20, n° 1, 2012, p. 91-106 ; *Id.*, « A Cosmic Hunt in the Berber Sky : A Phylogenetic Reconstruction of a Palaeolithic Mythology », *Les Cahiers de l'AARS*, n° 15, 2013, p. 93-106 ; autour de Polyphème : *Id.*, « Le conte-type de Polyphème : essai de reconstitution phylogénétique », *Mythologie française*, n° 248, 2012, p. 47-59 ; *Id.*, « Polyphemus Aa. Th. 1137 : A Phylogenetic Reconstruction of a Prehistoric Tale », *Nouvelle Mythologie Comparée*, n° 1, 2013, p. 3-18 ; autour de Pygmalion : *Id.*, « Le motif de Pygmalion : origine afrasienne et diffusion en Afrique », *Sahara,* n° 23, 2012, p. 49-58 ; *Id.,* « A Phylogenetic Approach of Mythology and its Archaeological Consequences », *Rock Art Research,* vol. 30, n° 1, 2013, p. 115-118 ; *Id.*, « Il y a plus de 2000 ans, le mythe de Pygmalion existait en Afrique du nord », *Préhistoires méditerranéennes*, n° 4, 2013, p. 1-18. https://doi.org/10.4000/pm.814.

histoire entraîne une altération accélérée de son contenu[20]. Une étude réalisée par Robert M. Ross, Simon J. Greenhill et Quentin D. Atkinson a confirmé qu'au-delà des frontières ethnolinguistiques, la variabilité des versions correspondait à la géographie humaine et que l'on échangeait plus facilement des gènes que sa façon de raconter un même conte[21]. Ces résultats, qui démontrent le bien-fondé des analyses de Carl Wilhelm von Sydow (voir *supra*), suggèrent une corrélation entre la proximité globale d'un ensemble de versions et l'ancienneté de leur(s) dernier(s) ancêtre(s) commun(s), les frontières ethnolinguistiques fonctionnant comme des barrières entre espèces.

Enfin, à compter de 2012, la méthode phylogénétique a été utilisée pour établir la généalogie de contes et de mythes[22]. Cette approche, qui sera le sujet de cet article, permet de reconstruire l'évolution sémantique et généalogique de certaines histoires, offrant une définition généalogique d'un récit-type, ou d'un motif, fondée sur l'existence d'un ancêtre commun[23].

La longue durée des mythes

L'approche phylomythologique repose sur deux postulats : une relative permanence des mythes dans le temps et leur lente évolution.

La relative permanence des mythes peut être démontrée en adoptant une approche aréologique. Également connue sous le nom de « méthode historico-géographique »[24], cette démarche repose sur l'établissement et l'analyse des aires de répartition de caractéristiques culturelles. Formalisée par Julius Leopold Fredrik Krohn au XIXe siècle[25], elle a ensuite été reprise et développée par de nombreux chercheurs, dont Kaarl Krohn[26], Antti Amatus Aarne[27] ou Walter Anderson[28].

20. Julien d'Huy, *Cosmogonies : La Préhistoire des mythes,* Paris, La Découverte, 2020 [réédition augmentée 2023].
21. Robert M. Ross, Simon J. Greenhill et Quentin D. Atkinson, « Population Structure and Cultural Geography of a Folktale in Europe », *Proceedings of the Royal Society B : Biological Sciences*, vol. 280, nº 1756, 2013 [en ligne, https://doi.org/10.1098/rspb.2012.3065].
22. Voir note 19.
23. Pour plus de détails, je renverrais les lecteurs à mes deux ouvrages : Julien d'Huy, *Cosmogonies, op. cit.* ; Id., *L'Aube des Mythes : Quand les premiers Sapiens parlaient de l'Au-delà,* Paris, La Découverte, 2023.
24. Etunimetön Frog, « Revisiting the Historical-Geographic Method(s) », *RMN newsletter,* nº 7, 2013, p. 18-34.
25. Julius Leopold Frederik Krohn, *Kalevalan toisinnot : Suomen kansallis-epoksen ainekset järjestettyinä sisällyksen ja laulupaikkojen mukaan*, Helsinki, Suomalaisen Kirjallisuuden Seura, 1888.
26. Kaarle Krohn, « La méthode de M. Jules Krohn », dans *Congrès international des traditions populaires, première session, Paris, 1889 : compte rendu des séances*, Paris, Bibliothèque des Annales économiques, Société d'éditions scientifiques, 1891, p. 64-68 ; *Id.*, « Über die finnische folkloristische Methode », *Finnisch-ugrische Forschungen,* nº 10, 1910, p. 33-43.
27. Par exemple, Antti Amatus Aarne, *Verzeichnis der märchentypen, mit hülfe von fachgenossenausgearbeitet,* Helsinki, Suomalaisen tiedeakatemian toimituksia, 1910 ; *Id.*, *Leitfaden der vergleichenden märchenforschung,* Hamina, Suomalaisen tiedeakatemian kustantama, 1913.
28. Walter Anderson, *Kaiser und Abt : die Geschichte eines Schwanks.* Helsinki, Suomalainen Tiedeakatemia, Academia Scientiarum Fennica, 1923.

L'aréologie implique la collecte d'un grand nombre de versions d'un récit-type, leur division en épisodes ou « motifs » courts, ainsi que la cartographie et la comparaison de ces motifs et de leur variation dans toutes les versions, afin d'en tirer des conclusions sur l'histoire et les formes anciennes du récit oral étudié[29]. Cette méthode a permis d'obtenir des résultats intéressants tout au long du XXe siècle[30] et, suite aux avancées dans l'accès et le traitement de vastes bases de données, a bénéficié d'un profond renouvellement en mythologie comparée grâce aux travaux de chercheurs tels que Michael Witzel, Yuri Berezkin et Jean-Loïc Le Quellec[31].

Ce dernier a notamment étudié la répartition mondiale des mythes où l'humanité possède une origine végétale[32] en montrant que ceux-ci présentent une distribution essentiellement méridionale dans l'Ancien Monde, entendu ici par opposition aux Amériques. Cette répartition est partagée par les mythes faisant naître les premiers humains d'une cucurbitacée[33]. De façon contrastive, d'autres mythes de création de l'être humain, comme celui du corps souillé, dominent au nord[34]. De telles répartitions complémentaires ne sont pas exceptionnelles : ainsi, les mythes d'émergence, ceux où une femme possédait primitivement le feu ou encore ceux liant le serpent à la mort se concentrent dans le sud de l'Ancien Monde, contrastant avec la répartition plus septentrionale des mythes du plongeon cosmogonique, ceux où le feu est personnifié par une femme ou encore ceux liant le corbeau à la mort[35].

La répartition non-uniforme et répétée de ces motifs rend peu plausible une explication par émergence spontanée ou faisant appel à des archétypes[36]. Leur distribution ne paraît pas non plus liée à des facteurs naturels, climatiques ou sociaux. Le plus probable serait alors que ces répartitions complémentaires sont

29. Christine Goldberg, « The Historic-Geographic Method : Past and Future », *Journal of Folklore Research*, vol. 21, nº 1, 1984, p. 1-18.
30. Jean-Loïc Le Quellec, *La Caverne originelle : art, mythes et premières humanités,* Paris, La Découverte, 2022, p. 603-606.
31. E. J. Michael Witzel, *The Origins of the World's Mythologies*, New York, Oxford University Press, 2012 ; Yuri Berezkin, *Afrika, Migracii, mifologija. Arealyrasprostranenija fol'klornyx motivov v istoričeskoj perspektive*, Saint Pétersbourg, Nauka, 2013 ; *Id., Roždenie zvezdnogo neba : Predstavlenija o nočnyh svetilah v istoričeskojdinamike*, Saint Pétersbourg, MAÈ RAN, 2017 ; Jean-Loïc Le Quellec, *Avant nous le Déluge ! L'humanité et ses mythes*, Bordeaux, Éditions du Détour, 2021 ; *Id., La Caverne originelle, op. cit.*
32. Jean-Loïc Le Quellec, « Peut-on retrouver les mythes préhistoriques ? L'exemple des récits anthropogoniques », *Bulletin de l'Académie des Inscriptions et Belles Lettres*, nº 1, 2015, p. 235-260, figures 6 et 8.
33. Jean-Loïc Le Quellec, « L'Origine de l'humanité selon les mythes », dans *Variations sur l'histoire de l'humanité,* Montreuil, La Ville brûle, 2018, p. 18-20.
34. Jean-Loïc Le Quellec, *La Caverne originelle, op. cit.*, p. 663.
35. « Émergence/Plongeon cosmogonique », dans Yuri Berezkin, *Afrika, Migracii, mifologija, op. cit.*, p. 136-139 ; Jean-Loïc Le Quellec, *La Caverne originelle, op. cit.* ; « Feu possédé/personnifié par la femme » dans Yuri Berezkin, « Afrikanskoe nasledie v mifologii », *Antropologicheskij forum*, vol. 17, nº 48, 2021, p. 91-114 ; « Serpent/Corbeau lié à la mort », dans Yuri Berezkin, *Afrika, Migracii, mifologija, op. cit.*, p. 68-70.
36. Entendus ici comme des modèles idéaux présents dans notre cerveau et/ou notre esprit à partir desquels seraient construites certaines formes narratives.

associées à des « nappes d'expansion d'époques différentes »[37], correspondant à ce que l'on sait aujourd'hui du peuplement du monde par *Homo Sapiens.*

Venue d'Afrique, notre espèce peupla d'abord le sud de l'Eurasie jusqu'au Sahel, avant de s'aventurer plus au nord. À la différence des premiers migrants africains, qui n'avaient pas rencontré de grandes différences climatiques en explorant l'hémisphère sud, ceux qui s'avancèrent vers le nord firent face à des conditions de vie inédites, sous l'influence desquelles leurs cultures durent subir de profonds changements. Ces deux peuplements se développèrent longtemps séparément, avec très peu de contacts, éloignés l'un de l'autre par des zones montagneuses et désertiques, l'ensemble pouvant expliquer l'apparition de deux mythologies distinctes. Selon une autre hypothèse, une même mythologie aurait été primitivement connue au nord et au sud de l'Eurasie, avant d'être remplacée dans sa partie septentrionale par des récits plus récents, peut-être suite au dernier maximum glaciaire[38].

La large distribution de certains mythes complexes dans l'Ancien et le Nouveau Monde peut être associée aux premières colonisations des Amériques, il y a au moins 15 000 ans. En Amérique du Sud, les cultures pionnières furent sans doute mieux préservées parce qu'éloignées des régions les plus distantes de l'Asie, tandis que de nouveaux groupes d'individus continuaient à pénétrer par le nord du continent. En lien avec notre sujet, Claude Lévi-Strauss a ainsi souligné que de nombreuses variantes d'un mythe ayant pour objet une fiancée en bois existait dans les deux Amériques, tout en relevant les affinités particulières entretenues par les versions de l'Amérique tropicale avec celle de la côte pacifique de l'Amérique du Nord[39]. Il expliquera plus tard ces similitudes par un fond mythologique commun datant du premier peuplement des deux Amériques[40].

Il est important de noter qu'en se diffusant, les mythes ont continué à évoluer en fonction du contexte socioculturel où ils se développaient, avec des variations et des adaptations parfois très importantes selon les régions. Ainsi, sur le thème commun, mais non universel, de l'humanité naissant d'un végétal, chaque peuple a fait évoluer ses propres histoires, les adaptant à sa culture. Carl Wilhelm von Sydow a introduit le concept d'écotype pour décrire la façon dont un récit oral se transforme en fonction d'un nouvel environnement culturel et s'adapte aux caractéristiques locales, montrant qu'à la façon de poupées russes, certains écotypes spécifiques pouvaient s'établir à l'intérieur d'écotypes plus largement diffusés[41]. Cette évolution par écotypes crée des variantes qui, tout en se ressemblant fortement, conservent des

37. Jean-Loïc Le Quellec, « Peut-on retrouver les mythes préhistoriques ? », *op. cit.*, p. 243.
38. Yuri Berezkin, « Afrikanskoe nasledie v mifologii », *op. cit.* ; Julien d'Huy, *Cosmogonies, op. cit.*, p. 349-363 ; *Id.*, *L'Aube des Mythes, op. cit.*, p. 22-28.
39. Claude Lévi-Strauss, *Mythologiques 2 : Du miel aux cendres*, Paris, Plon, 1966, p. 184
40. Claude Lévi-Strauss, *L'Homme nu, op. cit.*
41. Carl Wilhelm von Sydow, « Folksagoforskningen », *Folkminnen och Folktankar*, n° 14, 1927, p. 105-137 ; *Id.*, « Om traditionsspridning », *Scandia : Tidskrift för historisk forskning,* vol. 5, n° 2, 1932, p. 322-344.

traits issus du prototype commun. Une conséquence de ces travaux, corroborés plus récemment par une approche statistique des mythes[42], est d'une part, la possibilité d'établir une hiérarchie emboîtée de versions, d'autre part, la possibilité d'élaborer des arbres de mythes, puisque plus deux versions d'un même mythe se ressemblent, et plus leur(s) dernier(s) ancêtre(s) commun(s) est récent. Cependant, il est encore possible d'identifier, à grande échelle, des aires de répartition de scénarios-type hérités du passé, ce qui signifie que l'évolution des mythes et des mythologies se fait très lentement. Comme a pu l'écrire Claude Lévi-Strauss, « on ne discute pas les mythes du groupe ; on les transforme en croyant les répéter[43] ».

Si l'on distingue entre l'histoire constitutive du mythe et son récit, soit le « mode de "représentation" des histoires[44] », le maintien à travers le temps long de la première pose le problème de son antériorité vis-à-vis du second. Les mythes paraissent ainsi exister préalablement à leurs narrations. Mais peut-on le démontrer ?

Construire une matrice de données phylogénétiques

Avant d'aborder des exemples, il est utile de s'interroger sur quelques-uns des problèmes posés par la construction des matrices de données qui serviront à produire la ou les phylogénies finales.

La traduction interlinguale, d'une langue à une autre, est essentielle pour accéder aux mythes, mais peut nuire à la compréhension des connotations et du contexte culturels. Selon l'hypothèse de Sapir-Whorf, les langues influencent les catégories de pensée, rendant les perceptions du réel spécifiques à chaque culture et difficiles à communiquer entre elles[45]. Cependant, les traductions restent capables de restituer une histoire en tant qu'enchaînement d'actions. Claude Lévi-Strauss affirme ainsi que la substance du mythe réside dans l'histoire racontée, indépendamment du style, de la narration ou de la syntaxe[46]. La comparaison de versions linguistiquement différentes d'un mythe demeure alors possible en se concentrant sur les actions et les événements plutôt que sur les mots eux-mêmes[47].

Autre point d'attention : un contenu mythologique peut se diffuser de différentes façons, par exemple sous la forme d'histoires-type ou d'un ensemble de motifs se recombinant différemment selon les narrations, ce qui rend pertinent plusieurs niveaux d'analyse. Je me propose de développer maintenant deux exemples permettant d'aborder cette complexité.

42. Voir *supra*.
43. Claude Lévi-Strauss, *L'Homme nu*, *op. cit.*, p. 585.
44. Gérard Genette, *Nouveau discours sur le récit*, Paris, 1983.
45. Benjamin Lee Whorf, *Language, Thought, and Reality*, Massachusetts, The Massachusetts Institute of Technology Press, 1956.
46. Claude Lévi-Strauss, « The Structural Study of Myth », *The Journal of American Folklore*, vol. 68, nº 270, 1955, p. 428-444, ici p. 430.
47. Julien d'Huy, *L'Aube des Mythes*, *op. cit.*, p. 43-47.

Pygmalion

Le premier exemple portera sur Pygmalion, dont j'étudierai quinze versions africaines, couvrant la quasi-totalité de celles portées à ma connaissance lorsque j'ai établi le corpus[48]. Ce récit-type, où une femme sculptée finit par s'animer et épouser un être humain, est facilement reconnaissable.

De tels types sont nombreux en mythologie. En 1903, Marcel Mauss avait d'ailleurs été frappé par le peu de variété des épisodes et de leurs combinaisons dans les constructions mythiques : « il y a des types de mythes, en petit nombre, et dans la multitude des exemplaires de chaque type, les parties se présentent dans un ordre à peu près constant[49] ». Un effort de systématisation de cette intuition a conduit à la réalisation de vastes catalogues nationaux et internationaux[50]. Chaque version d'un récit-type, réalisée par un narrateur en un temps, un lieu et un contexte donnés, est différente de celles qui l'ont précédé et aucune ne peut être considérée comme chronologiquement première, canonique ou complète. Il faut ainsi rassembler le plus grand corpus possible de versions bien documentées, s'assurant que celles-ci n'ont pas été altérées par les personnes qui les ont consignées et qu'elles possèdent un contenu suffisamment développé pour permettre la comparaison.

Afin de comparer ces différentes versions, il est nécessaire de « découper » chacune d'elles en unités minimales. Cela implique de déterminer si un caractère/élément de comparaison dans une version est le même que dans une autre, un problème connu en biologie sous le nom d'homologie. Ce problème est d'autant plus important qu'il existe un risque non négligeable de s'appuyer sur des critères complètement arbitraires pour établir ces unités de comparaisons, ce qui rendrait l'identification des caractères et l'analyse phylogénétique finalement subjectives.

En ce qui concerne les différentes versions d'un même mythe, il est possible de les décomposer en mythèmes. Ce néologisme, emprunté à Claude Lévi-Strauss, désignait primitivement de grandes unités constitutives sous forme de phrases les plus courtes possibles, servant à transcrire la succession des événements et pouvant être mis en relation logique avec d'autres mythèmes[51]. Dans le cadre de la phylomythologie, le sens de « mythème » est à rapprocher de l'unité de traduction telle qu'entendue par les linguistes Jean-Paul Vinay et Jean Darbelnet, soit « le plus petit segment de l'énoncé dont la cohésion des signes est telle qu'ils ne doivent pas être traduits séparément »[52]. Le corpus étudié ici a été divisé en cinquante-deux mythèmes.

48. Julien d'Huy, « Il y a plus de 2000 ans, le mythe de Pygmalion existait en Afrique du nord », *op. cit.*

49. Marcel Mauss, « Les mythes », *L'Année sociologique*, 1903, p. 243-240, ici p. 245-246.

50. Jean-Loïc Le Quellec et Bernard Sergent, *Dictionnaire critique de mythologie, op. cit.*, p. 1306-1307.

51. Claude Lévi-Strauss, *Anthropologie structurale, op. cit.*

52. Jean-Paul Vinay et Jean Darbelnet, *Stylistique comparée du français et de l'anglais : méthode de traduction,* Paris, Didier, 1977, p. 37.

L'analyse par mythèmes pose le problème de l'attribution d'états de caractère. Par exemple, en biologie, le plumage constitue un caractère, mais sa couleur, blanche ou noire, représente différents états possibles. Pour résoudre ce problème, il est possible de s'appuyer sur les travaux d'Alan Dundes, qui a proposé de comparer les récits en identifiant des structures communes (motifèmes) et des unités mutuellement substituables entre les variantes (allomotifs)[53]. L'interdépendance entre motifème et allomotif, lorsqu'ils sont utilisés concurremment par l'approche phylomythologique, peut conduire à donner un poids exagéré à plusieurs traits et induire des rapprochements erronés[54]. C'est l'erreur que j'avais réalisée lors de l'établissement d'un premier corpus d'étude du mythe de Pygmalion car certains mythèmes y étaient reliés par des liens de causalité[55]. Par exemple, les mythèmes suivants étaient proposés :

> La statue est animée par un individu extérieur.
> Dieu anime la statue.
> Un représentant divin anime la statue.
> Un professeur de Coran ou un prophète anime la statue.
> L'homme-médecine anime la statue.

Valider le quatrième mythème entraînait nécessairement la validation du premier et du troisième mythèmes, leur attribuant un poids susceptible de biaiser les résultats et de rapprocher des versions qui, autrement, n'auraient pas été associées. C'est pour corriger ce biais que j'ai créé la base de mythèmes/allomotifs utilisée dans cet article. Ce choix permettait de reproduire et de tester mes premiers résultats en réduisant au maximum les liens de dépendance causale et en obtenant la plus grande granularité possible[56].

Si, comme y invitait Gérard Genette, on distingue les événements racontés – l'histoire – et le discours qui les raconte – le récit[57] –, la phylomythologie n'étudie donc pas en priorité les récits, mais l'histoire qui à la fois les guide et en résulte, et qui est seule décomposable en unités discrètes.

53. Alan Dundes, « From Etic to Emic Units in the Structural Study of Folktales », *The Journal of American Folklore,* vol. 75, n° 296, 1962, p. 95-105.
54. Julien d'Huy, « Un ours dans les étoiles », *op. cit.*
55. Julien d'Huy, « A Phylogenetic Approach of Mythology and its Archaeological Consequences », *op. cit.,* 2013.
56. La détermination des mythèmes possédant une part de subjectivité, il est ainsi possible de les rétablir de nouveau, « à l'aveugle », lorsqu'un corpus de mythes est repris, par exemple lorsque le nombre de versions qu'il contient a suffisamment augmenté pour en justifier une nouvelle analyse. Cette possibilité rend également la méthode falsifiable, puisqu'il suffit de réaliser un choix différent de mythèmes pour soumettre les résultats précédemment obtenus à une critique sévère. Pour d'autres exemples, voir notamment références à la note 19 auxquelles s'ajoute Marc Thuillard, Jean-Loïc Le Quellec et Julien d'Huy, « Computational Approaches to Myths Analysis : Application to the Cosmic Hunt », *Nouvelle Mythologie Comparée,* n° 4, 2018, p. 123-154.
57. Gérard Genette, « Discours du récit », *Figures III*, Paris, Seuil, 1972, p. 65-282.

La naissance végétale

Établissant une analyse terme à terme, l'analyse précédente permet de prendre en compte les changements dans l'ordre où se déroulent les faits selon les versions. Cependant, elle postule l'existence d'histoires-type, soit des unités narratives complexes, cohérentes et anciennes, possédant une structure ordonnée autour de laquelle se développent par la suite ses diverses narrations. Or cette vision paraît eurocentrée. Par exemple, dans le folklore amérindien « les récits complexes sont récents, peu cohésifs, et [...] les éléments vraiment anciens sont des incidents ou des intrigues simples[58] ». Aussi les mythes pourraient-ils n'être qu'« un ensemble d'atomes, un agrégat de concepts qui se seraient entrechoqués avant de se cristalliser sous une forme quelque peu harmonieuse[59] ». Le fait que les motifs mythologiques puissent s'agréger en « système » variable à l'intérieur d'une tradition ou d'une aire culturelle peut théoriquement contrarier l'évolution au niveau du récit-type, ce qui implique de prendre en considération d'autres niveaux d'analyse.

Il est alors possible de substituer les motifs aux mythèmes comme unité de comparaison. Les « motifs » sont des épisodes ou des images, contenus dans les mythes et les contes et transmis de génération en génération ou empruntés entre cultures. Yuri Berezkin ajoute qu'un motif, pour être identifié comme tel, doit être présent dans au moins deux traditions ethnolinguistiques différentes[60].

Choisir des motifs comme unités d'analyse présente de nombreux avantages. L'identification des motifs paraît reposer sur certains critères causaux, donnant un soubassement objectif à l'approche phylomythologique : en effet, divers travaux montrent que les motifs mythologiques pourraient être des unités organisationnelles naturelles de la mémoire à long terme, soutenues par la cohérence de leur contenu et les frontières marquant leur séparation des autres motifs[61]. Les motifs se transmettent sans changement ou disparaissent complètement, ce qui facilite leur modélisation en termes de présence ou d'absence. Ils peuvent persister très longtemps, ce qui est essentiel pour une analyse évolutive. En outre, ils minimisent les biais de traduction et de collecte des mythes : la traduction n'affecte que la forme du mythe, pas sa structure (voir *infra*). Enfin, le choix des motifs évite également de postuler une organisation stable des mythologies, favorisant une approche flexible qui prend en compte la fluidité des concepts.

58. Franz Boas et Henry W. Tate, *Tsimshian Mythology*, Washington, U.S. Govt. Print. Off., « 31th Annual Report of the Bureau of American Ethnology to the Secretary of the Smithsonian Institution (1909-1910) », 1916, p. 878.

59. Friedrich Max Müller, *Nouvelles études de mythologie*, Paris, Germer Baillière/F. Alcan, 1898, p. 76.

60. Yuri Berezkin, « Folklore and Mythology Catalogue : Its Lay-out and Potential for Research », *The Retrospective Methods Network Newsletter*, nº 10, 2015, p. 56-70, ici p. 61.

61. Voir Julien d'Huy, *L'Aube des Mythes*, *op. cit.*, p. 39-41 pour une discussion ; p. 17-33 pour une comparaison de l'évolution des mythes et des chants d'oiseaux.

Les motifs permettent de comparer différentes traditions ou aires culturelles. C'est ce dernier niveau d'analyse, que l'on peut définir comme une aire géographique où les individus partagent des traits culturels similaires[62], que j'adopterai ici. Ce choix est important, puisqu'il permet d'éviter qu'un récit ou un motif mythologique qui aurait disparu dans une population, mais pas chez sa voisine, biaise l'analyse. Ce niveau d'analyse peut certes introduire un biais quand un récit ou un motif est emprunté de manière ponctuelle à une tradition géographiquement éloignée, mais ce risque est atténué lorsque l'analyse prend en compte un grand nombre de motifs et lorsque les résultats obtenus sont confrontés avec ceux issus d'autres méthodes. Cependant, l'approche implique d'attribuer aux aires culturelles une stabilité suffisante pour absorber des événements démographiques majeurs et se transmettre de manière cohérente sans perdre leur structure profonde, ainsi que la possibilité de s'inscrire dans une généalogie incluant plusieurs ancêtres, descendants et cousins[63].

Le développement de l'analyse s'appuiera sur un ensemble d'aires culturelles, découpées en motifs liés à la création de l'humanité à partir d'un végétal. J'ai emprunté mes données au corpus en ligne de Yuri Berezkin, qui a catalogué de très nombreux motifs mythologiques[64], en s'appuyant sur un corpus de plus de 6 000 documents et environ 50 000 textes. Je n'ai conservé que les motifs présentant un lien de contiguïté, de substitution ou de relation causale entre un humain et un végétal (ou la représentation métonymique du végétal), ce qui m'a conduit à sélectionner vingt-deux motifs[65]. À l'intérieur de ce premier ensemble, je n'ai retenu que les aires culturelles les mieux documentées, soit celles abritant au moins cinq motifs (un peu moins d'un quart de la totalité possible). Le corpus final incluait vingt aires culturelles et dix-neuf motifs[66].

62. Julien d'Huy, *Cosmogonies*, *op. cit.*, p. 94-95.
63. John Edward Terrell, « Introduction », dans John Edward Terrell (eds), *Archaeology, Language, and History: Essays on Culture and Ethnicity*, Westport, Bergin & Garvey, 2001, p. 1-10.
64. https://ruthenia.ru/folklore/berezkin/, consulté en mai 2024.
65. E8 : Personnes en bois ; E8a : Femmes en noix de coco ; E30 : La fausse épouse en bois ; E30A : Le faux conjoint est remplacé par une personne vivante ; E30b : Pygmalion ; E31 : Le faux Pygmalion ; E31a : Créateurs et sauveurs d'une fille (en lien avec Pygmalion) ; E31a1 : Trois hommes construisent une femme qui devient vivante : à qui appartient-elle ?; E31a2 : Celui-là est comme son père, un autre est comme son frère mais celui-ci est son mari (en lien avec Pygmalion) ; E32 : Personnes nées d'arbres ; E33 : Personnes issues de graines ; F21 : Femme transformée en arbre, pénis capturé ; F46a : Femme dans un arbre ; G8b : Couper un arbre pour obtenir une personne ; G12 : L'arbre est une personne ; G12a : Plantes issues de gouttes de sang ; I32 : Arbre à bébés ; J2 : Le mari-arbre ; J62a : Personnes transformées en arbres ; K73a2a : Le bébé/enfant remplacé par un morceau de bois/une bûche ; K73a6 Les enfants se transforment en arbres ; L120 : Les femmes-serpents se transforment en pommiers.
66. Soit E8, E8a, E30, E30a, E30b, E31, E31a, E31a1, E31a2, E32, E33, G8b, G12a, I32, J2, J62a, K73a2a, K73a6, L120. Comme pour l'établissement d'une base de mythèmes, remarquons que des biais de sélection peuvent exister. Pour les limiter, il est possible de créer plusieurs corpus de données ne possédant qu'un ou deux motifs en commun, et confronter les résultats. Ce que le manque de place m'interdit de faire ici a été amplement réalisé ailleurs : voir Julien d'Huy, *Cosmogonies, op. cit.* ; *Id.*, *L'Aube des Mythes*, *op. cit.*

Pour chaque version ou chaque aire culturelle, une unité d'analyse est codée par « 1 » lorsqu'elle est présente, par « 0 » lorsqu'elle est absente, et par « ? » lorsqu'elle est indéterminée. Ce choix est en accord avec celui d'Arnold Van Gennep qui notait, à propos de la méthode cartographique, l'intérêt de prendre en compte les traits positifs et négatifs, ces derniers possédant « une valeur positive aussi, mais de l'autre côté du Zéro[67] ». Notons qu'un tel choix ne permet pas de considérer les inversions, qui se traduisent alors par une valeur différente attribuée à deux mythèmes ou à deux motifs différents.

Les homologies structurelles mises en évidence dans la matrice de données (les 1 et les 0 partagés par deux taxa) peuvent être dites primaires ; seule l'analyse phylogénétique permettra de déduire les homologies dites « secondaires », reposant sur une ascendance commune[68].

Établir une phylogénie

L'appel à des outils informatiques pour construire des arbres de mythes à partir de ces données est nécessaire, tant le nombre d'arbres possibles augmente de façon exponentielle avec l'accroissement du nombre de taxa étudiés. Ainsi, avec cinq taxa, il y a 105 arbres possibles, tandis qu'avec dix taxa, ce nombre s'élève à 34 459 425 arbres.

La construction des arbres repose sur le principe de descendance avec modification, autrement dit, l'application du principe d'écotypification proposé par Carl Wilhem von Sydow. Dans un arbre, le temps passe de la racine aux taxa présents à l'extrémité de chaque branche. Les branches peuvent être lues comme représentant des lignées ancestrales, et les nœuds, comme des ancêtres communs qui ont divergé en branches linéaires distinctes.

Les méthodes

Il existe plusieurs façons de construire des arbres phylogénétiques, chacune possédant ses forces et ses faiblesses. Les approches peuvent reposer sur une matrice de distance, un principe de parcimonie, un principe de probabilité maximale ou encore une approche bayésienne[69].

Ces méthodes ont été appliquées à de nombreux objets culturels, et les résultats obtenus sont généralement cohérents avec ceux obtenus grâce à des méthodes plus traditionnelles. Par exemple, les études phylogénétiques sur les manuscrits

67. Arnold van Gennep, « Contribution à la méthodologie du folklore », *Lares*, vol. 5, n° 1, 1934, p. 20-34, ici p. 24-25.
68. Mário C. C. de Pinna, « Concepts and Tests of Homology in the Cladistic Paradigm », *Cladistics*, vol. 7, n° 4, 1991, p. 367-394.
69. Pour une présentation plus approfondie, voir Julien d'Huy, *Cosmogonies*, *op. cit.*, p. 72-78.

médiévaux[70] ou les différentes versions d'une comptine anglaise[71] montrent que la structure des arbres correspond généralement à la filiation réelle des textes.

Le fait que toutes les méthodes possèdent des biais doit conduire à en employer plusieurs pour un ensemble de données, sans jamais perdre de vue que les arbres obtenus ne constituent que des hypothèses plus ou moins fiables.

Pygmalion

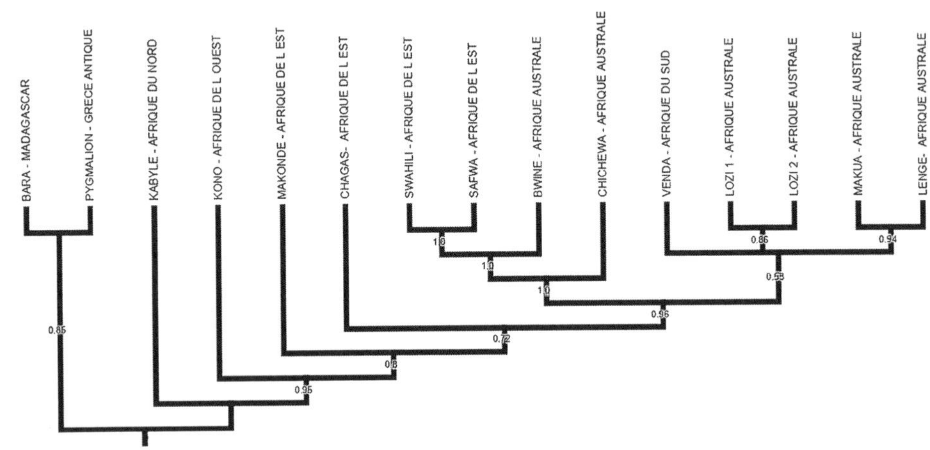

Figure 1 : Dendrogramme phylogénétique du mythe de Pygmalion en Afrique. Le graphe a été enraciné à la fois sur la version grecque et la version malgache. L'arbre a été réalisé à partir de la base de données de Pygmalion, en utilisant le logiciel *Mesquite*.

Parmi tous les arbres possibles n'ont été retenus que les 459 qui impliquaient le moins de changements évolutifs (principe de parcimonie), maximisant les similitudes de caractères liés à un ancêtre commun (homologies) et minimisant les similitudes de caractères sans ancêtre commun (homoplasie). Pour évaluer la solidité de chaque arbre, j'ai appliqué la méthode SPR (Subtree Pruning and Regrafting), qui consiste à réarranger ses parties pour obtenir le meilleur résultat possible. L'approche parcimonieuse a l'avantage d'évaluer les hypothèses en continu, avec l'ajout de nouveaux caractères ou de nouveaux taxa, combinant ainsi construction et évaluation des arbres[72]. Pour aboutir au résultat final, je n'ai retenu que les embranchements présents dans au moins 50 % des arbres reconstruits (synthèse majoritaire).

70. Voir références dans Julien d'Huy, *L'Aube des Mythes, op. cit.*, p. 58-59.

71. Julien d'Huy, « Au temps passé d'une comptine : application d'outils phylogénétiques pour reconstruire une tradition orale », *Strenæ*, n° 16, 2020, https://journals.openedition.org/strenae/4194.

72. Edward O. Wiley, « Karl R. Popper, Systematics, and Classification : A Reply to Walter Bock and Other Evolutionary Taxonomists », *Systematic Zoology*, vol. 24, n° 2, 1975, p. 233-243.

L'arbre de la figure 1 a été enraciné, c'est-à-dire qu'un nœud a été sélectionné comme l'ancêtre commun des taxa étudiés et a été placé à la base de l'arbre. Pour déterminer ce nœud basal, j'ai enraciné l'arbre de Pygmalion à la fois sur la version grecque et une version malgache, représentant les points géographiques les plus éloignés du corpus.

Plusieurs facteurs justifient cet enracinement. Tout d'abord, le mythe d'Ovide est le plus ancien récit de Pygmalion connu à ce jour. De plus, en enracinant l'arbre sur ces deux versions, le récit kabyle est placé à la base de l'arbre. Or, dans certaines régions du Sahara néolithique, il semble que les populations craignaient l'animation des images : en témoignerait la représentation d'animaux dangereux figurés fléchés ou acéphales, ce qui les aurait amenés immédiatement à trépas s'ils avaient dû prendre vie[73]. Cette peur trouve un écho dans l'animation de la sculpture, élément clé du corpus étudié. Enfin, le mythe de Pygmalion possède une ancienneté significative dans la tradition berbère[74].

La naissance végétale

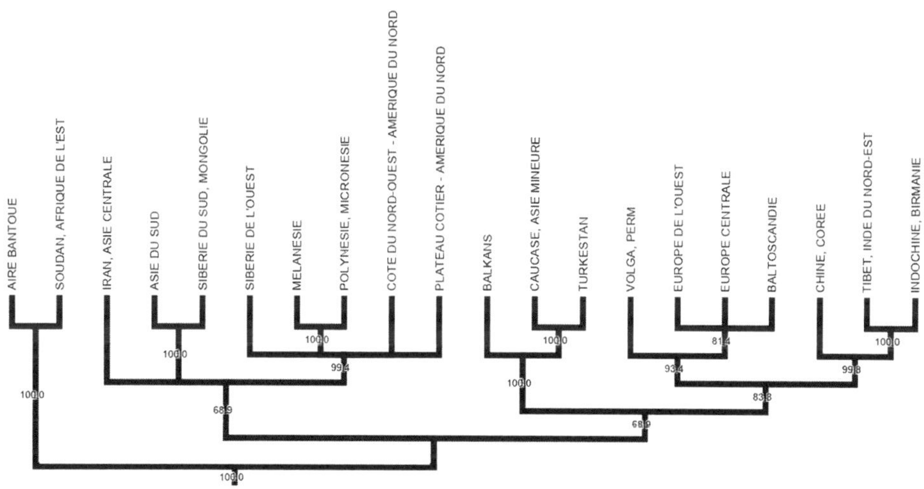

Figure 2 : Arbre phylogénétique proposant un consensus majoritaire des 1 000 arbres les plus parcimonieux, reposant sur un corpus de traditions mythologiques liant l'être humain à un végétal. Le graphe a été enraciné en s'appuyant sur la figure 3.

73. Julien d'Huy, « New Evidence for a Closeness between the Abu Râ's Shelter (Eastern Sahara) and Egyptian Beliefs », *Sahara*, n° 20, 2009, p. 125-126 ; Julien d'Huy et Jean-Loïc Le Quellec, « Du Sahara au Nil : la faible représentation d'animaux dangereux dans l'art rupestre du désert Libyque pourrait être liée à la crainte de leur animation », *Cahiers de l'Association des Amis de l'Art rupestre saharien*, n° 13, 2009, p. 85-98 ; Jean-Loïc Le Quellec, « Iconoclasties rupestres au Sahara », *Sahara*, n° 23, 2012, p. 59-74.

74. Julien d'Huy, « Le mythe ovidien de Pygmalion trouverait l'une de ses origines dans la Berbérie préhistorique », *Les Cahiers de l'AARS*, n° 15, 2011, p. 19-25 ; *Id.*, « Le motif de Pygmalion », *op. cit.*

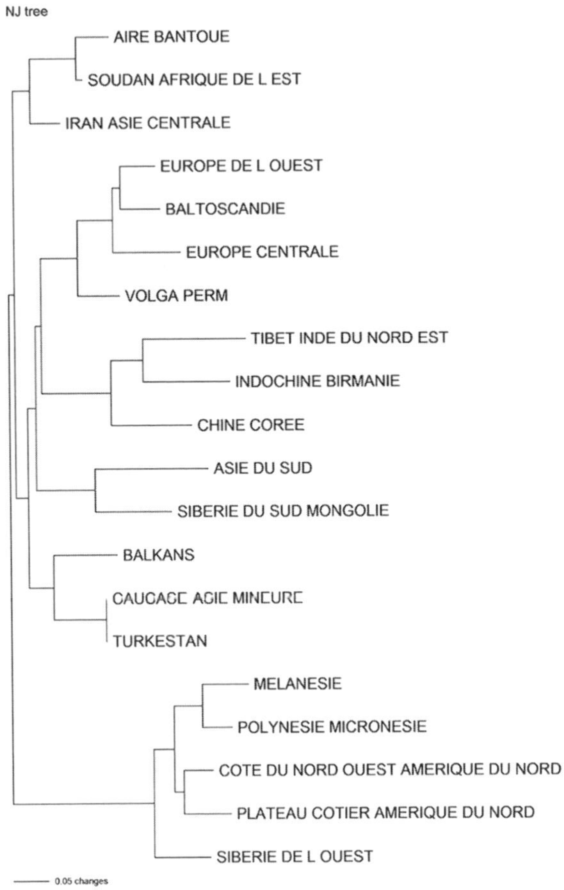

Figure 3 : Arbre bio-Neighbor-Joining construit à partir des traditions mythologiques liant l'être humain à un végétal. Le cladogramme a été orienté en utilisant un enracinement médian. J'ai également utilisé le logiciel *Mesquite* 2.75 pour construire, à partir de l'ensemble des aires culturelles et des 1 000 arbres les plus parcimonieux, un arbre de consensus majoritaire (figure 2)[75].

À la différence du corpus de Pygmalion, je ne disposais pas d'informations croisées pour enraciner l'arbre obtenu. Aussi ai-je employé une autre méthode : l'enracinement médian. Celle-ci s'appuie sur l'hypothèse de l'horloge moléculaire, selon laquelle les mutations génétiques (ici les modifications dans chaque aire culturelle) s'accumulent à un rythme relativement constant au cours du temps, pour placer automatiquement la racine d'un arbre phylogénétique au point qui minimise

75. Réglages standards, méthode SPR.

la distance moyenne entre elle et tous les taxa. J'ai donc employé le logiciel *Paup* 4.0 A[76] et le même corpus pour créer un type d'arbre dit bio-Neighbor-Joining (figure 3). L'enracinement médian place la racine de cet arbre entre un ensemble regroupant les aires africaines et iraniennes d'une part, les aires de Sibérie de l'Ouest, d'Océanie et des Amériques d'autre part.

Or nous avons vu plus haut que l'aire de répartition des mythes faisant apparaître l'humanité d'un végétal suggérait une origine africaine. Il est donc possible de considérer cette région du monde comme un exogroupe recevable, et la convergence des deux méthodes m'a conduit à enraciner l'arbre *Mesquite* sur les deux aires africaines.

De la solidité des arbres phylogénétiques

Une des principales critiques adressables à l'approche phylomythologique est que, contrairement aux êtres vivants, les histoires orales se transmettent aussi bien horizontalement, par emprunt(s) et mélange(s) de versions, que verticalement[77]. Cette critique souligne plusieurs problèmes posés par une approche strictement arborescente des mythes, notamment que les lignées se divisent mais ne fusionnent pas, que les changements sur une lignée n'affectent pas les autres lignées et que les divisions entre traditions mythologiques ou versions d'un même mythe sont des événements singuliers et simples. Je me propose de répondre ici à ces objections.

Les arbres sont des modèles

L'emprunt ne se limite pas aux faits de culture. Dans la nature, de nombreuses espèces connaissent d'importants transferts d'information génétique sans héritage commun. Ramenée à la mythologie, la généralisation de tels transferts implique que différentes parties d'un même récit ou d'une même tradition peuvent posséder des histoires évolutives complètement différentes, et qu'il arrive que des parties narratives « sautent » d'une lignée à une autre, parfois très éloignée.

Dans ces conditions, la structure d'un arbre phylomythologique ne peut qu'offrir des hypothèses sur les relations entre un ensemble de récits ou de traditions, et

76. David Swofford, *PAUP: Phylogenetic Analysis Using Parsimon (*and Other Methods). Version 4.*, Sunderland, Sinauer Associates, 2002 ; réglages standards.
77. Voir par exemple Alfred Louis Kroeber, *Anthropology: Race, Language, Culture, Psychology, Prehistory,* New York, Harcourt, 1948, p. 138 ; Stephen Jay Gould, *An Urchin in the Storm : Essays about Books and Ideas*, New York, Norton, 1987, p. 70 ; Yuri Berezkin, « Folklore and Mythology Catalogue », *op. cit.*, p. 59 ; cependant, Berezkin a aussi cosigné des articles utilisant ou présentant des outils phylogénétiques pour étudier l'évolution des motifs mythologiques, montrant un certain adoucissement de sa position avec un usage raisonné de ces méthodes : Julien d'Huy et Yuri E. Berezkin, « How Did the First Humans Perceive the Starry Night ? On the Pleiades », *The Retrospective Methods Network Newsletter*, nº 12-13, 2017, p. 100-122 ; Julien d'Huy, Jean-Loïc Le Quellec, Marc Thuillard, Yuri E. Berezkin, Patrice Lajoye et Jun'ichi Oda, « Little Statisticians in the Forest of Tales : Towards a New Comparative Mythology », *Fabula*, vol. 64, nº 1-2, 2023, p. 44-63.

ne permet de décrire que les lignées par lesquelles l'essentiel de l'information est parvenu jusqu'à nos jours. Il faut alors évaluer pour chaque arbre si les emprunts culturels ne brouillent pas excessivement le signal phylogénétique (voir annexe 1).

Comment modéliser les emprunts?

Pour une évaluation plus complète de la solidité des arbres de la figure 1 et 2, il est aussi possible d'utiliser d'autres méthodes, développées pour modéliser de tels types d'évolution complexes.

Aussi, pour analyser les emprunts et inventions indépendantes à l'intérieur de mes corpus, leur ai-je appliqué un algorithme permettant de créer des réseaux basés sur la similarité entre les différentes entités étudiées.[78]. Les losanges indiquent des fusions de branches distinctes. En biologie, de telles réticulations peuvent notamment résulter de transferts horizontaux de gènes, d'hybridation entre espèces distinctes, d'évolutions convergentes, de retours à des formes primitives, ou d'erreurs de codage ou d'échantillonnage. Quelle qu'en soit la raison, une approche phylomythologique rigoureuse implique de traiter ces réticulations comme des données pouvant être exploitées.

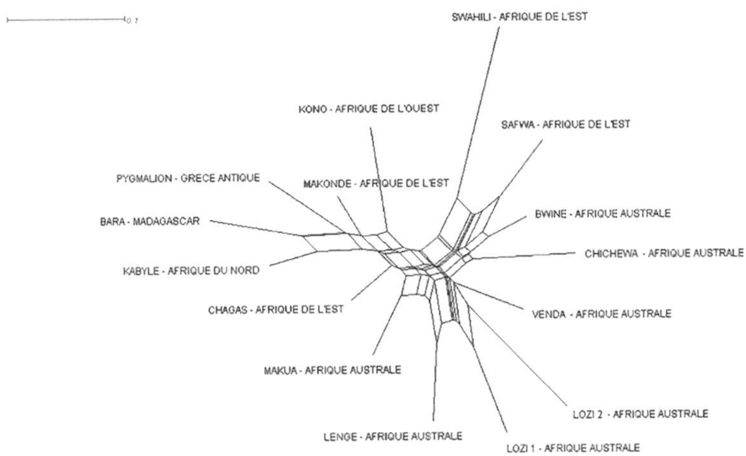

Figure 4 : Réseau phylogénétique établi à partir du corpus ayant servi à construire l'arbre de la figure 1. On remarquera la cohérence géographique des versions.

78. Il s'agit de l'algorithme Neighbor-Net implémenté dans le logiciel *Splitstree* 4.18.3 ; voir David Bryant et Vincent Moulton, « Neighbor-Net : An Agglomerative Method for the Construction of Phylogenetic Networks », *Molecular Biology and Evolution,* vol. 21, n° 2, 2004, p. 255-265. Distance adoptée : Hamming ; réglages par défaut. Dans le contexte de la distance de Hamming, la « distance » est une mesure qui indique combien deux chaînes de symboles (souvent des chaînes binaires de 0 et de 1) diffèrent l'une de l'autre. Plus la distance de Hamming entre deux chaînes est grande, plus elles sont différentes l'une de l'autre.

Le réseau lié aux mythes de Pygmalion (figure 4) montre de nombreux signaux conflictuels. Cependant, la plupart des versions sont regroupées en ensembles géographiques ou culturels cohérents, suggérant une permanence des histoires, l'existence d'écotypes et une limitation des emprunts à l'espace géographique local. On retrouve la progression du nord au sud décelable dans la figure 1.

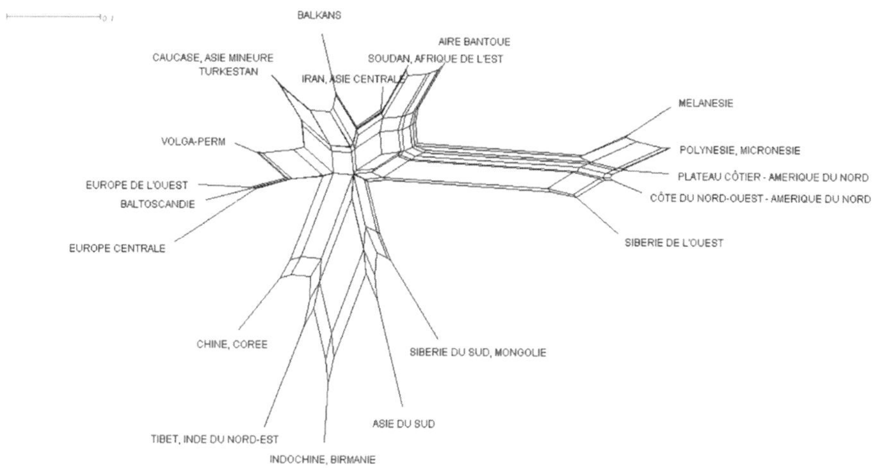

Figure 5 : Réseau phylogénétique établi à partir de la base ayant servi à construire les arbres des figures 2 et 3. On remarquera la cohérence géographique des versions.

Le réseau d'aires culturelles (figure 5) montre des regroupements d'aires cohérents avec les arbres des figures 2 et 3. Trois grands ensembles sont observables : les aires d'Eurasie de l'ouest ; les aires d'Asie centrale et du sud ; les aires d'Océanie et d'Amérique. Comme pour la figure 4, les emprunts ont lieu principalement entre aires adjacentes[79].

L'algorithme Neighbor-Net est associé à la méthode du score delta, qui note les taxa individuels de 0 à 1. Un score delta relativement élevé (proche de 1) montre que les données se contredisent les unes les autres sur de nombreux points ; un score delta faible indique qu'elles tendent à s'organiser sous une forme arborescente[80]. Les scores delta de la figure 4 (0,3906) et de la figure 5 (0.3352) sont relativement faibles. À titre de comparaison, Søren Wichmann et ses collègues, appliquant l'outil à de nombreuses familles de langues à travers le monde, ont obtenu un score moyen de 0,3113[81]. Cette valeur est aussi à rapprocher du score

79. Une autre interprétation des réticulations est possible : après la scission d'une lignée mythologique, un certain temps serait nécessaire pour que cette séparation soit pleinement reflétée dans les relations de parenté entre cette lignée et les autres. Les différentes réticulations pourraient alors être « réconciliées » (plutôt que résolues) avec la structure des arbres précédemment obtenus.

80. Barbara R. Holland, Katharina T. Huber, Andreas Dress et Vincent Moulton, « δ Plots : a Tool for Analyzing Phylogenetic Distance Data », *Molecular Biology and Evolution*, vol. 19, nº 12, 2002, p. 2051-2059.

81. Søren Wichmann, Eric W. Holman, Taraka Rama et Robert Walker, « Correlates of Reticulation in Linguistic Phylogenies », *Language dynamics and change*, vol. 1, nº 2, 2011, p. 205-240.

obtenu à partir de données typologiques provenant d'une sélection de langues des familles austronésienne (score delta : 0,44) et indo-européenne (score delta : 0,4)[82].

Interpréter la structure des arbres phylomythologiques

Afin d'interpréter la structure des arbres obtenus, il est possible de se tourner vers l'histoire des peuplements humains. L'idée d'une corrélation entre diffusion de certains mythes et de certains gènes n'est pas nouvelle. Par exemple, Andrey Korotayev et Daria Khaltourina ont étudié 1 200 motifs mythologiques à travers 200 régions géographiques à l'aide d'une analyse en composantes principales[83]. Ils ont ainsi démontré que la diffusion de grands ensembles mythologiques est statistiquement corrélée à celle de certains haplogroupes, soit des groupes de lignées génétiques partageant un ancêtre commun, identifiables par des marqueurs spécifiques dans l'ADN et souvent utilisés pour retracer les migrations humaines anciennes. Ainsi, un ensemble mythologique commun aux régions mélanésiennes et amazoniennes est lié à l'aire de répartition de l'haplogroupe mitochondrial B. Un autre, couvrant le sud de la Sibérie, le nord-est de l'Asie centrale et l'Amérique du Nord, est associé à celles de l'ADN mitochondrial C et de l'haplogroupe Y Q-M3. Enfin, l'aire de diffusion de l'haplogroupe A est corrélée aux récits du cycle du Corbeau, dont la répartition s'expliquerait par les migrations tardives de certains groupes ethniques dans la partie la plus septentrionale du Nouveau Monde[84].

Il a par ailleurs été montré que la variabilité des motifs mythologiques en Eurasie et dans le Nouveau Monde s'expliquait en grande partie par l'existence d'un cline, soit une gradation continue de variations le long d'un gradient géographique, trouvant son origine en Asie du Sud-Ouest, soit au point d'origine des premières sorties d'Afrique[85].

Dans ces conditions, comparer les arbres phylomythologiques à ceux basés sur les gènes permet d'évaluer les hypothèses de peuplement de la planète. Cela ne signifie pas que les mythes sont déterminés par les gènes, et que leur évolution ne

82. Russell D. Gray, David Bryant et Simon J. Greenhill. « On the Shape and Fabric of Human History », *Philosophical Transactions of the Royal Society of London. Series B, Biological Sciences*, vol. 365, n° 1559, 2010, p. 3923-3933.

83. Andrey Korotayev et Daria Khaltourina. *Mify i geny : Glubokaja istoričeskaja rekonstrukcija*, Moscou, Librokom, 2010.

84. Un autre essai d'établir une corrélation entre diffusion des gènes et diffusion de contes a été tenté en 2017 (Eugenio Bortolini, Luca Pagani, Enrico R. Crema, Stefania Sarno, Chiara Barbieri, Alessio Boattini, Marco Sazzini, *et al.*, « Inferring Patterns of Folktale Diffusion Using Genomic Data », *Proceedings of the National Academy of Sciences of the United States of America*, vol. 114, n° 34, 2017, p. 9140-9145), mais ces résultats se sont avérés peu probants (Julien d'Huy, Jean-Loïc Le Quellec, Yuri Berezkin, Patrice Lajoye et Hans-Jörg Uther, « Studying Folktale Diffusion Needs Unbiased Dataset », *Proceedings of the National Academy of Sciences of the United States of America*, vol. 114, n° 41, 2017, E8555).

85. Voir une synthèse des résultats dans Julien d'Huy, *Cosmogonies*, *op. cit.*

diffère pas de celle des organismes vivants. Il s'agit d'une causalité lâche : les mythes, forgeant l'identité des groupes, tendent à se transmettre fidèlement d'une génération à une autre à l'intérieur de chaque culture, tandis que la mythologie d'un groupe influence les relations avec ses voisins, ce qui impacte les échanges génétiques[86]. Les arbres phylomythologiques ne permettent ainsi de reconstruire qu'une généalogie imparfaite et ne sont pas exactement isomorphes aux arbres génétiques.

Les résultats obtenus à partir du corpus de mythes de Pygmalion montrent l'existence d'un gradient allant du nord au sud de l'Afrique, en passant par l'est. Cette distribution a pu être associée à une migration datant de 2000 ans[87], ce qui est en accord avec l'âge apparemment néolithique du mythe en Afrique du Nord.

Concernant l'arbre de motifs, l'essentiel de la mythologie paraît se diffuser depuis l'Afrique à travers le sud de l'Asie, avant de se répandre en Océanie d'une part, en Amérique d'autre part, sans doute par le détroit de Béring. Une nouvelle mythologie, plus tardive, se serait ensuite diffusée depuis l'Europe du Sud-Est/Asie du Sud-Ouest à travers l'Eurasie. Des structures arborescentes similaires ont pu être obtenues à partir de nombreux corpus mythologiques indépendants, étayant la solidité de ce scénario[88].

Reconstruction de proto-récits

Avec un arbre phylogénétique et la connaissance de la présence, ou non, de motifs ou de mythèmes dans les versions ou les mythologies observées, il est possible de « remonter dans le temps » et de reconstruire le contenu et l'évolution des éléments mythologiques observés à chaque nœud de l'arbre. Ces reconstructions sont associées à des probabilités plus ou moins importantes[89].

Il existe principalement deux méthodes pour reconstruire les états ancestraux des caractères sur un arbre phylogénétique : la méthode de parcimonie, qui privilégie les scénarios évolutifs nécessitant le moins de transformations possibles, et la méthode de vraisemblance, qui estime l'état ancestral en maximisant la probabilité d'observer les états présents dans les taxa terminaux selon le choix préalable d'un modèle évolutionnaire[90]. En combinant ces méthodes, il est possible de reconstruire un

86. *Ibid*, p. 351.
87. Brenna M. Henn, Laura R. Botigué, Simon Gravel, Wei Wang, Abra Brisbin, Jake K. Byrnes, Karima Fadhlaoui-Zid, *et al.*, « Genomic Ancestry of North Africans Supports Back-to-Africa Migrations », *PLoS Genetics*, vol. 8, nº 1, 2012, https://doi.org/10.1371/journal.pgen.1002397.
88. Pour une synthèse, voir Julien d'Huy, *Cosmogonies*, *op. cit.* ; *Id.*, *L'Aube des Mythes*, *op. cit.*
89. Pour un premier essai de reconstruction concernant un mythe, voir Julien d'Huy, « Un ours dans les étoiles », *op. cit.*
90. Dolph Schluter, Trevor Price, Arne Ø Mooers et Donald Ludwig, « Likelihood of Ancestor States in Adaptive Radiation », *Evolution*, vol. 51, nº 6, 1997, p. 1699-1711 ; Mark Pagel, « The Maximum Likelihood Approach to Reconstructing Ancestral Character States of Discrete Characters on Phylogenies », *Systematic biology*, vol. 48, nº 3, 1999, p. 612-622.

proto-mythe ou une proto-mythologie, en identifiant les mythèmes ou les motifs ayant la plus grande probabilité d'avoir existé à la racine de l'arbre.

Pygmalion

Ainsi, concernant Pygmalion, a-t-il été possible de reconstruire le proto-mythe suivant à partir de l'arbre de la figure 1. Les passages entre parenthèses possèdent une probabilité oscillant entre 50 et 75 %, les autres, une probabilité supérieure[91] : « Une femme est sculptée dans un tronc d'arbre par un homme afin de meubler sa solitude. (Un homme qui n'est pas celui qui a réalisé la sculpture, habille l'ouvrage. On demande à un dieu d'animer la sculpture). Le dieu donne vie à l'image qui se transforme en une belle jeune femme. Elle devient la femme de son créateur, bien qu'un autre individu souhaite qu'elle devienne également sa compagne ».

Cette reconstruction, qui converge avec les résultats obtenus à partir d'une autre base de données liée à Pygmalion[92], constitue un schéma probable et simplifié d'une histoire autrefois plus complexe, et ne peut pas faire l'objet d'une approche narratologique : un récit doit nécessairement passer par un narrateur. Mais l'analyse phylogénétique du corpus permet de nous renseigner sur la structure ancienne du mythe et son évolution.

La reconstruction de la proto-histoire s'écarte de l'identification d'une *ur-form*, tentative menée par de nombreux auteurs durant la première moitié du XXe siècle, qui cherchaient à retrouver, par régressions successives, les états les plus primitifs d'un mythe. Cette approche tendait à perdre des éléments des différentes variantes, à privilégier une version particulière et à favoriser arbitrairement certains traits parmi les histoires étudiées[93].

L'approche phylomythologique surmonte ces biais en s'appuyant sur un bien plus grand nombre de critères sans les hiérarchiser. Elle ne considère plus la fréquence d'un mythème ou sa présence dans un texte ancien comme des critères suffisants pour l'intégrer dans la proto-histoire. Seule la structure arborescente permet d'établir l'âge relatif d'un mythème, qui peut ainsi apparaître dans les versions établies comme les plus anciennes d'un mythe et par la suite être remplacée massivement dans la plupart des branches par un autre mythème. L'approche phylomythologique est également testable, l'utilisation de plusieurs bases de données permettant de comparer les résultats.

91. Cette reconstruction a été réalisée en utilisant une méthode de parcimonie et une autre de probabilité maximale (*Markov k-state 1 parameter*).
92. Julien d'Huy, « A Phylogenetic Approach of Mythology and its Archaeological Consequences », *op. cit.* Idéalement, des mythèmes similaires doivent pouvoir être reconstruits à partir de bases de données différentes concernant un même mythe, avec un choix de mythèmes et un nombre de versions différents. Voir référence *supra* pour Polyphème et la Chasse cosmique.
93. Jean-Loïc Le Quellec et Bernard Sergent, *Dictionnaire critique de mythologie, op. cit.*, p. 1079.

La naissance végétale

Les mêmes points peuvent être soulevés en ce qui concerne les proto-mythologies, reconstruites à partir des structures arborescentes élaborées à partir d'ensembles de motifs. Concernant la figure 2, afin d'éviter une identification erronée due à une diffusion retour d'Eurasie en Afrique, je n'ai conservé que les motifs identifiés à la fois à la racine de l'arbre et à la base de l'ensemble regroupant les aires océaniennes et amérindiennes, que l'on peut raisonnablement supposer liées aux premières migrations d'*Homo sapiens* à travers le monde.

Dans ces conditions, deux motifs ont pu être identifiés :

- E32 : Le premier homme ou la première femme (ancêtre, déesse) est né d'un arbre, a émergé d'un arbre, d'une souche, d'une fleur, d'un roseau.
- G8b : Un homme se cache dans un arbre. Un autre essaie d'abattre l'arbre pour atteindre la personne, mais l'entaille disparaît et l'arbre se reconstitue (ou l'arbre déjà tombé se relève).

Les deux motifs obtiennent une probabilité de 100 % à la racine de l'arbre lorsque l'on utilise la méthode de parcimonie, de 99,54|89,99 % pour E32 et 95,47|82 % pour G8b en utilisant la méthode de probabilité maximale[94]. Le motif E32 constituerait alors un probable substrat au mythe de Pygmalion.

Vérifier la fiabilité de telles reconstructions implique de montrer une convergence des résultats issus du plus grand nombre de corpus différents, que ceux-ci soient créés à partir des versions d'un même mythe ou d'ensembles de motifs différents possédants un ou deux motifs en commun. Les structures des arbres obtenus à partir de ces différents corpus doivent se révéler compatibles, et les proto-mythes et proto-mythologies reconstruits, être cohérents entre eux[95]. Ce réquisit, inspiré du cohérentisme, repose sur l'idée qu'un résultat est d'autant plus vraisemblable qu'il s'inscrit dans un système d'énoncés cohérents se soutenant mutuellement[96].

Les apports de la phylomythologie à d'autres disciplines

La reconstruction statistique d'un proto-mythe ou d'un ancien motif possède un pouvoir herméneutique incontestable. Elle peut ainsi aider à interpréter certains vestiges archéologiques, en montrant que le vestige et l'énoncé proposé pour en

94. Le premier chiffre renvoie à la méthode *Markov k-state 1 parameter*, qui suppose que tous les changements d'état ont la même probabilité et utilise un taux de changement uniforme pour toutes les transitions. Le second renvoie à la méthode *Asymmetrical Markov k-state 2 parameter*, qui permet des taux de changement asymétriques, c'est-à-dire différents pour les transitions directes et inverses entre états.

95. Pour une application de cette approche, voir Julien d'Huy, *Cosmogonies, op. cit.* ; *Id.*, *L'Aube des Mythes, op. cit.*

96. Catherine Z. Elgin, « Non-foundationalist Epistemology : Holism, Coherence, and Tenability », dans Matthias Steup et Ernest Sosa (eds), *Contemporary Debates in Epistemology*, Malden, Blackwell Publishing, 2005, p. 156-167.

rendre compte existaient concomitamment[97]. Ainsi, la reconstruction d'une proto-mythologie liée au chien et faisant primitivement de l'animal une créature accompagnant et guidant les morts a permis d'expliquer une série de rituels associés à ce canidé dès la domestication du loup[98], ouvrant la voie à une collaboration entre mythologues, ethnologues et archéologues[99]. L'étude statistique d'autres récits-types, liés à la Femme-Animale, la Ménagère Mystérieuse ou à un Mammifère héliophore, a également rendu possible une semblable collaboration[100].

Dans le cadre de cet article, nous avons vu que l'origine néolithique du mythe de Pygmalion au Sahara faisait écho à des images rupestres d'animaux dangereux représentés fléchés ou acéphales. La reconstruction du proto-mythe renforce l'hypothèse d'une peur de l'animation de ces créatures. Parallèlement, l'origine africaine d'une mythologie selon laquelle l'humanité aurait émergé d'un végétal permettrait de rendre partiellement compte de l'existence d'images très similaires à travers le monde, figurant des humains végétalisés, et dont la proximité formelle s'expliquerait par l'existence d'un support mythologique commun[101]. Ce rapprochement devra cependant être étayé par de futures études.

La mythologie d'un peuple influence aussi ses choix lexicaux, et l'un et l'autre peuvent évoluer conjointement[102]. La reconstruction de la mythologie préhistorique permet alors d'expliquer la diffusion de certains mots ou expressions, et inversement, l'étude de certains faits linguistiques ouvre la possibilité de corroborer des reconstructions phylomythologiques.

Concernant le motif de l'émergence de l'humanité depuis un végétal, il est très probable que les peuples y adhérant aient désigné certaines parties du corps humain et certaines parties des plantes par un même mot, processus de fusion que les linguistes nomment colexification[103]. Je prendrai ici l'exemple des mots

97. Julien d'Huy, « Le motif de la femme-bison : Essai d'interprétation d'un mythe préhistorique (I) », *Mythologie Française*, n° 242, 2011, p. 44-46 ; *Id.*, « A Phylogenetic Approach of Mythology and its Archaeological Consequences », *op. cit.*

98. Julien d'Huy, « De l'origine du chien et de sa diffusion à l'aune de sa mythologie », *Anthropozoologica*, vol. 57, n° 7, 2022, p. 169-184 ; *Id.*, *L'Aube des Mythes, op. cit.*

99. Julien d'Huy, Mietje Germonpré et Charles Stépanoff, « Aux origines mythologiques du chien », *Pour la Science*, n° 544, 2023, p. 64-70. D'autres exemples, notamment en lien avec l'art rupestre paléolithique européen ou les premiers rituels liés à la mort, sont donnés dans Julien d'Huy, *Cosmogonies, op. cit.* ; *Id.*, *L'Aube des Mythes, op. cit.*

100. Vincent Charpentier et Julien d'Huy, « "À ce stade, le mythologue prend le relais de l'archéologue" : archéologie et cosmogonie d'une femme-poisson néolithique », *dans* Julien d'Huy, Frédérique Duquesnoy, Patrice Lajoye (eds), *Le gai sçavoir : Mélanges en hommage à Jean-Loïc Le Quellec,* Oxford, Archaeopress, p. 21-33.

101. Carl Schuster et Edmund Carpenter, *Patterns that Connect : Social Symbolism in Ancient & Tribal Art,* New York, Harry N. Abrams, 1996.

102. Julien d'Huy, « Le mariage du chacal : reconstruction phylogénétique d'une expression idiomatique saharienne », *Les Cahiers de l'AARS*, n° 22, p. 91-96.

103. Alexandre François, « Semantic Maps and the Typology of Colexification : Intertwining Polysemous Networks across Languages », dans Martine Vanhove (eds), *From Polysemy to Semantic Change : Towards a Typology of Lexical Semantic Associations*, Amsterdam, John Benjamins Publishing Company, 2008, p. 163-215.

« peau » et « écorce », dont le site web *Clics* 3[104] recense 213 colexifications dans le monde, ce qui me permettra d'en établir l'aérologie. Cette approche, dont j'ai montré les applications en mythologie comparée, a déjà permis de déduire l'origine et les voies de diffusion de différents traits linguistiques[105]. Dans ces conditions, que peut nous apprendre la répartition mondiale des colexifications « écorce »/« peau » ?

Selon *Clics*3, ce type de colexification serait principalement concentrée en Afrique, dans le sud de l'Eurasie, en Océanie et en Amérique du Sud (voir figure 6). Sur la base d'un échantillon plus limité, Volker Gast et Maria Koptjevskaja-Tamm ont montré que cette colexification serait principalement concentrée en Mélanésie et en Amérique du Sud[106]. D'autres colexifications dominent dans l'hémisphère nord, par exemple celle liant « écorce » et « peau de fruit » (figure 7). Les deux colexifications présentent une distribution contrastée, faisant écho à la répartition opposée des motifs relatant une origine végétale de l'humanité et, par exemple, du Corps souillé.

Figure 6 : Carte des langues colexifiant « écorce » et « peau » (source : https://clics.clld.org/).

104. Christoph Rzymski, Tiago Tresoldi, Simon J. Greenhill, Mei-Shin Wu, Nathanael E. Schweikhard, Maria Koptjevskaja-Tamm, Volker Gast, *et al.*, « The Database of Cross-Linguistic Colexifications, Reproducible Analysis of Cross-Linguistic Polysemies », *Scientific Data*, vol. 7, n° 1, 2020. https://doi.org/10.1038/s41597-019-0341-x.

105. Par exemple, Johanna Nichols, « The Spread of Language around the Pacific Rim », *Evolutionary Anthropology: Issues, News, and Reviews*, vol. 3, n° 6, 1994, p. 206-215 ; pour les colexifications : Matthias Urban, « "Sun" and "Moon" in the Circum-Pacific Language Area », *Anthropological Linguistics*, vol. 51, n° 3/4, 2009, p. 328-346. Voir aussi Julien d'Huy, « A Linguistic Approach to the Depictions of Humans Touching Animals in Saharan Rock Art », *Rock Art Research*, vol. 41, n° 2, p. 223-225.

106. Volker Gast et Maria Koptjevskaja-Tamm, « The Areal Factor in Lexical Typology », dans Daniël van Olmen, Tanja Mortelmans et Frank Brisard (eds), *Aspects of Linguistic Variation*, Berlin/Boston, De Gruyter Mouton, 2018, p. 43-82.

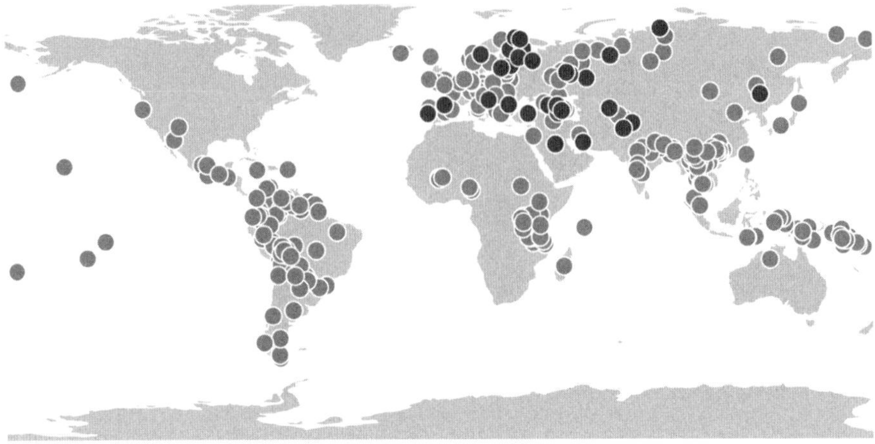

Figure 7 : Carte des langues colexifiant « écorce » et « peau de fruit » (source : https://clics.clld.org/).

Pour expliquer cette distribution, il est possible d'adapter la théorie du « Centre *versus* périphérie » (*Hōgen-Shūken-Ron*) de Kunio Yanagita, selon laquelle de nouveaux mots, souvent des synonymes, sont créés dans des zones influentes et des centres culturels, puis se diffusent progressivement vers des régions culturellement moins influentes. Progressivement, les nouveaux mots peuvent parcourir de grandes distances. La théorie implique également que les régions les plus éloignées d'un centre culturel conservent généralement la forme la plus ancienne d'un mot[107].

Dans le cas présent, selon le principe du conservatisme des zones périphériques, la colexification « écorce »/« peau » serait la plus ancienne et aurait eu le temps de se répandre largement. Elle aurait ensuite disparu au profit d'autres conceptions plus récentes, notamment originaires d'Eurasie, telles que la colexification liant « écorce » et « peau de fruit ».

Les deux termes de la colexification « écorce »/« peau » ont souvent une relation asymétrique, le mot « écorce » étant généralement une forme morphologiquement marquée, dérivée d'un matériel lexical signifiant « peau »[108]. Dans ces conditions, le mot « peau » serait la signification première, s'étendant ensuite à « écorce ». Pour Matthias Urban, l'émergence d'une telle polysémie peut passer par une étape intermédiaire morphologiquement complexe (« peau d'arbre »), suivie de la suppression de l'un des morphèmes (« peau »), conduisant à la forme finale. Cependant, la possibilité que ce processus ait pu avoir lieu indépendamment dans de nombreux endroits demeure peu probable. En effet, la colexification n'est pas

107. Kunio Yanagita, 柳田國男全集/*Yanagita Kunio zenshū*, Tokyo, Chikuma Shobō, 1990.
108. Matthias Urban, « Asymmetries in Overt Marking and Directionality in Semantic Change », *Journal of Historical Linguistics*, 2011, vol. 1, nº 1, p. 3-47.

universelle, comme on s'y attendrait si elle était le produit d'un processus logique. Par ailleurs, à l'échelle mondiale, les deux termes impliqués tendent à partager une forme sonore. Ils sont généralement basés sur une consonne sourde ([k] pour « peau ») et une consonne alvéolaire voisée, constituant un ensemble phonétique associé aux sons cardinaux [k], [t] et [r]. Ils n'y côtoient que les mots désignant le « ronflement »[109]. Ces récurrences sonores sont d'autant plus notables que « peau » et « écorce » paraissent des mots très stables dans le temps[110].

Les défenseurs de l'hypothèse d'un symbolisme universel des sons n'ont pas encore élaboré de théorie unifiée permettant d'expliquer à la fois ces récurrences phonétiques et leur absence dans certaines langues. L'hypothèse d'un substrat archaïque paraît plus parcimonieuse, et fait écho à la répartition non aléatoire de la colexification « peau »/« écorce ». Mais elle se heurte à la difficulté de reconstruire l'évolution phonétique des mots sur de très longues périodes pour chaque famille linguistique.

Au vu de ce qui précède, l'hypothèse la plus probable demeure cependant de lier la colexification « peau »/« écorce » avec le motif mythologique d'une origine végétale de l'humanité, la proximité sonore des mots pouvant s'expliquer par une origine commune. La colexification pourrait alors être née de la croyance en la naissance des êtres humains depuis une plante et de la catégorisation sémantique qui en aurait découlé, ou elle aurait pu être suscitée par un rapprochement formel entre « peau » et « écorce » qui aurait ensuite suscité l'explication donnée par le mythe.

Conclusion

Dans le mythe, l'histoire, soit les événements racontés eux-mêmes, est réputée comme vraie et renvoie à un lointain passé. Elle est donc présentée comme précédant le récit, la manière dont ces événements sont relatés. Celui qui raconte un mythe essaie de faire oublier sa position de narrateur, avec ses choix, sa focalisation et le ton qu'il choisit d'adopter, tentant de faire croire que celle-ci est

109. Niklas Erben Johansson, Andrey Anikin, Gerd Carling et Arthur Holmer, « The Typology of Sound Symbolism : Defining Macro-Concepts via Their Semantic and Phonetic Features », *Linguistic Typology*, vol. 24, n° 2, 2020, p. 253-310. Søren Wichmann, Eric W. Holman et Cecil H. Brown (« Sound Symbolism in Basic Vocabulary », *Entropy*, vol. 12, n° 4, 2010, p. 844-858) ont reconstruit une forme de mot « ninatique » pour le terme « peau », en déterminant d'abord la longueur typique des mots et en y incluant les positions remplies dans plus de la moitié des langues étudiées, puis en insérant le son le plus fréquent à chaque position. Ils ont ainsi pu reconstruire la forme « kaaa ». De son côté, Ian Joo (« Phonosemantic Biases Found in Leipzig-Jakarta Lists of 66 Languages ». *Linguistic Typology*, vol. 24, n° 1, 2020, p. 1-12. https://doi.org/10.1515/lingty-2019-0030) a montré l'existence d'une association négative entre les mots désignant la « peau » et les consonnes nasales.

110. Eric W. Holman, Søren Wichmann, Cecil H. Brown, Viveka Velupillai, André Müller et Dik Bakker, « Explorations in Automated Language Classification », *Folia Linguistica*, vol. 42, n° 3-4, 2008, p. 331-354. « Peau » et « écorce » font également partie des mots résistant le mieux aux emprunts entre langues selon le site *The World Loanword Database* (https://wold.clld.org).

absente, que l'histoire est transmise telle quelle, de façon immuable, de génération en génération. Cette volonté de s'en tenir à l'histoire et non au récit, partagée par l'énonciateur et son public, explique la permanence des mythes.

Pourtant, chaque fois qu'un mythe est énoncé, il devient une version, donc un récit, avec une part de subjectivité et d'interprétation. Il transforme l'histoire qu'il reçoit en un discours structuré, avec un début, un milieu et une fin, tout en intégrant des éléments stylistiques, modifiant, s'il était repris, le contenu de ses reprises futures.

Dans un mythe, l'histoire, pour se transmettre, doit passer par le récit, et par le récit lentement se transforme. Découpé en unités permettant la comparaison, chaque récit/version d'un mythe est porteur d'informations sur le passé de l'histoire qu'il transmet. En s'appuyant sur cette variabilité, sur la présence ou l'absence de certains mythèmes, de certains motifs, en s'appuyant sur le changeant plutôt que sur l'immobile, il devient possible de reconstruire une histoire des récits.

La route ouverte ici doit être arpentée avec prudence, l'approche menaçant de désincarner et de décontextualiser les éléments sur lesquels elle s'appuie. Cependant, elle ouvre de nombreuses perspectives, permettant de franchir des frontières que l'on pensait infranchissables, de traverser le temps, de dépasser les origines de l'écrit, et finalement de proposer une histoire totale des mythes et de leurs représentations.

Annexes

Annexe 1 : Comment calculer la solidité d'un arbre ?

Divers outils statistiques permettent d'évaluer la part de variabilité d'un corpus pouvant s'expliquer par une hypothèse de descendance modifiée, mais aussi les possibles discordances phylogénétiques entre la lignée principale d'un mythe ou d'une tradition mythologique et les lignées secondaires, propres à une partie du corpus, qui peuvent afficher des topographies phylogénétiques différentes.

L'Indice de Cohérence (IC) d'un arbre est particulièrement sensible à l'acquisition indépendante d'un même caractère chez différentes espèces (homoplasie). Le score de l'IC varie entre 0 et 1. Plus un arbre présente d'homoplasie et moins son score est élevé. L'Indice de Rétention (IR) est souvent utilisé en complément de l'IC et, tout comme ce dernier, est sensible à l'homoplasie. L'IR oscille entre 0 et 1. Plus le score est proche de 1, plus l'arbre est considéré comme parcimonieux, c'est-à-dire nécessitant le moins de changements évolutifs. Des IC et IR élevés, supérieurs à 0,60, suggèrent une faible transmission horizontale et une transmission principalement verticale[111].

Dans le cas des mythes de Pygmalion (figure 1), l'IC de l'arbre est de 0,61 ; son IR est de 0,44. Le faible score de l'IR signifie que seulement 44 % des caractères sont informatifs pour l'arbre. Les 56 % restants sont soit constants (le même état pour toutes les versions), soit trop variables pour être informatifs. L'arbre phylomythologique n'est donc pas parfait, avec un niveau significatif d'emprunts et d'inventions indépendantes, mais son IC indique qu'il conserve une proportion notable de l'information évolutive.

L'analyse de l'arbre construit à partir des aires culturelles (figure 2) présente une situation inverse : son IR est de 0,69 ; son IC de 0,41. Là encore, on peut conclure à une transmission principalement verticale des traditions mythologiques liant humains et végétaux, où chaque état garderait la trace d'une forme archaïque dont il dériverait principalement. La faiblesse de l'IC pourrait s'expliquer par des convergences évolutives, c'est-à-dire l'acquisition indépendante d'un même motif ou des emprunts entre des lignées évolutives différentes, ou par la présence de branches très longues augmentant l'homoplasie (diminuant l'IC) sans modifier significativement la longueur totale de l'arbre (et donc l'IR). L'observation de l'arbre de la figure 3 ne semble pas montrer d'attraction de la longue branche.

111. Mark Collard, Stephen J. Shennan, et Jamshid J. Tehrani, « Branching, Blending, and the Evolution of Cultural Similarities and Differences among Human Populations », *Evolution and Human Behavior*, vol. 27, n° 3, 2006, p. 169-184 ; Charles L. Nunn, Christian Arnold, Luke Matthews et Monique Borgerhoff Mulder, « Simulating Trait Evolution for Cross-cultural Comparison », *Philosophical Transactions of the Royal Society B : Biological Sciences*, vol. 365, n° 1559, 2010, p. 3807-3819.

Annexe 2 : Code utilisé pour l'analyse du corpus de Yuri Berezkin

AIRE_BANTOUE 1000101101010000000
SOUDAN_AFRIQUE_DE_L_EST 0000101101010000000
EUROPE_DE_L_OUEST 0000001001000010110
MÉLANÉSIE 1111000001010001000
POLYNÉSIE_MICRONÉSIE 1111010001010000000
TIBET_INDE_DU_NORD_EST 0000101001101001001
INDOCHINE_BIRMANIE 0000001111100001011
ASIE_DU_SUD 0000011111011000111
CHINE_CORÉE 0000001001100111000
BALKANS 0000111101010010001
EUROPE_CENTRALE 0000001000010010111
BALTOSCANDIE 1000001001010010110
CAUCASE_ASIE_MINEURE 0000001101010110001
IRAN_ASIE_CENTRALE 0000011101010000000
VOLGA_PERM 0000001001010110100
TURKESTAN 0000001101010110001
SIBÉRIE_DU_SUD_MONGOLIE 0000011111000100100
SIBÉRIE_DE_L_OUEST 1011010001010110000
CÔTE_DU_NORD_OUEST_AMERIQUE_DU_NORD 1011010001000000000
PLATEAU_CÔTIER_AMÉRIQUE_DU_NORD 1011010000010000000

Charles Delattre

Mythe et récit
les enjeux d'une discipline

Le « mythe » est un « discours narratif » : la cause semble entendue. La plupart des études mythologiques modernes recourent en effet au récit, que celui-ci soit emprunté à un dictionnaire de mythologie ou qu'il soit proposé sous forme de résumé pour appréhender des informations issues des sources antiques, et c'est ce même « récit » que dictionnaires de langue et encyclopédies fournissent systématiquement comme synonyme de « mythe ». Pourtant, en 1977, Walter Burkert, éminent spécialiste de la religion grecque, entamait la série de huit conférences qu'il donnait à l'université de Berkeley, à l'occasion des « Sather Classical Lectures », en s'interrogeant : « *What is myth ? A simple definition will not do* »[1]. On retrouve le même embarras sous la plume de l'helléniste Suzanne Saïd qui ouvre un petit manuel de mythologie par l'affirmation « la définition du mythe fait problème », affirmation glosée deux pages plus loin par la remarque : « le mythe est d'abord une “catégorie-poubelle”, une notion qui ne se définit que de manière négative »[2]. Il semble donc y avoir une discordance entre les réflexions érudites visant à donner un statut au mythe et les pratiques contemporaines qui devraient en découler.

Et même Walter Burkert n'y échappe pas. Alors qu'il venait d'affirmer la difficulté à embrasser l'objet « mythe », il reprend au paragraphe suivant une définition finalement conventionnelle, qu'il emprunte à Geoffrey Kirk : « Myth belongs to the more general class of traditional tale ». Walter Burkert glose ensuite le terme « traditional », dont l'extension et la nature même méritent

1. Walter Burkert, *Structure and History in Greek Mythology and Ritual*, Berkeley, University of California Press, 1979, p. 1.

2. Suzanne Saïd, *Approches de la mythologie grecque*, Paris, Nathan, 1993, p. 5 et 7. La deuxième définition, précise l'autrice, concerne les historiens, les rhéteurs et les philosophes de l'Antiquité, mais elle vaut finalement aussi pour l'ensemble de ceux qui parlent du mythe à l'époque moderne et contemporaine, y compris Suzanne Saïd, qui propose un catalogue de définitions possibles dans les pages qui suivent, c'est-à-dire une forme d'inventaire de la poubelle.

In : Sciences sociales aux bords du récit, Paris, Éditions de l'EHESS, 2025

discussion, mais « tale », c'est-à-dire le « récit » en tant qu'il est « conté », semble désormais adopté. Et l'exemple n'est pas isolé. Le discours moderne semble en effet régulièrement frappé d'une forme de schizophrénie : le mythe est un récit, et en même temps il est impossible d'en donner une définition claire. Ceci tient, à notre sens, à plusieurs facteurs, qui concernent en premier lieu le champ d'études où s'élabore l'objet mythe, et le statut spécifique que revêt l'Antiquité dans ce champ d'études. Cet article vise donc à mettre en valeur certains de ces facteurs : il ne s'agit pas de dire si le mythe est ou n'est pas du récit, mais d'expliquer à quelles conditions la schizophrénie que nous avons signalée peut être expliquée, voire assumée.

Le maquis des définitions entre Antiquité et modernité

Quiconque veut aborder les mythes, et en particulier les mythes grecs, est confronté aujourd'hui à un nombre considérable d'obstacles qui se dressent comme autant de massifs sur sa route. Et l'obstacle le plus dangereux, parce qu'aussi le plus insidieux, consisterait à s'engager sur cette route sans en méconnaître la véritable nature, qui tient plus du labyrinthe – pour prendre une image issue du monde grec – que de la voie droite.

La nature labyrinthique du terrain d'enquête, dans ce qui s'annonçait pourtant un voyage d'études bien balisé, tient à la difficulté que nous pouvons éprouver à nous défaire de tournures de langage, d'habitudes de pensée, de réflexes analytiques associés au mot même de « mythe » et de « mythologie ». Le mythe n'est-il pas fondamentalement un récit, dans sa nature ou dans l'approche que nous en avons ? Nous pouvons identifier d'emblée au moins trois biais qui risquent de nous aveugler et de nous faire tourner en rond, ces trois biais résultant d'une histoire commune et d'un enjeu épistémologique partagé.

Si le mythe est un récit, est-il un récit grec ? Le premier biais consiste à parler de mythologie en l'identifiant sans plus de procès aux formes spécifiques développées dans le monde grec, formes que nous connaissons grâce aux vestiges archéologiques (iconographie) et aux documents textuels (littérature et commentaires). On peut d'abord rappeler que l'accès à ces vestiges et ces documents est loin d'être simple. Ces textes ne nous parviennent jamais dans leur état originel (à supposer que ce terme ait un sens, dans un monde antique où les méthodes de publication labellisées par une édition officielle n'existent pas[3]), mais nous sont transmis le plus souvent par des manuscrits médiévaux, grâce à de nombreux

3. Tiziano Dorandi, *Le stylet et la tablette. Dans le secret des auteurs antiques*, Paris, Les Belles Lettres, 2000, p. 103-154 ; Jenny P. Small, *Wax Tablets of the Mind. Cognitive Studies of Memory and Literacy in Classical Antiquity*, Londres, Routledge, 1997, p. 26-40 ; Filippo Ronconi, *Aux racines du livre. Métamorphoses d'un objet de l'Antiquité au Moyen Âge*, Paris, EHESS, 2021, p. 22-158.

intermédiaires et quelques hasards de transmission[4]. Certes, la découverte de papyrus grecs d'époque hellénistique ou romaine en Égypte a apporté depuis la fin du XIXe siècle son lot d'informations complémentaires, sans remettre pour autant en cause le canon des textes transmis par voie manuscrite. Quant aux peintures, essentiellement sur vases pour le monde grec classique, et aux statues, elles sont rarement retrouvées sur le lieu même de leur production : la question du destinataire, de l'acheteur, du public qui a accès à ces données iconographiques en contexte est loin d'être résolue, globalement et en détail. Connaître donc de façon précise le format spécifique de la mythologie grecque constitue une tâche difficile en soi. Et il est une deuxième difficulté, plus importante sans doute que celle qui s'attache à l'accès aux sources : il existe un débat, non résolu à ce jour, qui oppose ceux qui tiennent à l'universalité de la culture grecque et de ses formes de production à ceux qui y voient au contraire l'expression d'une identité particulière, non transposable directement à d'autres cultures, pourtant proches géographiquement et historiquement. Ce débat s'est cristallisé, entre autres, autour de la question du « miracle grec », pour reprendre une expression bien connue d'Ernest Renan[5], et du passage mis au compte des Grecs du « mythe » à la « raison » : ce que nous revendiquons comme héritage gréco-romain trouve-t-il son origine dans un moment singulier, dans l'invention d'une forme de pensée appelée traditionnellement « philosophie », au tournant du VIe siècle avant notre ère, permettant l'essor d'une rationalité auquel l'Occident peut s'identifier sans complexe et qu'il peut imposer au monde ? C'est par exemple la position, un siècle après Ernest Renan, de Georges Lurquin, qui souligne « l'apport original de la Grèce [pour faire] émerger la science de la fable »[6]. La position contraire est pourtant abondamment défendue, avec de multiples arguments, depuis le début du XXe siècle, tant du côté de la philosophie et de l'histoire des idées que de l'anthropologie, et c'est celle à laquelle nous nous rangeons[7]. Dans ce cadre, la mythologie grecque peut-elle encore servir de modèle à une mythologie romaine, une mythologie égyptienne, une mythologie mésopotamienne, voire à des mythologies contemporaines, ou ne faut-il pas plutôt identifier, dans les formes et les pratiques (discours, images, etc.) des formats mythologiques propres à chaque

4. Il existe même des cas où l'édition imprimée de la Renaissance constitue pour nous le premier témoin, les manuscrits antérieurs à l'édition imprimée ayant disparu. C'est le cas notamment d'un ouvrage latin attribué à Hygin, les *Fables* : voir Jean-Yves Boriaud, *Hygin. Fables*, Paris, Les Belles Lettres, 1997, p. XIII-XVI.
5. Ernest Renan, « Prière sur l'Acropole », *Revue des Deux Mondes*, décembre 1876, p. 482, republié dans *Souvenirs d'enfance et de jeunesse*, Paris, Michel Lévy frères, 1883, p. 60.
6. Georges Lurquin, *Mathesis. Manuel de culture grecque. Initiation à la pensée scientifique*, Anvers, de Sikkel, 1957, p. 1.
7. Voir entre autres Eric R. Dodds, *The Greeks and the Irrationnal*, Berkeley, University of California Press, 1951 (trad. fr. 1977) ; Pierre Hadot, *Qu'est-ce que la philosophie antique ?*, Paris, Gallimard, 1995 ; Glenn W. Most, « From Logos to Mythos », dans R. Buxton (dir.), *From Myth to Reason? Studies in the Development of Greek Thought*, Oxford, Oxford University Press, 1999, p. 25-47.

culture, et non réductibles à l'univers grec antique, ce dernier étant dès lors tout aussi spécifique que les autres ?

Ce premier biais est redoublé par le fait que nous avons nous-mêmes hérité d'une mythologie gréco-romaine, formulée progressivement sous forme de récit par des voies multiples et dans des contextes divers, dans les polémiques entre païens et chrétiens à partir du IIe siècle de notre ère, dans les interprétations allégoriques médiévales, dans les interrogations théologiques propres à la Renaissance, dans les enquêtes esthétiques servant au développement des beaux-arts à l'époque moderne, dans les inventaires scolaires forgés à partir du XIXe siècle. Contrairement à une idée reçue, cette mythologie constitue un corpus que l'on ne peut identifier sans dommage à la production culturelle de l'Antiquité : elle possède son histoire propre, une historicité particulière, et est toujours susceptible d'évolution, comme en témoignent les reprises actuelles, sous la forme de romans, de films ou de séries télévisées[8]. L'Achille de *The Song of Achilles*, de Madeline Miller (2011), qui interroge l'orientation sexuelle du personnage, n'a que peu de rapports avec l'Achille sensible et bravache du film *Troy*, de Wolfgang Petersen (2004), dont l'hétérosexualité ne soulève aucun doute et n'a rien à voir avec l'Achille du roman fantastique et érudit *Ilium*, de Dan Simmons (2003), qui justifie l'immortalité du héros par la théorie quantique[9]. Mais cette mythologie d'origine gréco-romaine fait aussi obstacle à notre connaissance directe du monde antique ; elle s'interpose comme un écran en nous imposant ses propres modes de représentation, que nous nous figurons parfois soit comme universels, soit comme typiquement grecs, alors qu'ils ne sont peut-être ni l'un ni l'autre. Pour s'en convaincre, il suffit de penser au personnage de Narcisse qui, à l'évidence, fait partie de cette mythologie gréco-romaine : le récit de son penchant érotique pour sa propre personne, sa fin malheureuse dans une contemplation forcenée de lui-même, les interprétations psychologisantes qui en découlent et la notion même de narcissisme font partie de notre univers culturel, auquel nous reconnaissons en même temps une origine antique. Ce personnage réserve pourtant une surprise si l'on examine l'un des meilleurs ouvrages de référence, le répertoire des *Early Greek Myths* de Timothy Gantz[10] : le nom de Narcisse en est tout simplement absent, car il est ignoré des

8. Cette mythologie évolutive est en fait l'un des champs d'études bien établis de la littérature classique, de la littérature comparée et des études de réception. Pour l'époque contemporaine, mentionnons seulement, dans la catégorie des romans pour la jeunesse, le cycle de *Percy Jackson* de Rick Riordan (2005-2010), dans celle des romans pour adultes, la *Penelopiad* de Margaret Atwood (2005), dans celle des films *Choc de Titans* (Desmond Davis, 1981, et nouvelle version de Louis Leterrier, 2010), et dans celle des séries, le récent *Kaos* de Charlie Covell (2024).

9. Voir Simon Bréan, « La guerre d'*Ilium* n'aura pas lieu : l'*Iliade* décrit-elle un monde possible ? », dans Danièle Auger et Charles Delattre (dir.), *Mythe et fiction*, Nanterre, Presses universitaires de Paris Nanterre, 2010, p. 275-287, ainsi que Cyril Gendry, « Achille et Patrocle ou la virilité comme bouclier amoureux », dans Anne Debrosse et Marie Saint Martin (dir.), *Horizons du masculin. Pour un imaginaire du genre*, Paris, Classiques Garnier, 2020, p. 421-436.

10. Timothy Gantz, *Early Greek Myth. A Guide to Literary and Artistic Sources*, Baltimore, Johns Hopkins University Press, 1993 ; *Id.*, *Mythes de la Grèce archaïque*, trad. française, Paris, Belin, 2004.

sources d'époque archaïque, classique et hellénistique, et ne fait son apparition qu'à la fin du Ier siècle avant notre ère, dans le poème latin des *Métamorphoses* d'Ovide et, de façon plus confidentielle, dans les *Récits* grecs de Conon[11].

Prendre conscience de ces deux premiers biais implique d'en reconnaître un troisième, plus fondamental sans doute : s'il existe une histoire de la mythologie grecque, puis de la mythologie gréco-romaine, il existe aussi une histoire des termes mêmes de « mythologie » ou de « mythe ». Là encore, la fausse évidence du grec *muthos* et du latin *fabula* pose à la fois la difficulté de savoir ce que peuvent désigner ces termes dans le contexte antique, et l'influence que peuvent avoir ou non ces définitions sur les usages modernes. D'emblée, on peut affirmer que ni *muthos* ni *fabula* ne désignent de façon essentielle un « récit », ou même une « histoire »[12]. Toute enquête sur le mythe grec devrait donc commencer par la définition de ce que l'auteur de l'étude entend, pour lui-même, par « mythe » et « mythologie » : ces mots connaissent des emplois diversifiés dans les publications scientifiques contemporaines, et sont glosés le plus souvent grâce à des termes comme « récit » ou « structure », « symbole » ou « manifestation culturelle », « histoire » ou « fiction », qui sont eux-mêmes d'un emploi redoutable et revêtent des sens divergents en fonction des contextes. L'exploitation des ambiguïtés du terme « mythe », entre structure de « l'imaginaire » et récit « imaginé », est par exemple visible dans le titre choisi à dessein par Roger Garaudy, *Les mythes fondateurs de la politique israélienne*, pour promouvoir en 1995 sa lecture négationniste des chambres à gaz de la Shoah[13].

La mythologie, une discipline de sciences humaines ?

De quoi parle-t-on donc lorsque l'on parle de mythologie ? Non pas d'un objet d'étude, mais d'une discipline qui a sa propre histoire, sa bibliographie, ses processus d'analyse. Méconnaître l'ensemble des possibilités interprétatives, c'est risquer de se faire des illusions sur ses propres présupposés, c'est ignorer sur quoi se fonde le discours que l'on veut imposer. Il faut cependant reconnaître

11. Ovide, *Métamorphoses*, 3, 339-510 ; Conon, 24. Le poème d'Ovide, en quinze chants, est une réflexion d'ampleur qui articule réflexion philosophique sur la nature, érudition, poétique intertextuelle et fiction mythologique. Le texte de Conon, généralement intitulé *Diēgēseis*, en grec, ou *Narrationes*, en latin, ne nous est connu que grâce à un résumé fourni par Photius de Constantinople au IXe siècle (*Bibliothèque*, Codex 186, 130b-142b). Il est composé de cinquante notices en prose, et propose des récits mythologiques à lire en parallèle avec la production poétique de son époque, y compris celle d'Ovide. Une traduction commentée inédite de cet ouvrage est à paraître aux Presses universitaires du Septentrion dans la collection « Mythographes ». Narcisse est également absent de la *Bibliothèque* du pseudo-Apollodore (IIe ou IIIe siècle de notre ère), qui a passé pourtant au XXe siècle pour un répertoire antique de mythologie grecque.

12. Voir entre autres Richard Martin, *The Language of Heroes : Speech and Performance in the* Iliad, Ithaka, Cornell University Press, 1989, p. 10-88 ; Claude Calame, « Mythe et rite en Grèce : des catégories indigènes ? », *Kernos*, no 4, 1991, p. 179-204 ; *Id.*, *Qu'est-ce que la mythologie grecque ?*, Paris, Gallimard, 2015, p. 24-35.

13. L'ouvrage, édité à compte d'auteur, a valu à Roger Garaudy d'être condamné le 27 février 1998 pour contestation de crimes contre l'humanité.

qu'attribuer le statut de discipline autonome à la mythologie est une gageure. En effet, ceux qui parlent de mythe sont souvent des littéraires, formés à l'étude des textes antiques et, de plus en plus souvent, des spécialistes de littérature moderne et contemporaine, spécialistes en études de réception : la littérature comparée intègre spécifiquement le mythe parmi ses objets d'étude[14]. Tout aussi nombreux sont les historiens des religions : parler des dieux, c'est aussi prendre en compte les récits qui leur sont associés, même si la relation entre le culte rendu aux dieux et les histoires que l'on véhicule à leur sujet n'est pas toujours directe[15]. Et l'histoire de l'art n'est pas en reste : il serait aberrant d'exclure le mythe des études iconographiques, de l'Antiquité à l'époque moderne[16]. Enfin, comment passer sous silence le rôle joué par l'histoire des idées et l'histoire des mentalités, l'anthropologie générale et l'anthropologie culturelle, dans la promotion de l'objet « mythe » ? La mythologie comme discipline est insaisissable, parce que partout et nulle part, ubiquitaire et évanescente. Où sont donc les mythologues parlant avec autorité de l'intérieur de leur propre discipline ?

Pourtant, on identifie bien en son sein des tendances, des querelles et des chapelles. Il est impossible par exemple d'associer en un même ensemble les analyses de Mircea Eliade (1907-1986), celles de Georges Dumézil (1898-1986) et celles de Jean-Pierre Vernant (1914-2007) : le premier poursuit une visée symboliste et isole des motifs unifiants et définis comme « archaïques » dans les actes de culte et les divinités ; le deuxième adopte une approche comparatiste et analyse les textes pour en tirer des invariants narratifs ; le troisième enfin interroge les structures sociales et les figures de l'imaginaire en se rattachant à la fois à l'anthropologie et à la psychologie historique[17]. On souhaiterait disposer d'un manuel disciplinaire général pour s'y retrouver : malheureusement, à ce jour, il n'existe que quelques ouvrages partiels qui permettent de tracer des lignes généalogiques entre pratiquants de la

14. Pour une réflexion utile sur les rapports entre mythe et littérature comparée, voir Véronique Gély, « Pour une mythopoétique : quelques propositions sur les rapports entre mythe et fiction », 2006. L'article, originellement publié sur le site *Vox Poetica*, n'est désormais plus accessible que sur la page personnelle de l'autrice : https://www.academia.edu/432508/_Pour_une_mythopoétique_quelques_propositions_sur_les_rapports_entre_mythe_et_fiction_21_05_2006_Vox_Poetica.

15. Pour une remise en cause du lien entre culte et mythe, voir Claude Calame, « Mythe et rite en Grèce : des catégories indigènes ? », *op. cit.* Pour une étude réflexive sur une source antique articulant culte et récit, mythologie et religion, voir Vinciane Pirenne-Delforge, *Retour à la source. Pausanias et la religion grecque*, Liège, Presses universitaires de Liège, 2008.

16. Plusieurs ouvrages s'attaquent à la difficile question du mythe et de l'image dans les sources antiques : Harvey A. Shapiro, *Myth into Art. Poet and Painter in Classical Greece*, Londres & New York, Routledge, 1994 ; Susan Woodford, *Images of Myths in Classical Antiquity*, Cambridge, Cambridge University Press, 2003 ; Luca Giuliani, *Image and Myth : A History of Pictorial Narration in Greek Art*, Chicago & Londres, University of Chicago Press, 2013 ; Zahra Newby, *Greek Myths in Roman Art and Culture. Imagery, Values and Identity in Italy, 50 BC-AD 250*, Cambridge, Cambridge University Press, 2016. Une étude de cas exemplaire reste celle de Françoise Frontisi-Ducroux, *L'homme-cerf et la femme-araignée. Figures grecques de la métamorphose*, Paris, Gallimard, 2003.

17. Voir Daniel Dubuisson, *Mythologies du XXe siècle (Dumézil, Lévi-Strauss, Éliade)*, Lille, Presses universitaires de Lille, 1993.

discipline et de différencier clairement postulats et types d'analyse, voire d'identifier des outils méthodologiques[18]. Entre 1884 et 1890, Wolfgang H. Roscher avait édité un monumental *Dictionnaire détaillé de la mythologie grecque et romaine* (*Ausführliches Lexikon der griechischen und römischen Mythologie*), en y intégrant des données relevant tant de la littérature que de l'histoire des religions. En 1921, Otto Gruppe proposa comme supplément aux volumes du *Lexikon* une *Histoire de l'histoire des religions* (*Geschichte der Religionsgeschichte*), qui était aussi une première histoire de la mythologie comme discipline, du Moyen Âge au début du xxe siècle. En 1972, Burton Feldman et Robert D. Richardson publièrent une étude plus fouillée centrée sur l'époque moderne, *The Rise of Modern Mythology, 1680-1860*. À la fois exposés théoriques et mises en perspective historique, ces ouvrages ont été complétés plus récemment par des ouvrages accessibles, anthologies disciplinaires résumées et collection de fiches pratiques[19].

On voit comment un tableau des pratiques mythologiques modernes supplée l'absence de reconnaissance institutionnelle de la mythologie comme discipline à part entière. Reste malgré tout à faire l'inventaire des outils et des formats propres aux énoncés disciplinaires relevant de la mythologie. Pour certains d'entre eux, il existe bien un abondant travail bibliographique : c'est le cas en particulier des théories du symbole et de l'allégorie[20], ou du structuralisme[21]. Pour d'autres, l'enquête bibliographique est possible, même si elle est moins aisée : on peut ainsi déterminer que la catégorie du « récit de fondation », où l'on voit un héros fonder une ville, définir un territoire ou organiser une communauté civique, et qui est fréquente dans les études mythologiques grecques et même romaines, remonte en fait à une étude de Benno Schmid, qui défendait l'existence en Grèce au VIIIe et au VIIe siècle avant notre ère d'un type de poème traitant spécifiquement de ce sujet[22]. Un récent *Dictionnaire critique de mythologie* a permis la rédaction de certaines

18. Charles Delattre, *Manuel de mythologie grecque*, Paris, Bréal, 2006.

19. Marcel Detienne, *L'invention de la mythologie*, Paris, Gallimard, 1981 ; Carlos García Gual, *Introducción a la mitología griega*, Madrid, Alianza, 1992 ; Suzanne Saïd, *Approches de la mythologie grecque*, *op. cit.* ; *Ead.*, *Approches de la mythologie grecque. Lectures anciennes et modernes*, Paris, Belles Lettres, 2008 ; Eric Csapo, *Theories of Mythology*, Oxford, Blackwell, 2005 ; Roger D. Woodard (dir.), *The Cambridge Companion to Greek Mythology*, Cambridge, Cambridge University Press, 2008 ; Ken Dowden et Niall Livingstone (dir.), *A Companion to Greek Mythology*, Chichester & Malden (MA), Wiley-Blackwell, 2011.

20. Jean Pépin, *Mythe et allégorie. Les origines grecques et les contestations judéo-chrétiennes*, Paris, Aubier Montaigne, 1958, 2e éd. Paris, Études augustiniennes, 1976 ; Ilaria Ramelli et Giulio Lucchetta, *Allegoria*, t. 1 : *L'età classica*, Milan, Vita e Pensiero, 2004.

21. Voir Daniel Dubuisson, *Mythologies du xxe siècle*, *op. cit.* ; Frédéric Keck, *Claude Lévi-Strauss, une introduction*, Paris, Pocket/La Découverte, 2005.

22. Benno Schmid, *Studien zu griechischen Ktisissagen*, Fribourg, Paulus, 1947 ; voir aussi Wolfgang Leschhorn, *Gründer der Stadt. Studien zu einem politisch-religiösen Phänomen der griechischen Geschichte*, Stuttgart, 1984, pour une analyse générale. L'analyse de Benno Schmid a été remise en cause par Carol Dougherty, qui lui oppose la variété des contextes et des formes de discours sur la fondation, incompatible avec une forme unique de poème : voir *The Poetics of Colonization*, Oxford, 1993 ; *Ead.*, « Archaic Greek Foundation Poetry. Questions of Genre and Occasion », *Journal of Hellenic Studies*, n° 114, 1994, p. 35-46.

notices méthodologiques, mais ses présupposés ne sont pas toujours harmonisés d'une notice à l'autre[23]. Dans cet inventaire, on voit comment la catégorie de « récit » peut être progressivement mise à distance : il existe d'autres formes de discours par lesquelles le mythe peut être perçu. Reste à voir donc quel rôle peut jouer le récit lui-même au sein de la discipline.

De l'élan disciplinaire à la micro-mythologie

Les raisons pour lesquelles la mythologie ne s'est pas complètement constituée en discipline autonome tiennent à son histoire même : le discrédit dans lequel est tombée la mythologie comparée, à la fin du XIXe siècle, a entaché durablement la réputation des mythologues[24], au moment même où la philologie, l'histoire et l'histoire des religions acquéraient leurs titres universitaires et obtenaient, grâce à la fondation de chaires spécifiques, non seulement un corps professoral et des étudiants, mais aussi un statut. On aurait pu attendre, malgré tout, un redressement et une refondation de la discipline, étant donné en particulier le succès des études mythologiques dans le monde occidental, dans la seconde moitié du XXe siècle, sur des postulats marxistes ou structuraux, en France ou en Italie, ou dans une alliance entre philologie et histoire des religions, dans le monde anglo-saxon. Mais c'était sans compter avec la remise en cause du structuralisme et de ses postulats généralisants, dans les années 1980 et 1990, qui a contribué à saper les présupposés sur lesquels s'appuyaient les analyses du « mythe » et, plus généralement, de « l'imaginaire »[25]. Ces analyses n'ont pourtant pas disparu, et le premier quart du XXIe siècle connaît toujours une abondante production d'ouvrages et d'articles dans ce domaine. Il n'en demeure pas moins que la mythologie est confrontée à une aporie méthodologique majeure : qu'est-ce donc que ce mythe, s'il n'est ni un récit, ni même un objet déterminé, ni une structure ?

23. Jean-Loïc Le Quellec et Bernard Sergent (dir.), *Dictionnaire critique de mythologie*, Paris, CNRS Éditions, 2017. On pourra comparer par exemple la notice « Étiologie, étiologique », p. 450-452, qui affirme que « tout mythe est étiologique, puisqu'il décrit la raison d'être de ce qui est », sans envisager la possibilité d'une définition narrative du dispositif étiologique (Charles Delattre, « AITIOLOGIA : mythe et procédure étiologique », *Métis*, N.S. nº 7, p. 285-310, 2009), et la notice « Récit », p. 1105-1106, qui reprend des définitions narratologiques.
24. Alors même que les études en mythologie comparée s'appuyaient au XIXe siècle sur des rapprochements linguistiques entre langues indo-européennes, dont l'étude s'affirmait à partir des années 1850, l'évolution des études en phonétique comparée à la fin du XIXe siècle invalida la quasi-totalité de ces rapprochements et des études qui les sous-tendaient. Tombèrent ainsi dans l'oubli des ouvrages tels que ceux de Michel Bréal, *Hercule et Cacus. Étude de mythologie comparée*, Paris, A. Durand, 1863, de Max Müller, *Lectures on the Science of Language*, Londres, Longman Green, Longman, Roberts and Green, 1861-1864, ou d'Émile Burnouf, *La légende athénienne. Étude de mythologie comparée*, Paris, Maisonneuve et Cie, 1872. Sur ce courant, voir Charles Delattre, « Nineteenth-Century French Tradition. Mythology and Linguistics », dans Roger Woodard (dir.), *Cambridge History of Mythology and Mythography*, Cambridge, Cambridge University Press, à paraître.
25. Dans le monde francophone, une première remise en cause aussi érudite que sévère est celle de Marcel Detienne, *L'invention de la mythologie*, *op. cit.*

Un renouvellement des études mythologiques concernant l'Antiquité est issu en partie des travaux de Claude Calame, dont l'évolution montre à la fois la crise du structuralisme et des voies de recours possibles. En 1990 est paru son *Thésée et l'imaginaire athénien*, dont la démarche et le titre même s'inscrivaient encore largement dans les préoccupations propres à l'anthropologie historique[26]. Le recours aux schémas structurés, l'intérêt pour les rituels en lien avec les récits héroïques et, pour finir, l'étude d'un contexte culturel et historique précis – l'Athènes classique – faisaient de cette étude extrêmement fouillée un modèle du genre. Pourtant, le premier chapitre amorçait déjà un virage conséquent, en remettant en cause la définition du « mythe » et du « rite » comme des catégories en soi.

Ce point, confirmé dans un article en 1991, aboutit dix ans plus tard à une *Poétique des mythes dans la Grèce antique*, qui annonçait un changement de paradigme majeur[27]. Dans ce recueil dont les chapitres se lisent isolément les uns des autres, ce n'est plus l'articulation entre mythe et rituel, mais la lecture précise de documents textuels divers, en vers et en prose, qui sert de soubassement sinon à une définition positive du mythe, du moins à une tentative pour identifier ce que le mythe n'est pas. Claude Calame n'affirme pas seulement que « mythe » et « rite » sont des catégories contemporaines sans équivalent dans le monde antique, il mobilise les outils de l'analyse littéraire et de la pragmatique des textes pour illustrer tout ce qui différencie les compositions discursives antiques de ce que nous pouvons appeler un « mythe », qu'il s'agisse d'une structure, d'un récit ou même d'un « texte ». La « poétique » dont il est question dans le titre de l'ouvrage ressortit à la fabrication d'un sens en contexte : la définition du « mythe » n'est plus en jeu, seule compte son actualisation.

Cette réflexion extrêmement féconde, reprise encore en 2015 avec un *Qu'est-ce que la mythologie grecque*, aboutit à un paradoxe[28] : qui s'intéresse aux mythes doit envisager chaque version particulière, chaque document dans sa singularité, et en fournir une analyse aussi précise que possible, en mobilisant tous les outils propres aux disciplines concernées par le document lui-même. Philologie, histoire de l'art, histoire politique et culturelle, épistémologie, herméneutique et bien d'autres savoirs encore, peuvent participer à la composition d'une étude particulièrement ciblée. Cette micro-étude, par contraste avec les analyses grandioses des structuralistes, resserre le champ de vision sur le document lui-même qu'elle décortique comme un mécanisme propre à produire du sens dans un contexte donné. Où se trouve donc le mythe dans cette nouvelle démarche, si le document, textuel dans l'œuvre de Claude Calame, mais aussi iconographique, est l'objet premier de l'analyse ? Faut-il renoncer à y voir une catégorie moderne utile ? Ne doit-on pas se tourner

26. Claude Calame, *Thésée et l'imaginaire athénien. Légende et culte en Grèce ancienne*, Lausanne, Payot, 1990.
27. Claude Calame, « Mythe et rite en Grèce : des catégories indigènes ? », *op. cit.* ; *Ead.*, *Poétique des mythes dans la Grèce antique*, Paris, Hachette, 2000.
28. Claude Calame, *Qu'est-ce que la mythologie grecque ?*, *op. cit.*

vers d'autres expressions, à condition de les investir pleinement et d'analyser leurs présupposés et leur champ d'action ? « Imaginaire », par exemple, nous conduit soit vers la question de la représentation par la pensée et l'image mentale, soit vers la construction de la psyché, tandis que « *cultural knowledge* », adoptée par Alan Cameron au moins pour le contexte romain antique[29], nous oriente vers la question de la culture associée à une communauté et des « représentations partagées »[30]. Ou bien ne faut-il pas assumer que la plupart des études contemporaines, lorsqu'elles parlent de « mythologie », persistent à utiliser un type d'énoncé particulier, le récit, et voir dans ce dernier le résidu ultime, le fondement et la référence, par rapport auquel toutes les productions culturelles, discursives et iconographiques, sont des variations ? Existe-t-il un récit nu, une forme simple[31], un archétype ou une structure narrative qui pourrait servir d'étalon et qui serait, finalement, irréductiblement, le « mythe » ?

Récit et mythographie

Cette dernière question, la plus redoutable peut-être, peut être résolue suivant trois perspectives, qui portent successivement sur les formes générales du discours, sur les formes grecques du récit, et sur le discours disciplinaire lui-même.

Du point de vue des spécialistes de l'énoncé, le récit n'est pas le degré zéro du discours, il n'en est pas une forme irréductible[32] : c'est une stratégie discursive parmi d'autres, engageant en particulier la représentation d'événements et une dimension chronologique qui organise ces événements en une séquence. Le récit se prête donc de façon aisée à des opérations de recensement qui peuvent soit le mettre en pièces (liste de personnages, catalogue d'actions, etc.), soit le réduire à une chaîne, voire à un squelette. Sous cette forme décharnée, plutôt que nue, le récit reste cependant toujours tributaire d'un acte d'énonciation qui engage la définition d'un narrateur et d'un destinataire, même si leur présence passe à l'arrière-plan ou semble même oubliée. Le récit suppose des opérations de (re-)configuration qui engagent la construction d'un sens, par des effets de jugement réflexif qui court-circuitent la séquence chronologique des événements. Le récit

29. Alan Cameron, *Greek Mythography in the Roman World*, Oxford, Oxford University Press, 2004, p. xii.
30. L'expression est mobilisée par Dan Sperber, *La contagion des idées. Théorie naturaliste de la culture*, Paris, Odile Jacob, 1996, pour définir les contours d'une « épidémiologie des représentations » (p. 15).
31. L'expression vient d'André Jolles, *Einfache Formen. Legende, Sage, Mythe, Rätsel, Spruch, Kasus, Memorabile, Märchen, Witz*, Tübingen, Max Niemeyer, 1930 ; *Id.*, *Formes simples*, trad. française, Paris, Seuil, 1972. Cependant André Jolles ne travaille pas sur les formes, mais sur les contenus : pour lui, le Mythe, qui s'oppose entre autres à la Légende (*Legende*) et à la Geste (*Sage*), est proche de l'oracle, en ceci qu'il est une parole de « véri-diction » (trad. fr., p. 82).
32. Tzvetan Todorov, « Les catégories du récit littéraire », *Communications*, n° 8, 1966, p. 125-151 ; Jean-Michel Adam, Marie-Jeanne Borel, Claude Calame et Mondher Kilani, *Le Discours anthropologique. Description, narration, savoir*, Paris, Méridiens Klincksieck, 1990 ; Raphaël Baroni, *Les Rouages de l'intrigue. Les outils de la narratologie postclassique pour l'analyse des textes littéraires*, Genève, Slatkine, 2017.

est enfin une proposition dont l'autorité et l'interprétation ne dépendent pas de lui-même, mais du contrat de lecture passé par le destinataire.

Ces quelques définitions permettent de redonner sa juste place au récit associé aux mythes grecs. Le récit est une forme usitée déjà dans l'Antiquité grecque pour transmettre des informations avec une grande efficacité concernant des personnages et des actions, et il a la capacité de lier ces mêmes personnages et ces actions en une séquence qui est aussi un système classificatoire et qui autorise de ce fait des comparaisons. Il est, à l'époque moderne, le medium privilégié pour organiser de vastes enquêtes portant sur le monde antique : le *Lexicon* de Wolfgang H. Roscher mentionné plus haut et, à sa suite, tous les dictionnaires de mythologie antique publiés aujourd'hui, sont un répertoire de récits, identifiés et classés en fonction des personnages qui y interviennent[33]. Mais le récit de dictionnaire, comme tout récit, est organisé de façon à produire des effets : la transparence apparente des données est un parti pris qui occulte à la fois des effets de sens propres au genre du dictionnaire, des choix faits par l'auteur du dictionnaire et les spécificités propres au corpus antique, qu'il soit iconographique ou textuel[34]. Un récit de dictionnaire n'est le résumé fidèle ni des discours, ni des images antiques, il opère des sélections et des réorientations qui empêchent d'accéder au contenu même du corpus et à ses enjeux, tout en faisant croire le contraire[35].

N'existe-t-il donc pas des dictionnaires ou des anthologies de récits dans l'Antiquité, qui présenteraient au moins l'avantage de fournir un point de vue émique sur cette question ? Pour les dictionnaires, la question est vite réglée : si l'on cherche un répertoire organisé en notices classées, on n'en connaît qu'un seul exemple, fourni par le verso d'un papyrus grec de la fin du IIe siècle ou du début du IIIe siècle de notre ère[36]. Encore faut-il préciser que ce répertoire antique de métamorphoses, dont on ne connaît plus que deux colonnes et cinq entrées complètes, ne contient pas de description développée, mais seulement une information généalogique et la mention d'une métamorphose justifiée par à peine un ou deux éléments, l'indication d'un poète fermant rapidement chaque notice[37]. Nous donnons à la suite le texte

33. L'ouvrage de Timothy Gantz, *Early Greek Myth*, *op. cit.*, se distingue en ce domaine : l'indexation des récits en fonction des personnages se fait *a posteriori*, par le lecteur qui mobilise pour cela l'index de l'ouvrage. Les récits sont organisés par cycles ou thématiques et, à l'intérieur de chaque cycle ou thématique, par l'ordre globalement chronologique des sources qui permettent de les constituer.

34. Charles Delattre, « Pentaméron mythographique. Les Grecs ont-ils écrit leurs mythes ? », *Lalies*, nº 33, 2013, p. 81-86.

35. Même lorsqu'un dictionnaire de référence cite ses sources, il ne facilite pas forcément leur consultation : dans le *Dictionnaire de la mythologie grecque et romaine* de Pierre Grimal, Paris, PUF, 1951, les références antiques données en bas de page pour chaque notice justifient le discours de l'auteur de la notice, mais ne sont pas corrélées de façon précise aux différents éléments du texte.

36. *P. Mich.*, inv. 1447 = Monique Van Rossum-Steenbeek, *Greek Readers' Digests? Studies on a Selection of Subliterary Papyri*, Leyde, Brill, 1998, nº 70 ; voir Charles Delattre, « Pentaméron mythographique », *op. cit.*, p. 30-31.

37. Timothy Renner, « A Papyrus Dictionary of Metamorphoses », *Harvard Studies in Classical Philology*, nº 82, 1978, p. 278-282, offre une photographie et une transcription diplomatique du papyrus. Sur le caractère systématique de ces notices et le type de lecture qu'elles supposent, voir Charles Delattre, « Textual Webs. How

intégral, réorganisé en tableau pour mettre en valeur le format particulier donné par l'auteur à son texte. La lecture du tableau ligne à ligne reproduit la lecture du texte sur le papyrus, mais la lecture par colonne souligne combien ce texte est aussi un système de classement de données :

	Nom	Parents	Éléments de récit : contexte et métamorphose	Auteur référencé
1.	Actéon	fils d'Aristée et d'Autonoé	désira épouser Sémélé [?] du côté de son grand-père maternel [?] Il fut métamorphosé sous l'apparence d'un cerf par la volonté d'Artémis et fut mis en pièces par ses propres chiens,	comme le raconte Hésiode dans son *Catalogue des femmes.*
2.	Aréthuse	fille d'Hypéros	Qui s'unit à Poséidon le long de l'Euripos Boïque. Elle fut transformée en source à Chalcis par Héra,	comme le raconte Hésiode.
3.	les Aithyiai	filles d'Haliacmon, fils d'Haliartos	Au nombre de sept. Elles se lamentèrent sur la mort d'Ino et furent métamorphosées par Héra en [?].	Chez Eschyle elles sont appelées « corneillophobes ».
4.	Alcyoné	fille d'Éole	Épousée par Céyx, le fils de l'étoile Lucifer. Les deux étaient pleins d'orgueil et de désir l'un pour l'autre. [?] Elle l'appelle Zeus et lui l'appelait Héra. Pour ce motif Zeus fut pris de colère et les métamorphosa tous deux en oiseau,	comme le dit Hésiode dans son *Catalogue des femmes.*

to Read Mythographic Lists », dans Rebecca Laemmle, Cedric Scheidegger-Laemmle et Katharina Wesselmann (eds), *Enumeration, Lists and Catalogues*, Berlin & New York, De Gruyter, Supplementary volumes, 2021, p. 101-103.

S'il y a donc récit, il est, de notre point de vue, incomplet, et la fonction de ce répertoire reste obscure : servait-il à compléter par des informations extérieures l'allusion à un personnage chez les auteurs mentionnés ? Ou bien, au contraire, résumait-il en quelques traits, en une sorte de catalogue comparatif, des indications données *in extenso* par les différents poètes ?

Ce répertoire mythologique, avec les questions qu'il suscite, constitue un excellent exemple pour aborder globalement la question du corpus mythographique antique et du statut qu'on doit lui donner. Depuis le milieu du XIXe siècle et une édition magistrale d'Anton Westermann[38], on désigne sous le terme « mythographie » d'abord un ensemble de textes grecs composés principalement entre le IVe siècle avant notre ère et le IIe ou IIIe siècle de notre ère : ce sont des récits en prose à sujet mythologique, organisés soit en anthologie de notices (Palaiphatos, Parthénios, Antoninus Liberalis, Conon, etc.), soit en récit continu (pseudo-Apollodore). Par extension, des auteurs latins non édités par Anton Westermann ont été intégrés dans ce corpus (Hygin), tout comme, plus récemment, des fragments de récits et des catalogues identifiés sur des papyrus, comme notre dictionnaire de métamorphoses[39]. Des fragments d'auteurs classiques et hellénistiques composés à partir de mentions d'auteurs antiques ou, plus rarement, à partir de découvertes papyrologiques, complètent aujourd'hui ce corpus[40].

Édités individuellement ou en regroupements partiels, et ce parfois dès la Renaissance, ces textes ont apporté un matériau considérable dont se sont nourris les dictionnaires de mythologie modernes : à côté des auteurs classiques, des épopées et des tragédies, ce sont souvent ces récits que reprennent, parfois de façon très proche, les notices que nous consultons aujourd'hui. Un réseau de recherche européen, *Polymnia*[41], s'est attaché depuis une vingtaine d'années à inventorier ces auteurs et à en étudier les enjeux. Il est résulté de ces recherches, toujours en cours, que la notion de « mythographie » n'unifiait que par défaut l'ensemble des formats et des thématiques très diversifiés que l'on peut identifier dans les textes du corpus.

En résumé, on peut d'abord souligner qu'aucun auteur du corpus mythographique ne conçoit de projet identique aux autres : chaque ensemble textuel se signale par une singularité thématique ou formelle. Bien plus, même si l'on

38. Anton Westermann, *ΜΥΘΟΓΡΑΦΟΙ. Scriptores poeticae historiae Graeci*, Brunswick, Westermann, 1843. Sur le terme « mythographe » et son origine en grec ancien, voir Minerva Alganza Roldán, « ¿Historiadores, logógrafos o mitógrafos ? (Sobre la recepción de Hecateo, Ferécides y Helánico) », *Polymnia* [En ligne], no 1, 2015, p. 3-24, https://polymnia-revue.univ-lille.fr/pdf/2015/1.Alganza-Polymnia-1_2015.pdf.

39. Ces fragments ont été commodément édités et réunis par Monique Van Rossum-Steenbeek, *Greek Reader's Digests*, *op. cit.*

40. Robert Fowler, *Early Greek Mythography*, t. 1 : *Texts*, Oxford, Oxford University Press, 2000 ; t. 2 : *Commentary* : 2013.

41. Ce réseau, fondé par Jacqueline Fabre-Serris et Françoise Graziani, coordonne la collection « Mythographes » aux Presses universitaires du Septentrion et a édité une revue en ligne (https://polymnia-revue.univ-lille.fr/). Il collabore régulièrement avec le réseau nord-américain *NARGAMM*, dont les buts sont similaires.

trouve chez tel ou tel des récits similaires à ceux qui constituent notre mythologie gréco-romaine, aucun ne restitue un canon plus ou moins figé d'histoires, aucun ne représente en soi une compilation analogue à nos dictionnaires ou à nos anthologies. À supposer que les auteurs du corpus mythographique proposent des résumés d'œuvres poétiques, comme on l'a longtemps envisagé, l'examen détaillé des récits qu'on peut identifier comme ayant un rapport immédiat avec tel ou tel auteur antique montre à quel point la notion de résumé est impropre pour identifier en pratique les différents énoncés[42].

En deuxième lieu, le terme de « mythographie » impose l'idée non seulement d'une composition de mythes sous forme d'énoncés, mais surtout d'une mise par écrit. Cependant, dans un monde antique où oralité et écriture coexistent en lien avec des pratiques de mémorisation[43] et où les supports (tablettes, rouleaux, puis codex) imposent des contraintes propres[44], les pratiques lettrées elles-mêmes ne sont pas similaires aux nôtres. L'analyse des énoncés montre ainsi que les récits sont organisés, chez certains auteurs, de façon à favoriser des opérations de repérage et à faciliter des mémorisations partielles qui, à leur tour, rendent le contenu plus accessible. Dans certains cas, les énoncés, à l'échelle de la phrase ou du paragraphe, fonctionnent sur un modèle de grille que chaque lecteur peut identifier afin d'exploiter au mieux les ressources proposées par un auteur. Un auteur comme Palaiphatos, au IVe siècle avant notre ère[45], compose ainsi un ensemble de notices mythologiques organisées en deux volets, la première partie de chaque notice introduisant des éléments concernant un personnage – mais sans forcément les mettre en forme en un récit complet – la deuxième partie proposant un récit inspiré du premier, mais débarrassé de tout élément merveilleux. Une formule de transition entre les deux volets et une formule de conclusion à la fin de chaque notice complètent le dispositif. Un lecteur peut s'entraîner ainsi à lire Palaiphatos et à circuler aisément dans son texte, malgré l'absence d'indices tels que les sauts de ligne ou les numéros de paragraphe, voire à comparer des données de même type. Surtout, les récits fournis par Palaiphatos ne se comprennent que dans le cadre de ce dispositif : ils sont le reflet l'un de l'autre, sans exister de façon autonome.

42. Voir Charles Delattre, « Les *Diégèses* de Callimaque (*P.Mil.Vogl.* 1.18). Du résumé au commentaire », dans Séverine Clément-Tarantino, Jean-Christophe Jolivet et Daniel Vallat (dir.), *Poétique(s) du commentaire*, Bruxelles, Latomus, 2022, p. 193-206.

43. Voir Rosalind Thomas, *Literacy and Orality in Ancient Greece*, Cambridge, Cambridge University Press, 1992 ; Emmanuelle Valette-Cagnac, *La lecture à Rome*, Paris, Belin, 1997 ; Jenny P. Small, *Wax Tablets of the Mind*, *op. cit.*, p 3-78.

44. Jenny P. Small, *Wax Tablets of the Mind*, *op. cit.*, p. 139-239.

45. Voir en dernier lieu Arnaud Zucker, « Palaiphatos ou la clinique du mythe », dans Gisèle Besson, Jacqueline Fabre-Serris, Jean-Yves Tilliette et Arnaud Zucker (dir.), *Lire les mythes. Formes, usages et visées des pratiques mythographiques de l'Antiquité à la Renaissance*, 2016, p. 43-66.

Chaque grille de lecture est bien sûr différente et correspond aux enjeux propres à chaque texte. Ainsi, si l'écriture mythographique a pu passer pour informative, sèche et non littéraire, c'est parce qu'elle adoptait des techniques de composition qui pouvaient lui donner une apparence systématique peu engageante, une forme de « mécanographie »[46]. Dans leur forme, certains récits ont été composés non pour décrire des événements, mais pour insérer ces événements dans des structures énonciatives permettant l'indexation et la comparaison des informations. Associés au paratexte qui, dans certains manuscrits médiévaux renforce le dispositif de lecture (sous-titres, division en paragraphes, etc.), les récits ne se lisent plus comme des histoires, mais comme des tableaux de données.

Encore faut-il déterminer quelle valeur attribuer à ces données. Comment interpréter le fait que les auteurs du corpus mythographique ne proposent jamais, dans le détail, de version identique, et que l'unité du canon mythologique gréco-romain qui fonde la plupart de nos anthologies scolaires soit à l'opposé de la diversité caractéristique de la mythographie antique ? Il semble qu'il faille accepter que ces auteurs ne soient pas destinés à servir de référence, au sens où ils imposeraient leur énoncé comme le seul possible. Si ces auteurs avaient composé en vers, l'inventivité qui est la leur aurait été mise au compte de la fiction poétique : à quoi peuvent servir des récits organisés de façon systématique, suivant un projet propre à chaque auteur, qui admettent une dose de créativité dans le cadre plus général d'un univers de références partagées ? Le choix de la prose ne doit pas nous orienter vers la littérature fictionnelle, à la façon des *fan-fictions* : l'organisation des récits évite justement toute comparaison avec des formes romanesques, antiques ou modernes. Le terme de fiction est cependant intéressant en ceci qu'il rend nécessaire la définition d'un espace de représentation spécifique, un monde possible où le lecteur doit s'immerger en acceptant d'abdiquer de façon temporaire ses capacités à refuser ou nier les éléments qu'on lui présente[47]. Les énoncés mythographiques ont cette capacité à proposer, sur des sujets déjà traités dans la culture antique, dans les productions poétiques et iconographiques, des éléments nouveaux qui ne viennent pas seulement contredire des propositions précédentes : ils les complètent.

En effet, le choix du récit est loin de s'imposer comme une évidence, étant donné l'abondance des discours antiques qui ne se modèlent pas sur ce format. L'une des caractéristiques de la poésie grecque ou latine est non seulement de ne pas recourir le plus souvent au récit, mais même, lorsqu'elle le fait, de laisser ses récits incomplets : allusions, interruptions, lacunes ou coq-à-l'âne sont des constantes. Un auteur comme le poète Pindare, au ve siècle avant notre ère, est susceptible

46. Charles Delattre, « Pentaméron mythographique », *op. cit.*, p. 143-153.
47. Voir l'étude fondamentale de Jean-Marie Schaeffer, *Pourquoi la fiction ?*, Paris, Seuil, 1999, en particulier p. 179-198.

de faire allusion à la façon dont Bellérophon reçut d'Athéna le mors capable de dompter le cheval Pégase[48] ; mais il revient à un mythographe la tâche d'expliciter la structure des épisodes composés par Pindare, en inversant en particulier l'ordre d'exposition adopté dans le poème, et d'éliminer des ambiguïtés aménagées à dessein par le poète. Il en ressortirait que le héros Bellérophon éprouvait depuis longtemps le désir de soumettre le cheval ailé Pégase ; qu'il alla consulter pour cela le devin Polyidos ; que celui-ci prescrivit à Bellérophon de passer la nuit sur l'autel d'Athéna, qui lui apparut en rêve et lui fournit un mors qu'il trouva à son côté à son réveil ; que Polyidos, consulté alors par Bellérophon, lui recommanda d'organiser un sacrifice en l'honneur de Poséidon et de fonder un sanctuaire en l'honneur d'Athéna. De ce récit sont éliminés tous les effets de brouillage voulus par Pindare, en particulier ceux qui jettent le doute sur la nature du rêve – ne s'agit-il pas plutôt d'une épiphanie de la déesse ? –, les jeux d'écho entre propos de la déesse et prescriptions du devin, et même l'anonymat dans lequel est laissé le héros à ce stade du poème.

Le corpus mythographique relève de la tradition du commentaire et fournit des éléments de réflexion qui aident à la compréhension du corpus poétique. Mais, au lieu d'être présentés sous la forme moderne du commentaire, ces éléments sont organisés en récit : les points de divergence ou les compléments sont le lieu où se donne à voir une pratique critique. Les récits mythographiques ne sont pas des énoncés assertifs, qui prétendent imposer un savoir mythologique qu'il faut acquérir : ils comblent des lacunes et avancent des hypothèses interprétatives, des propositions faites par un auteur qui prend position dans un débat[49]. Ce type de récit n'est pas propre au corpus mythographique : par extension, toutes les pratiques lettrées, toute la littérature de commentaire y recourent. C'est pourquoi il convient de parler de pratiques mythographiques et non de corpus déterminé. C'est donc l'ensemble de nos dictionnaires de mythologie qu'il convient de réévaluer, pour faire de leurs récits non des objets fondant un savoir commun dans l'Antiquité, mais des énoncés à lire sur le mode du potentiel.

Conclusion : le mythe, un récit introuvable

Dans l'Antiquité, le récit est donc partout, mais il n'impose pas un unique mode de lecture ou d'appréciation : il est un outil au service particulier d'un auteur, qui, en vers ou en prose, le mobilise en fonction d'enjeux qui lui sont propres, et pour des fonctions qui peuvent être très diverses. Contrairement à ce que

48. Pindare, *Olympiques*, 13, 63-82.
49. Les mythographes ne font que poursuivre le travail opéré par certains poètes, eux-mêmes érudits, qui peuvent prendre parti dans des débats philologiques : voir Jean-Christophe Jolivet, « Confronter les textes poétiques latins et les commentaires philologiques et exégétiques grecs. Circé, Aristote, les scholies homériques, Virgile et Ovide », *Dictynna* [En ligne], n° 13, 2016, https://journals.openedition.org/dictynna/1335.

laisse supposer sa forme assertive, il n'est pas un socle de référence qui engage l'assentiment de tous. Et, de la même façon, on peut réévaluer le rôle que le récit joue dans la discipline mythologique moderne, en particulier lorsque nous créons nous-mêmes des histoires quand nous analysons des données antiques. Étant donné tous les garde-fous que nous avons énumérés, on comprendra que nous hésitions désormais à utiliser ce type d'énoncé comme s'il n'offrait aucun danger, comme s'il n'était que transparence. Il est désormais entendu que produire un récit pour analyser un discours ou une image n'est pas seulement insuffisant pour rendre compte de ce que sont ce discours ou cette image : il convient de marquer tout ce qui différencie ce récit des documents analysés et d'identifier les biais que produit le recours au récit.

Malgré tout, si l'on ne peut produire de récit qu'on appellera uniformément « mythe », il ne faut pas non plus renoncer à ce terme qui, dans tous les cas, identifie la discipline dont on s'obstine ici à justifier l'existence. Le mythe est-il une « concaténation de catégories » rassemblant discours, images et rituels, comme le voulaient John Scheid et Jasper Svenbro[50] ? L'expression est belle, mais ramène l'attention vers des objets antiques, alors que notre regard doit se porter sur le discours que nous produisons nous-mêmes dans le cadre disciplinaire contemporain. Si l'on veut pratiquer une sorte d'archéologie de notre discours, il nous semble que le mythe n'existe que dans le geste éminemment moderne qui est le nôtre, dans l'analyse que nous produisons. Il est ce que nous identifions dans les documents que nous soumettons à notre regard, il ne s'identifie pas aux documents eux-mêmes[51]. Il n'est pas une forme ou un objet, mais le regard même que nous portons comme mythologues. S'il est partout et nulle part, c'est qu'il n'existe que de façon transitoire, dans notre discours. Il ne saurait donc être équivalent au seul récit : il peut être schéma, tableau, figure, commentaire ou toute forme d'analyse, car il est le répertoire à la fois des documents que nous lisons et de l'interprétation que nous en donnons.

50. John Scheid et Jesper Svenbro, *Le métier de Zeus. Mythe du tissage et du tissu dans le monde gréco-romain*, Paris, Errance, 2003 (1re éd., 1994), p. 8.
51. Charles Delattre, *Le Cycle de l'Anneau, de Minos à Tolkien*, Paris, Belin, 2009, p. 12.

Matthieu Letourneux

Sérialité des récits, culture médiatique et imaginaires sociaux

Nous nous proposons ici d'opérer un déplacement des méthodologies des études littéraires d'un questionnement sur les récits considérés dans leur singularité vers une approche portant sur les séries de récits (considérées globalement). Un tel déplacement de perspective s'inscrit dans une tendance générale des études littéraires, depuis une décennie, à élargir le périmètre de ce que l'on appelle la littérature, en délaissant une approche hiérarchisée fondée sur l'idée d'un *great divide* entre haute culture et culture de masse[1], et en insistant corollairement sur la nécessité d'en repenser les méthodologies[2]. Dans notre cas, ce déplacement vise d'abord à rendre compte des logiques de production, de consommation et de circulation des récits depuis le XIXe siècle et l'avènement en Occident d'une culture médiatique et marchande, à partir du tournant de la culture de masse identifié par Dominique Kalifa dans la décennie 1860[3], puisque cette dernière a favorisé la sérialisation des supports et donc, indirectement, celle des textes et de leurs imaginaires. En délaissant le point de vue sur l'œuvre unique au profit des principes de répétitions et de variations affectant de vastes corpus narratifs – de quelques titres pour une série à personnages récurrents à plusieurs centaines de milliers pour un genre comme le récit criminel – envisagés à partir de leurs traits communs, une telle perspective invite en outre à questionner la

1. Andreas Huyssen, *After the Great Divide, Modernism, Mass Culture, Postmodernism*, Bloomington, Indiana University Press, 1986.
2. On citera, parmi les propositions théoriques, celles d'Yves Citton, *Lire, interpréter, actualiser. Pourquoi les études littéraires ?*, Paris, Éditions Amsterdam, 2007 ; Alain Vaillant dans, *L'Histoire littéraire*, Paris, Armand Colin, 2010 ; Jean-Marie Schaeffer, *Petite écologie des études littéraires. Pourquoi et comment étudier la littérature ?*, Paris, Marchaisse, 2011 ; l'ouvrage collectif *Faire littérature. Usages et pratiques du littéraire (XIXe-XXIe siècles)*, Lausanne, Archipel, 2018 et Alexandre Gefen, *L'idée de littérature. De l'art pour l'art aux écritures d'intervention*, Paris, Corti, 2021.
3. Dominique Kalifa, « L'entrée de la France en régime médiatique : l'étape des années 1860 », dans Jacques Migozzi (dir.), *De l'écrit à l'écran ; littérature populaire, mutations génériques, mutations médiatiques*, Limoges, PULIM, 2000.

In : Sciences sociales aux bords du récit, Paris, Éditions de l'EHESS, 2025

portée collective des récits et leur manière de donner forme aux représentations d'une époque. En ce sens, l'analyse des œuvres dans une perspective sérielle permet de replacer les études littéraires au cœur des dynamiques de recherche des sciences humaines et sociales, puisqu'elle prétend restituer ce qui circule dans la sphère publique, à travers les formes et les récits, mais aussi la manière dont la sérialisation contribue aux représentations genrées (comme dans l'opposition entre roman d'amour et pornographie) ou à la transmission d'une culture entre les générations (par exemple dans les productions sérielles pour la jeunesse). Pour des raisons méthodologiques, nous en resterons ici à l'espace de l'imprimé, en renvoyant par ailleurs à d'autres de nos travaux pour les questions de circulation transmédiatique[4] ; il reste qu'un nécessaire élargissement à l'ensemble de la médiasphère, sur lequel nous reviendrons brièvement, doit être considéré comme l'horizon d'analyse de cet article.

Du récit singulier à la sérialisation des récits

Avec l'avènement au XIXe siècle dans les pays occidentaux (France, Grande-Bretagne, États-Unis en particulier) d'une culture médiatique[5], on a rapidement vu émerger un ensemble de formats standardisés, qui correspond à une rationalisation rapide des processus de production. Si ce mouvement a été progressif, il n'a cessé de s'étendre au fil du XIXe et du XXe siècle. On peut en donner quelques étapes. L'avènement de la presse commerciale moderne dans les années 1830 (avec *La Presse* d'Émile de Girardin comme exemple paradigmatique)[6], s'est traduit par un processus de standardisation touchant à la fois l'offre des périodiques, classés en grandes catégories, et le sommaire de chacun d'entre eux, divisé en rubriques récurrentes. De telles logiques de rationalisation ont permis à l'imprimé de toucher un public de plus en plus large, surtout à partir de l'avènement des journaux à grand tirage dans les années 1860[7]. L'industrialisation des techniques de production et de distribution a eu une incidence profonde sur les processus de création, et ce, dès le Second Empire[8], imposant des formes de récits et un répertoire de motifs, ce dont témoigne notamment à l'époque la grande standardisation des romans-feuilletons. Le coup d'accélérateur apporté par les nouveaux formats éditoriaux au début du XXe siècle, imposant les collections populaires contre le modèle

4. Matthieu Letourneux, *Fictions à la chaîne*, Paris, Seuil, 2017.

5. Dominique Kalifa, Philippe Régnier, Marie-Ève Thérenty et Alain Vaillant (dir.), *La civilisation du journal. Histoire culturelle et littéraire de la presse française au XIXe siècle*, Paris, Nouveau Monde, 2011.

6. Marie-Ève Thérenty et Alain Vaillant, *1836, l'an 1 de l'ère médiatique*, Paris, Nouveau Monde, 2001.

7. Dominique Kalifa, « L'entrée de la France en régime médiatique : l'étape des années 1860 », *op. cit.* et *Id.*, *La Culture de masse en France, 1860-1930*, Paris, La Découverte, 2001.

8. Luce Roudier, *La Fabrique de la littérature sérielle : La littérature sérielle à travers ses archives, 1840-1940*, thèse pour le doctorat en littérature, Nanterre, Nanterre Université, 2022.

antérieur des publications dans la presse, va permettre de mettre en place une forme de *fordisme littéraire*. Celui-ci est lié aux contraintes éditoriales qu'imposent les formats standardisés et la rotation des titres, et se traduit par une montée en puissance de l'éditeur et de la collection au détriment des auteurs, d'abord dans l'entre-deux-guerres, avec les collections standardisées à bas coût (sur le modèle du « Livre populaire » de Fayard), qui joueront un rôle capital dans la stabilisation des genres populaires puis, dans les années 1950-1960, avec la tentative des éditeurs (le Fleuve Noir, les Presses de la Cité) pour s'inspirer des nouveaux médias de masse (entre-temps le cinéma, la radio et bientôt la télévision, ont imposé de nouvelles logiques de production rationalisées). Il faut citer enfin, à partir des années 1970, le mouvement de singularisation des produits standardisés caractéristique du stade postfordiste de la création sérielle qui voit l'apparition de collections de genre contre-culturelles, comme « Chute Libre », de bandes dessinées pour adultes et plus largement du développement de postures auteuristes. Ce sont là quelques-uns des jalons, pour le seul domaine de l'imprimé, d'une histoire de l'extension des pratiques sérielles, devenues dominantes dans notre culture. Elle demanderait bien sûr à être complétée par une analyse des mutations qui se sont produites dans les autres domaines de la culture médiatique, et aussi, de façon fondamentale, dans celui de la production, de la distribution et de la consommation de marchandises standardisées.

En effet, c'est dans la perspective d'un système complet de communication médiatique, depuis les cadres de production et de distribution, jusqu'aux logiques de création et de consommation, qu'il convient de penser les productions sérielles. De fait, les formats standardisés, articulant un type de support (caractérisé par des dimensions, un nombre de pages, mais aussi un prix et un placement des illustrations) et un type de sujet, ont d'un côté découpé le paysage culturel en grands ensembles médiatiques (pour prendre un exemple, les fictions vendues en kiosques et celles vendues en librairie offraient dans l'entre-deux-guerres des sujets, styles et degrés de légitimité très différents, au point de matérialiser ce *great divide* entre haute et basse culture que nous avons déjà évoqué). Ils ont, d'un autre côté, déterminé indirectement les conventions des récits factuels (informations, faits divers, vulgarisation, chroniques et anecdotes) et fictionnels (ceux de la littérature populaire en particulier), établissant des catégories de représentation plus compartimentées. Ainsi, l'opposition au XXe siècle entre « récit criminel » et « récit sentimental » résultant de la nouvelle logique des collections standardisées, opère un découpage du réel, mais aussi une configuration genrée des sensibilités entre hommes et femmes. Mais dès le XIXe siècle, les récits ont eu naturellement tendance à obéir à des principes de standardisation pour s'adapter aux médias et à leurs modes de consommation. Le développement d'un ensemble de formats médiatiques, de supports de diffusion et de réseaux de distribution spécifiques favorise à chaque fois l'émergence de genres narratifs, ou *a minima*, d'ensembles de textes marqués par des traits sériels (ou, suivant les termes de Gérard Genette, de traits architextuels[9]) identifiés par les producteurs (auteurs, éditeurs) et les consommateurs, et influençant les modalités d'écriture et les attentes lectoriales. Ces conventions interviennent à tous les niveaux de la communication, depuis les réseaux de distribution (nous l'avons vu pour l'opposition entre kiosques et librairies) jusqu'aux collections éditoriales, en passant par les genres médiatiques et l'identité des périodiques ou des collections.

Formats et genres enregistrent les transformations des imaginaires sociaux (c'est-à-dire la manière dont on pense, raconte et fantasme collectivement le monde), et les discours sociaux (c'est-à-dire la façon dont notre manière de dire le monde repose sur des rhétoriques et des présupposés partagés[10]). Des lieux de distribution distincts engendrent ainsi des formats standardisés variables, à l'instar des différences existant au XIXe siècle entre les supports de fiction vendus en kiosque, proposés en cabinet de lecture ou en librairie. Ces formats matériels favorisent à leur tour certains types de récits, par exemple, pour la presse, le format long du feuilleton ou celui très court de la nouvelle[11]. La concurrence de récits similaires dans un même écosystème médiatique engendre à son tour des cohérences architextuelles. C'est le cas pour certains des thèmes sociaux et criminels du feuilleton, qu'on peut expliquer par les échanges thématiques avec les productions journalistiques que ce type de récits côtoyait sur la page du périodique[12] : la manière dont les représentations de la ville, de la société et du crime se sont pensées conjointement à travers un système d'opposition – jour/nuit, surface/profondeur, beaux quartiers/bas-fonds, bon et mauvais pauvres, etc. – a largement été favorisée par la contamination dans la presse entre discours journalistiques et fictions[13].

Quand ils se rencontrent dans des formats et des réseaux de distribution différents, les mêmes genres varient en fonction de ce contexte, parce qu'ils ne visent pas les mêmes publics, les mêmes modes de consommation, ou tout simplement parce que les modèles prototypiques des séries médiatiques dans lesquelles ils s'inscrivent ne sont pas exactement les mêmes. Ainsi, le roman sentimental vendu en kiosque diffère-t-il sensiblement de celui « bon chic bon genre » vendu en librairie : le premier s'inscrit dans un modèle populiste lié à la tradition du feuilleton et du mélodrame social, avec son imaginaire des démunis, des mauvais riches et de la réconciliation sociale ; le second relève d'un modèle moral marqué par le

9. Rappelons que pour Gérard Genette, la notion d'architexte désigne « [l]'ensemble des catégories générales, ou transcendantes – types de discours, modes d'énonciation, genres littéraires, etc. – dont relève chaque texte singulier » : Gérard Genette, *Palimpsestes, La Littérature au second degré*, Paris, Seuil, 1982.

10. Nous nous appuyons ici sur Marc Angenot, *1889, un état du discours social*, Longueuil, le Préambule, 1989.

11. Florence Goyet, *La nouvelle, 1870-1925 : description d'un genre à son apogée*, Paris, Presses Universitaires de France, 1993.

12. Filippos Katsanos, *La littérature des mystères : poétique historique d'un succès médiatique du XIXe siècle en France, en Grèce et en Grande-Bretagne*, Limoges, PULIM, 2020.

13. Dominique Kalifa, *Les bas-fonds. Histoire d'un imaginaire*, Paris, Seuil, 2013.

catholicisme de ses éditeurs (La Bonne Presse ou Tallandier)[14]. De tels phénomènes touchent autant les récits fictionnels que les récits factuels. Dans la presse, certains genres de journaux s'associent à des types de récits particuliers: récits vécus de la presse féminine, faits divers de la presse populaire, confessions intimes de la presse érotique, narrativisation du savoir dans la presse de vulgarisation… Pour résumer, le système médiatique et marchand qui se met en place de manière variable à partir du XIXe siècle en Europe favorise l'organisation des récits en ensembles sériels cohérents dont les caractéristiques semblent identifiées par les producteurs comme les consommateurs.

Un exemple permettra de comprendre comment ces phénomènes articulés de sérialisation se situent généralement sur plusieurs niveaux à la fois, depuis les contraintes médiatiques jusqu'aux imaginaires véhiculés. En 1905, Arthème Fayard lance une première collection de romans à 65 centimes, « Le Livre populaire », dont le succès est tel qu'elle est immédiatement imitée par l'ensemble des éditeurs populaires, c'est-à-dire des éditeurs de fiction, issus du monde de la presse, ayant adopté des réseaux de distribution, des tarifs, des formats et des types de récits spécifiques, plutôt destinés à un public populaire. Avec la généralisation de ce format, la série éditoriale (la collection du « Livre populaire ») devient une série médiatique partagée, constituée d'un ensemble de collections homogène, liée à des formats et des réseaux de distribution spécifiques, qui bouleverse les logiques de la littérature populaire, l'arrachant à la presse et à son rapport à l'actualité, puisque le format du livre se substitue à celui du journal. Les romanciers populaires doivent s'adapter à ce nouveau format standardisé qui impose un récit à structure fermée contre le modèle ouvert du roman-feuilleton, ce qui crée un changement de génération esthétique entre les feuilletonistes du XIXe siècle et les auteurs de petits livres du XXe siècle. La série des « Fantômas » de Pierre Souvestre et Marcel Allain témoigne des conséquences de ces contraintes en termes narratifs, avec des personnages récurrents dans des récits plus brefs. La série à personnages récurrents thématise dans l'intrigue le principe de la collection, exploitant la sérialité dans la structure même de la série de récits. Mais ces changements formels entraînent d'autres mutations, plus profondes encore. Les collections favorisent en effet un principe d'éditorialisation qui se traduit par une cristallisation des conventions génériques: pour fidéliser le lecteur, les éditeurs donnent une identité aux collections, les spécialisant dans certaines intrigues. Autrement dit, on produit et achète désormais de la littérature de genre.

Cette bascule de la lecture dans le genre se traduit aussi par une mutation des récits, favorisée par les formats plus courts des collections: le mélodrame social et de mœurs, aux intrigues ouvertes et mêlées, qui dominait dans le feuilleton,

14. Ellen Constans, *Parlez-moi d'amour: le roman sentimental, des romans grecs aux collections de l'an 2000*, Limoges, PULIM, 1999. C'est à Ellen Constans que nous empruntons l'expression de « roman bon chic bon genre ».

laisse place aux formes plus resserrées du roman policier, qui se concentre sur le crime, et du roman sentimental, qui se spécialise dans l'histoire amoureuse. Les contraintes médiatiques et formelles se répercutent alors dans les conventions génériques, qui se renouvellent en profondeur. Ainsi reconfigurés, les genres peuvent s'émanciper en partie des héritages sérialisés du XIXe siècle et sont susceptibles de restituer les mutations des discours sociaux qui leur sont contemporains. Pour prendre un exemple, en perdant de vue l'héritage du roman-feuilleton marqué par les problématiques sociales, par l'appréhension du monde en termes sociaux (misère, etc.), le récit policier, concentré sur la résolution d'un crime, et le roman d'amour, réduit, dans ses proportions étroites, à une intrigue sentimentale, font refluer la lecture sociale qui prévalait au XIXe siècle. Autrement dit, ce qui était une affaire de format engage en définitive toute la manière de donner forme à la réalité.

On le voit de manière frappante dans les changements qui affectent le roman d'aventures géographique lors de son passage du format du feuilleton à celui du livre bref. Ce second format contraint les auteurs à délaisser les intrigues interminables de voyages et de tours du monde (plus adaptées à la forme ouverte du feuilleton comme le montrent les œuvres de Jules Verne ou Louis Boussenard dans le dernier quart du XIXe siècle) pour leur préférer des récits plus resserrés autour d'un lieu et d'un drame : un danger menace une région du monde, et le héros parvient non sans peine à en venir à bout. Si cette forme nouvelle est commandée par le changement de dimension, elle est aussi plus adaptée aux nouveaux imaginaires coloniaux, puissants dans l'entre-deux-guerres : des imaginaires qui ne sont plus tournés vers la conquête de territoires inconnus par le voyage, mais vers la consolidation des colonies, menacées par des ennemis intérieurs ou étrangers. Comme on peut le voir ici encore, tous les niveaux de sérialité sont articulés, puisque les formats médiatiques imposent de nouvelles conventions architextuelles qui, en définitive, mettent en récit certains des nouveaux imaginaires sociaux de l'époque.

Pour tenir compte de la dimension sérielle des récits médiatiques, il convient donc, contre les approches dominantes des études littéraires, de déplacer la focale de l'œuvre unique vers la série. Cela engage un changement de perspective par rapport à l'approche traditionnelle des récits. Ce n'est plus en effet la singularité de l'œuvre qui prime, mais les effets de masse où les œuvres singulières apparaissent comme des variables, significatives en ce sens, de pratiques collectives. Il ne s'agit plus de rechercher ce qui fait l'autonomie de l'œuvre, mais d'identifier aussi une dynamique hétéronome, puisque le récit est traversé par les conventions narratives, les stéréotypes et les imaginaires charriés par l'ensemble des séries dans lesquelles il s'inscrit. L'approche de la littérature par la masse des récits suppose d'opter pour un mode de lecture à distance (*distant reading*), suivant lequel les œuvres peuvent être parcourues, appréhendées de seconde main ou abordées par la médiation d'outils informatiques, complété par une lecture en profondeur (*close reading*) qui servira tout au plus à en vérifier les hypothèses[15]. De même, l'intentionnalité auctoriale est ressaisie dans un système plus large où intervient toute une série d'acteurs qui entrent en jeu dans le processus de création : agents éditoriaux, équipe rédactionnelle ou médiateurs orientant la réception des œuvres. Ces dynamiques de négociation s'objectivent dans le contexte de production et de diffusion des œuvres, à travers des unités de sens plus larges que le texte – des unités architextuelles –, comme la collection éditoriale, le journal ou la maison d'édition. L'acte de création se comprend alors comme une négociation entre logiques de standardisation et dynamiques de singularisation. L'originalité des œuvres est composite en ceci qu'en manipulant les héritages sériels, elles reprennent aussi une part des discours et de l'idéologie qui les portent, même quand le système social structurant cette idéologie a disparu depuis longtemps. On peut songer par exemple à l'étonnante rémanence des stéréotypes du roman d'aventures colonial dans les récits de voyage non fictionnels de la seconde moitié du XXe siècle. On y constate la permanence des codes d'une mystique de l'aventure et d'une opposition entre civilisation et sauvagerie, déclinée en tout une série d'oppositions secondes – ordre bourgeois et liberté antibourgeoise, rationalité et spiritualité, technologie et nature, etc. –, y compris d'ailleurs dans une partie de la production animée par des positions contre-culturelles, écologiques ou humanitaires. L'appropriation et la reconfiguration des encyclopédies architextuelles qu'engendrent les séries médiatiques sont ainsi toujours dominées par le poids du discours collectif charrié par les formes investies.

Imaginaires sérialisés et discours social

En suivant cette démarche, l'attention du chercheur se déplace de l'œuvre considérée dans sa singularité vers la série dans laquelle elle s'inscrit, et qui en fait une expression située des discours collectifs avec lesquels elle négocie. Un article de presse, un numéro de périodique, une œuvre de la littérature de genre, un roman publié dans une collection éditorialisée sont autant de textes pris à chaque fois dans des logiques sérielles de formats, de conventions discursives, de principes éditoriaux, et de règles de production qui expliquent leurs caractéristiques au moins autant, voire plus, que ne le fait l'intentionnalité auctoriale. En réalité, toute œuvre dialogue avec les productions qui lui sont proches et par rapport auxquelles elle se positionne. C'est dans cette perspective que l'on peut déterminer ce qui fait la singularité d'un récit fictionnel ou factuel. Un auteur de littérature de genre tend à en respecter les contraintes, sinon il n'écrirait pas dans ce genre ; de même, un fait-diversier ou un spécialiste de vulgarisation scientifique s'astreignent à respecter les principes associés

15. Franco Moretti, *Graphes, cartes et arbres. Modèles abstraits pour une autre histoire de la littérature*, Paris, Les Prairies ordinaires, 2008.

au genre de récit factuel qu'ils investissent. Ils mobilisent les conventions propres à l'encyclopédie architextuelle du genre. Mais leurs choix sont également conditionnés par les contraintes liées au format (dimensions et caractéristiques stylistiques et thématiques) et aux implicites éditoriaux : écrire pour un magazine ou pour une collection, c'est aussi se couler dans une identité éditoriale[16]. Cette rationalisation ne se limite pas aux œuvres de fiction, mais engage une bonne partie du discours en régime médiatique. Les récits factuels aussi s'organisent en genres (reportage, fait divers, chronique, vulgarisation…), dialoguent avec des formats et obéissent à des contraintes éditoriales.

Cette logique de sérialisation ne se cantonne donc pas à la fiction et touche à l'ensemble des productions médiatiques : il existe des routines narratives et stylistiques du fait-divers (routines qui varient en fonction des époques)[17], comme il existe des caractéristiques propres au récit de confession[18], à la vulgarisation historique ou à la presse de célébrités. Dans la mesure où ils narrativisent le réel, les récits jouent un rôle fondamental dans la sérialisation des imaginaires. Le phénomène est d'autant plus fort que les conventions circulent largement entre les récits fictionnels et factuels, qui échangent scénarios intertextuels[19], types humains et modes de représentation du monde. C'est le cas par exemple des imaginaires de la ville ou de ceux du crime et de l'insécurité, qui se sont construits dans un va-et-vient constant entre fiction et textes journalistiques (faits divers, en particulier)[20], depuis les mystères urbains du XIXe siècle, jusqu'au néo-polar[21] aujourd'hui, en passant par les grands cycles de la ville (Balzac, Zola)… Mais pour être juste, il conviendrait de remarquer que ces conventions architextuelles ont également irrigué la chanson réaliste, qui adopte également la forme de récits, la presse comique riant des apaches (les criminels

16. Cette identité éditoriale participe de ce qu'Emmanuel Souchier décrit comme l'énonciation éditoriale : Emmanuël Souchier, « L'image du texte pour une théorie de l'énonciation éditoriale », *Les Cahiers de médiologie*, 1998, vol. 2, nº 6, p. 137-145.

17. Pour prendre la mesure de ces variations, on peut confronter les analyses de Laëtitia Gonon pour le XIXe siècle (Laëtitia Gonon, *Le fait divers criminel dans la presse quotidienne française du XIXe siècle*, Paris, Presses Sorbonne Nouvelle, 2012) aux travaux rassemblés par Amélie Chabrier et Marie-Ève Thérenty autour du *Détective* de la période 1928-1940, « Actes des journées d'études : *Détective*, histoire, imaginaire, médiapoétique d'un hebdomadaire de fait divers (1928-1940) », *Criminocorpus*, nº 12, 2018 [en ligne, https://journals.openedition.org/criminocorpus/4802]).

18. Voir sur cette question les travaux entrepris par Mélodie Simard-Houde dans le cadre du projet collectif qu'elle dirige, « Faits vécus et histoires vraies : une médiapoétique dans la presse et l'édition populaire » (financé par le Fonds de recherche du Québec – Société et culture, 2023-2026) : https://lpcm.hypotheses.org/27709.

19. Umberto Eco décrit par cette expression « des schémas rhétoriques et narratifs faisant partie d'un bagage sélectionné et restreint de connaissances que les membres d'une culture donnée ne possèdent pas tous […] tels seraient les schémas standard du roman policier de série, ou des groupes de fables où se répètent toujours les mêmes fonctions (au sens de Propp) dans la même succession ». Umberto Eco, *Lector in fabula. La Coopération interprétative dans les textes narratifs*, Paris, Grasset, 1985.

20. Voir sur ce point les travaux de Dominique Kalifa sur la Belle Époque, *L'encre et le sang. Récits de crimes et société à la Belle Époque*, Paris, Fayard, 1995.

21. Genre littéraire apparu en France dans les années 1970, et illustré par exemple par les romans de Jean-Patrick Manchette, Didier Daeninckx, Frédéric H. Fajardie, Jean Vautrin ou encore Thierry Jonquet.

de la Belle Époque), les productions du théâtre de mélodrame, puis les récits en bandes dessinées et les productions audiovisuelles (cinéma, radio, télévision). Et, si les fictions se sont nourries des faits divers, elles ont en retour constamment contaminé les discours factuels, aussi bien thématiquement que narrativement[22]. De même, les représentations de l'amour, des sentiments et de la sensibilité féminine ont intensément circulé entre les espaces des romans (mélodramatiques, de mœurs et sentimentaux en particulier) et romans-photos, et ceux des récits factuels (que l'on pense aux récits moraux de la presse catholique, aux journaux de confessions sentimentales, ou aux articles de témoignages de la presse féminine[23]). Et l'on pourrait encore montrer comment les imaginaires technologiques ont pu être structurés par les récits d'anticipation fictionnels et factuels. C'est le cas pour les récits du progrès sous toutes leurs formes s'appliquant à la plupart des inventions technologiques : ainsi l'astroculture des années 1950 et le *space opera*[24], la culture du nucléaire dans la France gaulliste et l'anticipation du Fleuve Noir, ou les imaginaires informatiques des années 1980-1990 et la vogue du cyberpunk.

De tels échanges entre conventions architextuelles des récits fictionnels et factuels sont si profonds qu'ils déterminent nos manières de découper collectivement la réalité pour lui donner une signification. Comme l'a souligné Marc Angenot à propos du XIXe siècle, le discours social – cet ensemble de lieux communs organisés contribuant à l'unité d'une société et se transformant en même temps qu'elle – est largement porté par des récits qui sont aussi des formes dominantes de la culture médiatique[25]. La circulation des conventions entre récits fictionnels et factuels joue par conséquent un rôle capital dans notre façon de nous représenter la réalité. La manière dont les récits factuels (faits divers, confessions, anecdotes, récits de vulgarisation, etc.) sont traversés par les intertextes fictionnels, dans leur écriture comme dans les scénarios intertextuels mobilisés, témoigne que notre manière de parler du monde est largement structurée par les encyclopédies architextuelles des fictions et les routines interprétatives qu'elles fournissent. C'est vrai des publications sensationnelles de la presse tabloïd et de faits divers qui visent à produire des effets en empruntant aux procédés de la littérature de genre[26] ; cela l'est, de manière tout aussi frappante, des écritures grand public du savoir quand elles prennent la forme de récits. La vulgarisation a très souvent cherché à se rendre attrayante en convoquant des références romanesques, manifestant ainsi combien le savoir lui-même peut être

22. Voir sur ce point Amélie Chabrier et Marie-Ève Thérenty (dir.), « Actes des journées d'études : *Détective*, histoire, imaginaire, médiapoétique d'un hebdomadaire de fait divers (1928-1940) », *op. cit.*
23. On renverra par exemple aux travaux de Cécile Boulaire sur Mame (pour les publications catholiques), et à ceux de Mélodie Simard-Houde (pour les journaux de confession et les récits sentimentaux).
24. Alexander C. T. Geffert (dir.), *Imagining Outer Space; European Astroculture in the Twentieth Century*, New York, Palgrave Macmillan, 2010.
25. Marc Angenot, *1889, un état du discours social*, *op. cit.*
26. Yoan Vérilhac, *Sensationnalisme*, Paris, Éditions Amsterdam, 2024.

contaminé par la fiction[27]. La réciproque est *a fortiori* vraie, puisque les fictions, même les plus conventionnelles, se nourrissent toujours de l'actualité ou d'un savoir sur le monde[28]. Autrement dit, notre représentation de la réalité est définie par un entrelacement de récits fictionnels et factuels d'autant plus fort qu'il repose sur les imaginaires sédimentés de séries de textes et d'images : si la fiction sérielle permet de donner une forme au monde en le mettant en discours à travers des structures narratives et des systèmes d'oppositions récurrents, elle reste liée à la réalité, qu'elle commente implicitement par la répétition des procédés.

Cette circulation des récits dépasse le seul champ de l'imprimé pour toucher à l'ensemble des médias et des modes d'expression. Ce qui était déjà perceptible au XIXe siècle, avec un théâtre et une culture de l'image jouant un rôle capital, l'est *a fortiori* au XXe siècle avec le cinéma, la radio, la télévision et les médias numériques. Prend forme ici un réseau complexe d'influences et d'échanges, mais aussi des singularités médiatiques liées à l'autonomie relative des imaginaires médiatiques et des modes d'expression : un double mouvement que Philippe Marion décrit à travers le couple de la médiagénie et de la transmédiagénie[29].

Mutations sérielles

Si la circulation des récits sériels contribue à la structuration des discours sociaux, alors le succès et le déclin de certains genres fictionnels et médiatiques, de même que les transformations que subissent leurs encyclopédies architextuelles, peuvent être interprétés comme des signes des mutations culturelles dont ils sont l'expression collective. Que les genres fictionnels américains (roman et film noir, science-fiction) se soient imposés aux lecteurs français dans les années suivant la Seconde Guerre mondiale, rendant soudain désuets les genres populaires hérités du feuilleton du XIXe siècle (mélodrame, récit des bas-fonds, roman d'aventures), s'explique aussi par l'effondrement du modèle culturel qui s'associait à ces formes antérieures. En effet, le déclin du discours nationaliste servant de soubassement aux récits populaires, l'effritement du monde colonial affaiblissant les imaginaires épiques de l'aventure géographique, et plus généralement la fragilisation du monde d'avant la guerre et des formes narratives qui lui étaient associées après la défaite et l'Occupation, permettent de comprendre la désuétude des imaginaires hérités du XIXe siècle et leur

27. C'est le cas, de manière frappante de la vulgarisation historique dans le journal *Historia* des années 1950-1970. Sur ces échanges, voir Matthieu Letourneux, « Quand l'histoire courtise le roman : la revue *Historia* comme exemple d'histoire romanesque », dans Christophe Reffait (dir.), *Romanesque et histoire*, Amiens, Encrage Université, 2008, p. 83-97.

28. Françoise Lavocat, *Fait et fiction, pour une frontière*, Paris, Seuil, 2016.

29. Philippe Marion, « Narratologie médiatique et médiagénie des récits », *Recherches en communication*, n° 7, 1997, p. 61-87.

remplacement par des formes plus nouvelles importées des États-Unis sous l'impulsion du plan Marshall.

Cela signifie aussi que le raz-de-marée des genres américains, qui s'exportent au cinéma, dans les bandes dessinées, mais aussi à travers les nouveaux formats *paperback* des collections populaires, n'est pas tant l'expression d'un impérialisme triomphal de la part des États-Unis que celle d'une assimilation par le public français de ces modèles comme moyens de formuler une nouvelle identité nationale[30]. Ainsi la science-fiction française de cette période d'après-guerre reformule-t-elle les discours technologiques et modernistes triomphants du gaullisme. De leur côté les romans et films noirs à la française réactualisent, par la médiation des fictions américaines, l'argot, la scène urbaine et le discours désabusé sur la société pour les faire entrer en résonance avec les sensibilités des années 1950, allant jusqu'à définir une nouvelle francité, comme dans les récits d'Albert Simonin, d'Auguste Le Breton et surtout de San Antonio[31]. De même, de la fin des années 1950 au début des années 1970, le succès incroyable du récit d'espionnage, décliné en romans, films, bandes dessinées, romans-photos (quelque 200 films coproduits entre 1963 et 1968, 120 000 exemplaires de tirage moyen pour un roman du Fleuve Noir dans les années 1960, sans doute 300 000 pour un SAS[32] dans les années 1970) apparaît comme la manifestation d'une reconfiguration des imaginaires géopolitiques. Il s'y exprime, de façon largement inconsciente, la fin des ambitions coloniales, la marginalisation de la France sur la scène internationale mais aussi la construction d'une nouvelle identité collective – collaboration entre les Nations, ennemis communs, circulation internationale – au moment où se mettent en place les prémisses d'une politique commune européenne : le Français Coplan, l'Américain OSS 117 ou l'Autrichien Malko Linge alias SAS, et surtout la multitude d'espions des coproductions franco-italiennes au casting international, coopèrent avec leurs voisins européens et les alliés de l'OTAN, redéfinissant l'identité européenne contre les imaginaires conflictuels qui prévalaient dans l'entre-deux-guerres.

On pourrait multiplier les exemples de cette manière dont les récits se transforment au gré des mutations historiques. C'est ce que montrerait aussi l'évolution, pendant cette même période, des conventions des récits factuels comme les faits divers, qui illustrent les préoccupations sociales de leur époque dans une version tératologique et peuvent se réinventer pour donner de nouvelles formes aux angoisses de l'époque. En témoigne, parmi d'autres exemples, le tournant pornographique d'un périodique comme *Détective* dans les années 1970, avec ses unes évoquant orgies, messes noires, viols collectifs et homosexualité

30. Ludovic Tournès, *Américanisation : une histoire mondiale, xviiie-xxie siècle*, Paris, Fayard, 2020.
31. Loïc Artiaga et Matthieu Letourneux, *Aux origines de la pop culture*, Paris, La Découverte, 2022.
32. Série de romans d'espionnage écrits par Gérard de Villiers.

criminalisée. Celles-ci attestent le trouble que pouvait représenter la libération sexuelle pour une frange de la population, fantasmant dans ces récits une transgression de toutes les normes sociales, à travers des histoires oscillant entre désirs sadiens et moralisation équivoque.

Le lien profond qui existe entre les récits sériels et les représentations sociales s'explique aisément. En effet, comme l'a montré Paul Ricœur, le récit est ce qui permet d'articuler l'expérience individuelle du temps, notre identité narrative, et le temps historique de la collectivité[33]. En outre, comme le suggère Fredric Jameson, les récits jouent un rôle capital dans l'expression des représentations collectives, car en tant que formes sérielles, ils représentent des matrices où se formule l'« inconscient politique » d'une collectivité, son idéologie, condition pour que cette collectivité fasse société[34]. Et l'on voit bien dans cette perspective comment la façon dont interagissent récits fictionnels et factuels contribue à enraciner les représentations dans des structures identifiables : les récits factuels servent de soubassement aux fictions, qu'ils ancrent dans la réalité référentielle, et les fictions donnent une forme lisible à la masse des événements qui nous sont rapportés quotidiennement dans les récits médiatiques. L'analyse doit alors considérer de façon privilégiée les échanges qui se produisent entre les imaginaires médiatiques et sociaux, qui s'expriment, entre autres, dans les récits factuels, et les fictions sérialisées.

Reste que si les conventions sérielles sont partagées par une même société, cela signifie qu'elles sont exploitées par des acteurs culturels qui possèdent des intérêts, des valeurs et des opinions différentes les uns des autres et qui n'exploitent pas exactement de la même façon les conventions qu'ils revisitent. Il a existé à toutes les époques depuis le XIXe siècle à la fois des auteurs de récits criminels plutôt progressistes et d'autres plutôt conservateurs. Cela s'est traduit par des récits qui pouvaient exprimer tendanciellement une forme de rébellion contre une société jugée injuste, ainsi dans le cas des auteurs de néo-polars, ou qui défendaient au contraire l'ordre social, comme on le voit chez les auteurs de la collection Fleuve Noir « Spécial police ». Pourtant, malgré ces différences, tous partageaient la même encyclopédie architextuelle et la même structure globale de représentation du monde. Expression d'une collectivité qui n'est pas homogène, les imaginaires sériels en formulent en effet dialectiquement les contradictions et permettent ainsi à des auteurs aux positions différentes de s'emparer de leurs conventions. En témoigne la polarisation des récits criminels entre ordre et transgression, déterminant à la fois la structure narrative des œuvres et une conception axiologique de toutes les oppositions. De même, on a pu montrer que la tension entre un désir d'émancipation et une adhésion à un modèle de représentation dominé par les

33. Paul Ricœur, *Temps et récit*, Paris, Seuil, 1991.

34. Fredric Jameson, *L'inconscient politique : le récit comme acte socialement symbolique*, Paris, Éditions Questions théoriques, 2012.

discours masculins traversait l'histoire des productions féminines, fictionnelles ou non, rendant moins univoque qu'on le dit parfois leurs scénarios types[35]. Et on pourrait rappeler le rapport dialogique au futur, que Fredric Jameson avait repéré dans les imaginaires science-fictionnels[36], entre critique du présent et réaffirmation de valeurs conservatrices, dans un va-et-vient entre une projection dans un ailleurs valant utopie critique et réaffirmation du présent comme seul point de référence valable face aux dérives futuristes. C'est parce qu'elles adoptent de telles structures dialectiques que les conventions sérielles des récits s'imposent collectivement, quand bien même elles sont susceptibles de favoriser, suivant les époques et les situations d'énonciation, certaines positions au détriment d'autres : plus conservatrices dans l'entre-deux-guerres et de plus en plus libérales à partir du milieu des années 1960. Productions portées par la sédimentation des discours collectifs, elles accueillent en effet les tensions qui traversent l'espace public et héritent, en même temps que des imaginaires passés, des dissensions que ceux-ci ont pu enregistrer.

Singularisation de pratiques collectives

La diversité des positions adoptées par les auteurs est limitée par les logiques de production : celles des médias de masse, qui tendent à privilégier des positions consensuelles, voire conservatrices, pour éviter de s'aliéner une partie du public, et celles des industries culturelles, qui favorisent tendanciellement la continuation du système économique, politique et social qui leur a permis d'émerger[37]. Un tel mouvement explique que, considérés globalement, les imaginaires sériels neutralisent les positions contradictoires en adoptant un point de vue largement accepté. Les auteurs qui veulent s'opposer à cette dynamique ne peuvent le faire qu'à la marge, en adoptant des stratégies de subversion des codes. Reste que cette dynamique explique également que de tels imaginaires puissent se prêter à des logiques d'appropriation, puisqu'elle permet, dans le dialogisme de sa forme narrative, de manifester les tensions d'une époque. C'est pourquoi les imaginaires sériels ont pu connaître à certaines époques des mutations importantes, au moment où se transformait la société à laquelle ils étaient liés. De telles mutations sont autant le résultat du rôle joué par certains auteurs revisitant de manière

35. Sur ces questions, on renverra à l'abondante recherche anglo-saxonne qui s'est développée dans le sillage de l'ouvrage pionnier de Janice Radway, *Reading the Romance : Women, Patriarchy and Popular Literature*, Chapel Hill et Londres, University of North Carolina Press, 1984, et dont deux exemples récents peuvent être trouvés en France dans le livre d'Eva Illouz, *Hard romance. « Cinquante nuances de Grey » et nous*, Paris, Seuil, 2014, et dans celui de Delphine Chedaleux, *Du savon et des larmes. Le* soap opera, *une subculture féminine*, Paris, Éditions Amsterdam, 2022.

36. Fredric Jameson, *Archéologies du futur. Le désir nommé utopie et autres sciences-fictions*, Paris, Éditions Amsterdam, 2021.

37. Nous résumons ici très grossièrement les thèses de Theodor Adorno et Max Horkheimer dans la partie « l'industrie culturelle » de *La Dialectique de la Raison*, Paris, Gallimard, 1974 (1944 pour l'édition originale).

critique les codes du genre, que de dynamiques médiatiques et, plus largement, culturelles qui les dépassent.

Pour le dire autrement, lorsqu'on assiste, dans un ensemble de productions sérielles, à l'émergence de nouveaux discours critiquant les imaginaires antérieurs, c'est généralement qu'un déplacement des positions hégémoniques dans le discours social est en cours, et que ces nouvelles lectures du genre en sont la manifestation. On songe, parmi de nombreux exemples, aux reconfigurations contre-culturelles des genres populaires (*new wave* science-fictionnelle, néo-polar…). Emmenée par des auteurs comme Michael Moorcock, G. J. Ballard ou John Brunner, la science-fiction *new wave* subvertissait par exemple les codes du genre et affirmait de nouvelles formes d'écriture, plus expérimentales ; elle illustrait aussi, plus largement, les transformations culturelles de l'époque, la fin du grand récit du progrès technoscientifique des Trente Glorieuses, qui avait alimenté le *space opera* des décennies précédentes, et l'avènement d'une pensée contre-culturelle investissant ce genre populaire pour les possibilités qu'il offrait de critiquer cette société même qui avait porté auparavant l'imaginaire du genre[38]. Et l'on pourrait sans doute aussi voir dans les relectures *queer* des grands succès populaires sur internet une autre façon d'exprimer des sensibilités minorées dans les médias dominants en réinventant les codes sériels des récits grand public[39].

Mais à côté de ces phénomènes illustrant les mutations des sensibilités collectives, la dimension dialogique des imaginaires sériels ouvre aussi la voie aux stratégies de singularisation adoptées par certains auteurs : inversions critiques et parodiques des codes sériels, reprises ironisées, chez les écrivains modernistes, des discours stéréotypés[40], ou bien pastiches postmodernes, procédant à un collage subjectif d'une masse de références stéréotypées à des fins métadiscursives[41]. Mais même dans ces cas, si la posture critique de l'auteur se pose comme contre-discursive, elle est généralement portée par un mouvement collectif plus profond qu'on peut grossièrement rapporter à la relation ambiguë entretenue par les intellectuels et les médias avec la marchandisation de la culture jusqu'aux années 1960, puis à l'acceptation progressive, et toujours partielle, de la domination des logiques médiatiques à partir de la fin des années 1970. À l'inverse, cette

38. Colin Greenland, *The Entropy Exhibition : Michael Moorcock and the British « New Wave » in Science Fiction*, Londres et Boston, Routledge & Kegan Paul, 1983.

39. Le numéro de *Journal of Graphic Novels and Comics* consacré au *yaoi* (ce genre de récits homosexuels masculins produit par des femmes pour des femmes qui détourne les conventions des fictions de grande consommation) donne un bon exemple de ce type de re-sémantisation des imaginaires populaires : Dru Pagliasotti, Kazumi Nagaike, and Mark McHarry (eds), « Boys' Love Manga », *Journal of Graphic Novels and Comics*, vol. 4, nº 1, 2013 [en ligne https://www.tandfonline.com/toc/rcom20/4/1?nav=tocList].

40. Robin Walz, *Pulp Surrealism : Insolent Popular Culture in Early Twentieth-Century Paris*, Oakland, University of California Press, 2000.

41. Michael Dunne, *Metapop, Self-Referentiality in Contemporary American Popular Culture*, Jackson, University Press of Mississippi, 1992.

structure dialogique récurrente facilite l'assimilation par les industries culturelles des pratiques radicales, parce que celles-ci conservent les structures et le vocabulaire commun des imaginaires sériels avec lesquels elles dialoguent. Les écritures expérimentales de la *new wave* science-fictionnelle (John Brunner, G. J. Ballard...), comme celles, dans le domaine des récits factuels, du *new journalism* (Hunter S. Thompson, Norman Mailer, Tom Wolfe...) ont pu être facilement absorbées par la science-fiction et la presse grand public parce qu'elles perpétuaient l'essentiel des codes des genres investis. On voit ainsi se dessiner la double dynamique qui anime notre culture, pour laquelle la déconstruction critique des conventions, qui fait de la parodie l'une des expressions majeures de notre modernité, a pour contrepartie une capacité des acteurs collectifs à absorber des postures divergentes. Ils en assimilent les discours jusqu'à les intégrer dans les conventions des encyclopédies architextuelles partagées : preuve que les pratiques de singularisation et les logiques de standardisation sont indissociables des dynamiques sérielles[42].

Pour restituer ces mouvements complexes, entre effets de consensus et divergences à la marge, l'analyse des formes et des imaginaires sériels doit opérer un va-et-vient constant entre une vision d'ensemble et une étude précise des textes. La position des auteurs par rapport aux imaginaires qu'ils mobilisent, leur plus ou moins grande liberté face aux contraintes de production, mais aussi la manière dont, indépendamment de toute intentionnalité auctoriale, la situation de l'œuvre, au croisement de séries architextuelles, culturelles et médiatiques, impose *en elle-même* des significations : tous ces traits déterminent le sens des fictions particulières. En retour, dans la mesure où chaque œuvre manifeste une position située, il convient, pour comprendre les logiques collectives, de tenir compte de la diversité des productions au sein des ensembles envisagés, en les ressaisissant à partir des situations sociales, culturelles, médiatiques ou politiques qui sont les leurs, afin de saisir justement la dimension polyphonique des imaginaires sociaux et les contradictions qui les traversent. Si une telle méthode suppose d'examiner les positions singulières, il ne s'agit pas de les envisager pour elles-mêmes, mais dans la relation aux discours collectifs qui leur servent de soubassement et à partir desquels elles s'énoncent. Loin de chercher à évacuer les prises de position marginales, il importe de les considérer comme des lieux révélateurs des tensions qui traversent les discours sociaux. Comme le montre l'exemple de la science-fiction *new wave*, c'est souvent à ce niveau que s'entendent les positions contre-discursives : soit celles illustrant des visions du monde résiduelles, soit celles proposant des visions du monde émergentes entrant en conflit avec les positions dominantes, soit celles encore offrant des

42. Cette dynamique avait déjà été repérée par Clement Greenberg dans son essai fameux : Clement Greenberg, « Avant-Garde and Kitsch », *Partisan Review*, vol. 6, nº 5, 1939, p. 34-49.

visions du monde alternatives ou utopiques se situant à la marge des positions hégémoniques[43].

Il ne s'agit pas pour autant de surestimer le poids de ces positions contre-discursives. L'inertie qui accompagne la sédimentation dans le temps des imaginaires sérialisés, les contrôles et les autocontrôles qui limitent, à chaque étape de la production, la place accordée aux postures divergentes, le poids que font peser les industries culturelles sur les pratiques auctoriales, les dynamiques collectives favorisant les positions consensuelles, et bien souvent conservatrices, dans la sphère publique, et plus largement l'importance des mécanismes pérennisant les positions hégémoniques, limitent considérablement la portée des tentatives de transgression. Si mutations il y a, elles se font lentement et collectivement. On a oublié qu'avant de s'imposer en France dans les années 1980 comme le mode d'expression dominant du genre criminel, le courant critique du polar de gauche (« néo-polar ») est resté marginal dans la première moitié des années 1970, quand le polar apparaissait encore dominé par des productions marquées à droite. Or, cette montée en puissance du polar de gauche est moins due au génie de Jean-Patrick Manchette et de ses épigones qu'au glissement à gauche d'une bonne partie du discours social. Cela explique que des transformations similaires à celles qu'a connues le polar soient apparues, à la même époque, dans le domaine de la science-fiction (pensons à Bernard Blanc, directeur de la très radicale revue *Alerte !* et auteur du pamphlet *Pourquoi j'ai tué Jules Verne*, ou à Jean-Pierre Andrevon, prolifique romancier à qui l'on doit *Les Hommes-machines contre Gandahar*, 1969) et bien sûr celui de la bande dessinée, avec le développement des magazines adultes, comme *Métal hurlant*, *Mormoil* ou *L'Écho des savanes* aux prises de position contre-culturelles. Ainsi, l'interrogation sur les tensions entre discours et contre-discours dans les productions sérielles se situe au croisement d'une étude historicisée des stéréotypes, des formes et des imaginaires, d'une réflexion plus politique sur les rapports de force qui se dessinent autour des valeurs et des significations collectives et d'une analyse de la manière dont œuvres et auteurs singularisent ces effets sériels.

Réception

Au niveau de la réception, on insistera sur le fait que l'attention esthétique, pour en rester à une perspective littéraire entendue au sens large, est, elle aussi, toujours sollicitée à travers des dispositifs médiatiques et culturels qui engagent des attentes sérielles et prédéterminent l'interprétation de l'œuvre. Car les supports de diffusion sont aussi des objets chargés de significations sociales. En témoignent, par exemple, les réseaux de distribution associés aux formats des lectures populaires « honteuses »

43. Pour reprendre les distinctions proposées par Raymond Williams, Raymond Williams, *Culture et matérialisme*, Paris, Éditions Amsterdam, 2009.

(rayons isolés, brochures qu'on peut facilement dissimuler, supports peu précieux qu'on jette sans scrupule), qui ont leur incidence sur la manière de déchiffrer le texte, par exemple en adoptant un regard ironique et distancié[44], ou en surinvestissant la portée transgressive de l'œuvre. Certains producteurs en ont parfaitement conscience et en jouent, à l'instar des éditeurs de magazines de bandes dessinées dans les années 1970 (le premier *Écho des savanes*, *Métal hurlant*), qui multipliaient les stratégies pour favoriser des modes de lecture différents de leurs imprimés, présentés à la fois comme magazines culturels et comme production pornographique.

La lecture est donc, elle aussi, prise dans des logiques sérielles, et l'appréhension du texte est prédéterminée non seulement par le genre dans lequel il s'inscrit, mais aussi par la matérialité de l'objet et ses connotations. Autrement dit, si le plaisir est toujours singulier face à une œuvre, cette singularité se mesure sur fond de séries dont elle redistribue les conventions. Ouvrir un magazine de vulgarisation historique, lire une confession intime, acheter un roman de la collection « Harlequin » ou débuter un thriller ésotérique, c'est toujours associer son acte de lecture à des attentes et faire l'expérience d'une tension narrative dont les effets (suspens, surprise et curiosité)[45] sont largement informés par l'identification des conventions architextuelles mobilisées. En cela, les plaisirs sériels sont des plaisirs socialisés puisqu'ils mettent en jeu, dans l'acte de lecture, des formes et des imaginaires définis collectivement. Ils négocient entre les goûts spécifiques et les normes collectives. Dans tous les cas, la relation aux textes engage une culture commune qui s'inscrit aussi, par les commentaires des lecteurs et leurs échanges autour des récits, dans la dynamique générale du discours social.

Bien sûr, comme l'ont montré depuis longtemps les *cultural studies,* dès les travaux pionniers de Richard Hoggart ou de Stuart Hall[46], le mode de consommation met en jeu des logiques d'appropriation. Les études littéraires avaient traditionnellement tendance à insister sur *la* signification de l'œuvre en l'indexant, par un travail herméneutique, sur l'intentionnalité auctoriale ou en l'ancrant dans la « textualité » (le tissu du texte). Cela les conduisait à négliger les lectures divergentes ou marginales en favorisant implicitement une *bonne lecture*, au croisement des trois pôles de l'intentionnalité auctoriale, de la textualité et des qualités herméneutiques du lecteur. Au contraire, l'insistance sur la dimension collective des productions culturelles a pour contrepartie une logique d'appropriation de cette matière commune par les lecteurs, un braconnage au quotidien hors des usages induits par les textes[47]. Une

44. Richard Hoggart, *La Culture du pauvre; étude sur le style de vie des classes populaires en Angleterre*, Paris, Les Éditions de Minuit, 1970 (1957 pour l'édition originale).
45. Nous reprenons les catégories définies par Raphaël Baroni dans *La Tension narrative*, Paris, Seuil, 2007. Il désigne par là l'anticipation de la suite du récit, sa reconfiguration ou son questionnement à partir de ce qui en a déjà été lu.
46. Érik Neveu et Armand Mattelart, *Introduction aux* cultural studies, Paris, La Découverte, 2008.
47. Ce que montre bien Michel de Certeau dans *L'Invention du quotidien. 1. Arts de faire,* Paris, Gallimard, 1980.

place peut alors être donnée aux usages hétérodoxes des textes et plus généralement à ceux qui échappent aux normes de la bonne lecture. De fait, dès lors qu'on saisit le texte comme traversé par les discours collectifs qu'il charrie, avec ses contradictions et ses tensions, alors il laisse le champ aux interprétations divergentes, en particulier celles portées par des communautés fortes, bien que minoritaires (minorités ethniques, sexuelles, politiques, religieuses, socioculturelles…), parce que celles-ci doivent inventer leurs propres conventions de déchiffrement contre les discours dominants.

À leur tour, ces manières de recevoir les textes jouent un rôle polémique dans l'espace public et affectent les discours majoritaires, contraints de les assimiler ou de les neutraliser. Ce second mouvement n'est d'ailleurs pas limité aux relectures radicales. Toute évolution des sensibilités lectoriales affecte en retour les choix des créateurs. Dans les années 1980, un éditeur populaire comme le Fleuve Noir, sensible aux transformations des goûts du public depuis une dizaine d'années, renvoyait une bonne partie de ses auteurs traditionnels pour leur substituer une nouvelle génération d'écrivains, nourris aux esthétiques de la culture punk et rock, tentant ainsi de se remettre en phase avec les sensibilités de l'époque. Éditeur de flux diffusé en kiosques, il accompagnait ainsi des transformations plus larges du goût depuis les années 1970 et contribuait à les assimiler dans le discours majoritaire de la culture populaire qu'il représentait à son échelle.

En mettant ainsi en avant de telles logiques d'appropriation, celles des consommateurs comme celles des créateurs qui dialoguent avec les imaginaires sériels – et qui, en ce sens, sont toujours *relecteurs* des conventions de l'époque –, on oppose à l'idée d'une orthodoxie du sens la variété des usages des objets culturels. La culture peut dès lors être saisie comme un lieu de conflictualité dans lequel s'affrontent discours et contre-discours. Reste qu'en mettant l'accent sur les postures de lecteurs dissonantes, on assiste au surinvestissement de l'opposition entre les logiques de production, liées au système de domination dont elles sont l'expression, et les positions adoptées par les consommateurs, qui braconnent pour s'approprier ces discours hérités. Or, on l'a dit, les productions culturelles ne s'imposent pas de l'extérieur à la société. Elles en représentent au contraire une part essentielle. Et il faut donc les considérer comme le vocabulaire commun d'une collectivité, partagé, au moins pour partie, par les producteurs et les consommateurs. Oublier ce poids des dynamiques hégémoniques pour ne s'intéresser qu'aux phénomènes d'appropriation revient à basculer dans une forme de « populisme culturel »[48] qui accorde une confiance démesurée aux stratégies d'*empowerment* et de résistance et sous-estime l'efficience idéologique des héritages sédimentés des cultures sérielles.

Si nous prenons plaisir aux récits sans chercher à les déconstruire, c'est essentiellement parce que leurs conventions, formulées collectivement sur plusieurs générations, sont aussi les nôtres, et structurent notre vision du monde. À tel point

48. Nous empruntons ce terme à Jim McGuigan, *Cultural Populism*, Londres et New York, Routledge, 1992.

qu'il nous arrive de goûter à des récits sans en partager les valeurs, parce qu'ils mobilisent des imaginaires dont nous héritons également, comme le vocabulaire commun de nos représentations. On ne peut comprendre autrement le plaisir des consommateurs de pornographie ou celui des lectrices de *dark romance* (ces récits sentimentaux érotisant la violence), face aux scénarios de domination masculine: même sans être dupes de leurs significations et sans les projeter dans la vie réelle, ils y trouvent ces scénarios préconstruits, ces « scripts pornographiques »[49], dans lesquels ils peuvent projeter leurs fantasmes.

Cela signifie que la variété des positions interprétatives ne se résume pas à une logique d'affrontement avec les codes dominants. À côté des rares positions conflictuelles, il faut tenter de comprendre les logiques d'appropriation beaucoup plus prosaïques des consommateurs au quotidien. Dans ce cas, la réflexion doit se détacher d'une approche de la lecture pensée uniquement en termes de rapports de force pour retrouver la banalité des expériences vécues et des usages inscrits dans l'instant. Les consommateurs n'entrent pas nécessairement en conflit avec les valeurs charriées par les imaginaires sérialisés. Ce ne sont pas tant les pratiques très impliquées des fans qui peuvent ici nous intéresser, mais celles qui sont liées aux circonstances et prises dans des logiques instrumentales: usages quotidiens des lectrices de récits sentimentaux (bien étudiées par Janice Radway pour la sphère nord-américaine[50]), expériences intimes que font les amateurs de presse *people* des récits de célébrités[51], et plus largement variété des modes d'appréhension des récits, bien repérée par Rita Felski par exemple[52]. Le questionnement esthétique peut ainsi se porter sur des formes de plaisir faible ou répétitif dont l'importance se construit par la récurrence des effets. C'est le cas quand on consomme des récits pris dans le rythme médiatique à l'instar des journaux, émissions de télévision ou de radio; ou bien quand on prend plaisir à des objets aux formats standardisés (littérature de genre publiée dans des collections formatées, récits de confidences parus dans la presse spécialisée). Cela se perçoit plus largement pour des objets culturels associés à des rituels de consommation régulière: lecture dans les transports, livres lus en famille, etc. Ce type de relation esthétique prise dans le quotidien est d'autant plus important qu'il met en jeu des rythmes partagés et des expériences socialisées, qui établissent un dialogue entre l'expérience singulière et les sensibilités collectives. Le succès du feuilleton au XIXe siècle, des collections standardisées à parution régulière, des rendez-vous périodiques offerts par les rubriques de récits factuels dans la

49. Mathieu Trachman, *Le travail pornographique*, Paris, La Découverte, 2013. Trachman développe cette notion à partir de celle de « scripts sexuels » de Gagnon et Simon, mais les repense dans le cadre des formes médiatisées de la pornographie, mettant ainsi en évidence l'articulation entre imaginaires médiatiques sérialisés et discours sociaux.

50. Janice Radway, *Reading the Romance*, *op. cit.*

51. Joke Hermes, *Reading Women's Magazines: An Analysis of Everyday Media Use*, Cambridge (Mass), Polity Press, 1995.

52. Rita Felski, *Uses of Literature*, New York, Blackwell, 2008.

presse, ou des séries romanesques, radiophoniques ou télévisuelles, témoigne du lien que la culture sérielle définit entre temps intime et temps collectif. Ici encore, ce temps collectif se traduit par des échanges entre consommateurs au quotidien qui contribuent à actualiser le rôle des récits comme ciment de nos sociabilités. C'est mettre ici encore en évidence la place que prend la culture sérielle dans la formulation des imaginaires sociaux.

Conclusion

Ainsi est-ce dans les ensembles sériels que peuvent véritablement s'entrevoir les traits culturels collectifs avec lesquels chaque texte dialogue. Reconstituer, derrière les œuvres particulières, quelles que soient leurs qualités littéraires, la trame des imaginaires sérialisés, suivre les lignées sérielles, comprendre comment les significations se réinventent constamment dans chaque texte sans jamais être fixées et comment les discours collectifs structurent notre manière de considérer le monde et de le mettre en récit, c'est bien interroger en littéraire notre culture. Prise dans le jeu des médias et de la culture de consommation, l'expérience du récit n'est pas seulement littéraire ; elle est traversée par les intertextes culturels avec lesquels elle dialogue et qui la contaminent : ceux du cinéma et des médias audiovisuels, de l'image, des dispositifs attractionnels et des biens de consommation. C'est donc une expérience culturelle au sens large, liée aujourd'hui à la culture médiatique, matérielle et marchandisée, mais qui s'est imposée progressivement depuis le XIXe siècle, qu'engage l'étude des phénomènes sériels. Loin de toute célébration des grands auteurs et des grandes œuvres, le texte doit alors être considéré dans sa relation à des mouvements culturels globaux qui en déterminent largement le sens et avec lesquels il dialogue.

Envisagée de façon élargie, la littérature apparaît, quant à elle, comme l'expression d'une collectivité dont l'étude des dynamiques sérielles permet de rendre largement compte. Expression d'une histoire sédimentée, elle reflète les imaginaires sociaux et les formule à travers des représentations conventionnelles – récits-types, genres, stéréotypes – qui donnent une forme identifiable à notre manière de comprendre le monde. Mais les imaginaires sériels apparaissent aussi comme le terrain des conflits de valeurs et de sens, dont les textes et la manière dont ils sont interprétés sont les expressions. À travers l'étude des récits envisagés du point de vue de leurs cohérences sérielles, les méthodes de la recherche en littérature, à partir des outils d'analyse narratologiques, stylistiques et thématiques des textes, pourraient bien se révéler des moyens idéaux pour questionner la culture, les représentations sociales et l'histoire, en examinant les imaginaires collectifs charriés par les œuvres et les mutations culturelles qu'elles manifestent dans leurs structures profondes.

II

Expérimentations narratives

Émeric Nicolas

Une narration subjective de la norme

« [...] des textes produits en autarcie ne valent que pour la secte qui les a écrits »
Pierre Bergounioux, *Agir écrire*, Saint Clément de Rivière, Fata Morgana, 2021, p. 42.

Introduction

Même si « la tendance à se réduire en formule » « est un des caractères les plus constants et les plus importants de l'activité juridique »[1], le récit est là ; il vit aux confins du droit[2]. Il le traverse et le travaille de part en part : il est comme son pétrin. Rien d'étonnant à cela si l'on se place du côté de ceux qui font du droit leur métier, les juristes. Dans leur écrasante majorité, ces derniers aiment la littérature, les « grands » récits et les « grands » auteurs. La grande littérature fait partie de la culture générale attendue de tout bon juriste et cette culture générale est celle qui est transmise depuis des siècles aux juristes qui sont, sociologiquement, le plus souvent, et au moins jusqu'à une époque très récente (*grosso modo*, jusqu'à la massification de l'accès à l'Université), issus des milieux lettrés de la noblesse ou de la bourgeoisie[3]. Mais s'ils s'intéressent à la littérature ce n'est pas, le plus souvent, du moins en France, en tant qu'elle se présente comme un matériau utile pour faire avancer la science du droit.

La situation est différente aux États-Unis. Cela fait plus d'un siècle que, depuis l'initiative lancée par de « grands » juges comme John Wigmore et Benjamin Cardozo[4], l'étude des œuvres littéraires est pleinement intégrée à l'enseignement du

1. Jean-Louis Sourioux et Pierre Lerat, *Le langage du droit*, Paris, PUF, 1975, p. 69.
2. On sait que le droit a commencé à s'écrire avec le développement des Empires en Mésopotamie sous la forme casuistique : la règle était un récit. Le « code » d'Hammourabi, plus ancien recueil de lois connu (vers 1750 avant J.-C.), est composé d'un prologue et d'un épilogue écrits sous une forme littéraire à la gloire du roi Hammourabi et les lois qui le composent sont construites comme des mini « scripts » fondés sur des cas.
3. En ce sens, voir Patrick Arabeyre, Jean-Louis Halpérin et Jacques Krynen (eds), *Dictionnaire historique des juristes français XIIe-XXe siècle*, Paris, PUF, 2015.
4. Christine Baron, « Droit et littérature, droit *comme* littérature ? » *Tangence*, nº 125-126, 2021, p. 107-124, § 1. https://doi.org/10.7202/1083866ar, « Le mouvement "droit et littérature" s'est développé au début du XXe siècle sous l'égide de grands juges, John Wigmore, puis Benjamin Cardozo, convaincus des vertus humanistes cultivées chez le juge par la fréquentation de textes littéraires. »

In : Sciences sociales aux bords du récit, Paris, Éditions de l'EHESS, 2025

droit et participe de la pratique de celui-ci. En Europe, et en France en particulier, les expériences de narration de la norme sont le plus souvent reléguées au domaine des séries télévisées, aux documentaires radiophoniques, aux articles de presse relatifs aux faits divers, aux chroniques judiciaires, ou encore au genre du roman policier[5]. Il s'agit là, soit dit en passant, d'un matériau extrêmement riche et insuffisamment étudié pour qui s'intéresse à l'approche narrative du droit. La science du droit, elle, parce qu'elle se veut science « sérieuse » de la technique juridique, ne s'y aventure pas, sauf exception[6]. Les pratiques narratives par les chercheurs en sciences juridiques[7] sont donc plutôt rares dans le champ de la science du droit francophone, bien qu'elles soient, pour la raison précitée, plus fréquentes outre-Atlantique. Comme en témoignent les sommaires de certaines revues inscrites dans le courant « droit & littérature »[8], l'essentiel de l'effort mêlant « droit » et « récit » consiste encore à rechercher le droit dans les écrits des grands auteurs de fiction, d'essais politiques ou de philosophie. Autrement dit, à rechercher le droit *dans* la littérature (si possible la « Grande »). Les plaidoyers en faveur du droit comme récit ne manquent pas[9] ; les pratiques narratives (conscientes) du droit, elles, existent mais demeurent rares et isolées bien qu'elles tendent à se multiplier depuis quelques années du fait que le courant « droit et littérature » semble arrivé à maturité[10].

Prenant au sérieux l'idée que narrer le droit peut être tout à la fois utile à l'enseignement, à la pratique ainsi qu'à la science du droit dans une posture de réflexivité, ce texte se présente comme une libre réflexion à partir de la problématique suivante : qu'apporte le fait d'introduire la dimension du récit, et en particulier du récit produit selon le mode d'une narration subjective, dans la science du droit ?

Il est aujourd'hui assez communément admis parmi la communauté des juristes que le récit travaille le droit de l'intérieur de ses origines à nos jours. Aussi n'est-il pas étonnant que l'on assiste ces dernières années à un développement des approches narratologiques en droit allant même jusqu'aux expérimentations du droit sous forme de contes. Mais on pourrait aller plus loin, comme je le propose et l'expérimente avec quelques autres collègues, à travers des pratiques de narration subjectives de la norme.

5. Sur ce constat, voir Jacqueline Guittard et Émeric Nicolas, « Introduction », dans Jacqueline Guittard, Cyril Sintez et Émeric Nicolas (eds), *Narrations de la norme*, Paris, Mare & Martin, 2021, p. 15-30, spéc. p. 19 et suiv.

6. Philippe Malaurie, *Droit & littérature, une anthologie*, Paris, Cujas, 1997.

7. Je précise ici que je fais une distinction (qui n'a pas une vocation ontologique) entre les pratiques des praticiens et acteurs du droit et les pratiques narratives dans le champ de la théorie du droit. Les pratiques narratives sont extrêmement nombreuses dans le champ de la science du droit, comme l'attestent de nombreux travaux du courant « droit et littérature » qui visent à les exhumer au travers des différents corpus juridiques de l'Antiquité juridique (ex. : les *casus*) à nos jours (ex. : les récits judiciaires).

8. Par exemple, la Revue *Droit & Littérature*.

9. Wanda Mastor et Lionel Miniato, « Le droit comme récit », *Recueil Dalloz*, 2017, p. 1435.

10. François Ost, *Le congrès et autres contes juridiques*, Paris, Lefebvre Dalloz, 2024, p. 11.

Du récit au conte dans le droit

Le récit au cœur de la démarche juridique

Depuis les travaux des pères fondateurs du courant « droit & littérature » au début du xxe siècle aux États-Unis (d'abord par des juges : John Wigmore[11], Benjamin Cardozo[12]) jusqu'aux universitaires qui ont contribué à le nourrir de manière significative dans le courant des années 1980-1990 (Robert Cover[13] ; Peter Brooks et Paul Gewirtz[14] ; Bernard Jackson[15] ; Richard Weisberg[16], James White[17], Martha Minow[18]), l'idée qu'il y a du récit dans le droit est communément admise au moins par tous ceux, juristes comme littéraires, qui s'intéressent à ce courant. Cela justifie pleinement l'emploi par Christine Baron de l'expression « le droit comme littérature »[19]. Plus encore, il est même affirmé que le récit n'opère pas en ses marges mais qu'il travaille à tous les stades d'élaboration de la norme juridique[20]. C'est ce que rappellent parfaitement deux grands spécialistes du courant « droit & littérature ». Résumant la conception du processus générateur de normes chez Robert M. Cover, Françoise Michaut écrit : « Les normes demandent à être explicitées dans des narrations. La norme trouve sa source dans la narration qui, à la différence d'une description scientifique, est toujours porteuse de signification normative. La norme sans le support de la narration est vide de sens [...]. Le droit est, en dernière analyse, inséparable de l'idéologie. Ce n'est pas Cover qui le dit mais l'auteur de cet article. Cela ne semble malgré tout pas loin de la pensée de

11. John Wigmore, *List of Legal Novels*, Evanston, Northwestern University Press, 1908.
12. Benjamin Cardozo, *Law and Literature. And Others Essays and Adresses*, New York, Harcourt, Brace and Company, 1931.
13. Robert Cover, « Foreword : *Nomos* and Narrative », *Harvard Law Review*, vol. 97, n° 4, 1983-1984, p. 4-68. Traduction de l'anglais et introduction par Françoise Michaut dans *Le droit dans tous ses états à travers l'œuvre de Robert M. Cover*, textes, Paris, L'Harmattan, 2001, p. 69-149.
14. Peter Brooks and Paul Gewirtz (eds), *Law's Stories – Narrative and Rhetoric in the Law*, New Haven, Londres, Yale University Press, 1996.
15. Bernard Jackson, *Law, Fact and Narrative Coherence*, Deborah Charles Publications, 1988.
16. Richard Weisberg, *The Failure of the Word. The Protagonist as Lawyer in Modern Fiction*, New Haven, Londres, Yale University Press, 1989 ; *Id.*, *Poethics, and Other Strategies of Law and Literature*, New York, Columbia University Press, 1992.
17. James White, *Heracles' Bow. Essays on the Rhetorics and Poetics of the Law*, Madison, Londres, University of Wisconsin Press, 1985.
18. Martha Minow, « Interpréter les droits. Un essai en mémoire de Robert Cover », trad. dans *Contribution à la réflexion sur les droits*, Paris, L'Harmattan, 2004 ; *Ead.*, « La session 1986 de la Cour Suprême. Préface : La justice engendrée », *Harvard Law Review*, vol. 101, 1987, p. 10-95, trad. dans Françoise Michaut (avec la participation de Jack Balkin, John Leubsdorf, Martha Minow, Joseph W. Singer), *Le Mouvement des* Critical Legal Studies. *De la modernité à la postmodernité en théorie du droit*, Laval, Presses de l'Université Laval, 2014.
19. Christine Baron, « Droit et littérature, droit *comme* littérature ? », *Tangence*, n° 125-126, 2021, p. 107-124, https://journals.openedition.org/tangence/1424.
20. « Ainsi le récit n'opère-t-il pas en marge du droit, comme un ornement superfétatoire ou une scorie inutilisable : c'est au cœur même de la démarche juridique qu'il travaille : là où le réel insiste pour se faire entendre des juges et des parlementaires, et, à l'inverse, là où la norme tente de se frayer une voie parmi le brouhaha des discours sociaux en conflit » (François Ost, *Le congrès et autres contes juridiques*, Paris, Lefebvre Dalloz, 2024, p. 17).

Cover. »[21] Après que ces affirmations générales, auxquelles j'adhère parfaitement, ont été posées, il m'est possible de présenter quelques pratiques narratives dans le champ de la science du droit.

Exhumer des contes dans les corpus juridiques judiciaires

Habituellement, les juristes académiques, même les Étasuniens travaillant dans le droit « *Law & Literature* », n'écrivent pas leurs propres récits du droit en dehors des traités, manuels, monographies, commentaires de jurisprudence ou autres essais et billets qu'ils sont amenés à écrire durant leur carrière d'universitaire. Ils ont en effet déjà leur corpus où trouver d'innombrables récits. Ce corpus, c'est tout simplement celui, immense, qui est constitué de l'ensemble de ce qu'il est convenu de reconnaître comme étant des énoncés juridiques, relevant de l'histoire du droit ou en vigueur dans les différents espaces du monde, et qui peut occuper plusieurs vies et des milliers de chercheurs. C'est la raison pour laquelle ils sont tout à fait en mesure, par exemple, d'identifier les récits dans l'activité judiciaire des cours et tribunaux. Un tour d'horizon de la littérature anglo-saxonne nous permet de constater que c'est principalement ce que font nos collègues étasuniens inscrits de longue date dans le courant « *Law & Literature* » et plus précisément dans le sous-courant « *Narration and Narrative in Legal Discourse* »[22]. Aussi vais-je me contenter de donner un exemple francophone de cette approche d'exhumation des récits dans les corpus constitués par les discours judiciaires.

À partir de 2017, Antoine Bailleux, Elsa Bernard, Sophie Jacquot et Quentin Landenne ont engagé un vaste chantier scientifique pour identifier et analyser, dans une démarche positiviste, les récits judiciaires de l'Europe. Il s'agit d'une série de trois colloques et d'ouvrages, publiés aux éditions Bruylant[23], « proposant une approche “narrative” de la jurisprudence de la Cour de justice de l'Union européenne » (quatrième de couverture du premier opus). Leur approche est empirique. Les personnages des récits judiciaires de l'Europe sont bien réels : ce sont des juges de la Haute Cour de l'Union européenne. Les récits produits et la forme qu'ils prennent ne sont pas explicites. Ils se laissent « percevoir entre les lignes des arrêts »[24], d'où

21. Françoise Michaut, « Le processus générateur de normes chez Robert Cover et son utilisation par Frank I. Michelman : de la description à la fiction », *Raisons politiques*, vol. 3, nº 27, 2007, p. 59-69, spéc. p. 65.

22. Greta Olson, « Narration and Narrative in Legal Discourse », https://www-archiv.fdm.uni-hamburg.de/lhn/node/113.html.

23. Antoine Bailleux, Elsa Bernard et Sophie Jacquot (eds), *Les récits judiciaires de l'Europe. Concepts et typologie*, Bruxelles, Bruylant, 2019 ; Antoine Bailleux, Elsa Bernard, Sophie Jacquot et Quentin Lendenne (eds), *Les récits judiciaires de l'Europe. Dynamiques et conflits*, Bruxelles, Bruylant, 2021 ; Antoine Bailleux, Elsa Bernard, Sophie Jacquot et Quentin Lendenne (eds), *Les récits judiciaires de l'Europe. Diffusion, réception et coproduction*, Bruxelles, Bruylant, 2021.

24. Antoine Bailleux, Elsa Bernard et Sophie Jacquot (eds), *Les récits judiciaires de l'Europe. Concepts et typologie*, *op. cit.*, p. 3.

l'importance de forger des instruments conceptuels et une typologie pour partir à leur recherche (tome I). Les nombreux récits exhumés par nos collègues ne sont pas des récits reposant sur une narration subjective. Il s'agit d'éléments de récits, ce qu'on nomme aujourd'hui par l'anglicisme, dans sa forme substantialisé, « *narratifs* » : sortes de « fragments narratifs » (selon l'expression d'Antoine Bailleux) d'un discours juridique qui révèlent l'idéologie et les valeurs politiques communes sous-tendant les normes jurisprudentielles et participent de l'« "imaginaire commun" nécessaire à l'existence même de l'Union »[25]. Au titre des trames narratives identifiées par l'équipe de recherche, citons les récits de l'Europe plurielle, marchande, juridique, démocratique, des valeurs, experte ou encore le métarécit de l'intégration européenne. L'approche narrative de la norme ici n'est pas subjective mais c'est la subjectivité des acteurs qui participe à la construction judiciaire de l'Europe et au contraire trouve à s'exprimer derrière l'apparence d'un raisonnement objectif, fondé en droit, comme le déroulement d'un implacable syllogisme axiologiquement neutre.

Réécrire des droits (autochtones) en faisant revivre leurs récits fondateurs

La prétendue « neutralité » du droit occidental, fondée sur la logique aristotélicienne (le syllogisme et plus particulièrement l'enthymème), est précisément ce que des chercheurs canadiens, suivant la voie tracée par l'un des chefs de file du mouvement du réalisme juridique américain, Karl Llewelyn (1893-1962)[26], cherchent à déconstruire à travers leurs efforts pour faire revivre les récits fondateurs des peuples premiers et mettre sur le même plan les traditions juridiques de la modernité juridique et ceux des peuples autochtones colonisés.

Dans « Se raconter pour se réécrire. L'usage des contes pour l'enseignement et la recherche en droit »[27], Mireille Fournier, doctorante en droit de l'Université de Laval et de Sciences Po Paris, spécialiste des humanités juridiques, présente les travaux des membres de l'*Indeginous Law Research Unit* à l'université de Victoria, en Colombie-Britannique. Sous la direction de Val Napoleon, Darcy Lindberg, Rebecca Johnson, Tara Williamson, Jessica Asch, en collaboration avec leurs étudiants et les membres de communautés autochtones, des recherches sont menées au sein de cette unité de recherche sur les contes des peuples autochtones canadiens. Les « contes servent non seulement à enseigner, mais aussi à connaître le droit des Premières Nations »[28]. La connaissance de ce droit à travers les récits ancestraux n'est pas motivée principalement par une visée encyclopédique mais

25. Elsa Bernard, « Conclusion », dans *Les récits judiciaires de l'Europe*, tome I, préc., p. 229-246, spéc. p. 231.
26. Karl Llewellyn et Adamson Hoebel, *La voie Cheyenne. Conflit et jurisprudence dans la science primitive du droit*, présentation traduction et notes par Louis Assier-Andrieu, Bruxelles, Paris, Bruylant, LGDJ, 1999.
27. Mireille Fournier, « Se raconter pour se réécrire. L'usage des contes pour l'enseignement et la recherche en droit », *Revue interdisciplinaire d'études juridiques*, vol. 92, 2024, p. 143-158.
28. *Ibid.*, p. 154.

éminemment critique et politique. C'est que cette connaissance a été en grande partie perdue par les politiques d'assimilations coloniales qui conduisaient à « l'enlèvement de centaine de milliers d'enfants autochtones pour les séparer de leurs parents et les placer dans des pensionnats administrés par des ordres religieux. Cet effort d'assimilation visait à éliminer les langues autochtones, mais également à empêcher la transmission de la tradition orale »[29]. La narration de la norme par le vecteur des contes et récits, éléments essentiels de la tradition des peuples premiers, est ici, en partie, subjective, parce qu'elle fait intervenir les membres des communautés dont la tradition est étudiée, dans un « processus itératif qui permet à la communauté de se donner à elle-même les outils nécessaires pour connaître son droit et s'autogouverner selon les préceptes qui lui sont propres »[30]. L'approche par les contes et récits, participant de la culture des premiers peuples canadiens, permet de mettre à mal la distinction entre les traditions juridiques « impériales » – fondées sur les règles – et les traditions des « premiers peuples » – fondées sur des récits. En effet, la mobilisation de l'analyse narratologique aux fins de l'étude de la fabrique de la norme juridique par les juristes de l'Antiquité romaine, notamment dans le Code Justinien, et les travaux contemporains d'un penseur comme Robert Cover dans son fameux article « Forword : *Nomos* and Narrative »[31] pour penser les traditions juridiques occidentales modernes, permettent à Mireille Fournier d'affirmer que toutes les traditions juridiques « nous racontent [...] *des histoires* »[32]. La mise à mal de cette dichotomie permet ainsi de déconstruire la légitimité de la domination de la culture juridique coloniale, étant précisé que toutes les cultures juridiques sont en réalité traversées par des récits, cachés et non assumés : ceux-ci sont présents de manière sous-jacente dans la culture coloniale occidentale, qui se pare pourtant de la rationalité de la règle, et inhérents aux contes et aux récits pour la culture juridique des premiers peuples. Dès lors, il n'y a pas d'un côté une vraie culture dotée d'un « vrai » droit, rationnel, fondé sur le modèle de la règle (le droit impérial canadien), et, de l'autre, une « sous-culture », sans droit, parce que seulement faite de contes et de récits imaginaires. Il n'y a donc aucune raison que l'une des cultures l'emporte sur l'autre. Cela d'autant plus lorsque la tradition juridique dominée fait montre d'une plus grande sagesse dans l'art d'organiser la vie en commun sans favoriser un système (celui du droit colonial canadien) qui permet au plus « fort », en réalité au plus glouton, d'écraser légalement les autres[33]. Ici, la dimension semi-subjective de la narration de la norme est mise au service d'un effort critique afin de déstabiliser les bases de la

29. *Ibid.*, p. 153-154.
30. *Ibid.*, p. 154.
31. Robert Cover, « Foreword : *Nomos* and Narrative », *op. cit.*
32. Mireille Fournier, « Se raconter pour se réécrire. L'usage des contes pour l'enseignement et la recherche en droit », *op. cit.*, p. 152, souligné dans le texte.
33. *Ibid.*, p. 157.

domination de la culture juridique coloniale. Elle s'inscrit dans les *postcolonial studies* et fait œuvre de déconstruction de la norme juridique occidentale.

Conter le droit : la pratique de la jurisfictio

Mais il y a plus à faire que rechercher et analyser les récits dans le droit : certains auteurs se sont mis non plus seulement à analyser juridiquement des contes mais à conter le droit. C'est le cas de François Ost, dont l'expérience au long cours de narration pour partie subjective de la norme mérite d'être présentée ici.

François Ost (1952-) – universitaire belge, théoricien et philosophe du droit, spécialiste reconnu du courant « droit & littérature » – pratique ce qu'il nomme la *jurisfictio* depuis plusieurs années à travers sa série de contes juridiques[34]. Cette approche « consiste en la mobilisation de la fiction par des juristes, avocats, magistrats, parlementaires, en vue d'étudier, de discuter, de modifier le droit qu'ils pratiquent »[35]. Dans sa série des contes juridiques, François Ost met sous forme de récit des expériences d'acteurs du droit, campés dans leurs déterminations de vie bien concrète : un juge, un citoyen lambda, un universitaire juriste, un administrateur, voire un animal, etc., directement aux prises avec une norme ou un ensemble de normes juridiques[36]. Depuis plus de vingt-cinq ans, il œuvre à une théorie narrative du droit sur le plan épistémique et conceptuel[37]. Mais, non content de se limiter à théoriser un sous-champ (l'approche narratologique appliquée au droit) du courant « droit & littérature », ces trois ouvrages de contes juridiques forment un tout et sont doubles : tout à la fois « pratique narrative de la théorie du droit » et, à travers leur prologue respectif et d'autres textes[38], travail en cours en vue de l'émergence d'une « *théorie narrative du droit* »[39].

Que pouvons-nous dire à ce stade de la réflexion ? Où en est-on de l'approche de narration subjective dans le champ de la théorie du droit ? On constate,

34. François Ost, *Si le droit m'était conté*, Paris, Lefebvre Dalloz, 2019 ; *Id.*, *Nouveaux contes juridiques*, Paris, Lefebvre Dalloz, 2021 ; *Id.*, *Le congrès et autres contes juridiques*, Paris, Lefebvre Dalloz, 2024.

35. *Ibid.*, p. 14.

36. Voir mon compte-rendu de son ouvrage : « Conter le droit plutôt que compter dans le droit. À propos de l'ouvrage de François Ost, Le congrès et autres contes juridiques », *Archives de philosophie du droit*, vol. 65, 2024, p. 515-518.

37. François Ost, *Du Sinaï au Champ-de-Mars. L'autre et le même au fondement du droit*, 1999 ; *Id.*, *Raconter la loi. Aux sources de l'imaginaire juridique*, Paris, Odile Jacob, 2004 ; *Id.*, *Sade et la loi*, Paris, Odile Jacob, 2005 ; *Id.*, *Shakespeare. La Comédie de la Loi*, Paris, Michalon, 2012.

38. François Ost, « Conclusions. Prolégomènes à une théorie narrative du droit », dans Jacqueline Guittard, Émeric Nicolas et Cyril Sintez (eds), *Narrations de la norme*, Paris, Mare & Martin, 2022, p. 317-340 ; *Id.*, « Prolégomènes à une théorie narrative du droit administratif », dans Anne-Laure Girard, Adrien Lauba et Damien Salles (eds), *Les racines littéraires du droit administratif*, Poitiers, Presses universitaires de Poitiers, 2021, p. 5-35.

39. François Ost, *Le congrès et autres contes juridiques*, *op. cit.*, p. 22, souligné dans le texte.

qu'outre l'analyse juridique des contes[40], un certain nombre de chercheurs en sciences juridiques se sont engagés dans des pratiques de narrations de la norme à divers degrés et selon un degré d'expression plus ou affirmé de leur subjectivité. En cohérence avec la méthode positiviste retenue, la dimension subjective de la narration de la norme de la recherche menée sous la direction d'Antoine Bailleux et d'Elsa Bernard est faible, pour ne pas dire inexistante. Leur but était d'exhumer des récits implicites dans un corpus bien défini via des méthodes qui relèvent de l'analyse du discours. On retrouve une subjectivité plus affirmée dans les recherches menées par les collègues canadiens sur les récits et contes des premiers peuples du Canada, puisque le travail de reconstruction narrative dans la tradition de la culture de ces communautés fait intervenir certains de leurs membres et visent à leur redonner une autonomie culturelle juridique, aux fins de contestation politique de la culture juridique coloniale dominante. La subjectivité du théoricien est clairement affirmée par François Ost, au niveau individuel, à travers certains de ses contes, notamment les derniers de son opus, *Le congrès et autres contes juridiques*, lorsqu'il évoque sa dernière session d'examen, son dernier cours ou son intervention à titre de conseil moral dans l'affaire « Vandecasteele » (La Cour, le terroriste et l'humanitaire)[41]. C'est cette subjectivité revendiquée qu'il nous importe tout particulièrement de développer, selon notre propre voix, en mobilisant le cadre théorique du concept de narration subjective forgé par l'écrivain et critique littéraire Pierre Bergounioux.

Théorie et pratique de la narration subjective du droit

Le concept de narration subjective forgé par l'écrivain Pierre Bergounioux

Le concept de narration subjective que je mobilise ici est emprunté à l'écrivain et critique littéraire français Pierre Bergounioux (1949-). Il n'est pas inintéressant de noter qu'il a soutenu sa thèse de doctorat sous la direction du sémiologue Roland Barthes. Si ce concept de narration subjective se trouve exploré dans nombre de ses écrits relevant du genre « essai », il est particulièrement explicité dans son ouvrage, *Le style comme expérience*, paru aux éditions de l'Olivier en 2013[42]. L'écrivain corrézien en a également poursuivi la réflexion dans *Agir écrire*, paru aux éditions Fata Morgana en 2021. S'il n'emploie pas *expressis verbis* « narration subjective » dans cet opus, le concept y est développé à travers tout l'ouvrage[43]. Par commodité, c'est donc dans *Le style comme expérience* que je puiserai la matière principale pour

40. Marine Ranouil et Nicolas Dissaux (eds), *Il était une fois… Analyse juridique des contes de fées*, Paris, Dalloz, 2018.

41. François Ost, *Le congrès et autres contes juridiques*, *op. cit.*, p. 165-212.

42. Voir le compte rendu de Morgane Kieffer, « Pierre Bergounioux, *Le style comme expérience* », *Lectures*, [en ligne], Les comptes rendus, mis en ligne le 10 mars 2014, https://journals.openedition.org/lectures/13855.

43. Pierre Bergounioux, *Agir écrire*, Saint Clément de Rivière, Fata Morgana, 2021.

présenter une synthèse des déterminants de ce concept. Le style est d'abord une expérience déterminée par les conditions matérielles et historiques des auteurs de narrations. Cette théorie est tout à la fois historique, sociologique et matérialiste. Elle se fonde sur les axiomes suivants. « Le fait stylistique semble inséparable de la culture graphique[44], donc de l'inégalité, de l'oppression et de l'exploitation. »[45] Un penseur ne fait rien tant qu'il n'aborde pas le « monde effectivement éprouvé »[46]. C'est là l'apport de la phénoménologie husserlienne, chère à Pierre Bergounioux. Surtout, le narrateur doit être personnellement affecté par l'expérience qu'il décrit. L'idée vient ici de la littérature américaine, notamment celle de William Faulkner, dont il est l'un des grands spécialistes[47], par opposition au modèle antique de la « cécité d'Homère », celui qui écrit, aveugle, plusieurs siècles plus tard, ce qu'il n'a pas pu voir ni ressentir dans sa chair[48]. En conséquence, le style n'est pas réductible à une affaire de style et de rhétorique comme on dit parfois. Si Pierre Bergounioux oppose la « narration objective » (celle dans laquelle le narrateur « n'est pas personnellement concerné, affecté par les événements ») à la « narration subjective » (celle des acteurs eux-mêmes « aux prises avec les faits » écrivant dans « le bruit et la fureur »), ce n'est pas pour ajouter une dichotomie supplémentaire à une théorie littéraire qui en est déjà bien riche. Non, c'est parce qu'il s'agit là de nécessité, celle d'écrire et de penser. Le style, dans ce sens fort, irréductible aux tropes et autres figures de style, est pure nécessité : l'impossibilité de penser, d'agir et d'écrire autrement que comme les plis du monde dans lequel nous avons été jetés nous ont formés. Parce qu'à travers la narration subjective on fait œuvre de connaissance humaine, en abordant, comme dit le philosophe Edmond Husserl (1859-1938), le monde effectivement éprouvé[49].

Le monde effectivement éprouvé ? Dans le contexte actuel des sociétés hypernormées, mues par un puissant processus de densification normative[50], fonctionnant en flux normatifs continus[51], selon un archétype de gouvernance biosécuritaire de contrôle[52], il est assez évident que ce monde se présente comme un monde où l'on est confronté à la grande toile d'araignée normative. L'étude de nos rapports à la norme, via notamment le nouvel outil conceptuel d'étude réflexive de nos

44. Au sens que donne à cette expression l'anthropologue Jack Goody dans *La Raison graphique. La domestication de la pensée sauvage*, Paris, Les Éditions de Minuit, 1967.

45. Pierre Bergounioux, *Le style comme expérience*, Paris, Éditions de l'Olivie, 2013, p. 19.

46. *Ibid.*, p. 42.

47. Pierre Bergounioux, *Jusqu'à Faulkner*, Paris, Gallimard, 2002.

48. Pierre Bergounioux, *La cécité d'Homère*, Belfort, Circé, 1998.

49. Pierre Bergounioux, *Le style comme expérience*, *op. cit.*, p. 42.

50. Catherine Thibierge *et al.*, *La densification normative. Découverte d'un processus*, Paris, Mare & Martin, 2013.

51. Émeric Nicolas, *Penser les flux normatifs. Essai sur le droit fluide*, préf. Catherine Thibierge, Paris, Mare & Martin, 2018.

52. Émeric Nicolas, « Propos pré-conclusif. Le pressenti philosophique de la garantie normative des sociétés biosécuritaires de contrôle chez Foucault et Deleuze », dans Catherine Thibierge *et al.*, *La garantie normative. Exploration d'une notion-fonction*, Paris, Mare & Martin, 2021, p. 711-721.

postures normatives[53], est quasi inexistante dans la littérature juridique ou alors de façon extrêmement marginale, lorsque, par exemple, un éminent spécialiste du droit financier titre un article « mort par overdose », parce qu'il n'arrive plus à suivre et à commenter la frénésie de réformes dans son domaine de spécialité[54]. C'est de ces impressions, affects et percepts des acteurs du droit (quelle que soit leur position dans le « champ » du droit) dont on manque cruellement dans la théorie du droit. C'est aussi l'une des raisons de l'ennui que l'on éprouve à lire quotidiennement des commentaires de lois ou d'arrêts dans les revues juridiques spécialisées – et même de nombreux essais d'universitaires juristes. Si l'on évacue le sujet – les gens –, la « vraie vie », alors, à quoi bon parler « doctement » du droit et pourquoi s'étonner que les juristes soient si rarement invités dans les émissions radiophoniques ou sur les plateaux de télévision pour partager leur regard sur les questions sociétales ? Aujourd'hui, via Légifrance, service-public.fr ou l'intelligence artificielle (par exemple, LegiGPT[55]), tout un chacun peut avoir accès au droit. Et c'est tant mieux ! Plus besoin d'une grande bibliothèque savamment pensée ni du recours à un « maître » du droit, sauf pour la procédure… Ce dont on a besoin, ce n'est plus de professeurs donnant leur cours en chair, ce sont d'approches, un peu pensées, un peu construites, d'immersion normative puisque la « vraie vie » des « vraies gens » est une vie confrontée, façonnée par les normes, qu'elles soient juridiques ou autres.

De quoi la quasi-absence de narration subjective en théorie du droit est-elle le symptôme ?

Si l'on compare le modèle d'écriture de la narration subjective avec celui dominant dans la littérature juridique, notamment de langue française, il est aisé de constater que celui de la narration subjective est très éloigné des manières d'écrire le droit des juristes universitaires. Pour être tout à fait exact, une certaine littérature – la chronique de jurisprudence – rend (parfois) compte des acteurs et de leurs péripéties (plus fréquemment dans les chroniques de jurisprudence, davantage d'ailleurs dans celle dites de droit public que celles de droit privé) mais c'est toujours selon le mode d'une narration objective où il s'agit, lorsque sont présentés les « faits de l'espèce », comme on dit, de rendre compte des agissements

53. Cyril Sintez *et alii*, *La posture normative. Une voie d'incarnation de la normativité*, Paris, Mare & Martin, 2024, spéc. p. 275. Expression d'une réaction d'une personne ou d'un groupement face à une norme, le plus souvent résultat d'une stratégie plus ou moins consciente et fruit d'un pouvoir normateur, le concept de posture normative est défini comme « le positionnement normateur d'un porteur face à une cible normative par lequel la normativité s'incarne ».

54. Thierry Bonneau, « Mort par overdose », *Droits des sociétés*, nº 6, 2005, p. 3.

55. LegiGPT est un logiciel d'intelligence artificielle appliqué au droit dont le corpus est constitué de l'ensemble des énoncés disponibles sur le portail officiel de diffusion du droit français : Légifrance. https://legigpt.fr/.

du Sieur X. ou de la Dame Y. dans une détermination sociologique exsangue de leur « vraie » vie. Parfois dans le genre « Mélanges en l'honneur du Professeur(e) X », les auteurs se livrent davantage eux-mêmes mais cela reste marginal et ne forme pas un projet scientifique. Il s'agit surtout dans ce genre littéraire d'évoquer des anecdotes révélant la proximité avec le « maître » ou les liens d'amitié par-delà les très cordiales relations entre chers collègues. Si l'on se place maintenant sur le terrain de la théorie du droit, les récits qui disent « le droit, c'est ça ! » sont asynchrones et c'est la raison pour laquelle ils ne font le plus souvent que retomber sur l'insoluble problème des essences. Le droit, c'est le tiers impartial, la nature des choses, la règle de droit sanctionnée par l'autorité publique, le commandement de l'autorité légitime, le tentaculaire et despotique souverain tiré de l'imaginaire biblique. Ce peut être aussi, selon les réalistes américains, des décisions de justice dont le sens peut être déterminé par ce que le juge aura mangé au petit-déjeuner avant de prendre sa décision ; selon d'autres, un système s'engendrant lui-même et créant par ses évolutions ses propres contraintes d'évolution (courant du réalisme français de type tropérien[56]), des discours qui prétendent au label de juridicité par invocation autoréférentielle au système juridique ; dans un sens sociologique d'inspiration bourdieusienne, des acteurs multiples engagés dans des processus de juridictionnalisation et de juridification du champ social… Dans les esthétiques perspectivistes et dissociatives typifiées par le théoricien du droit étatsunien, Pierre Schlag, le droit peut être tout cela à la fois : un ensemble de devenirs sans identités ni relations fixes[57]. Mais si c'est tout cela à la fois sans la perspective des sujets, on passe alors à côté de l'essentiel de ce qui fait le droit : les acteurs, les « vraies » gens qui le vivent, le subissent ou, selon leurs moyens, leur degré de culture et de malice, habilement le tournent.

Y a-t-il des raisons expliquant que la narration trouve difficilement sa place dans les milieux juridiques ? Quels sont les obstacles traditionnels, dans la théorie et la pratique du droit, à cette question du récit et à l'approche narrative ? Alors même que le récit, comme on l'a dit, travaille le droit en son cœur et, de mémoire d'écrits, *ab origine*, le récit est traditionnellement évacué par l'écrasante majorité des juristes contemporains[58]. Il existe au moins deux principales raisons à cette

56. Michel Troper, Véronique Champeil-Desplats et Christophe Grzegorczyk (eds), *Théorie des contraintes juridiques*, Bruxelles, Paris, Bruylant, LGDJ, 2005.

57. Pierre Schlag, « The Aesthetics of American law », *Harvard Law Review*, vol. 115, 2002, p. 1047 et s., spéc. p. 1052.

58. Il est nécessaire de différencier, selon la fameuse distinction de l'un des précurseurs du mouvement du réalisme américain, Roscoe Pound (1870-1964), le « *law in books* » et le « *law in action* ». Les praticiens du droit recourent évidemment à l'art du récit pour plaider, en particulier dans les procès de nature pénale (mais pas seulement). L'essentiel de leur stratégie judiciaire dépend d'un art de mettre les événements en récit sous un jour favorable à la cause de leurs clients. Sous un angle plus théorique, on peut citer l'approche du « droit en contexte » (Antoine Bailleux et François Ost, « Droit, contexte et interdisciplinarité : refondation d'une démarche », dans « Dossier Le droit en contexte », *Revue interdisciplinaire d'études juridiques*, vol. 70, 2013, p. 25-44. Revue, depuis la parution de ce numéro, précisément sous-titrée *Le droit en contexte*).

évacuation du récit, du moins dans la théorie du droit, car cela est différent dans la pratique[59]. L'une épistémologique, l'autre que l'on pourrait qualifier d'esthétique.

La première raison a partie liée avec la puissance du paradigme positiviste – appelé également jusnormativiste. Ce paradigme, en grande partie issu de la réception de l'œuvre du juriste autrichien Hans Kelsen (1881-1973) à partir des années 1970, se fonde sur une nette distinction, de type néokantienne, entre l'être et le devoir-être. Dans le paradigme juspositiviste de type kelsénien, le droit est conçu comme un ensemble globalement efficace d'énoncés normatifs hiérarchisés au sein d'un ordre juridique (d'où la célèbre image de la « pyramide des normes ») et obéissant à des contraintes de logique formelle pour leur articulation entre eux[60]. Il s'ensuit que le travail du juriste théoricien consiste à procéder à une étude experte de la recherche et de l'interprétation des normes applicables à une situation donnée. Ce modèle, devenu quasi-inconscient tellement il a été profondément assimilé par les usages dans la plupart des facultés de droit françaises, affecte le régime d'écriture sur le droit qui, par mimétisme avec son principal matériau – les textes énonçant les règles de droit – doit être extérieur, impersonnel, abstrait et général (à l'image des caractères de la règle de droit). La scientificité de la science du droit – une science qui, notons-le est toujours en quête de légitimation de sa scientificité – repose alors sur l'idée que, bien conduit, le raisonnement juridique peut parvenir à l'objectivité. Autrement dit, n'importe quel juriste bien formé (interchangeabilité et neutralité de l'opérateur juridique) est en mesure de parvenir à la bonne solution en conduisant bien les opérations d'inférence logique, sous forme de syllogisme aristotélicien (sans tenir compte du fait qu'en réalité il ne s'agit seulement d'enthymènes, c'est-à-dire de syllogismes dont la prémisse est seulement vraisemblable et soumise à interprétation), une fois les prémisses (les énoncés normatifs applicables au cas) bien identifiées. C'est donc parce qu'ils singent, et qu'on les entraîne à le faire, une certaine idée de la science conçue comme une logique irréfutable (une « théorie pure du droit » comme écrit Kelsen) que les juristes s'interdisent le plus souvent de « salir » leur raisonnement par des éléments de récit personnel, tirés de leur propre vie réelle et inhibent l'expression de leurs perceptions, émotions et affects de sujet éprouvant et éprouvé par les normes.

La seconde raison à l'évacuation d'une narration subjective de la norme est d'ordre esthétique : ça ne se fait pas. Tout simplement. C'est une question de style. Une question grosse, on le comprend, de présupposés épistémologiques. On

59. Tant il est évidemment vain de monter un dossier juridique sans tenir compte de manière éminemment stratégique des éléments de récit.

60. Hans Kelsen, *Théorie pure du droit*, trad., Bruxelles, Paris, Bruylant-LGDJ, 1999 [1962], p. 57 : Le droit est un « ordre de contrainte », soit un système de normes juridiques dans lequel la norme juridique est définie comme la « signification subjective d'un acte [conforme à la norme fondamentale] et [devant] statuer un acte de contrainte, ou bien avoir une connexion essentielle avec une semblable norme ». Pour un commentaire récent de la conception du droit de Hans Kelsen, lire François Brunet, *La pensée juridique de… Hans Kelsen*, Paris, Mare & Martin, 2019, spéc. chap. 4, p. 77 et suiv.

apprend très tôt dans les facultés de droit à l'étudiant juriste à bannir toutes les formes d'expression personnelle (le « je »), à dépersonnaliser son argumentation. Plus tard, s'il se lance dans une carrière universitaire, apprenti doctorant, on lui apprendra que la thèse est un « exercice d'école », parfaitement codé, parfaitement contre nature où tout doit être maîtrisé. On lui enseigne aussi que la littérature juridique n'est pas un jardin d'enfants, qu'elle n'est pas un espace discursif pour « se faire plaisir ». Un espace constitué d'un propret club d'honnêtes gens en robes, en costumes ou en tailleur, où l'on joue un jeu d'adultes qui ne doivent aucunement montrer qui ils sont. S'ils veulent faire de la littérature, qu'ils le fassent en parallèle, en écrivant des romans, des essais politiques ou autres mais sans confondre les genres littéraires ni les multiples dimensions de leur personnalité. Cloisonnez, il n'y a rien à voir, même quand la littérature est appelée à la barre[61] !

Comment entendre et pratiquer la narration subjective de la norme

Je souhaite désormais expliciter ce que j'entends par « narration subjective de la norme », c'est-à-dire comment j'essaie d'appliquer, de transposer le cadre théorique que j'emprunte à l'écrivain Pierre Bergounioux dans ma pratique de théoricien du droit. J'entends par « pratique de narration subjective de théorie du droit et des normes » une écriture hybride mêlant, d'une part des éléments de récits de vie, incluant et les faits autobiographiques et les émotions du théoricien ; et, d'autre part, des arguments d'analyse tirés de son champ de recherche et des autres disciplines de sciences sociales, cela sans ordre ni hiérarchie – autres que ceux dictés par les besoins de sa recherche – ni considération de limites disciplinaires. Une fois cette définition posée – une définition qui n'a rien d'essentialiste, parfaitement reconstruite pour les besoins de la cause et que je compte bien faire évoluer au fil de mes nouvelles expérimentations d'écriture narrative dans le champ de la théorie du droit –, je voudrais exposer la manière dont, pour ma part, je pratique cette théorie narrative du droit et les intérêts qu'on peut attendre d'une telle démarche.

Après l'obtention de mon doctorat à l'Université d'Orléans, habitant de banlieue parisienne et de ses hyper-flux, souterrains comme bitumeux, j'ai commencé à devenir ce qu'on pourrait appeler un théoricien « impudique » de la normativité, juridique et par-delà, à l'occasion d'une recherche de longue haleine que j'ai consacrée aux flux normatifs[62]. Cette recherche est devenue par la suite mon sujet d'habilitation à diriger

61. Christine Baron, *La littérature à la barre*, préf. Denis Salas, Paris, CNRS éditions, 2021.

62. Le concept de flux normatif peut être défini de diverses manières en fonction des sources du droit, des étapes des différents processus de fabrique de la norme que l'on observe et selon la perspective (de technique juridique, sociologique, communicationnelle, philosophique ou politique) par laquelle on analyse ses manifestations. Voici les deux définitions synthétiques que j'ai retenues dans la conclusion de l'essai que j'ai consacré à cette notion : « Au sens le plus matériel et prosaïque [il s'agit d'une] production dynamique convergente d'éléments normatifs (textes, signaux, dispositifs, etc. à vocation/ou effets normatifs, c'est-à-dire agissants ou cherchant à agir sur le comportement humain) résultant de leur mise en circulation rapide et continue sur le réseau

des recherches. Elle a donné lieu à la publication d'un ouvrage de 367 pages titré *Penser les flux. Essai sur le droit fluide*[63]. Je dis « impudique » mais je ne crois pas tout à fait à cette épithète. L'impudeur eut été d'écrire à propos de cette nouvelle « technologie de pouvoir » (au sens de Michel Foucault) selon le paradigme d'une narration objective. Je m'explique. Si j'ai rapidement ressenti le besoin d'assumer le grand « je » dans l'écriture de cet essai, ce n'est pas seulement pour donner à penser par le récit[64], c'est par un souci d'homéomorphisme-épistémologique : afin d'être congruent avec l'objet de recherche. Parce que les flux normatifs, qui étaient un objet tout à fait nouveau dans la théorie du droit et des normes au moment où j'ai commencé à m'intéresser à eux, supposaient, pour les identifier, de les manifester à travers leurs effets, de les ressentir, d'en faire l'expérience au quotidien et de relater cette dernière. Il me semblait alors utile de penser d'abord par affects et percepts au sens de Gilles Deleuze[65] et dans une démarche inspirée du travail du sémioticien Roland Barthes, sujet hypersensible à la norme s'il en est[66]. J'ai poussé plus avant cette approche de narration subjective en laissant apparaître une émotivité plus vive dans mon écriture et l'expression de mes affects face à la norme à travers ma contribution à l'ouvrage relatif au concept de posture normative[67]. Pour amener la complexité de mon rapport à la norme sanitaire pendant la période de Covid-19, qui était mon objet d'étude, j'évoquais mon expérience de camping, avec

juridique. [Au sens politique, il s'agit d'une] technologie caractéristique des sociétés de contrôle, faite de signaux et d'informations et polarisant l'attention des gens par saturation informationnelle de leurs esprits » (Émeric Nicolas, *Penser les flux. Essai sur le droit fluide*, *op. cit.*, p. 312). Le flux normatif est précisément ce qui relie les segments de la norme et des récits qui les sous-tendent. Pour ainsi dire, c'est le récit devenu norme, au sens de Robert Cover (art. préc.). C'est, aujourd'hui, à l'ère de l'ultra-communication en continu, le meilleur moyen de faire passer de la norme, en la naturalisant, sous la forme d'un récit évident (en ce sens, lire, J. Guittard, É. Nicolas (eds), *Barthes face à la norme : droit, pouvoir, autorité, langage(s)*, préf. Nathalie Dion, Paris, Mare & Martin, 2019 et les contributions dans Jacqueline Guittard, Émeric Nicolas et Cyril Sintez (eds), *Narrations de la norme*, Paris, Mare & Martin, 2022). Dans la mesure où le droit est créé selon une logique de réforme en continu dans tous les secteurs de l'activité socio-économique qualifiés (par les médias, les hommes politiques ou les experts) comme étant en « crise », les exemples de flux normatifs sont extrêmement nombreux depuis des dizaines d'années, et tout particulièrement depuis la conjonction et la succession des crises écologique, du climat, de la biodiversité, économique, migratoire, sans parler des crises politiques. Par exemple, on peut évoquer le flux normatif constitué par les 32 lois (et leur lot de décrets et circulaires) depuis 1980 relatives à l'immigration qui convergent vers un durcissement des conditions d'accueil des étrangers ; ou bien encore du flux normatif de la norme fiscale ou de sécurité sociale qui sont par structure des normes évolutives et rediscutées chaque année en fonction des courbes (des flux) de l'activité économique et sociale. De manière plus générale, la fabrique du droit en flux étant devenue le mode normal de fabrique de la norme juridique contemporaine, il ne reste guère aujourd'hui de secteurs juridiques qui soient épargnés par la logique de flux normatif.

63. Émeric Nicolas, *Penser les flux. Essai sur le droit fluide*, *op. cit.*

64. François Ost et Alexandre Viala, « Conter le droit pour le donner à penser », *Revue du droit public et de la science politique en France et à l'étranger*, vol. 6, 2022, p. 1495 et suiv.

65. Gilles Deleuze et Félix Guattari, *Qu'est-ce que la philosophie ?*, Paris, Les Éditions de Minuit, 2005, p. 154 : bloc[s] de sensations et d'affections [indépendants d'un état de ceux qui les éprouvent […], [débordant] la force de ceux qui passent par eux », et rendant « sensibles les forces insensibles qui peuplent le monde, et qui nous affectent, nous font devenir ».

66. Jacqueline Guittard et Émeric Nicolas, « Introduction. Barthes, un sujet affecté par les normes », dans *Barthes face à la norme. Droit, pouvoir, autorité, langage(s)*, préf. Nathalie Dion, Paris, Mare & Martin, 2019, p. 19-28.

67. Cyril Sintez (éd.), *La posture normative. Une voie d'incarnation de la normativité*, *op. cit.*, p. 195-211.

femme et enfants pendant 15 jours pluvieux en Dordogne, « scotchés » devant le petit écran du mobil-home inconfortable qui nous servait d'abri, lors de l'annonce par le président de la République de l'introduction du pass sanitaire. Les éléments de récits ne sont pas seulement des « effets de réel », pour reprendre une notion chère à la théorie littéraire de Roland Barthes. Ils ont été essentiels pour faire advenir les différentes variations de mon rapport à la norme sanitaire, parce que – et là on touche au fond de l'intérêt de l'approche de narration subjective – l'écriture à la première personne (de type diariste) participe de la prise de conscience personnelle de la justesse de notre rapport à la norme et tout simplement de la connaissance de soi. Je poursuis cette approche d'introspection narrative et normative aujourd'hui dans le cadre d'une recherche dont la forme est celle d'un roman, un roman face à la norme.

Si, comme l'a justement souligné un auteur à propos du récent concept transdisciplinaire de posture normative, la théorie des normes replace le sujet en son cœur, alors c'est par la narration subjective que ce recentrement devra s'opérer pour donner pleine voix au chapitre aux sujets des normes que nous sommes tous. François Ost nomme cette approche *actor in fabula*[68]. Pour ma part, je parlerais de l'*actor in veritas.*

Enjeux et limites de la narration subjective dans les théories du droit et des normes

Le but n'est pas simplement de poser qu'une approche narrative est intéressante, originale, neuve, etc. Il importe de préciser à présent en quoi elle transforme aussi notre compréhension du droit. Quels sont les intérêts épistémologiques, méthodologiques, politiques de cette narration subjective ? Qu'est-ce que cette approche par le récit *ajoute* à la compréhension du droit ? Quelles en sont les limites ? Les intérêts de la narration dans le droit ont été parfaitement identifiés par François Ost dans les prologues respectifs des trois opus de sa série de *Contes juridiques.* Je les résumerai avant de spécifier quels sont, selon moi, les intérêts de la narration subjective de la norme.

Dans le prologue du second opus de sa série des contes juridiques précité, M. Ost identifie trois réponses à la question de savoir pourquoi écrire des contes ou des récits quand on fait métier de théoricien ou de philosophe du droit. C'est d'abord « pour le plaisir »[69] qu'on écrit des contes juridiques. Non pas seulement pour *se faire plaisir* mais pour le « plaisir du texte », cette « Babel heureuse » selon l'expression de Roland Barthes[70]. Le plaisir est sans doute le meilleur moyen de transmettre des connaissances aux étudiants et plus largement à tout lecteur dans

68. François Ost, « Préface », dans C. Sintez (éd.), *La posture normative. Une voie d'incarnation de la normativité, op. cit.*, p. 9-17, spéc. p. 9.
69. François Ost, *Nouveaux contes juridiques*, *op. cit.*, p. 10.
70. Roland Barthes, *Le plaisir du texte*, Paris, Seuil, 1973, p. 10.

les mains desquelles tombera l'ouvrage. C'est d'autant plus bienvenu que le droit souffre d'un déficit structurel d'enseignement auprès du grand public, le confinant à la « petite chose » et au « petit champ » bien préservé des juristes. Ensuite, la pratique du conte renforce la mise à distance « en nous transportant ailleurs, ce qui donne à la pratique du droit plus de souplesse et sans doute plus d'humanité. » Elle favorise aussi l'approche « “interdisciplinaire du droit”, qui n'est autre que sa mise en contexte social […] »[71]. Enfin, à rebours de la prétendue neutralité axiologique qui serait comme la vertu des juristes, notamment universitaires, M. Ost soutient que « la pratique des contes constitue une excellente formation aux responsabilités éthiques et aux engagements politiques qui accompagnent les métiers juridiques – et aussi, plus largement, la situation du citoyen […] »[72]. Dans une perspective pragmatique, M. Ost résume ainsi cet intérêt pour les contes : « le droit à la pointe des combats »[73]. Je partage en grande partie son analyse mais j'ajouterais ceci sur les plans épistémologiques, méthodologiques et politiques, du point de vue spécifique d'une narration subjective de la norme.

Si je crois intéressant de mobiliser un dispositif littéraire inspiré du concept de narration subjective forgé par Pierre Bergounioux, consistant en une forme d'écriture, relevant non pas du genre du conte mais de l'essai autobiographique, de type expérientiel, émotive, en apparence impudente, imprudente et impudique, dans le champ bien balisé et policé de la théorie du droit, ce n'est pas pour assouvir un désir de devenir romancier raté à la petite semaine. Assumer le grand « je » dans les sciences sociales[74], dont celles juridiques, ne consiste donc pas essentiellement dans un plaisir narcissique visant à se raconter pour le plaisir de le faire, comme on a parfois tendance à le penser. Et de toute façon, si cela était le cas, le plaisir du texte ne doit pas être banni parce qu'il est essentiel à la pédagogie et qu'il est constitutif du lien que noue un auteur avec ses lecteurs. Cela est d'autant plus important quand on sait que la « littérature juridique », contrairement par exemple à l'histoire ou à la psychologie, n'est pas considérée comme la plus « attirante » par le grand public. Il est vrai qu'elle ne fait pas beaucoup d'efforts pour se rendre plus « séduisante ». Je crois aux vertus introspective et universalisante de la littérature et de la *narration subjective* en particulier. Pourquoi ? Eh bien, parce que si l'on place sérieusement le sujet au cœur de la théorie du droit et des normes[75], alors il faut le faire parler ce sujet, avant que la vague normative, immense, l'emporte dans les abysses et qu'il ne se noie.

71. François Ost, *Nouveaux contes juridiques*, *op. cit.*, p. 12-13.
72. *Ibid.*, p. 15.
73. François Ost, *Le congrès et autres contes juridiques*, *op. cit.*, p. 7.
74. Sur ce constat, voir l'article d'Arnaud Gonzague, « Quand les chercheurs en sciences sociales sortent le grand “je” », *Le Nouvel Observateur*, 23 mars 2023.
75. En ce sens, voir François Ost, « Préface », dans C. Sintez *et al.*, *La posture normative. Une voie d'incarnation*, *op. cit.*, p. 9-17, spéc. p. 9 : « [Il nous faut] prendre acte du rôle normateur essentiel de ceux qui sont moins des sujets passifs *du* droit, que ses acteurs dynamiques, véritables sujets *de* droit. »

L'apport épistémologique d'une narration subjective est simple : il s'agit d'écrire non une Histoire mais des histoires du droit au présent, écrites (enfin !) par leurs acteurs et à la première personne, quitte à assumer pleinement l'égo-histoire en vogue aujourd'hui dans d'autres disciplines des sciences humaines. Sur le plan épistémologique, les expériences de narration subjective de la norme ne visent pas autre chose qu'à prendre vraiment au sérieux les postulats des différents réalismes juridiques (américains, scandinaves, français). Contrairement à ces derniers, il ne s'agit pas de porter la focale sur ce que disent ou vont dire les juges et d'analyser les effets physiologiques de leur petit-déjeuner sur leur décision (réalisme américain). Les juges sont des acteurs certes importants des systèmes juridiques (par leur pouvoir décisoire, arrivant en fin de chaîne de la logistique juridique) mais ils ne sont qu'un type d'acteurs parmi d'autres et le droit ne se réduit évidemment et heureusement pas à sa dimension pathologique. Il s'agit de constituer une connaissance du droit en quelque sorte parallèle à la grande Histoire du droit (celle racontée dans les manuels et traités d'histoires ou d'introduction au droit), une histoire informée par ses acteurs avant qu'ils ne soient morts et qu'on parle à leur place ou qu'on les oublie tout simplement. Nous vivons une époque exceptionnelle dans le domaine juridique car nous pouvons disposer, grâce à la magie d'internet, d'une gigantesque quantité d'informations de qualité actualisées en continu. Mais à part les forums et les séries TV, on ne dispose pas d'une base du droit narré, informée par ses acteurs, écrite au présent. Tel est le projet. Pas seulement se raconter pour le plaisir impudique de le faire, mais se raconter en tant qu'acteur du droit dans ses démêlées face à la norme juridique. C'est cela la révolution épistémologique du *subjectivism turn* qu'avec quelques collègues nous appelons de nos vœux et à laquelle nous œuvrons[76].

Méthodologiquement, cela implique d'accepter d'écrire nos rapports à la norme tels qu'ils nous viennent, au présent, au petit matin, dans la nébuleuse de nos rêves confus et complexes. L'écriture de la narration subjective de la norme passe par un plein affranchissement du paradigme positiviste et assume en même temps qu'elle revendique un anarchisme méthodologique à la Feyerabend, ce que j'ai nommé il y a quelques années « Faire feu de tout bois pour une pensée du droit mouillée »[77]. Pour le dire selon une image gastronomique, cette approche consiste

76. *Subjectism turn*, au sens où il s'agit de prendre vraiment au sérieux ce que vivent les acteurs face aux normes juridiques et de reconnaître par là leur rôle bien au-delà de celui (de destinataires passifs des normes) qui leur est assigné dans la « théorie normale du droit » : celui de coconstructeurs de la normativité juridique. Voir en ce sens, François Ost, « Préface » dans Cyril Sintez, *La posture normative. Une voie d'incarnation de la normativité*, *op. cit.*, p. 9 : « Cet ouvrage procède d'une forme de renversement copernicien des études normatives ; il déplace le regard du côté de ceux qu'on appelle traditionnellement les "destinataires" de la norme et met en lumière leur rôle essentiel dans ce qui se révèle être bien autre chose que la "réception" ou "l'application" de celle-ci. »
77. Émeric Nicolas, « Faire feu de tout bois (sec) pour une pensée du droit (mouillé(e)) », dans *Actes de la Journée d'Études, À propos des méthodes de la recherche juridique*, organisée par Centre de Droit Privé et Public

à mettre « Un peu de gras dans l'écriture (savante à propos) du droit »[78]. Cela veut dire se laisser traverser par des affects, et cela veut dire aussi les dire, se dévoiler, prendre des risques : accepter que vos collègues et amis ne comprennent plus ce que vous faites. Car cela veut dire écrire presque avec le moins possible de filtres (il y en a bien sûr toujours…), tout en sachant qu'on ne sera pas « publiable » en l'état dans les grandes revues juridiques « classiques ». Cela veut dire aussi assumer un certain pathos, salir l'écriture à propos du droit. Tout cela implique pour moi, si l'on accepte, qu'aujourd'hui, les sciences du droit opèrent (et d'une certaine manière soient sommées de le faire au risque de disparaître à l'heure de l'intelligence artificielle qui fonctionne, il faut bien le reconnaître, plutôt bien) leur *tournant subjectif et narratif* au plein sens de ces termes. Et non plus se contenter, comme d'une activité seconde, de dilettante distraction, d'étudier en parallèle d'un sérieux travail d'analyse technique et formaliste les tranches du saucisson du droit, le droit chez La Fontaine, Sade, Victor Hugo, Balzac, Péguy, Barthes, Foucault, Derrida[79] ou encore Michel Houellebecq… Il faut écrire les chapitres de la « norme énorme »[80] comme on fait de la littérature à l'estomac[81]. Il faut faire comme on veut, surtout comme on peut et suivant nos goûts personnels[82], mais dire que celui qui écrit est indissociable de ce qu'il prétend dire et qu'il vaut mieux dire d'où il écrit, ce qu'il veut vraiment dire avant de dire ce qu'il a à dire parce qu'il n'y a rien de moins idiosyncrasique et en même temps de plus politique qu'une théorie du droit et des normes.

Si l'on définit la politique comme le fait d'être un acteur engagé dans la Cité, et en cela nous le sommes tous, alors narrer des événements à travers lesquels on est en prise directe au prisme de notre subjectivité est un acte éminemment politique. On écrira alors, sur un mouchoir ou un ticket de parking, pour être au plus près du vif : ce qu'on ressent face à un feu rouge quand il n'y a personne sur le carrefour et qu'on reste planté là, face à la norme ; notre ressenti lorsqu'on accepte

des Obligations et de la Consommation (CDPPOC) de la Faculté de droit, Université Savoie Mont Blanc, *Jurisprudence. Revue critique 2020*, 2022, p. 29-38.

78. Émeric Nicolas, « Un peu de gras dans l'écriture (savante à propos) du droit. Réflexion sur une expérience de déformalisation dans le champ juridique », dans *Le droit au risque de la déconstruction. Regards croisés entre juristes et philosophes*, Serpil Tunc (éd.), *Revue Tumultes*, nº 62, mai 2024, p. 123-137.

79. Je plaide ici *contra pro domo* puisque la série de colloques et d'ouvrages que je codirige depuis 2016 vise précisément à interroger la normativité des grands auteurs de *French Theory*.

80. Emmanuel Jeuland, Camille Porodou et Hélène Thomas, « Blanche-Nudge et la Norme énorme. La narration de la norme dans les ateliers ouvroir de droit potentiel (Oudropo) », dans Jacqueline Guittard, Émeric Nicolas et Cyril Sintez (eds), *Narrations de la norme*, *op. cit.*, p. 289-307.

81. Julien Gracq, *La littérature à l'estomac*, Paris, José Corti, 1950.

82. Adepte du bricolage dans tous les domaines de la vie, mon dispositif littéraire est principalement lié aux matériaux que j'ai sous la main, à ce que je vis au quotidien au moment où j'écris. J'ai renoncé à toute étude experte et objective sur un sujet de recherche. Cela n'a d'ailleurs aujourd'hui plus aucun sens compte tenu de la masse de données bibliographiques. Ma bibliothèque est réduite à peau de chagrin, faute de place dans ma maisonnette, du fait de l'extension du nombre de ses occupants au fil des ans et de l'impossibilité d'acheter plus grand, faute de crédit disponible et surtout d'envie.

de déballer nos affaires personnelles sur un tapis roulant d'un portique de sécurité dans un aéroport; comment on vit l'annonce par une chaîne d'information en continu d'un nouveau gouvernement issu du parti qui a obtenu le moins de voix à l'Assemblée nationale; comment on réagit face à la mise en place d'une Zone à faibles émissions (ZFE) dans la ville dans laquelle on vit quand on est propriétaire d'une voiture de plus de 25 ans; comment on résiste (ou pas) face au flux de lettres recommandées avec accusés de réception envoyés par Engie pour nous forcer à installer un compteur « Linky ». Plus généralement, on dira si on dit un oui, mi-penaud, mi-résigné, par commodité, parce que la vie moderne est comme ça, aux normativités labiles et intrusives de la vie quotidiennes qui, si on les suit, nous mettent dans une position d'automate, de poisson dans un bocal traversé par les flux normatifs et numériques qui sifflent sur nos têtes. Quand on raconte le « vrai » droit, celui confronté aux « frictions du réel »[83], celui vécu de l'intérieur par les sujets, par exemple, le parcours juridico-administratif d'une personne transgenre ou transsexuelle, on offre par cette compréhension plus fine de la « vraie vie du droit » par-delà les règles, tout un discours qui peut ensuite servir à lutter contre le droit existant quand ce droit est mauvais, la loi scélérate. On dira: « Ah, la loi a évolué, maintenant il est plus facile grâce à la loi n° 2016-1547 du 18 novembre 2016 d'obtenir un changement de la mention du sexe à l'état civil ». En réalité, ce n'est pas le cas. Aujourd'hui, on le sait, grâce à des expériences de narrations subjectives de la norme précisément. Des narrations qui ne prennent pas le support d'article de doctrine, mais celui d'excellents documentaires, je pense en particulier à celui de la série documentaire diffusé récemment sur France Culture[84]. Car c'est bien à entrer dans l'ère du documentaire (le fameux « docu-fiction ») qu'œuvre le projet d'une narration subjective de la norme. Avec le mot d'ordre suivant: informer le vécu réel des gens face à la norme dans tous ses états pour une science du droit engagée et nécessaire dans le contexte des sociétés autoritaires et biosécuritaires. On le voit, épistémologie, méthodologie et politique sont liées: il ne s'agit rien de moins que de constituer le *corpus juris* non pas Justinien mais du droit au présent, vécu et raconté par ses acteurs et en particulier par tous ceux que, partout dans le monde, la norme juridique met dans des situations de marginalité et de précarité. On offre la possibilité de constituer le corpus sociologique pour faire ce qu'on appelle le « procès de la loi ». Sans cela, on restera impuissant et peu documenté.

Je ne sais pas si l'approche de narration subjective est généralisable. Je suis même convaincu qu'il n'est pas utile de généraliser cette pratique à l'ensemble des activités scientifiques des juristes universitaires. Il n'est pas raisonnable de penser que toute la littérature juridique – qui est avant tout une littérature « grise »

83. Voir le numéro de la *Revue des sciences humaines*, n° 310, avril-juin 2013 dirigé par Jacqueline Guittard, « Photographie et littérature: frictions de réel ».
84. La série documentaire, « Les transidentités, racontées par les trans », *France Culture*, diffusée du 1er au 4 octobre 2024.

dans un sens non péjoratif – doive revêtir une forme de narration subjective. Le droit étant une discipline du texte et de l'interprétation, il est tout à fait essentiel que la doctrine (les universitaires et autres praticiens) continue d'étudier les fragments du tissu intercitationnel qui font la juridicité de nos espaces sociaux[85]. On a besoin d'interpréter de manière si ce n'est « scientifique » du moins un peu sérieuse (il est vrai grâce aux moyens de l'étymologie, de la grammaire, de la linguistique, de l'analyse du discours, de la théorie littéraire, de la psychanalyse et de manière générale, de toutes les sciences sociales) les énoncés normatifs de la Constitution qui précisent les pouvoirs du Président de la République en matière de nomination du 1er Ministre (même si c'est vite vu !). Il nous faut des juristes universitaires spécialistes du code des transports ou du code monétaire et financier pour connaître, par exemple, les limites du pouvoir de l'Autorité des marchés financiers. On a besoin de comprendre l'impact d'une directive ou d'un règlement européen sur tel ou tel secteur de l'activité économique ou encore le sens d'un revirement de jurisprudence opéré par la Conseil d'État français, la Cour de cassation française, la CEDH, ou encore la Cour suprême des États-Unis d'Amérique en matière d'avortement… Cette activité, qualifiée de « dogmatique juridique », est essentielle pour l'ensemble des acteurs du système juridique, pour les juristes professionnels d'abord, mais aujourd'hui grâce à internet et à l'extraordinaire diffusion du savoir juridique, accessible en un seul clic, elle est primordiale également pour le grand public. De même, il est tout aussi important que l'on dispose d'études inspirées d'une « froide » démarche de sociologie du droit pour disposer de données quantitatives et qualitatives afin d'apprécier la réception de tel ou tel public d'usagers du droit face à telle ou telle norme. La narration subjective que j'appelle de mes vœux, et que j'essaie de pratiquer pour les besoins de mes recherches sur tel ou tel nouveau concept de la science du droit, a vocation à venir en complément du régime de narration objective actuellement dominant. Cela, afin d'apporter une eau vive, de l'émotion, de la sensibilité, de laisser place au ressenti des perceptions corporelles qui manque cruellement à la quasi-totalité de la littérature « grise » à propos du droit.

Les expériences de récit dans le droit existent et se développent mais elles demeurent dans leur écrasante majorité inféodée au paradigme juspositivisme : elles ne sont que très rarement le produit des acteurs engagés dans les événements au présent et racontant leur rapport à la norme. Ce dont a besoin la théorie du droit c'est d'un peu de gras. Je veux dire par là qu'elle fasse parler ses « acteurs ». Ce serait nécessaire, car d'expérience d'humain, notre rapport « premier », une fois le cordon ombilical coupé, est un rapport à la norme juridique. Ce que je propose

85. Émeric Nicolas, « Répétabilité et répétition des énoncés normatifs : la force intercitationnelle dans le langage juridique comme force normative », dans Catherine Thibierge *et al.*, *La force normative. Naissance d'un concept*, *op. cit.*, p. 69-97.

pour renouer ce rapport quasi ontologique à la norme et reconnaître au droit sa véritable place d'art et de science multimillénaires de l'humain, c'est d'introduire dans nos pratiques de chercheurs un regard et une écriture socioréflexive – sous la forme d'un « journal extime », au sens Michel Tournier[86], de nos rapports à la norme au quotidien. Pour ce faire, l'écrivain Pierre Bergounioux a tracé la voie de la narration subjective. À nous, juristes et citoyens, *mutatis mutandis*, de la suivre. Il y va de la survie du droit comme champ et de l'affirmation pleinement éthico-politique de ce qu'une « science impure du droit » devrait être au XXIe siècle. Si l'on accepte (enfin) de concevoir le droit et les propos théoriques sur le droit comme faisant pleinement partie des sciences sociales (et il serait bon que nous n'ayons plus à revenir sur cette question au moment du tournant technique des sciences sociales[87]), on peut dire ceci : le récit n'est pas aux bords de la science du droit, il en est le cœur palpitant qu'il faut et écouter avec l'attention inquiète et experte du médecin muni de son stéthoscope et laisser s'exprimer dans une juvénilité affirmée et combative.[88]

86. Michel Tournier, *Journal extime*, Paris, La Musardine, 2002.
87. Frédéric Audren, « Un tournant technique des sciences (sociales) du droit ? », *Clio@Themis*, no 23, 2022, http://journals.openedition.org/cliothemis/2635.
88. Je tiens à remercier très sincèrement Marion Fontaine pour la qualité de sa proposition d'écrire dans la revue *Enquête* et son accompagnement éditorial tout au long du processus d'écriture, accompagnement sans lequel ce texte n'aurait jamais vu le jour et certainement pas sous cette forme. Je souhaite également remercier Émilie Courel pour toutes ses corrections d'œil de lynx. Toutes les erreurs et imprécisions qui demeurèrent dans ce texte sont évidemment de mon fait.

Nicole Biagioli

Remembrance : de l'écoute musicale à la médecine narrative

Introduction : Réminiscence et remembrance

Durant seize mois, de mars 2023 à l'été 2024, nous avons mené une recherche participative dans le cadre de l'association niçoise *Art en partage*[1] animée par le docteur Jean-Michel Benattar, gastro-entérologue niçois. Elle s'est déroulée durant dix-sept concerts suivis d'ateliers d'écriture inspirés des principes de la médecine narrative. Le rythme des concerts dépendait et dépend encore des disponibilités des artistes. Il varie d'un à deux par mois, parfois sur deux jours consécutifs. La musique est la cheville ouvrière du projet. Elle impose non seulement les dates mais aussi les thèmes des concerts qui dépendent du répertoire des artistes, et les consignes d'écriture qui relient les thèmes aux problématiques du soin. Les concerts étaient des concerts privés organisés par le médecin à son domicile, sur un mode qui rappelait celui des salons d'autrefois, en moins guindé et en plus spécialisé. Le principe de l'atelier repose sur la liberté de la participation et la proposition d'un ou plusieurs lanceurs d'écriture, appelés consignes. Chaque consigne s'inspirait à la fois du programme musical et des problématiques liées à l'usage du récit comme soin développé par Rita Charon, la créatrice de la médecine narrative[2]. Par exemple, celle qui suit le concert consacré à « Greiffe baroque », (Olivier Greif étant un compositeur contemporain dont l'œuvre *Dans le goût ancien* avait été interprétée au milieu d'airs d'opéras baroques) demande : « Partagez, si vous le désirez, ce que le concert a éventuellement "greiffé" en vous, pour commencer une nouvelle année, une nouvelle vie ».

Les cent trente-huit textes produits ont constitué notre corpus de recherche. Afin de pouvoir y faire référence sans ambiguïté, nous les avons numérotés de la façon suivante : une lettre donnant l'ordre de classement dans le paquet recueilli – le numéro

1. Voir sur le site : https://ci3p.univ-cotedazur.fr/tag/art-en-partage/.
2. Rita Charon, *Médecine narrative. Rendre hommage aux histoires de maladies*, Paris, Sipayat, 2015.

In : Sciences sociales aux bords du récit, Paris, Éditions de l'EHESS, 2025

de la séance dans l'année – l'année de la séance. L'ordre de classement est purement arbitraire et ne sert qu'à repérer les textes. Ainsi A-8-23 désigne le premier texte du paquet de la huitième séance de 2023 (*Réminiscence d'un dimanche automnal*).

Nous les avons analysés avec les outils de la linguistique, la sémiotique et la narratologie. Ils entretiennent avec le récit trois types de relations. D'abord un rapport culturel de remémoration : la musique est un vecteur important de transmission des genres narratifs aussi bien populaires (conte, légende) que lettrés (roman, théâtre). Chaque concert était pour chaque participant une occasion de les réviser et de les croiser avec les autres sources culturelles à sa disposition. En second lieu le récit est aussi intervenu comme production, mode de réponse à une perturbation qui impacte le déroulement normal de la vie, en l'occurrence le divertissement du concert. Les participants s'y découvrent autres que ce qu'ils sont dans la vie courante, et éprouvent le besoin de décrire les étapes de ce changement (cf. J-1-24 qui commence par : « Après un concert, quel qu'il soit, je me sens une autre personne, détendue, libérée des boulets que je traînais en entrant dans la salle de spectacle » et conclut « partager l'expérience ajoute au bien-être, à l'état de sérénité et de paix dans lequel nous sommes plongés »). Enfin le troisième type de relation des textes produits avec le récit est récapitulatif. C'est celui du récit d'expérience qui décrit l'évolution des savoirs et des compétences acquis au fil des concerts-ateliers.

Notre collaboration avec le docteur Benattar remonte à 2014, année où il a fondé la Maison de la Médecine et de la Culture[3] (association citoyenne niçoise), et s'est investi dans la création du Centre d'Innovation du partenariat avec les patients et le public (CI3P) à la Faculté de Médecine de Nice. Il nous avait demandé de faire une brève présentation des caractéristiques narratives de films portant sur des problématiques médicales, pour ouvrir le débat qui faisait suite à leur projection[4].

Le ricochet de la musique

Pour exemplifier le rebondissement de l'écoute musicale sur l'éventail des pulsions autobiographiques, historiques, mais aussi épidictiques (servant à juger des actions), et poétiques, nous avons choisi un texte qui à nos yeux les symbolise toutes, puisque c'est à lui que nous avons emprunté notre titre : « Remembrance ».

Réminiscence d'un dimanche automnal

Réminiscence une odeur sensuelle entêtante

Réminiscence une gymnopédie d'Erik Satie

Réminiscence un dimanche de pluie

3. Voir sur le site : https://univercitedusoin.eu/la-mmc-maison-de-la-medecine-et-de-la-culture/.
4. Voir le dialogue avec Jean-Michel Benattar qui explicite les objectifs de notre collaboration : https://www.youtube.com/watch?v=mOCTi5R5KsY.

Dans ce temps tragique d'un automne 2023
Je parlerai de Remembrance
Comme les images de ces corps que l'on reconstitue
Pour les rendre à leur humanité
J'aimerais pouvoir dire remembrance d'amour
Pour redonner à cette marche funèbre
Pavane pour tant d'enfants défunts
La force d'un parfum,
La nostalgie d'une sonate
La consolation d'un Kaddish
La beauté d'une réminiscence.

Datés du dimanche 29 octobre 2023, ces quatorze vers du texte A-8-23 racontent le cheminement de la pensée durant un concert intitulé « Mémoires et Réminiscences ». Ils répondent à une consigne qui demandait, en faisant référence à la réminiscence proustienne, d'accepter de partager sa petite madeleine. *Réminiscences* était le titre d'une œuvre jouée par le pianiste Jonathan Benichou qui l'avait composée en 2019 et de l'œuvre de Liszt *Réminiscences de Don Juan* qui clôturait le concert. *Kaddish* était le titre d'une mélodie de Ravel interprétée en début de concert.

L'articulation chronologique qui descend le temps sur les impressions rappelées dans les trois premiers vers, le remonte brusquement au quatrième. L'autobiographe y est rappelé au temps historique marqué par l'attentat du Hamas du 7 octobre 2023. Le cinquième vers s'ouvre au futur en substituant « remembrance » à « réminiscence ». Initialement les deux mots sont synonymes. « Remembrance » vient de « remembrer » (remettre en mémoire) que l'on retrouve dans l'anglais *remember.* Mais en jouant sur l'homonymie de « remembrer » (« rappeler ») qui a disparu du français moderne, et de « remembrer » (« rassembler des parcelles en un seul domaine », *Le Petit Robert,* édition de 2020, p. 2181) qu'il applique par métaphore au corps humain, le texte introduit aux vers 6 et 7 l'image à la fois atroce et apaisante de la reconstitution des corps des jeunes victimes de l'attentat. Les rites funéraires apparaissent comme l'ultime étape du *care* (ou prendre soin) car la préparation du corps prélude à la nouvelle vie de l'être dans l'au-delà. Le vers 8 exprime au conditionnel un souhait qui porte sur le sentiment inhérent à la remembrance : l'amour, au sens où l'entend le Don Juan de Molière lorsqu'il donne à Sganarelle la pièce qu'il lui promettait s'il parjurait Dieu « pour l'amour de l'humanité ». Une fois ce but éthique atteint grâce au rapprochement sonore des mots, la musique réapparaît. Vers 9, la « marche funèbre » fait penser à la plus célèbre, celle de Chopin. Vers 10, la « pavane pour tant d'enfants défunts » fait allusion à la *Pavane pour une infante défunte* de Ravel, et vers 12, « la nostalgie d'une sonate » rappelle la petite sonate de Vinteuil, célèbre réminiscence proustienne. Son rôle consolateur est marqué au vers 13 par la référence au *Kaddish*, prière des morts de la liturgie juive récitée quand le cortège funèbre s'ébranle vers le cimetière. En introduisant le parfum, le vers 11 rappelle le rôle que joue le sensible, tous sens confondus, dans la réminiscence qui redevient possible au vers 14, une fois accompli le devoir de remembrance.

Gardant en mémoire la complémentarité entre la réminiscence qui redonne vie au passé à partir de l'expérience sensible, la remembrance qui est la forme ultime du soin et l'écoute musicale qui leur sert de truchement, nous pouvons maintenant présenter notre recherche, son objet, ses cadres théoriques, ses enjeux, son déroulement et ses résultats.

Aux sources de notre démarche

Dire que le récit autobiographique résulte du besoin d'actualiser des événements passés ne suffit pas à le définir. Malgré l'emploi de la première personne le *Je me souviens* de Georges Perec[5] n'est pas autobiographique car il ne relate pas des expériences mais ce qu'il en reste quand on les a oubliées. Le passage n° 465 : « Je me souviens d'Ima Súmac (le rossignol des Andes) »[6] n'exprime que la curiosité provoquée par un phénomène vocal. Le passage n° 274 : « Je me souviens d'un très beau récital donné dans la cathédrale de Chartres (en 1953 ?) par la pianiste Monique de la Bruchollerie »[7] met en scène le tâtonnement de la mémoire, qui ne parvient plus à réactualiser l'émotion qui avait provoqué le jugement esthétique. Une musique dont on ne parvient pas à ressusciter l'effet est une musique morte. Celle dont parlent les récits que nous allons étudier vient à peine de s'arrêter lorsque les narrateurs commencent à écrire. Parfois même elle continue quand le pianiste improvise pour accompagner l'écriture. C'est une musique vivante. Les récits sont à double fond : ils racontent le vécu du concert et les souvenirs qu'il a fait émerger.

L'atelier d'écriture post-concert se réclame de la médecine narrative pour l'organisation (choix et libellé des consignes) et les thèmes, tous en rapport avec le soin, pris au sens étroit d'action thérapeutique ou à celui qui correspond à l'anglais *care* et englobe « la dimension curative avec celle d'attention ou de souci » selon P. Molinier[8]. Étudiante, Rita Charon, créatrice au début des années 2000 de la médecine narrative, a suivi deux cursus en parallèle : médecine et littérature. En appliquant aux récits de ses patients le protocole d'analyse réservé d'ordinaire aux textes du canon littéraire, elle découvre leur richesse (d'où le sous-titre de son livre

5. Georges Perec, *Je me souviens*, Paris, Hachette, 1993 [1978].
6. *Ibid.*, p. 113.
7. *Ibid.*, p. 72.
8. Pascale Molinier, « *Care* », dans Christine Delory-Momberger (dir.), *Vocabulaire des histoires de vie et de la recherche biographique*, Toulouse, Éditions Érès, 2019, p. 201.

Médecine narrative: « Rendre hommage aux histoires de maladie ») et leur impact révolutionnaire sur le mode de communication paternaliste réputé être celui des médecins envers leurs patients.

Charon a explicitement reconnu l'influence de la nouvelle critique française sur ses travaux. Ce qu'elle en dit tient en quelques noms: Genette et Todorov[9], et Barthes[10]. Ce choix n'est pas indifférent. La façon dont elle les désigne: « Gérard Genette, structuraliste français », « le narratologue français Tsvetan Todorov », « le structuraliste français Roland Barthes qui fut à l'origine du structuralisme et du post-structuralisme » est une allusion à l'esprit novateur attaché à ce moment intellectuel et à son cadre national. Mais surtout elle rend hommage (pour reprendre une de ses formules) à des structuralistes qui ont su évoluer. Après avoir profité du structuralisme pour rapprocher les plus humbles récits des plus grands chefs-d'œuvre, ils sont arrivés à la conclusion que le récit était un échange de personne à personne, ce qui le rendait incomparable pour son auteur comme son récepteur. Charon commente longuement la distinction barthésienne du lisible et du scriptible: « le lisible est un texte mort [...] qui fut écrit autrefois et ne peut être lu que d'une seule façon. Le lecteur ne peut contribuer ni à sa signification ni à sa forme [...]. En revanche le texte scriptible arrive incomplet, encore vivant, réclamant une création active de chaque lecteur qui lui rend visite ». Finalement elle cite Barthes lui-même: « un texte scriptible est un présent perpétuel, ce texte c'est nous-mêmes qui l'écrivons »[11].

De même que la médecine narrative ne considère plus le patient comme un cas mais comme une personne, la troisième génération de la narratologie française (Alain Rabatel) et francophone (Raphaël Baroni) s'émancipe du formalisme structuraliste en se focalisant sur l'échange avec le lecteur à travers une voix narrative qui n'est plus considérée comme un simple outil du récit, mais comme une incarnation qui dialogue avec le lecteur[12]. La littérature s'ouvre à la société au lieu de s'en éloigner pour mieux la décrire[13] et la médecine narrative est pour les sciences humaines à la fois un objet de recherche et un partenaire.

Le récit est un embrayeur de conversation. Les salutations ordinaires : « Comment vas-tu ? – Et toi ? » assurent l'équilibre de l'interaction. Tout récit autobiographique appelle sa réciproque et met en branle un échange d'expériences. Étendu aux relations patient-soignant et soignant-soignant, notamment entre décideurs (médecins) et exécutants (infirmières, brancardiers, secrétaires), il humanise la communication. La médecine narrative a popularisé deux idées-forces:

9. Rita Charon, *Médecine narrative...*, *op. cit.*, p. 91.
10. Rita Charon, *Médecine narrative...*, *op. cit.*, p. 93.
11. *Ibidem*.
12. Isabelle Galichon, « Les récits multiples de la médecine narrative », *Essais*, 2023, [En ligne], http://journals.openedition.org/essais/128795.
13. Alexandre Gefen, *L'idée de littérature, de l'art pour l'art aux écritures d'intervention*, Saint-Denis, Corti, 2021.

le savoir d'expérience du patient sur sa maladie qui en fait un partenaire du soin, et la vulnérabilité du soignant s'il ne peut pas se raconter pour prendre conscience de son action, se décentrer et surtout être écouté. Les consignes des ateliers post-concert font appel aux trois états soignant/soigné/accompagnant, pour engager *a priori* tous les auditeurs.

Le nom de la structure organisatrice des concerts-ateliers d'écriture, *Art en partage,* est en soi un programme : *le partage*, but de tout spectacle et son objet, *l'art*, quel qu'il soit. Le projet se démarque de la médecine narrative par l'introduction de la musique mais la rejoint par le récit de son écoute. C'est surtout le partage du plaisir esthétique et le contexte dans lequel il a lieu qui font son originalité. Ils tiennent en un mot : « hospitalité », que le *Dictionnaire historique la langue française*[14] glose ainsi : « On trouve dans l'hospitalité, tout à la fois, la transformation de l'étranger, de l'ennemi en "accueilli" ». Mais le terme renvoie aussi à « une façon de se ressaisir *soi-même, d'avoir pouvoir sur soi* en raison même de la rencontre avec l'autre ». Chaque participant est invité à apporter son écot en nourriture ou boisson à une auberge espagnole qui clôt le concert et prélude à l'atelier. L'hôte, Jean-Michel Benattar médecin gastro-entérologue engage les artistes, organise les concerts et anime les ateliers. En ouvrant son salon à des soirées musicales, il a prolongé les formes d'hospitalité et de sociabilité des Pieds-noirs en Algérie, léguées par son père, tout en développant une expérimentation qui explore l'effet de l'écoute musicale sur la compétence autobiographique. La répétition du scénario des soirées jointe à la variation systématique de ses composantes a fourni de quoi discuter les deux hypothèses sur lesquelles s'était bâti le projet : l'importance du *care* (attention portée à la personne du patient) pour équilibrer le *cure* (attention portée à son cas), et le rôle facilitateur de l'écoute musicale partagée.

Nous avons mené sur cette expérimentation une recherche participative dans sa mise en œuvre (présence discrète mais attentive, explication du projet au groupe), et biographique dans son principe qui se distingue de celui de la médecine narrative tout en la complétant car « si la médecine narrative permet l'inclusion du récit du patient dans la pratique clinique, la recherche biographique y ajoute l'inclusion du processus de mise en récit »[15]. Nous avons été particulièrement sensible au dernier argument que Silvia Rossi[16] avance pour justifier cette complémentarité : « l'intégration de l'approche biographique élargit les ressources à disposition de la création d'une relation de qualité entre les soignants et les soignés, en limitant les risques d'une application mécanique d'un schéma d'analyse : la prise en charge

14. Alain Rey (dir), *Dictionnaire historique la langue française*, Paris, Les Dictionnaires Le Robert-SEJER, 2010, p. 1041-1042.
15. Silvia Rossi, « Médecine narrative », dans Christine Delory-Momberger (dir.), *Vocabulaire des histoires de vie et de la recherche biographique*, *op. cit.*, p. 237.
16. *Ibidem.*

centrée sur le patient proposée par la médecine narrative évolue ainsi en prise de soin de la personne du malade » (nous soulignons).

Il nous semble toutefois que le recours à l'écoute musicale comme embrayeur de l'écrit biographique va encore plus loin. En effet, le malade n'est plus considéré comme un malade mais comme un être sensible à la perception et à l'émotion esthétique. Cette décision permet de faire partager à la fois la dimension du soin (tout le monde a eu dans sa vie une expérience de la maladie comme malade ou comme soignant), et celle de la musique (qu'on l'écoute ou qu'on la produise). Elle ouvre aux autres arts et en affinant la perception, fait redécouvrir l'importance du corps tant dans la création que dans la réception.

Nous avons choisi de traiter l'écriture des récits post-concerts comme un événement artistique en soi qui transforme profondément son auteur et ses récepteurs, et pas comme un simple travail de mémoire. La première partie décrit la formation du groupe. Elle se sert des textes comme documents. La seconde étudie les textes pour eux-mêmes.

La communauté narrative

Le récit crée des liens : « Le récepteur du récit d'autrui doit quelque chose au narrateur par le fait de, désormais, le connaître. C'est le lien intersubjectif de l'éthique narrative »[17]. L'échange des récits constitue ainsi une clause majeure dans la communication narrative[18], et c'est d'ailleurs sur cette base que se sont formés les premiers groupes de patients experts aux États-Unis[19].

Ici toutefois le lien narratif ne concerne pas la totalité de l'assistance mais seulement les participants à l'atelier – au mieux un tiers de l'assistance. Et dans le grand groupe comme dans le petit il faut tenir compte des départs et arrivées qui les font varier d'une séance à l'autre. Nous nous sommes donc penchée sur la notion de groupalité et les motifs qui font qu'on se sent solidaire d'un groupe et qu'on inclut cette affiliation dans son identité. En psychologie sociale le terme désigne l'appartenance à un groupe d'un double point de vue, interne (celui du sujet qui peut s'y identifier de différentes façons et à différents degrés) et externe (celui des jugements qui l'assimilent au groupe *a priori*, sans qu'il puisse les maîtriser). Les psychologues sociaux Vincent Yzerbit et Georges Schadron rappellent la nature essentialiste du jugement de groupalité : « Tout se passe comme si les gens qui abordent autrui avec des lunettes essentialistes avaient une difficulté énorme à adopter une autre grille de lecture que celle qu'ils

17. Rita Charon, *Médecine narrative…*, *op. cit.*, p. 108.
18. Nicole Biagioli, « Le récit de vie professionnelle dans la recherche en SHS, de l'enquête à la communauté narrative », *Le sujet dans la cité*, vol. 1, *Actuels*, n° 13, 2022, p. 117-131.
19. Thomasina Borkman, « Experiential Knowledge : A New Concept for the Analysis of Self-Help Groups », *Social Service Review*, vol. 50, n° 3, 1997, p. 445-456.

privilégient »[20]. De la description qu'ils font du comportement des groupes et de leurs participants, nous avons retenu trois faits[21]. D'abord, « l'impression de groupalité augmente à mesure que la variabilité et la diversité diminuent »[22]. C'est vrai pour le renforcement du groupe global au fil des séances qui avaient toutes le même objectif : l'écoute musicale d'un même type de musique. Cela le reste pour le groupe des scripteurs dans la mesure où l'écriture était liée au concert bien qu'orientée aussi sur le *care*, le handicap et la maladie, par des tenons solides comme le handicap chez les interprètes et les compositeurs. Pour autant cela n'a pas débouché sur la stéréotypisation réciproque des deux groupes, caractéristique des rapports entre groupes sociaux contigus, bien qu'on puisse envisager sous cet angle le malaise de ceux qui n'ont pas participé à l'atelier parce qu'ils s'en jugeaient incapables.

Deuxièmement, la prise en compte du sujet dans le processus d'intégration groupale est la pierre de touche de la recherche sur les comportements sociaux. Le regroupement menace l'*ipse* (identité personnelle) en favorisant l'*idem* (identité catégorielle). La distinction entre *ipse* (en latin : « le même »), et *idem* (en latin « lui-même ») est exploitée par Paul Ricœur[23]. Il s'en sert pour décrire les deux dimensions paradoxales de la personnalité. L'extérieure assure sa permanence dans le temps public et permet de l'insérer dans des catégories sociales. L'intérieure est assurée dans le temps privé par le sujet qui élabore l'image qu'il a de lui dans le discours autobiographique, intérieur ou extériosé dans l'autobiographie orale et écrite. Selon Marilyn B. Brewer, citée par Yserbit et Schadron « la personnalisation implique une "décatégorisation" de l'individu-cible, ce qui réduit la probabilité que des expériences avec cet individu soient généralisées sous quelque forme que ce soit à des catégories sociales »[24]. Comme l'a remarqué la médecine narrative, l'échange narratif interpersonnel contrarie la stéréotypisation groupale. Toutefois, il ne la supprime pas, il ne fait que la suspendre.

Troisième point : selon Kurt Lewin cité lui aussi par Yserbit et Schadron c'est « la perception de l'interdépendance de leurs destins [...], qui fait que des personnes forment un groupe »[25]. La réaction du public des concerts à l'attentat du 7 octobre 2023 a été d'étendre cette interdépendance à l'humanité tout entière dans l'espace et dans le temps, alors qu'on aurait pu s'attendre à un émiettement groupal dû aux appartenances religieuses et politiques des participants. Ceci confirme une remarque de Muzafer Sherif rapportée par Yserbit et Schadron :

20. Vincent Yserbit et Georges Schadron, *Connaître et juger autrui*, Grenoble, Presses universitaires de Grenoble, 1996, p. 229.
21. *Ibid.*
22. *Ibid.*, p. 210.
23. Paul Ricœur, *Soi-même comme un autre*, Paris, Le Seuil, 1990.
24. Vincent Yserbit et Georges Schadron, *Connaître et juger autrui, op. cit.*, p. 50.
25. *Ibid.*, p. 28.

« l'animosité entre les groupes n'est réduite qu'après une série de rencontres visant la poursuite de buts supra-ordonnés »[26].

L'attentat du 7 octobre 2023 a été la pierre de touche qui a permis d'évaluer la solidité de la communauté narrative formée par le public des concerts, qui avaient commencé sept mois auparavant le 9 mars 2023. Ce faisant, il interrogeait aussi le moteur de la constitution du groupe : le récit, sa nature et sa fonction, ses liens avec l'histoire historienne et son pouvoir à la fois de transmission et de fédération. Il attirait aussi l'attention sur le thème du présent numéro d'*Enquête* : le récit, plus particulièrement sur son rapport avec l'histoire. Le récit autobiographique a l'avantage de pouvoir articuler les deux termes – souvent utilisés comme synonymes – en gardant à chacun sa spécificité ; l'histoire liée aux événements avérés, le récit, à leur mise en ordre chronologique et à leur orientation.

Comme l'explique Christophe Niewiadomski, le narrateur, « à la faveur du travail d'énonciation de son histoire, va opérer des choix et des hiérarchisations qui vont orienter le cours de son récit, selon des critères d'analyse qui restent, au moins dans un premier temps, fortement implicites. Ce n'est que dans un second temps que le récit pourra devenir histoire en mobilisant un travail de réflexion et d'analyse plus distancié. Au final, l'histoire de vie se constitue donc à partir d'un récit de vie dont la cohérence est assurée par le choix d'un ensemble de faits biographiques faisant sens pour le narrateur. Puis dans un second temps, un travail d'analyse, de réflexion, et d'échange (nous soulignons), pouvant prendre de multiples formes selon les dispositifs utilisés, aboutit à la construction d'une "totalité intelligible", l'histoire de vie proprement dite »[27]. Dans notre corpus, ces formes se trouvent à l'oral dans les discussions durant les entractes du concert ou après la lecture des textes. À l'écrit on les rencontre dans les traces de correction fréquentes des textes, les commentaires explicatifs qu'ils renferment et la relation qu'ils établissent entre l'écoute musicale et la consigne d'écriture.

Pour décrire ce va-et-vient entre comportements formatés par la société et choix assumés par les individus, nous avons réparti les facteurs de l'adhésion au groupe projet selon trois axes : la composition qui détermine socialement l'inscription aux concerts, la fédération qui permet à chacun de trouver sa place dans le projet, la diversification qui modèle le groupe autour de débats qui le font évoluer et donc durer.

La composition

Les facteurs sociaux, économiques et culturels qui ont conduit les participants à s'inscrire aux concerts sont d'autant plus faciles à identifier qu'ils dépendent d'un environnement déjà stéréotypé à l'échelle nationale voire mondiale : la ville de Nice.

26. *Ibid.*, p. 42.
27. Christophe Niewiadomski, « Récit de vie », dans Christine Delory-Momberger (dir.), *Vocabulaire des histoires de vie et de la recherche biographique*, *op. cit.*, p. 137-138.

De son passé italien, la ville a gardé la tradition de l'opéra. Son théâtre lyrique, de 1 083 places, inauguré en 1885 est resté municipal. Il se situe face à la mer, à deux pas de l'appartement où ont lieu les concerts d'*Art en partage* et où l'on retrouve aussi bien ses habitués que ses musiciens. Le quatuor qui a donné le 2 décembre 2023 en première audition *Initiation*, un quatuor composé par Jonathan Benichou, pianiste et coorganisateur des concerts-ateliers, est constitué de musiciens de l'opéra. Nice a aussi un conservatoire national de région, où Jonathan Benichou pianiste attitré d'*Art en partage* et Jean Dubé qui y est intervenu deux fois ont fait leurs études avant d'intégrer le conservatoire national de Paris et de mener des carrières internationales. De nombreux participants – dont nous faisons partie – ont fait leurs études au conservatoire et échangent volontiers sur leurs anciens professeurs. Ils partagent aussi leurs souvenirs du lycée Masséna tout proche, le plus ancien lycée de la ville qui, outre les classes préparatoires aux grandes écoles, abrite des classes secondaires de Sciences et techniques du théâtre, de la musique et de la danse.

Nice est également depuis le XIXe siècle le symbole d'un tourisme international hivernal et estival, qui a eu pour effet d'attirer de nouveaux habitants. Ils y passent leur retraite, y ont une résidence secondaire ou s'y établissent après un déplacement forcé. Les textes de la séance 10 où l'on proposait de raconter une histoire en rapport avec son nom et/ou son prénom, rendent compte de la densité historique et mémorielle de la ville : ils révèlent la constance de l'émigration italienne sur plusieurs générations, la présence de descendants des rapatriés d'Afrique du Nord, d'émigrés d'Afrique, d'Amérique, d'Europe, notamment de l'Est (récemment l'Ukraine) et… un nom et prénom typiquement niçois. L'aéroport, troisième de France, et la navette Paris-Nice permettent à certains des participants de travailler à Paris tout en habitant Nice ou en y retournant fréquemment pour voir leur famille. Un auditeur occasionnel qui accompagnait sa mère explique comment le stéréotype est venu brusquement perturber son écoute : « les notes fluides m'ont fait penser à la mer, et je me suis dit que l'appart était génial avec vue mer. Un instant je suis devenu agent immobilier, je me suis dit qu'ici, ça doit être cher, plus qu'à Nantes, même sans cette belle vue »[28].

Nice est enfin une ville universitaire. Elle a été jusqu'en 1965 une antenne de l'université d'Aix-en Provence. La faculté de médecine a été créée en 1968. Le CHU (Centre hospitalier universitaire) a des relations avec tous les hôpitaux du groupe hospitalier du territoire des Alpes-Maritimes et du Var. À la rentrée 2023-2024, 200 places ont été ouvertes en 1re année de médecine. Des possibilités de formation conjointe sont offertes aux autres composantes de l'université. Les LAS (licences d'Accès Santé) comportent une mineure santé et une majeure d'une autre licence, sciences humaines, sciences du langage, littérature et art compris. Cette innovation renoue avec l'idéal humaniste de la formation des médecins à la fin du XIXe et jusqu'à

28. Texte I-2-23.

l'entre-deux-guerres et rejoint celui de la médecine narrative. L'idéal humaniste de la formation des médecins de la fin du XIXe siècle et au milieu du XXe siècle est attesté par le nombre de médecins écrivains, leur succès, spécialement dans l'entre-deux-guerres, et l'ouverture du cadre médical à la littérature (notamment par des publications accueillant les textes de débutants)[29]. Le DU (Diplôme universitaire) *Art du soin,* créé en 2019 au département d'enseignement et de recherche de médecine générale (DMERG) inclut dans ses crédits l'assistance aux concerts-ateliers d'*Art en partage*. Il s'adresse à des professionnels du soin, des patients ou des aidants.

Le Centre d'innovation du partenariat avec les patients, créé en 2019 par le même département, forme des patients experts, notamment dans un atelier de médecine narrative. À l'origine le patient expert est un patient qui « dispose d'une expertise dans le vécu quotidien d'une pathologie » (maladie chronique, handicap). Il développe des savoirs d'expérience (savoir-être et savoir-faire) réflexifs et donc transmissibles. Il est polyvalent : porte-parole et animateur de son groupe, formateur de patients et de soignants. Il est professionnalisé, ce qui implique une formation et une évaluation soit dans des associations, soit dans des programmes universitaires comme celui du Centre d'innovation du partenariat avec les patients et le public[30].

L'institution hospitalière niçoise a en général déjà intégré dans son fonctionnement les interactions entre la médecine et les arts, dans l'enseignement comme dans les hôpitaux qui s'ouvrent aux animations. En réponse à la consigne : « Écrivez une expérience où l'art, que vous soyez l'interprète ou la personne qui écoute, a produit du soin pour vous ou pour quelqu'un d'autre », une animatrice raconte : « J'ai essayé de diffuser la musique. J'ai [...] fait entrer des musiciens dans un service de pédopsychiatrie à Lenval, et aussi dans le service de gériatrie Victoria à l'hôpital de Cimiez. L'émotion était grande pour les musiciens et les soignants de voir tant les enfants que les personnes âgées s'animer durant les deux heures que nous avons passées avec eux »[31].

Les trois axes qui ont prédisposé les participants au projet à se rencontrer sont donc liés à l'histoire passée et présente de Nice et à la tradition d'entente et de collaboration développée par ses institutions artistiques, universitaires et médicales.

La fédération

La fédération est le moteur de la formation des groupes. Elle comporte deux volets : le recrutement et la mobilisation autour d'un projet commun. À *Art et partage* le recrutement est basé sur deux offres : l'une large et publique, l'assistance aux concerts, l'autre restreinte à ceux qui choisissent de participer aux ateliers.

29. Thomas Augais et Martina Diaz, « Pratique de l'interdisciplinarité en terre médicale », *ELFe XX-XXI - Études de littérature française des XXe et XXIe siècles*, no 8, 2019, DOI : https://doi.org/10.4000/elfe.964.
30. Sur ce centre, voir la présentation en ligne : https://ci3p.univ-cotedazur.fr/.
31. Texte F-2-23.

Toutefois il serait inexact de considérer l'atelier comme la seule source d'activité narrative car les échanges oraux dans l'assistance portent aussi sur les sensations et émotions ressenties, et sur les souvenirs personnels ou collectifs relatifs à l'expérimentation (dès que le nombre des séances a permis de les comparer). Par ailleurs, la variation du groupe des auditeurs et du sous-groupe des scripteurs à chaque rencontre fait de chaque séance un cas particulier. Seule l'étude des pics et des creux de participation aux ateliers en donne une idée générale. Les séances observées en 2023 présentent une variation du nombre de textes d'un à quatorze. Elle s'explique d'abord par la difficulté de la récolte, certains gardant leur texte par choix ou par étourderie, ensuite par le succès inégal des consignes, qu'elles soient uniques ou composées (proposant notamment le joker de la médecine narrative : « Qu'est-ce que je fous ici ? »).

Du 9 mars au 28 décembre, sur les dix séances observées, les deux pics – treize textes récoltés le 9 avril (séance 2), et quatorze le 28 décembre (séance 10) – correspondent à des énoncés particulièrement inclusifs. Celui du 9 avril : « Partagez une expérience où la musique ou le chant, que vous soyez l'interprète ou la personne qui écoute a produit du soin pour vous et/ou pour quelqu'un d'autre » envisage tous les rôles de la communication artistique. On ne peut que s'y retrouver. En outre, il fédère les deux sous-groupes de l'assistance : artistes et public et esquisse la gamme des statuts intermédiaires : amateur, choriste, chambriste. Celui du 28 décembre, faisant fi de la règle d'anonymisation des textes de la médecine narrative, demandait de raconter l'histoire de son nom et de son prénom. Y a-t-il un dénominateur commun plus répandu que l'état civil ?

La mobilisation inaugure une ère nouvelle, celle du projet. Gordon W. Allport, cité par Yserby, Schadron, souligne son importance : « Loin de réduire l'antagonisme, de simples rencontres lors d'activités agréables sans interdépendance positive, constituent pour les groupes hostiles autant d'occasions nouvelles de manifester leur antagonisme [...] le contact entre les groupes doit [...] comporter des possibilités de rencontres nombreuses, de sorte que les participants puissent vraiment apprendre quelque chose les uns sur les autres. Il doit également comporter une activité coopérative. Sans l'incitation fournie par l'existence d'un objectif commun, l'interaction ne peut donner lieu à un changement d'attitude »[32]. *Art en partage* satisfait à toutes ces conditions et leur doit d'avoir évité les retombées clivantes de l'attentat du Hamas du 7 octobre 2023.

La mobilisation couvre les trois phases de la réalisation du projet : conception, application, développement. Selon *Le Petit Robert* (édition de 2020, p. 2642) « tuiler » signifie « disposer en faisant se chevaucher, de manière que chaque élément recouvre partiellement l'élément voisin ». Il faut imaginer ces phases disposées en cercle et se chevauchant durant la construction de la groupalité. L'application

32. Vincent Yserbit et Georges Schadron, *Connaître et juger autrui*, *op. cit.*, p. 41-42.

rejaillit sur la conception qui se voit remise en cause par le développement, modifié à son tour par sa comparaison avec le schéma initial du projet. Le principe qui a guidé cette phase dans le projet *Art en partage* a été l'équilibrage entre la cohésion du groupe autour des programmes des concerts et des consignes d'atelier et l'épanouissement de chacun dans son rapport au sensible, à sa biographie, et pour les scripteurs, à l'écriture. Cette période couvre les 10 premières rencontres (9 mars - 28 décembre 2023). Elle est scandée par deux séances bilans.

La consigne de la séance 5 demandait : « Depuis qu'on se connaît, vous avez participé à des concerts suivis d'ateliers d'écriture liés à l'art du soin. Est-ce que ce que vous avez fait avec nous a permis de transformer votre rapport à votre soin et au soin des autres avec la musique ? ». Elle renseigne sur la première phase de l'intégration. Trois postures ressortent : l'assimilation, la mise à distance et l'enthousiasme. L'assimilation intègre rétrospectivement l'expérience dans l'autobiographie : « Le peu que j'ai eu la chance de pouvoir suivre ne fait que confirmer un ressenti déjà exprimé sur les multiples façons d'apporter soins et réconfort aux personnes souffrantes »[33]. Le scripteur se l'approprie comme s'il en avait été le précurseur. La mise à distance se sert de l'humour pour apprivoiser la nouveauté en jouant avec les mots : « La relation musicale du do mineur au do majeur présume (pour un novice comme moi) d'une amélioration sonore d'un minimum vers un maximum ! Or la relation humaine du "domineur" au "dommageur", elle, présume d'une transformation d'une relation qui évolue d'une relation unilatérale de domination vers une relation réciproque qui demande réparation »[34]. L'enthousiasme est associé à l'émotion esthétique. Un des participants décrit « une rencontre, des rencontres qui créent un espace ou créées par l'espace […] une invitation à l'inspiration »[35].

En s'appuyant sur le nom et le prénom, la consigne de la séance 10 dresse un second bilan, axé non plus sur l'intégration dans le groupe mais sur le récit de vie personnel. Contre toute attente, les réponses se sont orientées vers la mise à distance voire le rejet de l'état civil. Les raisons invoquées sont le désagrément d'un nom ridicule – « Il prête à la moquerie ce nom, surtout pendant les années collège où tout est bon pour déplacer le malaise sur l'autre »[36] – ou l'inadaptation du prénom, plus intime que le nom, à la personnalité de son ou sa titulaire : « Ce prénom qui doit accompagner, orienter toute une vie, que faire lorsqu'il ne convient absolument pas ? Pour ma part, j'ai attendu mon premier amour pour qu'il me le change »[37]. Le désaveu peut obéir à des mobiles plus philosophiques : « Qui suis-je au-delà de mon

33. Texte A-5-23.
34. Texte F-5-23.
35. Texte G-5-23.
36. Texte G-10-23.
37. Texte I-9-23.

nom ? »[38]. L'acceptation n'intervient que lorsque le sujet interprète son état civil comme le reflet de sa double ascendance – « Mes deux grands-pères qui m'aimaient tendrement n'ont jamais pu oublier qu'ils avaient fait la guerre de 14 l'un du côté français, l'autre du côté italien » – , et de son caractère : « Lorsque j'ai appris le grec ancien, j'ai découvert que mon prénom signifiait fille de la victoire (*Nikè*), ce qui m'a paru de bon augure »[39]. Elle englobe l'humanité : « Ô Nom, à travers les âges, qui grimpe l'arbre des générations, pour qu'ensemble nous trouvions, à chaque étape de l'histoire du monde, le chemin de notre immortelle destinée ! »[40]

Après les deux bilans de la première année, la consigne d'écriture de la séance inaugurale de la deuxième amorce une relance en jouant sur le nom du compositeur Olivier Greif (1950-2000) dont la *Sonate dans le goût ancien* venait d'être jouée : « Partagez, si vous le désirez, ce que ce concert a éventuellement "greiffé" en vous, pour commencer une nouvelle année, une nouvelle vie ». La réponse « Sortir de soi, se laisser aller vers le groupe le multiple/Afin de voir en soi l'infini d'un instant différent improbable et nouveau »[41], prouve que le groupe, s'il inspire un sentiment d'appartenance, le fait sur la base du plaisir esthétique partagé. Comme le rappelle Jean-Marie Schaeffer : « la curiosité volontaire joue un rôle central en tant que déclencheur de l'attitude esthétique, mais la curiosité induite par des constellations imprévues constitue une motivation positive importante pour la continuation de cette expérience »[42]. Le développement du projet repose à chaque séance sur un dosage de rappel et de nouveauté qui en fait un véritable cursus d'apprentissage. Nous ne traitons ici que la formation musicale du grand groupe des auditeurs des concerts, dont les scripteurs constituent un endogroupe, réservant la formation à l'écriture à la partie consacrée aux textes.

Revenir sur les mêmes sujets – œuvres, compositeurs, genres, théories – en les approfondissant chaque fois davantage et en multipliant les points de vue constitue ce que les didacticiens appellent une progression spiralaire. Pour la décrire, nous avons comparé les programmes des concerts. Jonathan Benichou puise son répertoire dans l'époque classique (*Variations Goldberg* de Bach), le romantisme (Schubert, Chopin et surtout Liszt), le modernisme (du début XXe avec Scriabine, à sa fin avec Olivier Greif (1950-2000)), et dans ses propres œuvres puisqu'il est compositeur.

Certains compositeurs sont convoqués souvent mais chaque fois pour des raisons différentes : Scriabine est introduit au concert 2 (avec trois préludes et un allegro de concert) pour son rapport au handicap. Pianiste concertiste, il s'était blessé à la main droite qui est restée paralysée pendant deux ans. Au concert 3,

38. Texte F-10-23.
39. Texte L-10-23.
40. Texte C-10-23.
41. Texte D-1-24.
42. Jean-Marie Schaeffer, *L'expérience esthétique*, Paris, Gallimard, 2015, p. 243.

son étude *patetico* entre « En résonance » (titre du concert), avec des œuvres de Tchaïkovski, Rachmaninov, mais aussi Fauré et Debussy. Son mysticisme lui vaut de figurer dans le concert 4 « Les mystérieuses communications », avec des arias d'Hildegarde de Bingen (1098-1179), la prière de Gurdjieff (1866-1949) et des lieder de Nietzsche. Au concert 5 « Synesthésie », sa sonate n° 8, un poème, un feuillet d'album et une romance rappellent qu'il est l'inventeur d'un clavier à lumières assortissant les sons et les couleurs. On le retrouve l'année suivante dans le concert 14 « Des figures légendaires au sacré » avec un poème tragique *opus* 34 (1903) qui préfigure son poème symphonique *Prométhée ou le poème du feu* (1908-1910).

Liszt est omniprésent pour plusieurs raisons. D'abord ses œuvres exigent une virtuosité à toute épreuve et transforment le piano en orchestre. Ensuite ses transcriptions comme ses *Réminiscences de Don Juan de Mozart* (concert 7), et ses paraphrases des lieder de Schubert (concerts 2, 3, 4) révisent les classiques. Enfin elles ont incité d'autres compositeurs comme le pianiste virtuose Vladimir Horowitz à l'imiter (*Opera fantasy Reminiscences of Don Juan, Carmen/Bizet*), ce qui a permis à l'assistance d'entendre des airs d'opéra très connus dans une version pianistique (concert 14). Liszt est aussi le premier compositeur qui ait dicté des œuvres à Rosemary Brown (1916-2001), la compositrice et médium britannique. Le concert 4 « Les mystérieuses communications » regroupait des pièces originales de Liszt, quelques-unes de ses paraphrases des lieder de Schubert, des œuvres de Brown-Liszt et des œuvres de Chopin et de Brown-Chopin. On retrouve Liszt dans « Le voyage en Italie » du concert 15 cette fois avec des œuvres originales : *Les jeux d'eau de la villa d'Este* et *Après une lecture de Dante*.

Le premier concert « Musique et art du soin » avait inauguré cette pédagogie de l'écoute musicale par un exercice qui consistait à faire comparer un original, « Bizet, Carmen Habanera », à sa paraphrase, « Carmen-Horowitz ». La différence de ces concerts avec ceux proposés par les institutions musicales n'est pas tant leur jumelage avec la problématique du soin – il existe des concerts de charité qui récoltent des fonds pour les hôpitaux – que leur structure d'atelier qui permet à chacun d'intérioriser les trois fonctions de la communication esthétique : producteur, récepteur et médiateur culturel qui les met en contact. D'abord ils montrent que ces fonctions ne se définissent pas seulement par les individus qui les exercent et qui souvent les cumulent. Ensuite ils les relativisent. Est-il important de savoir qui a composé les œuvres de Rosemary Brown : elle ou Liszt qui les lui « dictait » ? Qui écoute-t-on quand on écoute une œuvre qui s'inspire d'une autre : son auteur ou celui qu'il imite ? A-t-on besoin d'être critique musical pour identifier les différences entre plusieurs interprétations de la même pièce par le même pianiste à quelques jours d'intervalle ? Enfin ils les intériorisent. Les artistes interviennent directement pour expliquer leurs choix, qu'il s'agisse des œuvres ou de leur façon de les interpréter. Le public discute avec eux, leur livre ses ressentis, ce qui permet aux deux parties d'échanger sinon leurs place du moins leurs point de vue.

La fédération du groupe débouche sur l'appropriation des trois rôles qui structurent la rencontre artistique : production-intermédiation-réception, indépendamment du niveau des compétences de production. Tout le monde peut chanter, même faux, ou tambouriner un rythme. De leur côté les artistes, en se trompant parfois lors d'une reprise et en recommençant, ont montré qu'ils n'étaient pas infaillibles. Le gain le plus évident a été la mutualisation de l'écoute musicale experte.

La diversification

La diversification est le moteur de l'évolution du groupe. Elle dépend de sa capacité à débattre, c'est-à-dire à admettre les différences de positions en son sein sur certains sujets et à tirer parti de leur confrontation pour innover et se régénérer. Pour le groupe étudié, elle met en jeu deux facteurs : d'un côté les groupes d'appartenance socioculturelle des participants, de l'autre l'image que chacun d'eux a de lui. Schadron et Yzerbit rappellent que « si des gens placés dans un groupe, quel qu'il soit, considèrent automatiquement ce groupe comme étant meilleur qu'un autre groupe, c'est parce que chaque personne est motivée à établir et à maintenir une image de soi positive »[43]. Les participants aux concerts ont tous eu besoin, à un moment ou à un autre, de rappeler leur origine ethnique et sociale, leur appartenance religieuse ou leur ancrage culturel et musical. Leur permettre de le faire les a rassurés en contrebalançant le déséquilibre provoqué par la découverte d'un milieu inconnu. Pour décrire leur hésitation entre repli et adhésion, nous avons retenu trois facteurs :

- Le stéréotype mis en avant : est-il celui que leur endogroupe s'attribue ou celui qu'on lui attribue ? Est-il positif ou négatif ?
- Le rapport établi entre l'endogroupe et les endogroupes rivaux : méfiance, curiosité, indifférence ?
- L'intégration de l'appartenance à l'endogroupe dans l'image de soi : valorisante, dépréciative ?

Des témoignages recueillis dans les textes, cinq types d'endogroupes ressortaient : familial, musical, religieux, sexué, médical. Ils correspondent souvent à des pics d'écriture (entre 10 et 14 textes remis), ce qui en confirme l'emprise.

Premier en date dans l'histoire de vie de chacun, l'endogroupe familial est documenté par l'atelier 10 où l'on demandait d'écrire une histoire concernant son nom et son prénom. Nous avons déjà pointé les effets négatifs sur certains, valorisant sur d'autres. Nous complétons ces résultats par une réflexion sur le

43. Vincent Yserbit et Georges Schadron, *Connaître et juger autrui*, *op. cit.*, p. 35.

mariage. Il est l'occasion non seulement de changer de famille à l'intérieur du même groupe social, mais aussi d'entrer dans un endogroupe rival. À l'intérieur du groupe familial une rivalité peut également apparaître entre le père et la mère. Elle déchire l'enfant si elle est dépréciative, mais peut aussi lui permettre d'avoir deux points d'attache différents selon les périodes de sa vie: « Le fils de l'épicier! Un rêve d'enfance de tenir l'épicerie sous l'appartement dans lequel j'ai grandi [...]. Et un jour ma mère m'a dit: demain tu débutes ta 1re année de médecine à Nice. C'est sa faute si je suis là et je lui dis merci »[44].

L'endogroupe musical renseigne sur le type de musique ou de consommation musicale pratiqué par les participants en dehors des concerts-ateliers. Il consomme la musique classique autrement (fréquentation des salles de concert ou écoute d'enregistrements à domicile), ou pratique d'autres musiques: « La musique indienne avec ses mantras et ses sons apaise le patient las d'un mal-être ou d'un soin car elle apporte une vibration dans les cellules »[45]. Les textes montrent que leurs auteurs ont besoin de faire part de leurs habitudes mais surtout de les harmoniser avec l'expérience du concert-atelier.

L'endogroupe religieux est mentionné par les participants de confession juive (cf. texte cité en introduction) ou catholique: « Ma foi m'a conduite à accepter une mission pastorale au sein de ma paroisse: l'accompagnement des personnes endeuillées »[46]. D'autres s'appuient pour guérir sur des philosophies orientales indienne ou chinoise: « Cette main, je l'ai acceptée telle quelle et mon entourage ne se doutait pas de mon handicap. La mentalisation par le Qi gong et le Yoga lui redonne vie »[47]. Les témoignages convergent vers le même constat: l'appui fourni par les croyances dans les moments de souffrance et de désarroi.

Les endogroupes féminin et masculin présents se sont fédérés autour de la défense de la condition féminine à l'occasion d'un concert consacré aux femmes dans la musique, héroïnes d'opéra mais aussi musiciennes. Le sort de Clara Schumann, « qui écrit, joue, virtuose mais cachée, seconde. Inspiratrice? Peut-être plus encore, mais chut! »[48], émeut. On le compare à celui des femmes actuelles: « Depuis le mouvement *Me Too* [...] la parole et les actions des femmes sont apparues plus souvent sur le devant de la scène »[49].

L'endogroupe médical a été le théâtre d'un débat interne. En effet, si le sujet du handicap a permis de fédérer la musique et l'art du soin, parmi les handicapés, certains acceptent cette étiquette et sont fiers de leur combat, d'autres la refusent.

44. Texte D-10-23.
45. Texte L-2-23.
46. Texte H-1-23.
47. Texte D-1-23.
48. Texte B-6-24.
49. Texte A-6-24.

D'autres combinent les deux postures : « Il n'a jamais été question d'être réparée de mon handicap. Je préfère parler de particularité »[50].

Ces ajustements ont produit un groupe qui assume sa diversité, un groupe auquel on parle comme à un groupe avec la consigne du 15e concert : « Comment ce voyage en Italie vous a parlé et comment vous pensez qu'il a parlé au groupe ? », et qui répond par la voix de ses membres : « Comment ce voyage en Italie a parlé au groupe ? Surprise, richesse, ondes virevoltantes, nos cœurs sont partis au bord d'un lac italien, sous un soleil éblouissant »[51].

Au moment de conclure l'étude de la formation de la communauté narrative *d'Art en Partage*, nous voudrions préciser deux traits de son évolution qui font écho à deux thèmes de discussion qui ont marqué la recherche biographique de ce début du XXIe siècle. Le premier remet en cause la prescription du récit car lui enlever la possibilité d'être refusé, c'est l'empêcher de fonctionner comme un vecteur de résilience. Comme on va le voir dans la partie consacrée à la production des textes les consignes ont pris grand soin de l'éviter. Mais il existe un autre type de prescription, la prescription rampante qui résulte du conformisme, de l'autopersuasion ou du prosélytisme. La structure du concert-atelier s'y oppose en combinant deux types de récit *a priori* opposés : le « racontage » et « l'antiracontage ». Martine Lani-Bayle a créé ces néologismes pour signaler l'importance de l'instant vécu face à l'organisation abstraite du récit. L'antiracontage est « une autre forme de récit sans récit [...] une façon de cadrer l'instant, de le composer. Le visuel y est plus directement et massivement convoqué avec l'imaginaire – et le hors cadre s'y montre à l'œuvre, à l'instar du silence et du non-dit dans le domaine verbal »[52]. Si l'on substitue le sonore au visuel, on comprend que l'atelier-concert est bâti d'abord sur l'antiracontage interne des émotions qui occupe chaque auditeur durant le concert, et que ceux qui décident d'écrire recyclent sous forme de flashs dans le racontage de leur texte. Ils produisent des textes émotionnés qui établissent un contact immédiat (cœur à cœur) avec le lecteur, qui souvent hache la progression narrative.

Le second thème de discussion de la recherche biographique évoqué par l'expérience des concerts-ateliers est évidemment l'écoute, aux deux sens du mot : concret – attention portée à un son, une musique – et abstrait – attention portée à ce que dit une personne, au contenu de son message. La controverse qui agite la recherche biographique concerne les effets des deux types d'écoute sur la personne et explique le choix de faire écrire non pas directement mais après l'audition d'un concert. René Barbier définit l'écoute sensible comme « une compétence

50. Texte E-1-23.

51. Texte G-5-24.

52. Martine Lani-Bayle, « Qu'est-ce que le récit de vie veut dire et peut faire ? », dans Christophe Niewiadomski et Christine Delory-Momberger (dir.), *Territoires contemporains de la recherche biographique*, Paris, Téraèdre, 2019, p. 36.

strictement personnelle, alors que l'écoute intellectuelle est par définition soumise à des règles collectives (de la science, de l'éducation, de la religion) »[53]. Mais il prévient aussi que « s'il n'y a pas d'écoute sensible abstraite et générale, sociétale, l'illusion serait de croire que l'écoute sensible accumulée par le plus grand nombre deviendrait une écoute sensible de tous dans une société donnée »[54]. Il conclut : « Pas d'histoires de vie sans d'autres histoires de vie et pas d'écoute sensible sans un champ de sensibilité qui dépasse en les intégrant l'émotion passagère et la passion débordante. Pas d'écoute sensible sans rencontre et dialogue à réaliser »[55]. Cette mise au point éclaire le comportement des individus et du groupe dans les concerts-ateliers. Elle explique le tuilage entre l'émotion esthétique ressentie personnellement et celle dont la diversité se découvre lors de la mise en commun des avis ou des textes. Elle explique aussi pourquoi l'écoute musicale a dépassionné les débats sans pour autant censurer la conscience des appartenances groupales de chaque participant. Elle explique enfin pourquoi cette communion dans l'écoute, qui permet à chacun de se retrouver et de se découvrir, laisse un tel souvenir qu'à chaque séance, de nombreux récits se terminent par un « Merci » qui vibre dans le présent des narrateurs.

Les textes

Le moment de l'écriture qui succède à la musique fait entrer les participants dans un nouveau monde : celui du silence, de la réflexion et de l'écriture. L'article « Écrire » du *Petit Robert* (édition de 2020, p. 818) distribue la signification du verbe en trois entrées : « I - Tracer des signes d'écriture », « II - Mettre par écrit », « III - Composer une œuvre ». Ce qui fait l'originalité et l'intérêt de notre corpus, c'est qu'il confronte simultanément aux trois sens de ce mot alors que leur gradation reflète le cursus de l'apprentissage scolaire : formation des lettres, de la phrase, puis de l'écrit.

De nombreux textes sont peu lisibles, préfèrent la parataxe à la syntaxe (juxtaposent les phrases au lieu de les articuler) et pourtant expriment une pensée complexe et parfaitement assumée. Comment expliquer la coexistence de traits aussi contradictoires : manque de temps ? habitude acquise ? émotion ? Mine d'interrogations, ce corpus a aussi été l'occasion d'une expérience de lecture inédite (Figures de 1 à 5).

53. René Barbier, « Écoute sensible », dans Christine Delory-Momberger (dir.), *Vocabulaire des histoires de vie et de la recherche biographique*, *op. cit.*, p. 331.
54. *Ibidem*.
55. *Ibid.*, p. 332.

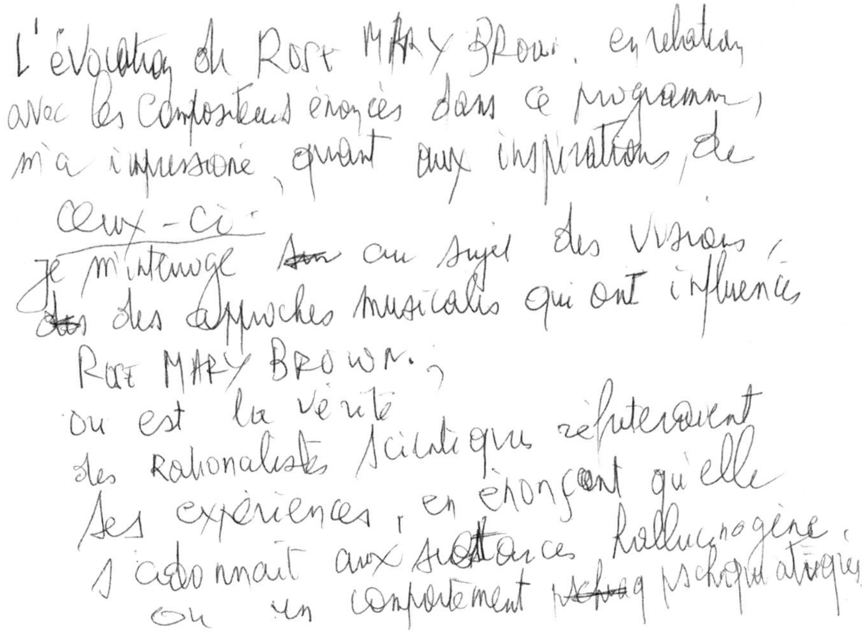
L'évocation de Rose Mary Brown, en relation
avec les compositeurs énoncés dans ce programme,
m'a impressionné, quant aux inspirations de
ceux-ci.
Je m'interroge au sujet des visions,
des approches musicales qui ont influencé
Rose Mary Brown,
où est la vérité
des rationalistes scientifiques réfuteraient
ses expériences, en énonçant qu'elle
s'adonnait aux substances hallucinogènes
ou un comportement psychiatriques

Figure 1. Texte B-4-23.

Dans cette « ANTRE » inondée avec talent de musique auxquelles s'entremêlent poésie et peintures, Art graphique, notes de piano en harmonie et voix, une narration s'est peu à peu fait jour permettant d'avenir une association d'idée de l' « Antre » à la notion de ce qui se joue « entre ». Entre ses manifestations artistiques sous différentes forme, entre soi et soi, entre nous. Une rencontre, des rencontres qui créé un espace ou créée par l'espace proposé d'attention propice à l'éveil, une invitation à l'inspiration, serait-ce un Art du Soin ?

Figure 2. Texte G-5-23.

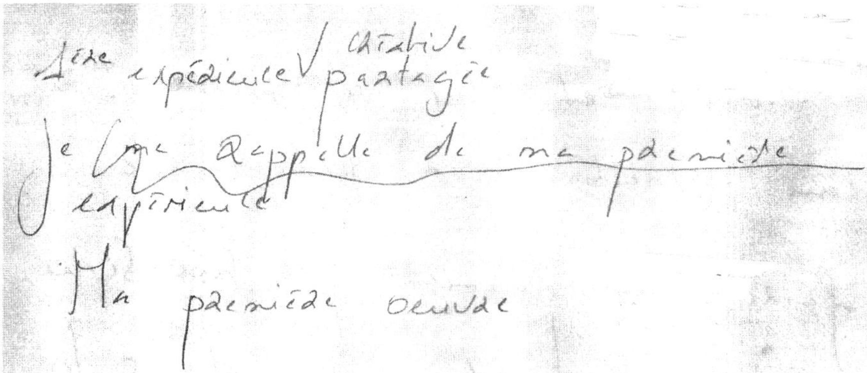
1ère expérience créatrice partagée
Je me rappelle de ma première expérience
Ma première oeuvre

Figure 3. Texte G-9-23.

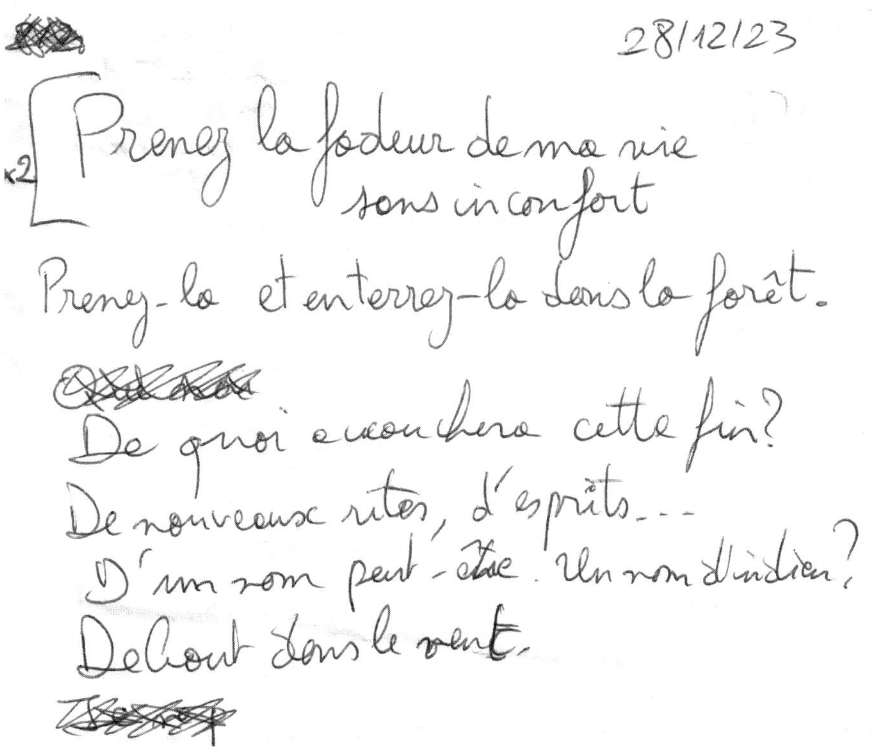
28/12/23
x2 Prenez la fadeur de ma vie
sans inconfort
Prenez-la et enterrez-la dans la forêt.
De quoi accouchera cette fin?
De nouveaux rites, d'esprits...
D'un nom peut-être. Un nom d'indien?
Debout dans le vent.

Figure 4. Texte J-10-23.

Figure 5. Texte H-5-24.

Nous le décrivons en trois temps : le premier consacré au décryptage des mots, le deuxième au déclenchement de l'écriture, le troisième à l'analyse des écrits, comme récits mais aussi comme textes conçus pour attirer l'attention sur leur forme et pas seulement leur contenu.

Le décryptage

La posture que nous avons adoptée pour lire certains textes tenait le milieu entre celle de l'archéologue qui repère le sens des mots qu'il voit pour la première fois en s'appuyant sur ceux du contexte qu'il connaît, et celle du graphologue qui identifie un scripteur à la forme récurrente qu'il donne à certaines lettres et à certaines liaisons entre elles. Le tableau des obstacles à la lecture que nous avons dressé classe les 138 textes récoltés sur les 17 séances en six catégories : tapuscrit (52), manuscrit lisible (54), manuscrit décodable en fonction de la récurrence des formes des lettres et de leurs liaisons (18), manuscrit très dysorthographique (2), manuscrit à spatialisation expressive (11), iconisation pure (2). Les tapuscrits ont été retranscrits postérieurement à la séance, à partir soit d'un manuscrit, soit d'un texte écrit sur un téléphone portable, auquel cas il a pu être lu sur place.

Le manuscrit lisible reste majoritaire. Le confort de lecture ne facilite pas seulement l'oralisation une fois le texte fini, il agit auparavant sur la composition puisque l'auteur est son premier lecteur. Les manuscrits qui nécessitent un décryptage sont difficiles à oraliser, même pour leur auteur, mais présentent un intérêt majeur, celui d'illustrer le rapport que nous avons à l'écriture manuelle comme marqueur personnel. Elle ne relève pas de la communication informative mais de la communication symbolique. C'est un emblème qui permet aux autres de nous reconnaître avant même de l'avoir lue. Les deux cas de forte dysorthographie sont ceux d'étrangers qui maîtrisent le français oral par imprégnation mais pas le français écrit. Avec la spatialisation expressive, on aborde une autre façon d'utiliser la page. Elle cesse d'être un simple support. Le texte n'est plus un pavé. Il devient calligramme et dessine vagues et chevrons. La spatialisation expressive est la dernière étape avant l'iconisation pure. On la trouve dans deux « tableaux », l'un au revers d'un texte, l'autre représentant le « Voyage en Italie » avec ses masques, ses plages, ses fleuves et ses gondoles, en orange, rouge et vert.

La dérive vers l'image et la couleur fait ressortir par contraste le rôle de l'écrit comme médium, entendu comme « mode d'être artistique d'un matériau »[56]. Elle débouche d'un côté sur l'intermédialité produite par la collaboration de différents arts qui met en valeur les spécificités de leur medium (« la médialité d'un art, qui tend à s'effacer dans un semblant de transparence, devient nécessairement apparente quand deux médias différents entrent en jeu et interfèrent »[57]), et sur l'automédialité, relation intime et sensible que le créateur entretient avec la matière qu'il travaille. Christine Delory-Montberger et Jean-Claude Bourguignon montrent sa relation étroite avec l'autobiographie : « Qu'il s'agisse du medium

56. Pascal Krajewski, « Qu'appelle-t-on un médium ? », *Appareil*, 2015, http://journals.openedition.org/appareil/2152.

57. Walter Moser, « L'interartialité : pour une archéologie de l'intermédialité », dans Marion Froger et Jürgen E. Müller (eds), *Intermédialité et socialité. Histoire et géographie d'un concept*, Munster, Nodus, 2007, p. 80.

de l'écriture […] ou de tout autre medium, la notion d'automédialité met en lumière le détour et la nécessaire extériorisation que celui-ci constitue pour médier la relation d'un sujet à lui-même »[58]. L'iconisation montre que le sujet, loin de refuser la consigne d'écriture, la transpose dans un medium plus conforme à sa personnalité. Par ailleurs, la situation du concert-atelier d'écriture est un bon exemple de situation intermédiale puisque durant le concert, on accède à la littérature par sa transposition musicale, et durant l'atelier, on se remémore l'émotion musicale par l'écriture.

L'autre extrême de la lisibilité est le tapuscrit qui n'oppose aucun obstacle à la lecture mais qui, comparé au manuscrit, a l'inconvénient de supprimer les traces du processus scriptural. Si l'on compare pour la même consigne – l'identification aux figures féminines dans la musique – un tapuscrit et un manuscrit, on voit que le premier ne porte aucune marque de correction. Sa mise en page épouse la structure du récit : un paragraphe d'introduction, « je ne me suis pas identifiée aux personnages féminins de ce concert […] en revanche, j'ai pensé à une rencontre entre Carmen et Manon » ; une ligne avec le titre de l'œuvre annoncée, « Quand Carmen a rencontré Manon dans le salon » et un paragraphe résumant le scénario imaginé[59]. Le manuscrit, lui, présente des traces de correction : adjonction de « pourtant elle » au-dessus de « écrit », de « des femmes » sous « à être », suppression du dernier mot à peine ébauché « s'ant »[60]. Le tapuscrit permet d'imprimer les textes, ce qui a été le cas de la première séance qui a donné lieu à un recueil largement diffusé. Celui-ci a exigé le déchiffrement des textes, qui ont été ensuite mis en forme et illustrés. Il est intitulé *Jonathan Benichou Récital de piano, Suivi d'un atelier d'écriture, Quelques textes, 9 mars 2023*. Consultable sur le site internet[61], il a une fonction informative et publicitaire. Les textes sont anonymisés, conformément à la règle de la médecine narrative, et très courts à cause de la durée minime de la rédaction. L'expérience n'a pas été renouvelée faute de moyens financiers et humains. Un autre document est également proposé sur le site, signé celui-là par Solange Jean-Courveille, une patiente du docteur Benattar qui tient un recueil des textes qu'elle partage avec lui depuis le 15 février 2019, auxquels elle a joint les textes qu'elle a réalisés durant les ateliers[62]. Cette exception relie le principe de l'échange narratif soignant-patient, base de la médecine narrative à la formule du concert-atelier, qui ne met en valeur ni le dialogue patient-soignant, même si les deux catégories sont représentées dans l'assistance, ni le partage des textes réduit à la lecture publique facultative. Dans

58. Christine Delory-Monberger et Jean-Claude Bourguignon, « Automédialité », dans Christine Delory-Monberger et Jean-Claude Bourguignon (dir.), *Vocabulaire des histoires de vie et de la recherche biographique, op. cit.*, p. 38.
59. Texte D-6-24.
60. Texte B-6-24.
61. Voir sur le site : https://ci3p.univ-cotedazur.fr/tag/jonathan-benichou/.
62. Voir sur le site : https://ci3p.univ-cotedazur.fr/wp-content/uploads/2024/01/art-soin-solange.pdf.

les deux cas, le tapuscrit a un inconvénient majeur. En supprimant les traces de la composition il empêche d'accéder à l'historique de la création, qui est aussi celui de la construction de la compétence scripturale.

Le processus d'écriture

Avant de se mettre à écrire, les auteurs ont d'abord conçu un projet qui, dans le cadre de l'atelier, est une façon de répondre à une proposition d'écriture: la consigne. Celle-ci fait l'objet à chaque séance d'une concertation entre les animateurs. Placée sous le signe de la négociation, elle articule les deux volets de notre étude, le groupe et les textes, en créant la situation d'écriture. Elle a sa propre histoire: l'acceptation par l'organisateur de l'atelier, Jean-Michel Benattar, de la proposition du pianiste Jonathan Benichou. Dans l'« Argument » qui fait suite au programme du premier concert, celui-ci explique: « En coordination avec l'atelier "Art du soin", je souhaite développer une rhétorique où le corps trouve le chemin narratif vers une réalité énergétique. Ayant subi une chute sur mon pouce gauche, j'ai quelques défaillances au niveau du bras et une certaine fragilité du pouce gauche »[63].

La consigne est donnée oralement quoiqu'annoncée sur le programme. Elle obéit à une structure spécifique. D'abord un embrayeur de curiosité, emprunté à l'actualité culturelle, en lien avec le rapport musique-art du soin. Pour le deuxième concert, c'était un livre, *Le pansement Schubert*[64] ; Schubert figurait au programme via une retranscription de Liszt. Vient ensuite le libellé. Il est ouvert même quand il ne propose pas plusieurs sujets, puisqu'il comporte rituellement la réponse à la question « qu'est-ce que je fous là ? », embrayeur d'autoanalyse et d'autobiographie. La dernière étape est le rappel oral de la nature du texte attendu: spontané et libéré de tout souci de correction linguistique. Il ne sert pas seulement à décomplexer l'assistance. C'est aussi une prise de position sur l'idée que l'on se fait de la littérature. Martin Winkler rappelle que: « Pour écrire, il faut, déjà, avoir eu une relation non conflictuelle à l'écriture [...] ne pas avoir été *dissuadé* d'écrire ni s'être fait asséner que ce qu'on écrit n'a aucune valeur, puisque, de toute manière, on ne sera ni Proust ni Flaubert »[65].

Gérard Genette dans *Fiction et diction* oppose deux types de théories de la littérarité. L'un qu'il qualifie de « *constitutiviste ou essentialiste* » décide *a priori* que certains textes sont des œuvres littéraires parce que la tradition les a admis comme tels[66]. L'autre, qu'il qualifie de « *conditionaliste* (*sic*) », se fonde sur le goût

63. Voir sur le site: https://ci3p.univ-cotedazur.fr/wp-content/uploads/2023/06/Livret_Atelier_Ecriture_Concert_Jonathan_Benichou_Mars2023.pdf.
64. Claire Oppert, *Le pansement Schubert*, Paris, Denoël, 2020.
65. Martin Winkler, « Écrire c'est soigner », dans Sylvie Brodziak et Anne-Marie Petitjean (dir.), *La littérature stéthoscope*, Paris, Le manuscrit, 2024, p. 36.
66. Gérard Genette, *Fiction et diction*, Paris, Seuil, 2004 [1979], p. 94.

personnel dont il paraphrase ainsi le jugement : « je considère comme littéraire tout texte qui provoque chez moi une satisfaction esthétique »[67]. La médecine narrative a mis l'accent sur la lecture des œuvres littéraires parce qu'elle familiarise avec des détails de la vie auxquels un médecin ne fait pas toujours attention. Elles présentent toutefois un risque : celui de décourager les écrivains novices que sont souvent les participants aux ateliers, en leur faisant croire que ce qu'ils écrivent ne pourra jamais procurer le même plaisir qu'elles. Or, comme nous allons le voir, susciter l'émotion esthétique, cela s'apprend.

Dans l'expérimentation que nous avons suivie, les consignes forment à l'écriture comme les programmes des concerts forment à l'écoute. Elles en épousent l'organisation spiralaire et bénéficient du dosage reprise-nouveauté qui fournit à chaque séance une façon de tourner autour des mêmes motifs : condition des femmes, handicap et musique, soin et musique, en les approfondissant. Encore faut-il le faire en procurant un plaisir esthétique. Celui-ci dépend, comme l'a montré J.-M. Schaeffer dans *L'expérience esthétique*, d'un mélange de fluence et de curiosité. La fluence est la facilité à concevoir ce que l'on connaît déjà mais « a une condition limite qui n'est autre que l'ennui »[68]. La curiosité est « le seul état de manque d'information doté d'une valeur hédonique positive »[69].

On comprend pourquoi les consignes ont alternativement ou simultanément attiré l'attention des scripteurs sur les relations entre signifiants (en rapprochant « Greif » et « greffer » ou « résonance » et « raisonnable ») et entre signifiés (idées, objets, personnes, pays, arts). Cette pratique a été assimilée puisque, à la question bilan qui demandait ce que les concerts-ateliers avaient changé chez les participants dans leur rapport au soin, l'un des auteurs répond : « Dans cet "ANTRE" inondé avec talent de musiques auxquelles s'entremêlent poésie et peinture […] notes de piano en harmonie et voix, une narration s'est peu à peu fait jour, permettant […] une association de l'idée de "l'Antre" à la notion de ce qui se joue "entre" »[70]. Le calembour et le jeu de mots sont des pratiques aussi bien littéraires que populaires. Ils enrichissent à la fois la langue et la pensée. C'est pourquoi les animateurs d'atelier affectionnent les consignes bilatérales qui jouent sur les deux faces, signifiant et signifié, des signes.

Un apport pédagogique crucial a été fourni par la consigne donnée à la septième séance (28 octobre 2023) qui demandait : « Vous choisirez la place et la perspective imaginaire d'un objet de la pièce (pan de mur, plante, pupitre, touche du piano, chaise) et décrirez le cheminement de leur sens (ce qu'ils voient, entendent, ressentent, quand et comment) pendant le concert, à travers le voyage qu'ils réaliseront en réponse à ce que proposent compositeurs, titre des œuvres,

67. *Ibid.*, p. 105.
68. Jean-Marie Schaeffer, *L'expérience esthétique*, *op. cit.*, p. 322.
69. *Ibid.*, p. 319.
70. Texte G-5-23.

thématique de la soirée et artistes ». Cette consigne fait prendre conscience de la différence entre l'auteur, celui qui écrit l'histoire, le narrateur, celui qui la raconte, et le personnage, celui qui la vit. Elle recourt aussi à la prosopopée, figure de style qui consiste à « mettre en scène les absents, les morts, les êtres surnaturels et même les êtres inanimés »[71]. Elle a suscité cinq textes. Un narrateur, qui s'adresse au mur, s'interroge « Est-ce que je suis vu par ce que je vois ? »[72]. Une narratrice se demande ce que pense la plante en pot mais conclut prudemment « nous ne le saurons jamais »[73]. Une autre « observe et écoute » un plat à Tajine « d'un beau vernis turquoise ou plutôt émeraude », qui lui dit : « Je viens de l'autre côté de la Méditerranée, j'ai traversé la mer si bleue, si verte »[74]. L'auteur d'un texte intitulé « Le clavier… Lettre à Jonathan », fait parler le piano. Celui-ci décrit le physique, le jeu du pianiste et rappelle leur histoire commune et leur indéfectible amitié[75]. Cet auteur est un ami du pianiste. Un autre auteur ne donne pas la parole à un objet mais imagine qu'il meurt et évoque au discours indirect les propos que tiennent les défunts de sa famille qui l'ont rejoint et « l'invitent à s'asseoir pour écouter la suite du programme »[76]. Le gain en imagination et habileté narrative est incontestable et fait regretter que cette consigne n'ait pas touché un plus large public.

Nous terminons l'étude des consignes par un accompagnement de l'écriture qui n'est pas écrit mais musical, celui que le pianiste a proposé lors des deux premières séances de 2024 en accompagnant l'atelier par une improvisation. L'idée lui est sans doute venue du thème de ce premier concert de l'année : « naissance d'une nouvelle année, d'une nouvelle vie », et de la citation du Rabbi Nahman de Braslav, un rabbin de la fin du XVIIIe et du début du XIXe siècle, fondateur de la dynastie hassidique de Bratslav, qui l'introduisait : « commencer à chaque instant une nouvelle vie ». La formule s'applique parfaitement au travail de l'improvisateur, qui ne prévoit rien à l'avance mais se renouvelle au fur et à mesure de sa progression. Le texte intitulé « Se reprendre pour se renouveler » décrit le processus : « Jonathan nous a proposé de nous accompagner dans l'écriture en improvisant au piano […]. Il nous recommande de ne pas l'écouter mais juste de travailler (créer) à côté de lui et en même temps, chacun s'arrêtant quand il le juge bon »[77]. L'auteure, après avoir été détournée de son écrit, y est ramenée par sa réflexion sur l'improvisation et finit son texte au moment où elle s'arrête. Les autres participants ne se sont pas laissé détourner. Si l'improvisation illustrait ce jour-là la consigne d'écriture, ce n'était qu'une coïncidence, provoquée sans doute, mais difficile à renouveler.

71. Bernard Dupriez, *Gradus*, Paris, Union générale d'Édition, 1984, p. 364.
72. Texte A-7-23.
73. Texte C-7-23.
74. Texte D-7-23.
75. Texte E-7-23.
76. Texte B-7-23.
77. Texte C-1-24.

Les récits

Nous allons maintenant analyser les textes pour eux-mêmes, indépendamment de leurs auteurs et de leur processus de production, avec les outils des sciences de la langue, du discours et de la littérature dont se sert la narratologie. En les comparant, nous allons établir ce qui fait l'originalité du corpus, mais aussi de chacun d'eux. En effet, même si on peut classer les œuvres en fonction de leur genre, leur registre de langue ou leur auteur, ces catégories, pour reprendre les termes de Jean-Marie Schaeffer ne sont « qu'un *agrégat de classes fondées* sur des notions diverses »[78]. C'est pourquoi il distingue identité textuelle et identité générique, définit *l'œuvre littéraire comme un objet sémiotique complexe*, et rappelle qu'« une œuvre littéraire, comme tout acte discursif, est une réalité sémiotique complexe et pluridimensionnelle »[79], puisqu'« elle est aussi et en premier lieu, l'accomplissement d'un acte de communication interhumain »[80]. Si l'on recourt à l'analyse structurale pour étudier l'œuvre littéraire, c'est pour identifier le nœud de possibilités d'interaction avec ses lecteurs qu'elle recèle. N'oublions pas non plus l'ambiguïté inhérente au jugement de littérarité. Nous nous sommes déjà prononcée en faveur d'une conception « conditionaliste » (comme l'orthographie Genette) de la définition de la littérature, basée sur le plaisir ressenti par son lecteur et ce qui l'a rendu possible. Selon René Audet et Andrée Mercier, « distincte des procédés langagiers et des pratiques littéraires [...] la narrativité se situe précisément entre eux, résultat des premiers et composante des secondes »[81]. C'est pourquoi nous nous interrogerons d'abord sur ce qui fait de ces textes des récits qui rendent compte des événements externes et internes provoqués par l'écoute musicale. Puis nous aborderons ce qui en fait des œuvres, irréductibles à la linéarité des événements rapportés et traversées par les savoirs, symboles et réseaux poétiques qui les relient à l'humanité tout entière.

Tout événement rapporté par le récit est daté, qu'il soit réel ou imaginaire. La référence au temps historique permet de relier le récit à l'expérience du lecteur, et donc de le partager. On a vu que les auteurs de notre corpus racontent des faits tantôt réels, tantôt imaginaires, et souvent dans le même texte. Le groupe a son historique propre inclus dans l'histoire universelle, dont le point de départ est le premier concert et des points d'arrivée partiels, les dates de bilan, ce qui instaure une mémoire commune. Ces deux formats, histoire universelle et histoire groupale, sont conscientisés au point de devenir des thèmes voire des personnages des récits, après l'attentat du 7 octobre 2023 : « partout je vois l'humanité qui

78. Jean-Marie Schaeffer, *Qu'est-ce qu'un genre littéraire ?*, Paris, Seuil, 1989, p. 76.
79. *Ibid.*, p. 79.
80. *Ibid.*, p. 80.
81. René Audet et Andrée Mercier, « La narrativité contemporaine au Québec », dans René Audet et Andrée Mercier (dir.), *La littérature et ses enjeux narratifs*, Sainte-Foy, Les Presses de l'Université Laval, 2004, p. 9.

brille autour de moi et pourtant l'histoire de notre planète tourne au drame, notre histoire celle de l'humanité tout entière »[82].

Avant de détailler la structure du récit, il faut tirer au clair sa relation avec la notion de genre dont nous venons de voir qu'elle peut être trompeuse. Les verbes comme « raconter » ou « relater » qui expriment l'action de produire un récit ont deux caractéristiques. Ils sont performatifs : dire « je raconte » ou « je relate » c'est déjà faire l'action qu'ils désignent[83]. Et ils sont assertifs : ils produisent une affirmation « dirigée vers un ou plusieurs allocutaires différents du locuteur », et donc « exigent un accomplissement public »[84].

Ces deux conditions – « affirmation publique » et qui concerne « des événements passés ou contemporains du moment de l'énonciation » – ont un effet paradoxal. D'un côté elles rattachent le récit, qu'il soit fictionnel ou authentique, à l'histoire des historiens, l'un des cadres de référence de tout récit. De l'autre, elles l'en dissocient, puisque le récit historien, narratif en surface, est basé en profondeur sur une démarche de vérification et d'explication des faits et de leur utilisation, qui est argumentative. En revanche si les coordonnées temporelles ne sont pas celles du temps représenté (comme la date du concert ou la date de naissance de l'auteur du texte) mais de la narration qui peut très bien les évoquer en inversant leur ordre chronologique (comme l'enchaînement des faits racontés qui peuvent être annoncés ou rappelés), cela enlève toute importance à la nature authentique ou fictive des faits rapportés. Mais cette disjonction entre coordonnées temporelles et temps représenté explique le fonctionnement magique du « Il était une fois » des conteurs, en faisant de leur prise de parole le point de départ réel du récit, bien qu'il reste indéfini dans le temps historien.

Le récit est un hypergenre qui recouvre une multitude d'hypo-genres : fable, roman, histoire drôle, autobiographie, sans oublier leurs transpositions interartiales musique, cinéma, peinture, sculpture. Mais il peut aussi se glisser dans n'importe quel genre comme la lettre (celle du piano au pianiste), et absorber n'importe quel genre comme la poésie, mode d'expression favori de quelques-uns des auteurs. Il faut donc se méfier des critères de classification superficiels et partir des invariants structurels du récit pour l'étudier. Toutefois le détour par l'analyse de discours n'aura pas été inutile. Il montre que le secret du pouvoir des récits réside dans leur mode d'énonciation.

La schématisation de la structure des récits remonte au structuralisme. Elle a été vulgarisée sous la forme de deux schémas. Le schéma narratif[85] stylise l'action en cinq étapes, d'où son surnom de schéma quinaire : 1) État initial d'équilibre du système 2) Intervention d'une force perturbatrice 3) Transformation 4)

82. Texte E-3-24.
83. Daniel Vanderveken, *Les actes de discours*, Liège-Bruxelles, Pierre Mardaga, 1988, p. 25.
84. *Ibid.*, p. 172.
85. Yves Reuter, *L'analyse du récit*, Paris, Dunod, 1997, p. 24.

Résolution ou force équilibrante 5) État final ou nouvel équilibre. Le schéma actantiel[86] répartit les personnages en six catégories d'actants regroupées deux par deux selon les trois facteurs qui structurent l'action : 1) Vouloir : le Sujet se met en quête de l'Objet 2) Pouvoir : il rencontre des obstacles (Opposants), et des aides (Adjuvants) 3) Savoir : le sujet ou un personnage extérieur (Destinateur) fixe au début le contrat de la quête ; le sujet ou un personnage extérieur (Destinataire) évalue à la fin la réussite ou l'échec.

Les récits ne se présentent jamais comme de strictes applications de ces schémas mais ceux-ci permettent de mieux décoder les informations explicites et implicites qu'ils contiennent. C'est ce que nous allons vérifier en les appliquant au texte « Le Clavier… Lettre à Jonathan »[87] en commençant par le schéma narratif. Le texte comporte deux parties. La première est un récit qui relate le déroulement du concert. Elle comporte 1) Situation initiale : le piano attend : « Je suis vêtu de blanc et de noir, allongé passivement, le regard rivé au plafond » 2) Perturbation, en trois épisodes : rentrée du public, installation et « enfin, le silence » 3) Transformation : « Deux paumes en approche », puis les doigts « m'effleurent, me parcourent, me pressent, me réchauffent, m'emballent, me conduisent à la transe pour retourner à un climat de paix et de sérénité… » (le protocole se reproduit sans que cela soit dit à chaque œuvre jouée) 4) Résolution : Le retour au calme passe par une description métaphorique d'odeurs et de parfums et un élargissement du champ visuel : « exhalaison odorante de châtaignes fraîchement braisées », qui « se mêle à une brise qui ne peut être que maritime sur le littoral de notre sublime cité ». L'évocation d'un flacon de parfum « aux formes féminines suggestives » dont il a senti l'effluve dans l'assistance et « la salve d'applaudissements » préludent à 5) État final marqué par la prise de congé du pianiste : « une ombre noire se détache, se dessine, se glisse à nouveau vers moi en se penchant avec tendresse, compassion ». La seconde partie est une « lettre » dans laquelle le destinateur interpelle son destinataire : « Jonathan, Jonathan est-ce bien toi ? », lui rappelle leur passé : « je t'aimais avant même que tu ne fusses » et lui jure une indéfectible amitié : « sache que je serai toujours à tes côtés, appuie-toi sur moi et joue Jonathan, joue », ce qui constitue un second récit, qui vise le passé.

Le schéma actantiel fait apparaître plusieurs personnages. Le Sujet est d'emblée dédoublé. Piano et pianiste ne font qu'un parce qu'ils ont le même Objet, en fait deux : servir la musique et émouvoir le public. Les Adjuvants sont nombreux : la virtuosité du pianiste et la conscience professionnelle du piano qui « ne demande qu'à vibrer », mais aussi le « silence enfin » marqué par le public au début et sa « salve d'applaudissements » à la fin. Les Opposants sont pour le piano « allongé, passivement, le regard rivé sur le plafond » sa dépendance (il n'est rien

86. *Ibid.*, p. 30-31.
87. Texte E-7-23.

sans le pianiste) et pour le pianiste, le danger que représenterait un instrument défectueux (celui-ci est entretenu et accordé régulièrement). Les Destinateurs et les Destinataires sont répartis en deux catégories : l'une externe et l'autre interne. Ceux que l'on pourrait qualifier d'externes : l'assistance et les organisateurs du concert ont des exigences en fonction desquelles ils réagissent. Ici elles ont été à l'évidence remplies. Ceux que l'on pourrait qualifier d'internes sont les deux membres du couple fusionnel piano-pianiste : « un alignement de touches et une si belle âme musicale ».

Nous restons sur le même item pour aborder une autre structure narrative, complémentaire des deux premières, celle de l'instance narrative qui gère le rapport entre auteur, narrateur et personnage[88]. Elle repose sur la différence entre auteur qui écrit (pour préserver l'anonymat nous avons dû supprimer le prénom et l'initiale du nom de celui de la lettre), narrateur qui raconte, et personnage qui agit. Dans l'autobiographie authentique, ces trois rôles sont joués par la même personne. Ici l'auteur-narrateur ne parle pas directement de lui, mais prend le point de vue d'un personnage : le piano comme s'il voyait en lui et par ses yeux. Il est omniscient parce que sa perspective n'est pas limitée par celle du personnage (par exemple, un piano est incapable de reconnaître un « effluve signé *Essence de Guerlain* »), et hétérodiégétique parce qu'il reste extérieur à l'action. Mais par moments on sent bien qu'il impose sa perception très amicale d'un personnage : le pianiste, à travers ce qu'il fait dire de lui au piano. Il fournit donc une vision *polyscopique*[89] qui « alterne les perspectives de plusieurs personnages » dont lui, et « alterne les moments où le narrateur dit ce que le personnage ressent ou perçoit et les moments où l'on a le sentiment de le savoir de l'intérieur même du personnage, sans médiation ». Le lecteur de la *Lettre à Jonathan* finit par se sentir piano, ce qui, sauf à être facteur ou accordeur de pianos, a de quoi surprendre. Rappelons que sur la même consigne l'auteure d'un autre texte[90] s'était fermement opposée à s'identifier à la plante en pot et à entraîner son lecteur à le faire, jugeant que ce qu'elle pense « nous ne le saurons jamais ». La phrase suivante : « la plante était là, moi aussi, sereine recevant ces sonorités ensorceleuses », souligne les avantages de la posture inverse de l'humanisation du piano, le refus d'humaniser la plante, et sa contrepartie, le plaisir d'approfondir une sensibilité humaine qui s'épanouit dans l'art.

Cette divergence éclaire la différence qu'il y a entre les deux termes « esthétique » et « artistique », le premier associé à la réception de l'œuvre d'art, le second à sa production. Jean-Marie Schaeffer rappelle que « lorsque nous sommes engagés dans un processus d'attention, nous adaptons nos représentations au monde

88. Yves Reuter, *L'analyse du récit*, *op. cit.*, p. 48-51.
89. *Ibid.*, p. 50.
90. Texte C-7-23.

alors que lorsque nous sommes engagés dans un faire nous essayons d'adapter le monde à nos représentations »[91]. Cette distinction donne la mesure de la différence qui existe entre le moment du concert et celui de l'atelier, et entre l'apprentissage de l'écoute et celui de l'écriture. Le changement est brutal et il faut pouvoir l'accompagner. La création du quatuor de Jonathan Benichou lors de la séance 9 a donné lieu à la consigne « Partager le souvenir d'une première fois dans la création quelle qu'elle soit », conçue pour combler le fossé qui sépare l'écoute de la création, même si la première sert de thème à la seconde. L'une des réponses est particulièrement instructive parce qu'elle expose une tactique créatrice basée à la fois sur l'ignorance des règles établies : « je ne sais ni dessiner, ni peindre », l'attrait pour la nouveauté : « mais j'aime créer », et ce que l'on pourrait qualifier de penchant pour l'improvisation : « je découpe des couleurs dans du papier, je colle, un soir j'étais inspirée !!! Comment le présenter ? » et enfin la satisfaction d'être l'artisan de son plaisir : « Cela fait des années que ce tableau est accroché chez moi. Je ne m'en lasse pas ! »[92].

Existe-t-il un équivalent du processus de la créativité plastique pour l'écriture ? Pour le savoir, nous allons consulter un dernier schéma, celui des cinq codes qui selon Barthes guide la progression du lecteur dans un texte. Précisons que Barthes donne au mot « code » un sens particulier : « ce que l'on appelle "code" ici n'est pas une liste, un paradigme […] mais une perspective de citations, un mirage de structure »[93], ce que nous résumerons par une façon d'orienter l'attention du lecteur. Deux de ces « codes » incitent le lecteur à suivre linéairement le déroulement de l'action pour en connaître l'issue. Nous les connaissons déjà. Le code herméneutique sert à décrypter la structure du récit, il correspond au schéma quinaire. Le code proaïrétique sert à comprendre les motivations des personnages, il correspond au schéma actantiel. Mais si ces deux « codes » qui sont narratifs poussent le lecteur à avancer, trois l'incitent à s'interrompre pour relire et relier des aspects du texte qui sont en correspondance : le code culturel, le code symbolique et le code sémique.

Nous commencerons par le code culturel puisqu'il est évoqué dans le nom de la structure qui est à l'initiative du projet d'*Art en partage* (l'art est culturel par nature). Les deux univers culturels les plus mentionnés sont la musique et la médecine. Leur rencontre lors des concerts-ateliers est l'occasion d'échanges collaboratifs par exemple autour du handicap et de la maladie vécus par des interprètes et des compositeurs, ou des apports de l'écoute et de la pratique musicales dans le domaine du soin. Mais c'est aussi une source de débats. Certains, directs, portent sur les limites de cette collaboration, d'autres indirects sur des cas situés à la

91. Jean-Marie Schaeffer, *L'expérience esthétique, op. cit.*, p. 316.
92. Texte I-9-23.
93. Roland Barthes, *S/Z*, Paris, Seuil, 1970, p. 27.

frontière des deux domaines et qui les implique sous divers aspects, comme la compositrice et medium Rose-Marie Brown[94]. Les musicologues la considèrent soit comme un talent authentique mais modeste, soit comme une imitatrice, tandis que les médecins diagnostiquent chez elle tantôt un trouble psychique, tantôt une hypercénesthésie. Ces débats court-circuitent le récit qui se met à tourner en rond : « L'évocation de ROSE MARIE BROWN, en relation avec les compositeurs énoncés dans ce programme m'a impressionné, quant aux inspirations de ceux-ci. Je m'interroge au sujet des visions, des approches musicales qui ont influencé R. M. Brown. Où est la vérité ? Des rationalistes scientistes réfuteraient ses expériences, en énonçant qu'elle s'adonnait aux substances hallucinogènes ou un comportement psychiatrique »[95]. Dans *Culture et modes de pensée*, Bruner pose « qu'il existe deux modes de pensée » : la pensée logico-scientifique qui cherche à prouver les faits qu'elle découvre et la pensée narrative qui organise les faits dans le seul but de captiver l'attention de son public. Chacun « représente une façon particulière d'ordonner l'expérience, de construire la réalité » mais « tous deux, bien que complémentaires, sont irréductibles l'un à l'autre »[96]. C'est le conflit entre ces deux formes de pensée qui provoque le court-circuit du récit par la controverse scientifique dans le texte que nous venons de citer.

Le code symbolique constitue un autre type de code transversal. Les symboles relèvent de la culture. Comme la langue qui la véhicule, la culture s'apprend à la fois par l'imprégnation informelle, par l'éducation qui peut être familiale, scolaire, professionnelle, ou simplement par l'autoformation. Basé sur la relation d'analogie, le symbole dédouble la représentation, ce qui oblige le lecteur à s'arrêter pour comprendre la relation qui le relie à son référent. Il fait donc aussi partie des obstacles à la lecture. L'un des textes déjà cité, mais uniquement pour sa présentation tapuscrite, en fournit un exemple[97]. La consigne demandait si on avait été marqué particulièrement par une ou plusieurs des *Grandes figures féminines de la musique* à l'affiche du concert. Après avoir dit qu'elle ne s'était identifiée à aucune, l'auteure explique que les airs de *Carmen* et *Manon* qui venaient d'être interprétés lui avaient donné l'idée d'imaginer la rencontre des deux héroïnes. Son récit prend acte de la « stéréotypification » des symboles que les deux héroïnes incarnaient avant d'être banalisées par le succès des opéras dont les titres reprennent leurs prénoms. Mais il les réveille en inventant leur

94. Rosemary Brown, née en 1916 et morte en 2001 à Londres est une compositrice, pianiste et medium britannique qui affirmait entrer en communication avec des compositeurs décédés qui lui demandaient d'écrire sous leur dictée des œuvres musicales composées *post mortem* pour prouver qu'il existe une vie après la mort. Elle a joui d'une certaine célébrité médiatique dans les années 1970. Le programme du 4e concert (15 juin 2023) lui était dédié. Intitulé *Les mystérieuses communications* il alternait des œuvres authentiques de Chopin, Schubert, Liszt, et Brahms avec celles qu'ils avaient ou auraient « dicté » à Brown.

95. Texte B-4-23.

96. Jérôme Bruner, *Culture et modes de pensée*, Paris, Retz, 2000, p. 27.

97. Texte D-6-24.

rencontre : « Carmen, audacieuse et passionnée, croisa le regard de Manon. Leurs différences les ont intriguées. Carmen, libre et rebelle, a ressenti une curiosité pour la sournoise et douce Manon. Au cours de cette rencontre improbable, les barrières sont tombées, laissant la place à une connexion profonde ». Il crée un duo inédit qui esquisse une symbolique plus moderne : celle d'une cause féministe partagée entre revendication violente et combat politique mais unie par le sentiment de sororité. Ajoutons que si l'auteure, cantatrice, a voulu redonner un peu de complexité à des personnages qui avaient perdu leur intérêt à force de symboliser des attitudes sociales, c'est qu'elle avait chanté ces rôles et savait que tout personnage dramatique doit son humanité à l'interprète qui l'incarne.

Le dernier code transversal qui nous reste à examiner est le code sémique et recouvre tout ce qui dans un texte déporte l'attention du lecteur du contenu sur l'expression : les mots. Les consignes qui jouaient sur des mots de sonorité voisine (comme « raisonnable » et « résonance ») l'ont mis en valeur. Puisque tous les types de poésie s'appuient sur le jeu des sonorités et des sens, on peut aussi dire que ce code est poétique. L'un des textes montre comment une consigne « poétique » qui jouait sur le rapprochement de *Greif* et de « greffe », a révélé à un scripteur des capacités poétiques qu'il ne se connaissait pas. Elles apparaissent lorsqu'on scande son texte (les chiffres indiquent le nombre de pieds) : « Je suis une masse 5/ d'atomes en mouvement 6/ sensible aux vibrations 6/ qui m'environnent 4/ me bercent et me bousculent 6/ ou me perturbent. 4/ Merci à cette soirée 7/ qui a bercé mon âme 6/ d'un bonheur 3/ qui résonne en mon cœur 6/ Baudelaire ? 3/ Non Michel. 3 ». On sent pointer la fierté sous l'autodérision finale[98].

L'effet d'ensemble des textes obtenus est la fois incontestable : ils ont tous un air de famille, et surprenant : ils sont très différents, et même les plus brefs arrivent à imposer leur originalité. Ils prouvent que les participants ont vraiment tenu à s'exprimer et à partager leur avis malgré les obstacles qui pouvaient s'interposer entre eux et l'écriture.

Conclusion : médialité et médiation

L'originalité de l'expérience que nous venons de décrire tient essentiellement à la façon dont elle relie l'écoute musicale et l'écriture en atelier. Si on évalue une expérience, c'est par rapport à elle-même, ses attentes, ses résultats, mais aussi à son contexte : l'a-t-elle modifié ? Est-elle transposable et à quelles conditions ? Nous consacrons cette conclusion au cadre théorique de l'expérience, à son bilan sur la période observée, et à ses perspectives d'évolution et de transposition.

98. Texte B-2-24.

Les savoirs sensibles, de l'intuition à la théorisation

Tout projet part d'une idée, mais cette unité est déjà une synthèse des réponses aux questions des lieux communs de l'*inventio* rhétorique: qui?, avec qui?, quoi?, pourquoi?, où?, quand?, comment? C'est en répondant à ces questions qu'il se bâtit et qu'il évolue. Il diffère en cela de l'application qui vérifie le degré de concordance entre une théorie préexistante et le ou les phénomènes dont elle propose une explication. Ici, pas de modèle préalable. Même si l'influence de la médecine narrative est reconnue, elle reste à l'arrière-plan, celui des principes directeurs de l'action. Au premier plan, c'est une logique de projet qui se met en place et le cadre théorique dont elle relève est celui de l'apprentissage dans l'action. Celui-ci repose sur les trois procédés que Donald A. Schön (1983)[99] lui a attribués: l'exploration, le test et la vérification d'hypothèse. L'exploration qui « pose un geste pour voir ce qu'il en résultera ou pour découvrir ce qui arrivera, sans attente ni prédiction [...] convient bien lorsqu'on explore un domaine qu'on connaît très peu, afin d'en découvrir les propriétés »[100]. Elle correspond à l'attitude du public des concerts qui vient pour découvrir. Dans ce contexte le test n'a pas besoin d'être formalisé: « toute action délibérée faite avec un but en tête est en un sens un test exploratoire »[101]. Pour orienter leur programmation les organisateurs se basent sur le nombre de places retenues, les applaudissements et les remerciements sur lesquels une grande partie des textes produits se conclut. La vérification de l'hypothèse par l'action n'est possible que si l'on se donne non pas une, mais plusieurs hypothèses que l'on vérifie l'une après l'autre. Cela a été le cas pour les consignes d'écriture multiples destinées à éviter les pannes d'imagination. Les scripteurs les parcourent l'une après l'autre pour les évaluer avant de choisir. Il leur arrive même de les traiter l'une après l'autre dans leur texte.

Si ces opérations réflexives suscitent un sentiment d'insatisfaction et que l'on veut modifier ce qui était prévu, on a le choix entre deux possibilités qu'illustre le schéma de l'apprentissage en simple ou double boucle[102]. La première est de changer de stratégie (simple boucle), la seconde de principes directeurs (double boucle). Sur la période observée nous avons assisté à des changements de stratégie qui variaient supports et thèmes pour éviter la monotonie, mais à aucun changement des principes directeurs. En revanche, les thèmes ont été souvent choisis pour les mettre en valeur, et certains se sont rajoutés en route, comme la défense de la condition des femmes. Le principe directeur global s'est renforcé et précisé au fil de l'expérience:

99. Donald A. Schön, *Le praticien réflexif: à la recherche du savoir caché dans l'agir professionnel*, Montréal, Éditions Logique, 1994.
100. *Ibidem.*
101. *Ibidem.*
102. *Ibid.*, p. 52.

c'est le croisement du soin, de l'art musical et de l'écriture narrative au service de ce que l'on pourrait appeler un humanisme sensible.

En effet, la place donnée à l'écoute musicale est déterminante dans la transformation vécue par tous les participants car « c'est dans l'art que le sensible s'exprime le plus librement »[103]. Carole Baeza préfère intégrer le sensible dans le savoir plutôt que de l'y opposer et soutient qu'il est « sensoriel et intellectuel ». Elle explique que « l'expérience sensible devient un savoir à partir du moment où elle entre dans un processus expérientiel d'apprentissage »[104]. C'est le cas dans l'expérimentation d'*Art en Partage*. C. Baeza souligne également la nature subjective et symbolique du savoir sensible. On a vu que les symboles ouvraient les textes à la polysémie. Conforme à son statut expérientiel, le cadre théorique du projet est son œuvre et le reflète.

La redécouverte de la mémoire épisodique

La mémoire épisodique a focalisé sur elle depuis quelques années les recherches des sciences cognitives qui ont notamment découvert que le cerveau réagissait de la même façon à la remémoration d'un événement qu'à l'événement lui-même. Jean-Marie Schaeffer note que « les régions du cortex frontal impliquées dans la compréhension narrative sont aussi actives lors de l'encodage et du rappel de souvenirs épisodiques et autobiographiques […], que ceci doit être relié au fait que les travaux consacrés à la lecture ont montré que les lecteurs activent des souvenirs personnels lors de la lecture en général […] et que le bon fonctionnement de la mémoire épisodique présuppose un bon fonctionnement de la capacité autonoétique, c'est-à-dire la capacité de se représenter soi-même et de faire l'expérience de soi-même à travers le temps »[105].

Ce que l'expérimentation que nous avons suivie a ajouté aux expériences de laboratoire c'est le vécu expérientiel, mis en scène par les récits de l'écoute musicale. L'articulation des deux moments de chaque séance s'est faite sur le mode du concert prétexte (au sens propre comme figuré) et du texte témoignage. Les références à la mémoire ont été fréquentes et variées. Son mécanisme a été abordé principalement à travers le modèle proustien de la réminiscence parce qu'il était très précis sur le rôle de la sensation comme déclencheur du souvenir, et bien documenté : le goût pour la madeleine trempée dans la tisane mais aussi le toucher pour l'inégalité des pavés de la cour de l'hôtel de Guermantes, rappelée au narrateur par les aspérités du sol qu'il foule. La séance consacrée aux noms et prénoms a marqué un nouveau stade de la remémoration, celle qui s'organise non plus autour des souvenirs sensibles mais de ceux de la mémoire rapportée, que l'on n'a pas vécus soi-même, ou à une période

103. Carole Baeza, « Savoirs sensibles », dans Christine Delory-Monberger et Jean-Claude Bourguignon (dir.), *Vocabulaire des histoires de vie et de la recherche biographique*, *op. cit.*, p. 161.
104. *Ibidem.*
105. Jean-Marie Schaeffer, *Les troubles du récit*, Éditions Thierry Marchaisse, 2020, p. 84-85.

où l'on était trop jeune pour s'en souvenir. Une autre mémoire a été explorée de façon continue : la mémoire musicale qui repose sur la répétition : à court terme (reconnaissance d'un motif qui vient d'être entendu quand il réapparaît modifié) et à long terme (identification d'airs célèbres comme ceux de *Carmen* ou de *Don Juan*). Elle doit être longuement exercée pour que l'identification du souvenir devienne immédiate (dans la *Recherche*, Proust l'illustre avec la petite sonate de Vinteuil). Pour l'auditeur et plus encore pour l'interprète, la mémorisation produit un effet d'incorporation. Son objet finit par faire partie non seulement du corps mais aussi de l'identité de la personne. Quant aux compositeurs on a vu avec Liszt que c'était en transcrivant leurs prédécesseurs qu'ils apprenaient leur métier.

La mémoire épisodique est le processus cognitif qui nous permet de nous souvenir de certains événements de façon précise (ordre, lieu et date) et personnelle avec les émotions qu'ils ont provoquées en nous. C'est l'aspect le plus spectaculaire de la mémoire à long terme. Les textes étudiés regorgent de ce type d'épisodes, qu'il s'agisse du détail du concert que l'on vient juste d'écouter ou des souvenirs autobiographiques qu'il réveille.

C'est une caractéristique majeure du dispositif que d'avoir non seulement documenté le rôle la mémoire épisodique dans la littérature et la musique, mais de l'avoir fait expérimenter. Il y est parvenu en multipliant les rencontres avec les œuvres, et en favorisant ce que Jean-Marie Schaeffer appelle « la prise de perspective du lecteur »[106] et que nous étendons ici à celle de l'auditeur. « Par prise de perspective », dit Schaeffer, « on entend le fait que par identification simulatrice, le lecteur construit l'histoire en adoptant une perspective subjective spécifique, en général (mais pas toujours), celle du ou des protagonistes. Cette prise de perspective permet notamment de comprendre l'importance de la mobilisation de la mémoire personnelle et de l'engagement affectif dans la compréhension du récit »[107]. C'est ici qu'interviennent tous les personnages réels ou imaginaires proposés aux auditeurs pour qu'ils puissent en se projetant sur eux renouer avec leur propre mémoire autobiographique. La rencontre de la mémoire épisodique des scripteurs avec les grandes figures de la musique (personnages, interprètes et compositeurs) qui étaient évoquées par les concerts a été un embrayeur d'imagination assez fort pour nourrir les textes durant toute la période observée.

Perspectives

Dresser des perspectives est toujours aventureux. Pour éviter qu'elles ne tournent à la prédiction, il faut arrimer le possible au réel. Nous distinguerons donc deux pôles, celui des outils et celui des usages, tout en veillant à maintenir leur

106. *Ibid.*, p. 31.
107. *Ibidem.*

articulation. Dans les outils nous classons la musique comme medium, les œuvres exécutées, les interprètes, les consignes, les textes produits, le lieu et le mode d'accueil. Dans les usages nous classons les façons dont on les utilise : la musique est de la musique classique écoutée en live, les interprètes sont presque toujours les mêmes, ils assurent aussi la présentation et participent à l'atelier d'écriture, les consignes sont proposées par l'animateur, les textes ne sont pas toujours lus en public et jamais relus, le lieu est privé, le mode d'accueil est chaleureux mais perturbe l'atelier en lui juxtaposant l'auberge espagnole. Il ne faut voir aucune critique dans cet inventaire. Nous avons montré comment la juxtaposition de traits apparemment contradictoires permettait de résoudre des problèmes d'entrée dans l'écrit devant lesquels d'autres dispositifs comme l'écriture en hôpital ou le récit oral dicté demeurent impuissants. Nous avons aussi établi que la qualité et l'originalité de l'accueil a été pour beaucoup dans la fédération du groupe. Nous pointons simplement la complexité des situations gérées qui n'a d'égale que la faculté de négociation des animateurs.

Le riche capital que nous venons de recenser brièvement ouvre deux perspectives d'extension : interne en faisant varier un ou plusieurs paramètres ou les relations entre eux, et externe en les exportant et en les métissant. Quelques exemples dont certains ont déjà été testés et d'autres pourraient l'être, vont nous permettre d'illustrer et de clore notre propos.

Changer de musique ou de musiciens ou d'art : la musique baroque et la musique brésilienne ont fait leur apparition dans certains concerts, et un soir le pianiste a accompagné un ancien camarade de classe devenu chanteur de tango professionnel. Changer d'artistes : il y a eu trois concerts avec d'autres intervenants que les intervenants habituels. Ils ont été très appréciés. Changer d'art. Un conteur, ancien violoniste qui, souffrant d'un handicap au bras, s'était tourné vers l'écriture a dit un soir l'un de ses contes, tous consacrés à la musique, et sa lecture a été ponctuée de *Gymnopédies* de Satie, jouées par un ami pianiste. C'était un dispositif du rapport du texte et de la musique différent de celui que proposent la mélodie ou l'opéra. Changer la situation d'écriture, c'est-à-dire le rapport entre l'outil : l'écriture, et l'usage : l'application de la consigne dans un texte personnel en 10-15 minutes. Par exemple, demander de compléter un autre texte – c'est-à-dire le texte d'un autre – exerce en même temps la compétence de lecture et celle d'écriture.

Quant à la diffusion des savoirs acquis dans l'expérience, elle peut passer par le changement de cadre. Certains concerts ont été donnés dans une église proche mais n'ont pas été suivis d'atelier, vu le lieu. Pourtant le changement de décor et d'ambiance et le décalage entre le récital de piano romantique et l'église baroque auraient été inspirants, de même que les concerts en plein air, mais cela fait souffrir… les pianos. Dans les deux cas le changement de lieu entraîne celui d'au moins une partie du public et peut permettre de toucher d'autres populations.

Nous voudrions terminer sur les deux formes d'exportation des savoirs d'expérience, dont nous venons de décrire la construction, qui nous semblent actuellement les plus prometteuses. La première concerne les échanges entre participants à des projets différents dans le domaine du soin utilisant le même dispositif qui associe expérience sensible et écriture autobiographique. En effet, ils peuvent porter sur tout ou partie du projet et des compétences qu'il convoque, de la recherche de lieux à la mise en commun des textes en passant par la rédaction des consignes.

La seconde forme d'exportation des savoirs d'expérience que nous souhaitons voir s'intensifier est celle à laquelle nous venons de participer : l'échange entre les participants à un projet et le chercheur qui l'étudie. Le référent est le même, les pratiques ne sont pas si éloignées qu'on le croirait. En effet la recherche se sert de cadres explicatifs stricts mais comporte aussi une certaine dose de savoirs d'expérience. De plus, quand elle est participative, le chercheur doit partager avec les membres du projet suffisamment de connaissances et de compétences pour interpréter correctement ce qu'il observe. Enfin une seule discipline de recherche ne suffit pas, car l'interdisciplinarité est nécessaire pour prendre la mesure de la complexité des situations dès lors que le soin et l'art se rencontrent. L'histoire de la recherche en médecine narrative ne fait que commencer.

Sophie Houdart

Histoires croisées : Fukushima, La Hague, et de la difficile gestion du temps entre les deux

Quelques précisions : le texte qui suit est une quasi-fiction. Il est composé de lettres, adressées à un collectif qui n'existe pas en tant que tel, et d'une série de quatre « histoires » qui prennent leur source dans une enquête de terrain ainsi que dans des articles issus de différents médias[1]. Ensemble, ces lettres et ces histoires cherchent à *faire travailler* les questions suivantes : comment un récit, dans la singularité qui en est l'une des marques, peut-il contribuer à relier des temps ou des lieux, mon temps et mon lieu, à d'autres dont je n'ai pas l'expérience ? Comment peut-il servir d'opérateur pour redoubler l'attachement que je porte aux temps et lieux qui me sont familiers en me rendant sensible à ceux-là mêmes que je n'ai pas connus ? L'enjeu de cet assemblage est de reporter ce premier lot d'interrogations à des situations de catastrophes, advenues ou attendues, dont j'entends parler tant au Japon qu'en France depuis plusieurs années. Saisies depuis le Japon, les histoires sont racontées et adressées à des personnes vivant dans La Hague, en France, concernées d'une manière ou d'une autre par la qualité nucléaire de leur territoire. Comment faire récit de l'expérience des personnes qui vivent ou se préoccupent de territoires nucléarisés ? Comment – et pour quelles raisons – faire des histoires autour du nucléaire et des manières qui lui sont propres de compromettre, d'altérer, d'abîmer ? Mais aussi de relier, d'attacher, de mélanger ? En même temps qu'un premier essai d'assemblage (et comme pour en anticiper les effets), ce texte est une amorce à un projet de correspondance réelle,

1. Je remercie le CNRS et l'Institut français de recherche sur le Japon à la Maison franco-japonaise (UMIFRE 19 – MEAE/CNRS) pour leur soutien au projet de mobilité « Retours d'expérience. Ce qui s'apprend d'une catastrophe » (septembre 2023-novembre 2024). Merci à mes collègues de l'IFRJ ainsi qu'à Bastien Lambert pour leur relecture et leurs remarques qui m'ont été précieuses. Ce projet au long cours s'appuie en outre sur des enquêtes de terrain régulières dans La Hague, menées depuis 2016. À ce propos, mes remerciements au Laboratoire d'ethnologie et de sociologie comparative (UMR 7186).

In : Sciences sociales aux bords du récit, Paris, Éditions de l'EHESS, 2025

sous forme d'enregistrements sonores, entretenue avec des personnes existant et vivant bel et bien, dans La Hague, qui reste à organiser[2].

Chèr·es ami·es,
Merci d'avoir accepté d'entrer dans la danse de ces récits et d'y contribuer de la façon que vous jugerez la mieux appropriée.
Comme nous en avons parlé il y a quelques mois quand je suis venue vous voir dans La Hague, avant mon départ au Japon, l'idée vient de ce que vous avez bien voulu me confier au fil de ces dernières années[3]*, qui m'a fait comprendre à quel point la catastrophe japonaise dite « de Fukushima » vous est aussi arrivée, en un sens – elle est arrivée jusqu'à vous, vous faisant voir cet endroit que vous habitez avec d'autres yeux, et vous projetant aussi dans des existences qui ne sont pas les vôtres. Vous m'avez raconté combien les images qui venaient de Fukushima vous avaient bousculé·es. D'un coup, c'étaient vos bêtes que vous abandonniez, vos routes qui restaient encombrées et empêchaient les secours de vous joindre ou vous de fuir, vos cultures que vous deviez sacrifier, vos maisons que vous ne pouviez plus habiter, la mer à laquelle vous ne pouviez plus accéder. Vous reconnaissiez quelque chose dans cette catastrophe qui n'était pas la vôtre, du fait de l'analogie et des liaisons entre votre territoire et celui de Fukushima, du fait de l'histoire croisée entre le nucléaire français et le nucléaire japonais, du fait de cette usine de retraitement, de ce centre de stockage, de ces réacteurs, avec lesquels vous cohabitez. L'un venait d'exploser là-bas, et c'est comme si, soudain, il venait aussi d'exploser un peu chez vous.*
Et donc, depuis ce retour au Japon, je vous propose une série de récits qui prolongent ce moment d'interconnaissance – vous-mêmes dans l'autre, votre histoire dans l'histoire de quelqu'un·e d'autre.
Le premier récit est un récit structurant. Il vise à connecter des sites. Il est destiné à faire que vous, ailleurs (dans La Hague), vous vous sentiez, à nouveau, non seulement pris mais concernés, au premier chef, par une histoire qui ne vous appartient pas. Comme pour ceux qui suivront, je vous les fais parvenir en format audio. À ce stade, les enregistrements sont encore un peu sauvages et nous les reprendrons tranquillement

2. Ce projet en particulier constitue l'un des volets du projet collectif « REX », soutenu par l'ANR et le programme « Science avec et pour la société » (2024-2026), mené en collaboration avec Alexandre Schubnel (Laboratoire de Géologie de l'École normale supérieure) et Marc Boissonnade (F93, Centre de Culture Scientifique, Technique et Industriel de la Seine-Saint-Denis).

3. L'enquête a débuté au milieu des années 2010 et est toujours en cours. Elle naît d'abord du travail réalisé depuis 2012 dans le département de Fukushima, en particulier dans la ville de Tōwa, communauté de communes de Nihonmatsu, sur la vie après la triple catastrophe de 2011. À propos de ce travail, je me permets de renvoyer en particulier à deux articles: Sophie Houdart, « En déroute. Enquêter non loin de la centrale de Fukushima Daiichi, Japon », SociologieS [En ligne], Dossiers, URL : http://journals.openedition.org/sociologies/14049; *Ead.*, « Fukushima, l'expérience en partage », *Critique* « Vivre dans un monde abîmé », 2019, nº 860-861, p. 70-86. À propos de ce qui se commence pour moi dans La Hague, voir Xavière Gauthier, Sophie Houdart, Isabelle Cambourakis, *Retour à la Hague. Féminisme et nucléaire*, Paris, Éd. Cambourakis, 2022.

avec Bastien dans les mois à venir[4]*. Mais de manière à anticiper dès à présent votre entrée dans cette boucle de récits, j'ai préféré ne pas retarder ces envois, que j'égrènerai à raison d'un par semaine. Si c'était possible, le mieux serait que vous les écoutiez au casque, pour que ma voix vous parle au plus proche.*
N'hésitez pas à me faire part de vos retours ou de réagir à votre guise, aussi en y répondant par un autre récit, une image, un son, un document !
Au plaisir de vous revoir vite, la Normandie me manque…
Sophie.

Histoire 1. La péninsule

Ce 1er janvier, ma famille et moi sommes à la gare de Nikko quand les téléphones portables sonnent partout autour de nous. Nous mettons un petit temps à comprendre qu'il s'agit d'une alerte au séisme. Les fenêtres vibrent. Tout le monde est sur le qui-vive, échange des regards inquiets. C'est très impressionnant. Dans le train, les informations nous disent déjà que c'est pire ailleurs. L'épicentre est sur la pointe de la péninsule de Noto, tout près de Kanazawa, côté mer intérieure, et la magnitude est de 7,6. En fait, c'est énorme et l'actualité, les semaines suivantes, sera en grande partie consacrée à ce qui doit s'organiser – les refuges, les déplacements, les approvisionnements, la recherche des victimes dont le chiffre grossira durant les deux semaines suivantes, l'accueil des lycéens en pension pour qu'ils puissent travailler à leurs examens d'entrée à l'université –, et puis il faut bien signifier aussi ce qui défie toute gestion – les personnes disparues puis retrouvées dont il faudrait pouvoir ne pas imaginer trop longtemps les conditions dans lesquelles elles sont mortes, le découragement profond devant sa maison en tas et puis les petites choses que l'on vient extirper encore un mois après (un oreiller, une boîte à crayons, des photographies, quelques documents, une boîte vide, quelques habits…), et puis les répliques qui semblent ne jamais vouloir cesser toutes les semaines suivantes.

Dans la notice *Wikipédia* consacrée à l'événement, je lis que « les modifications topographiques provoquées par le séisme [se sont traduites] par un retrait du trait de côte jusqu'à 175 mètres par endroits sur la péninsule de Noto, [et qu'elles ont agrandi] le territoire japonais de 2,4 km² au total ; certains ports de pêche se retrouvent pratiquement à sec. Le rocher-île de Mistuke-jima surnommé *Gunkanjima* (ou *Île du Cuirassé* 軍艦島), classé monument naturel par le département d'Ishikawa, a été lourdement défiguré par le séisme, perdant son aspect célèbre de "coque de navire" »[5]. Je trouve également un article du *Monde*

4. Bastien Lambert, documentariste sonore, auteur du podcast « Retour à La Hague » (2022), https://www.radiofrance.fr/franceculture/podcasts/l-experience/retour-a-la-hague-4222488.
5. https://fr.wikipedia.org/wiki/S%C3%A9isme_de_2024_dans_la_p%C3%A9ninsule_de_Noto.

daté du 11 janvier, publié par Philippe Mesmer, titré « Séisme au Japon : au cœur de la péninsule meurtrie de Noto, “c’est comme si nous étions devenus une île” »[6].

Écrivant un mois après les événements, j’avais presque oublié que ce séisme majeur a été suivi, le 2 janvier, d’une collision mortelle, à l’aéroport d’Haneda, entre un Airbus A350 de la Japan Airlines et un petit avion, un Dash 8, de la garde côtière qui transportait des secouristes en partance pour la péninsule de Noto. Quel coup du sort… Les premières semaines de janvier, le journal télévisé autant que les conversations alternent donc des nouvelles de la péninsule de Noto et des nouvelles de l’enquête menée sur cette collision entre deux avions. Cela a presque un côté rassurant, cette histoire de crash d’avions : rassurant de pouvoir mener une enquête sur quelque chose d’advenu, de pouvoir reconstituer une scène, simuler des conditions de vol, de jour, de nuit, de pouvoir conclure à l’accident sans qu’une responsabilité soit trop fortement engagée – les morts sont tous du côté des gardes côtiers, je suppose que l’histoire se serait racontée très différemment si des passagers d’une compagnie aérienne privée avaient succombé.

31 janvier. Dans le *Tōō Nippō*, l’un des journaux quotidiens de la région nord-est du Japon, un article, en page 7, est consacré aux consignes d’évacuation en cas de « catastrophes multiples » (*fukugō saigai* 複合災害)[7]. Il est écrit que « lors du tremblement de terre dans la péninsule de Noto, les routes d’évacuation en cas d’accident à la centrale nucléaire de Hokuriku Electric Power à Shiga (département d’Ishikawa) ont été coupées et de nombreux villages se sont retrouvés isolés. Les centrales nucléaires de chaque région ont leurs propres sujets d’inquiétude, qu’il s’agisse d’une péninsule, d’îles isolées, de concentration de population ou de fortes chutes de neige. Comment les habitants devraient-ils s’échapper en cas de “catastrophe complexe” impliquant un séisme, un tsunami et un accident dans une centrale nucléaire ? Les experts préviennent que les catastrophes deviennent de plus en plus diverses et graves et [que] les plans d’évacuation traditionnels [ou conventionnels *jūrai no hinan keikaku* 従来の避難計画] ne fonctionnent plus ». Je pensais que la catastrophe de Fukushima, survenue le 11 mars 2011 et encore *active* aujourd’hui, aurait préparé à cette question de la « complexité » ; qu’elle aurait mis le Japon et le reste du monde à bonne école de l’enchevêtrement des causes et des effets qui rendent une situation incontrôlable.

Mais non. Les péninsules, c’est encore autre chose. Et donc : comparaison est faite, de péninsule à péninsule. Ce qui n’a pas marché dans la péninsule de Noto est reporté à la péninsule d’Oshika, au nord-est de Sendai, et dans cette péninsule, la centrale nucléaire d’Onagawa ; et c’est reporté également à la péninsule de

6. https://www.lemonde.fr/planete/article/2024/01/11/seisme-au-japon-au-c-ur-de-la-peninsule-meurtrie-de-noto-c-est-comme-si-nous-etions-devenus-une-ile_6210182_3244.html.
7. J’ai conservé, comme ici, certains mots et certaines expressions ou formulations en japonais de manière à identifier et circonscrire, dans une littérature et des formes de récit très disparates, un régime narratif ambiant pour parler des catastrophes et de la façon d’en apprendre d’elles et de s’en prémunir.

Sadamisaki, à l'ouest de Ehime, sur Shikoku, et sur cette péninsule, la centrale nucléaire d'Ikata. Une catastrophe en *révélant* la possibilité d'une autre – de deux autres en l'occurrence. Dans ces deux péninsules-ci, les catastrophes n'ont pas encore eu lieu, mais déjà on entrevoit ce qui fera limite. En vis-à-vis de la photographie aérienne d'une route écroulée après le séisme de Noto, sont imprimées deux cartes des deux péninsules en question – j'y vois comme l'amorce d'une collection de bouts du monde, pour lesquels il faut imaginer des scenarii de catastrophes, rendus spécifiques du fait de ces configurations géographiques même.

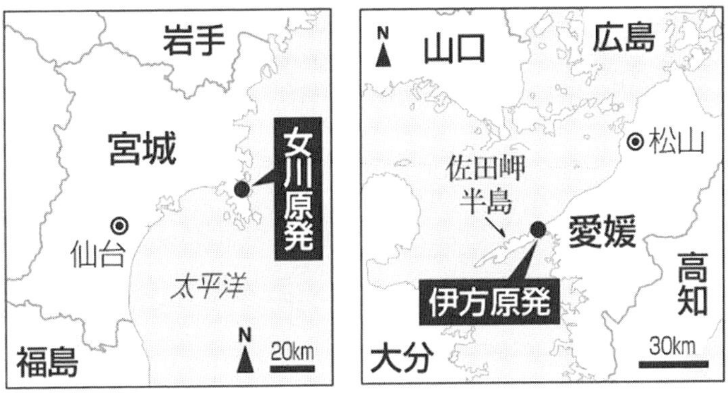

L'article poursuit: « Environ 3 000 personnes vivent sur la péninsule d'Oshika et sur des îles isolées (*ritō* 離島). Les routes maritimes sont également utilisées pour l'évacuation mais il reste à craindre que les navires ne puissent pas être mis à l'eau en raison de tsunamis ou de mauvaises conditions météorologiques. Il existe de nombreuses routes étroites sur la péninsule ». L'article interroge: « Les routes seront-elles encombrées? Des bus arriveront-ils au point de rendez-vous? Pourrons-nous trouver des chauffeurs? L'inquiétude est sans fin (*fuan ha tsukinai* 不安は尽きない) ».

Suivant le même article, les « catastrophes météorologiques » constituent également des problèmes difficiles. Il est écrit que: « En décembre 2018, des chutes de neige exceptionnelles ont provoqué l'immobilisation de nombreuses voitures sur la route nationale 8 [à Sadamisaki] et d'autres routes, les empêchant de circuler pendant une longue période ». La centrale de Tomari (Hokkaido) est confrontée, en plus des fortes neiges, à l'afflux de touristes nationaux et étrangers venus skier, et pour lesquels il faut anticiper systèmes d'information et d'évacuation. Quant à la centrale nucléaire n° 2 de Tokai (département d'Ibaraki), elle compte, dans le périmètre de ses trente kilomètres, 910 000 personnes – soit la plus forte concentration de population dans une zone d'évacuation, et ses dirigeants n'ont pas encore été en mesure de coordonner les sites d'évacuation ni d'élaborer des plans définitifs ».

L'article est aussi l'occasion d'un petit encart didactique, un « Q&A » sur le plan d'évacuation d'une centrale, qui concerne la « Zone des 30 kilomètres » :

> « Le tremblement de terre de la péninsule de Noto, est-il écrit, a provoqué de nombreux dégâts sur les routes et l'effondrement de bâtiments. Il a été souligné que dans le cas d'une catastrophe complexe dans laquelle une catastrophe naturelle, un séisme par exemple, et un accident dans une centrale nucléaire se produisent simultanément, les plans d'évacuation peuvent ne pas fonctionner
>
> Question : Qu'est-ce qu'un plan d'évacuation ?
> Réponse : Afin de protéger les résidents des effets des matières radioactives en cas d'accident dans une centrale nucléaire, les autorités locales proches des centrales nucléaires sont tenues de formuler des plans d'évacuation. Il s'agit de désigner les lieux de rencontre, de définir les itinéraires d'évacuation ainsi que les moyens d'évacuation (*hinan saki no shisetsu* 避難先の施設) pour les résidents de chaque région.
>
> Question : De quel périmètre parle-t-on ?
> Réponse : Lors de l'accident de la centrale nucléaire TEPCO de Fukushima Daiichi, le combustible nucléaire a fondu et une grande quantité de matières radioactives s'est échappée à l'extérieur, obligeant les habitants à évacuer une vaste zone. Jusqu'alors le rayon avait été fixé à 10 km, mais après l'accident – *après* l'accident –, il a été étendu à 30 km.
>
> Question : Quelles sont les procédures d'évacuation (*hinan no tejun* 避難の手順) ?
> Réponse : L'évacuation se fera par étapes, en fonction de la distance à la centrale nucléaire. Les habitants dans un rayon de 5 km (PAZ, Zone de mesures de protection préventive *yobō bōgo sochi kuiki* 予防防護措置区域) commenceront à évacuer au-delà de 30 km avant le rejet de matières radioactives afin d'éviter l'exposition de la thyroïde. Ils prendront des comprimés d'iode stable. Les personnes nécessitant des soins particuliers, comme les personnes âgées et les nourrissons, devront être évacuées plus tôt.
>
> Question : Qu'en est-il des autres résidents ?
> Réponse : Les résidents dans la zone des 5 à 30 km (UPZ, Zone de protection d'urgence *kinkyū bōgo sochi kuiki* 緊急防護措置区域) doivent d'abord se confiner chez eux. Si la dose de rayonnement dans l'air dépasse les 20 microsieverts par heure, un ordre d'évacuation sera donné par le gouvernement.
>
> Question : Quels sont les défis ?
> Réponse : Lors du séisme dans la péninsule de Noto, plusieurs routes d'évacuation ont été endommagées et coupées, et plusieurs endroits, dans la zone des trente kilomètres, se sont retrouvées isolées *koritsu jōtai* 孤立状態. Les bâtiments endommagés n'auraient pas permis, en outre, que les personnes restent chez elles et s'y confinent (*yanai taihi* 屋内退避). Si les résidents de l'UPZ doivent être évacués, on craint que les routes praticables ne deviennent encombrées ».

Mais. Et la péninsule de Shimokita qu'ouvre le site de Rokkasho-mura, l'un des complexes énergétiques les plus grands du Japon ? Et la centrale qui s'y trouve ? Et l'usine de retraitement ? Et le centre de stockage ? Pourquoi la péninsule de Shimokita ne fait-elle pas partie de la collection des bouts du monde dressée dans l'article ? Pourquoi celle-ci, cette péninsule, n'est-elle pas mentionnée parmi les endroits qui risqueraient de se retrouver isolés en cas de « catastrophe complexe » ? La belle absente… Je vérifie, pourtant la maison mère du journal est localisée à Aomori, et donc c'est bien de ce nord-là depuis lequel on parle…

Chères toutes et tous,
J'espère que vous allez bien.
Comme convenu, vous trouverez en pièce jointe le deuxième récit en format audio. Cette histoire, « Les coquilles Saint-Jacques », marque le début de mon séjour au Japon. Cependant (et vous vous en apercevrez rapidement) ce n'est pas la chronologie qui m'intéresse mais le fait que, tandis que je n'y avais pas d'abord accordé beaucoup d'attention – autre qu'au titre de curiosité… – l'histoire reflue après le tremblement de terre dans la péninsule de Noto. C'est comme si elle prenait consistance de se retrouver enchâssée entre un nouvel épisode de largage des eaux contaminées de la centrale de Fukushima Daiichi dans l'océan Pacifique, avec lequel je suis arrivée au Japon en septembre 2023, et le séisme de janvier 2024, sur le flanc opposé du pays.
Ce à quoi elle m'a rendue sensible, c'est à la laborieuse articulation entre la continuation d'un procédé (il faudrait bien « rejeter » régulièrement ces trop-pleins d'eaux contaminées en comptant sur leur dilution dans le Grand océanique pour en atténuer les effets radiologiques…), les remontées historiques qu'elle occasionne (des vœux d'amitié renouvelés entre les États-Unis et le Japon, tout autant que des inimitiés persistantes entre le Japon et la Chine et la Corée), et les ruptures, notamment géologiques, qui ne cessent d'effriter le quotidien et de compliquer sa linéarité. On est loin d'une histoire monolithique, celle d'un accident nucléaire par exemple, saisi au temps T, avec un début, un milieu, une fin – une réparation, une reconstruction par exemple. Je pense au travail de thèse d'une jeune sociologue Rina Kojima qui décrit très bien les « politiques de la Reconstruction » menées avec ardeur par le gouvernement japonais depuis 2011[8]*. Ou au travail de Cécile Asanuma-Brice*[9]*, je sais que certains d'entre vous l'ont rencontrée en 2017 au Japon, pendant le voyage organisé, depuis chez vous jusqu'aux communes touchées par l'accident nucléaire et le tsunami, pour « étudier les conséquences de la catastrophe de Fukushima »*[10]*…*

8. Rina Kojima, *Reconstruire dans l'après-Fukushima : responsabiliser et vulnérabiliser par le risque*, thèse de doctorat dirigée par Valérie November et encadrée par Paul Jobin, Université Paris-Est Marne-la-Vallée, soutenue le 4 novembre 2020.
9. Cécile Asanuma-Brice, *Fukushima, 10 ans après. Sociologie d'un désastre*, Paris, Éditions de la Maison des sciences de l'homme, 2021.
10. Cette rencontre m'a été racontée ; elle apparaît aussi dans un documentaire, diffusé sur France 3 TV Régions, et qui prend à charge de restituer les différents voyages organisés en 2013 puis 2017, pour une délégation représentant les trois Commissions locales d'information (CLI) de la centrale de Flamanville, de l'usine de retraitement des déchets d'ORANO et du centre de stockage de l'ANDRA. Financés par l'Institut de Radioprotection et de Sûreté Nucléaire (IRSN), ces voyages avaient pour objectif de « tirer les enseignements de la catastrophe, notamment sur le plan de la sûreté et amender nos propres installations et protocoles d'évacuation notamment ». https://france3-regions.francetvinfo.fr/normandie/manche/feuilleton-six-ans-apres-catastrophe-manchois-fukushima-1222173.html.

Mais je m'égare, ceci serait encore une autre histoire!
Non, là, au contraire d'une histoire avec ce qui ressemblerait malgré tout à un happy end *(la maîtrise d'un savoir technique qui apprendrait à vivre avec de faibles doses de radioactivité…), ce que je vois, ce sont des choses-qui-n'en-finissent-pas-de-revenir, qui se mêlent au présent et au futur, et déstructurent ce faisant la ligne du temps…*
Vous souhaitant une bonne écoute,
Amicalement,
Sophie.

Histoire 2. Les coquilles Saint-Jacques

Par l'intermédiaire d'une amie, je reçois, en octobre 2023, un article du *Monde* daté du 22 août. Intitulé « Le Japon autorise le rejet des eaux de Fukushima, malgré les oppositions multiples », l'article, signé par Philippe Mesmer, porte sur le plan de rejets instauré par le gouvernement japonais, plan de rejets avisé par l'AIEA, l'Agence internationale de l'énergie atomique, qui a jugé, je cite, « l'impact radiologique négligeable sur la population et l'environnement ». Dans l'article, sont évoquées les restrictions d'importation décidées en Chine et en Corée après cette autorisation de rejets. L'article se finit sur les paragraphes suivants : « Au-delà de cet effort de pédagogie, le gouvernement et les médias nippons dénoncent une certaine hypocrisie des critiques chinoises et sud-coréennes. En 2021, a rappelé le ministère japonais de l'industrie, la centrale de Yangjiang en Chine a rejeté environ 112 térabecquerels (TBq) de tritium, et celle de Kori en Corée du Sud en a rejeté environ 49 – par comparaison, le site de retraitement de La Hague (Manche), en France, rejette 10 000 TBq ».

Suivant le journaliste, Matsuno Hirokazu, le porte-parole du gouvernement, a « martelé » que « La norme japonaise en matière de rejet de tritium est inférieure à 22 TBq par an. Elle est bien plus stricte que celle d'autres pays, notamment la Chine et la Corée du Sud ». Et, rappelant « les relations tendues entre les deux voisins » chinois et japonais, un éditorial du quotidien japonais *Asahi* daté du 17 juillet aurait estimé « difficile de ne pas soupçonner le gouvernement chinois d'utiliser la question de l'eau traitée pour faire pression sur le Japon », qui rappelait les relations tendues entre les deux voisins.

30 octobre. Dans le journal *Tōō nippō*, un des journaux édités dans le nord du Japon, il est annoncé en page 3 que la Chine continue son embargo sur les produits venus du Japon du fait du relâchement des eaux de la centrale de Fukushima, et que cet embargo concerne à présent, entre autres, les coquilles Saint-Jacques du département d'Aomori. La Chine se serait alors tournée vers d'autres pays d'Asie du Sud-Est, comme la Thaïlande, pour s'approvisionner.

15 novembre. Dans le *Tōō nippō* daté de ce jour, le gros titre en première page porte sur les négociations, qui sont au point mort, concernant les compensations

pour les coquilles Saint-Jacques, les maintenant fameuses laissées-pour-compte de la diplomatie sino-japonaise. Des discussions ont été engagées avec TEPCO, par les entreprises de transformation des coquilles Saint-Jacques. Les entreprises demandent d'être indemnisées à hauteur du prix des coquilles Saint-Jacques de cette année, 2023 – qui a tendance à être élevé, explique le journal, du fait d'une pénurie de jeunes pétoncles – tandis que TEPCO a déclaré qu'elle paierait le manque à gagner (la baisse des prix et des revenus) en se basant sur les prix de l'année précédente, 2022. En conséquence de quoi les négociations n'ont pas abouti… « J'aimerais recevoir une compensation pour la quantité qui *aurait été vendue* », dit un pêcheur.

6 décembre. Sur une vidéo diffusée par l'agence Reuters, on voit Rahm Emanuel, ambassadeur des États-Unis au Japon, expliquer combien il importe aux États-Unis d'aider leurs amis japonais à faire face aux embargos chinois et coréens sur les produits de la mer, notamment les coquilles Saint-Jacques, après que TEPCO, avec l'autorisation des institutions internationales, a procédé au relâchement d'eaux contaminées – je veux dire, des eaux venues de la centrale de Fukushima – dans l'océan Pacifique. Rahm Emmanuel dit : « On commencera avec les coquilles Saint-Jacques qui seront sur nos bases, elles seront servies sur nos bateaux et disponibles sur les marchés, puis on étendra aux autres produits de la mer. Aucun d'entre nous n'aurait la prétention de croire que cela remplacera le marché chinois, mais surtout lorsque les Chinois placent un embargo sur tous les produits venant du Japon à l'exception de ceux qu'ils pêchent eux-mêmes, nous continuerons à agir ainsi, même si on dit, les doigts miment des guillemets, qu'il y a risque sanitaire »[11].

> « It's going to be a long-term contract between the U.S. armed forces and the fisheries and co-ops here in Japan » a dit l'ambassadeur. Il s'agira d'un contrat à long terme entre les forces armées américaines, les pêcheries et les coopératives du Japon.

> « Cette décision, poursuit la vidéo, fait suite à un appel lancé par le groupe des sept puissances industrielles (G7) à la Chine pour qu'elle lève les restrictions imposées aux produits aquatiques japonais. À l'issue d'une réunion des ministres du commerce à Osaka, au Japon, les pays du G7 et la ministre japonaise des affaires étrangères, Yoko Kamikawa, ont appelé à une « réaction calme fondée sur des preuves scientifiques ».

> « Le Japon et l'organisme de surveillance nucléaire des Nations Unies se sont tous deux portés garants de l'innocuité de l'eau rejetée par la centrale nucléaire de Fukushima. Les autorités japonaises sont allées jusqu'à manger publiquement des fruits de mer provenant de la région afin de démontrer la confiance du gouvernement dans les tests effectués sur les eaux usées ». L'article poursuit : « Selon Reuters, le premier achat de l'armée américaine portera sur un peu moins d'une tonne métrique de coquilles Saint-Jacques d'Hokkaido, ce qui est

11. « Exclusive : US military bulk buys Japanese seafood to counter China ban », Reuters, https://www.reuters.com/world/us-military-begins-japan-seafood-purchases-counter-china-ban-2023-10-30/.

> loin de la quantité massive de coquilles Saint-Jacques que la région exporte généralement vers la Chine chaque année. […] L'industrie des fruits de mer d'Hokkaido a été l'une des plus durement touchées par l'interdiction chinoise des produits de la mer japonais, bien que la plupart de ses produits proviennent en réalité d'une région située bien au nord de l'endroit où les eaux usées ont été déversées »[12].

Dans un article du journal *Yomiuri Shimbun* daté du 1er novembre, une photographie montre justement l'ambassadeur « goûter » des coquilles Saint-Jacques d'Hokkaido devant les caméras[13]. Il fait référence à « l'Opération Tomodachi », qui désignait les activités de soutien des forces américaines aux zones touchées par le Grand tremblement de terre de l'est du Japon de 2011. Et faisant référence à cette Opération Tomodachi, l'ambassadeur, goûtant une coquille Saint-Jacques devant les caméras, déclare que « l'esprit de cette opération militaire a été transmis (*the spirit of the operation has been inherited*), et que les États-Unis n'ont pu que réagir en voyant le Japon souffrir de l'intimidation économique de la Chine ». L'article décrit: « Environ 960 kilogrammes de coquilles Saint-Jacques provenant de Hokkaido ont été livrés mardi à la base aérienne américaine de Yokota à Tokyo. [Monsieur l'ambassadeur] a goûté quelques coquilles Saint-Jacques et a assuré qu'elles étaient délicieuses et sans danger ».

Sur le site de l'ambassade américaine, encore, l'affaire est amenée de la manière suivante:

> « Les membres des forces armées américaines et leurs familles stationnées au Japon peuvent désormais déguster des fruits de mer japonais de classe mondiale. Avec la première livraison de coquilles Saint-Jacques de Hokkaido à la base aérienne de Yokota, le 31 octobre, les clients des commerces sur les bases américaines dans tout le Japon auront un accès privilégié (*convenient access*) à ces produits délicieux et de haute qualité. En plus des commerces, ces produits seront servis dans les mess des bases américaines et à bord des navires de la marine américaine déployés au Japon »[14].

Je cite encore: « Les États-Unis et le Japon sont plus que des alliés, ce sont des amis. C'est le "Tomodachi 2.0". C'est dans les moments difficiles que l'amitié compte le plus. Le Japon doit savoir que l'Amérique sera là dans les bons comme dans les mauvais moments ». Et je lis aussi que le commandant des forces américaines au Japon, le général de corps d'armée Ricky Rupp, aurait déclaré: « Les 110 000 membres des forces américaines et leurs familles qui servent au Japon sont partie intégrante des communautés locales dans lesquelles ils vivent et servent. L'accès aux fruits de mer japonais dans les commerces sur les bases est un moyen supplémentaire de participer à la vie de nos communautés japonaises et de

12. *Ibid.*
13. https://japannews.yomiuri.co.jp/politics/politics-government/20231101-147065/.
14. https://jp.usembassy.gov/us-bases-start-sales-of-japanese-seafood-affected-by-prc-ban/.

les soutenir. Je félicite tous ceux qui ont travaillé à la logistique [de cette opération Tomodachi] pour que cela devienne une réalité »[15].

L'Opération Tomodachi (*opereshon tomodachi* オペレーショントモダチ ou *Tomodachi Sakusen* トモダチ作戦) ou *opération de l'amitié* – désigne l'opération menée par les forces américaines pour venir en renfort après le séisme et le tsunami de 2011. Du 12 mars au 4 mai 2011. 24 000 agents impliqués. 189 avions. 24 bateaux. 90 millions de dollars[16]. Au sujet de cette Opération de l'amitié, *Wikipedia* dit : « Trois ans après l'accident, des militaires ayant participé à l'opération [*la première Opération de l'amitié*, donc] ont signalé des troubles liés aux radiations, notamment des cancers, des maladies de la thyroïde, des hémorragies utérines et d'autres affections. 51 membres d'équipage ont intenté une action en justice contre la Tokyo Electric Power Company, propriétaire de la centrale de Fukushima Daiichi ». Entre parenthèses, il est mentionné que « Selon la loi américaine, le personnel militaire n'est pas autorisé à poursuivre les forces armées pour obtenir des dommages et intérêts ». On a donc une alliance renforcée au moment de la catastrophe, une amitié, qui se redit tandis que l'expérience post-Fukushima se prolonge avec le rejet des eaux de la centrale dans le Pacifique…[17]

Et les GI's ? Comment prennent-ils cette abondance soudaine de coquilles Saint-Jacques, alors ?

13 décembre. Pour moi c'est comme un rebond de cette histoire. Depuis quelques jours, aux informations, des images fortes de tonnes de poissons échoués sont diffusées. Une marée de poissons morts. Ramassés par des tractopelles ou par des personnes équipées de gants et de sacs-poubelles. Sur les images, ciel gris. On comprend qu'il fait très froid. Le « mystère » des poissons échoués est relayé par BFMTV[18], qui relaie elle-même une source anglaise, SkyNews[19] suivant laquelle « ce soir, aux informations télévisées, un démenti officiel est prononcé par la ministre des affaires étrangères [japonaise], demandant une correction à un article d'un journal britannique ». Selon la ministre, « il est inapproprié de faire état d'un lien entre ces échouages et le rejet d'eau traitée [de la centrale de Fukushima], ce sans fondement scientifique ». L'annonce du démenti de la rumeur est aussi expliquée dans le journal *Asahi*[20] :

15. *Ibid.*
16. https://en.wikipedia.org/wiki/Operation_Tomodachi.
17. Dans cette histoire, lire aussi celle du « faire ami » et la longue généalogie des opérations *tomodachi* : Ran Zwigenberg, *Nuclear Minds. Cold War Psychological Science and the Bombings of Hiroshima and Nagasaki*, Chicago, University of Chicago Press, 2023, p. 140 et suiv.
18. https://www.bfmtv.com/international/asie/japon/japon-plusieurs-milliers-de-poissons-s-echouent-sur-une-plage-sans-raison-connue_AN-202312080800.html.
19. https://news.sky.com/story/thousands-of-dead-fish-mysteriously-wash-up-on-beach-in-japan-13025621. Voir aussihttps://www.asahi.com/ajw/articles/15082569?msockid=35d348fb2e47646c27865cc32ff46594.
20. https://www.asahi.com/ajw/articles/15082569.

> « Le Japon se bat contre des rumeurs non corroborées provenant d'un tabloïd britannique selon lesquelles l'eau rejetée par la centrale nucléaire paralysée de Fukushima n° 1 (*the crippled Fukushima No. 1 nuclear plant*) a tué des tonnes de poissons qui ont recouvert un rivage à Hokkaido. "Nous sommes préoccupés par ces informations non fondées", a déclaré l'Agence de la pêche ».

L'article rappelle les faits : « Le 7 décembre, environ 1 200 tonnes de sardines et de maquereaux morts se sont échoués sur une portion d'environ 1 kilomètre de la côte sud de la ville de Hakodate [sur l'île de Hokkaido] » – d'où venaient les fameuses coquilles Saint-Jacques. La raison de cette mortalité massive n'est pas connue, poursuit l'article, mais il a été déclaré par le Centre international de recherche marine et halieutique de Hakodate (*Hakodateshi kokusai suisan kaiyō sōgō kenkyū sentā* 函館市国際水産・海洋総合研究センター) que « les poissons s'échouent parfois en grand nombre en raison de changements soudains de la température de l'eau ou lorsqu'ils fuient les dauphins et d'autres prédateurs ». Le Centre de recherche marine et halieutique aurait aussi déclaré que : « les poissons échoués sur la plage faisaient probablement partie d'un banc qui migre vers le sud en direction de Honshu à cette époque de l'année ». Quant à l'Agence pour la pêche, « aucune anomalie [n'aurait] été constatée dans les résultats des études de surveillance de l'eau ». « Nous sommes surtout préoccupés par la prolifération d'informations qui ne sont pas fondées sur des preuves scientifiques ». L'article continue en mentionnant que le gouvernement local de la ville de Hakodate, citant des études de surveillance, a déclaré que « les rejets d'eau [venant de la centrale de Fukushima Daiichi] étaient sans danger. Il a également promis de prendre des mesures contre les rumeurs et les fausses informations qui pourraient nuire aux moyens de subsistance des pêcheurs du département de Fukushima ». À partir du 12 décembre, ce sont les fonctionnaires de la ville de Hakodate qui avaient été mis à contribution pour commencer à éliminer les poissons morts à l'aide de machines lourdes et l'énorme quantité de poissons faisait craindre qu'ils en aient encore jusque-là fin de l'année.

Qu'est-ce qui fait histoire, dans cette histoire ? La rumeur ? Les photographies impressionnantes des tonnes de sardines échouées sur la plage ou prises dans le ressac de la mer ? Le fait qu'on ne puisse jamais être sûre de la véritable nature des choses ? Que tout est mélangé ? Et de quoi faut-il s'inquiéter au juste ? Non ce ne sont pas les rejets de la centrale, le réchauffement des eaux a une autre cause. Ouf. Mais faut-il s'en réjouir ? Faut-il se réjouir du fait que cet échouage n'ait pas une cause circonstancielle mais une cause systémique ? L'affaire a-t-elle été portée à la table des négociations de la COP-je-ne-sais-plus-combien ?

Bonjour,
J'espère que ce message vous trouve en bonne forme.
Je trouve ce soir sur mon fil d'actualités qu'un tremblement de terre a fait bouger le Nord Cotentin ce matin, et qu'il a été ressenti à Valcanville et à Saint-Pierre-Église[21]*, tout près de la maison de ma mère ! L'avez-vous ressenti ? J'imagine que cette nouvelle secousse va encore donner du grain à moudre pendant la prochaine Commission Locale d'Information, comme après le séisme de février 2022, pile sous le centre de stockage…*[22]
Hervé, je me rappelle que tu étais intervenu, à la CLI de l'ANDRA, pour demander si le cas de séismes avait été pris en compte dans l'examen de sûreté et que ça avait été l'occasion, pour les représentants de l'ANDRA, de mentionner qu'une « étude post-Fukushima » avait été réalisée par ORANO et par la centrale de Flamanville mais qu'à la suite de cette étude, il n'avait pas été prévu de renforcements sismiques sur le centre de stockage. Je relis mes notes de l'époque : il ne fallait pas s'emballer, avait dit l'un qui « avait fait le calcul » : « Fukushima, c'est 89 millions de fois plus grand qu'Herqueville, donc ça n'a rien à voir ». Il avait été question d'élasticité des ouvrages, et tu avais fait valoir que le centre de stockage comme l'usine de retraitement avait été construits sur un haut marais, « en dessous c'est l'eau ». Je ne sais pas si les choses en sont restées là, mais il avait été proposé de faire venir un expert de ces questions à l'une des CLIs, savez-vous si cette sollicitation a eu lieu ? Je me rappelle aussi que le témoignage de Yoshida Masao, le directeur de la centrale de Fukushima Daiichi, avait été cité, « il faut le lire »[23]*, avait dit quelqu'un dans la salle, « en particulier sur les hypothèses qui avaient été retenues à l'époque où on avait conçu les digues au Japon » et sur l'imprévisibilité des séismes, quoi qu'on en dise…*
Vous trouverez en pièce jointe le troisième récit qui, vous le verrez, n'est pas sans lien avec tout ça.
Bien à vous, Sophie.

Histoire 3. *The Days*

C'est à propos de la série, visible sur Netflix, *The Days*, huit épisodes créés par Jun Matsumoto et diffusés depuis le 1er juin 2023. Après la série *Tchernobyl*, celle-ci restitue à sa manière les sept jours qui ont suivi le tremblement de terre et le tsunami du 11 mars 2011.

21. De magnitude 3,1, ce séisme a en réalité eu lieu le 11 novembre 2023. Les journaux régionaux, *La Presse de la Manche*, *Ouest France,* relaient que la secousse a été ressentie jusqu'à Cherbourg, réveillant des habitants qui ont « d'abord cru à une explosion », n'identifiant pas le phénomène comme un tremblement de terre. Une amie de Barfleur m'écrira quelques jours plus tard pour me raconter que dans cette petite commune côtière, dont nombreu·ses sont ceux et celles qui travaillent dans l'une ou l'autre des infrastructures nucléaires de La Hague, il a d'abord été imaginé que l'explosion en question avait eu lieu à la centrale de Flamanville…
22. De magnitude 2,2, cet autre séisme a eu lieu le 28 février 2022. Il y est fait mention lors de la Commission Locale d'Information de l'ANDRA du 27 juin 2022.
23. Franck Guarnieri et Aurélien Portelli (dir.), *L'accident de Fukushima Dai Ichi. Le récit du directeur de la centrale*, 3 vol., Paris, Presses des Mines, 2015-2020.

- Épisode 1, *La centrale nucléaire de Fukushima-Daiichi est inondée*
- Épisode 2, *Inutile d'évacuer*
- Épisode 3, *Les émissions radioactives seront minimales*
- Épisode 4, *Cela voudrait dire abandonner Fukushima*
- Épisode 5, *Notre entreprise est folle*
- Épisode 6, *Je ne peux plus en sortir vivant*
- Épisode 7, *Préparez un scénario d'évacuation*
- Épisode 8, *Une hypothèse prévoyant l'effondrement du Japon*

Ce qui me frappe dans cette série, justement en comparaison de la série *Tchernobyl*, ce sont les partis pris, au montage, qui ralentissent les gestes et dilatent le temps. Il y a une vraie lenteur plutôt qu'une dramatisation. Il y a un usage du temps très particulier.

Et soudain dans le dernier épisode, il y a l'introduction d'un narrateur venu de nulle part et des images du réel pour d'abord mettre à bas les rumeurs et confirmer que les Américains ont bel et bien aidé les Japonais dans la peine… La fameuse « Opération Tomodachi », l'Opération de l'amitié.

Le narrateur, c'est la figure de Masao Yoshida, le directeur de la centrale de Fukushima Daiichi au moment des événements. « Pourquoi les réacteurs se sont-ils stabilisés ? On n'a jamais bien compris comment », dit-il.

Comment sort-on de la scène ? Du huis clos ? De ce temps hors du temps ? Pour un film ? À vingt minutes de la fin, on a passé les jours. Tout le mois de mars et tout celui d'avril à refroidir les réacteurs, les hommes ne s'étonnent plus de voir du sang dans leurs urines, les corps et les esprits repoussant les limites de l'épuisement. Et puis soudain le rebours : « Avec le recul, comment tout cela a-t-il commencé ? » Image blanche. Je pense voir un schéma, comme ceux que j'ai vus au Centre de Documentation sur le Démantèlement (*Tōkyō denryoku hairo shiryōkan* 東京電力廃炉資料館) que TEPCO a ouvert au public à Tomioka fin 2019.

Mais les images qui suivent datent du Japon des années 1950. Le Japon tout juste relevé de la guerre ; la croissance économique, formidable ; l'explosion de la demande en énergie, sur fond de voitures, de Shinkansen, de stade olympique. Un gramme d'uranium 235 pour l'équivalent en énergie de trois tonnes de charbon. Un gramme, c'est tout petit dans la pince qui le tient. « Les Japonais croyaient que la croissance durerait éternellement » – nous y voilà, à Fukushima, son « nucléaire, l'énergie pour un futur radieux ». L'espoir. « On a nivelé des collines, on a immergé des digues, et on a rasé la nature luxuriante de Chojohara dans la région d'Hamadori pour construire une centrale. Une centrale qui produirait l'énergie du futur ». Images d'archive.

Puis retour dans ce présent qui colle. Les heures, les jours, les mois, les années passées à défaire et démanteler, démembrer, ce qui avait été si radieusement construit. Qui aurait cru qu'un jour… Trente, quarante années encore… Morceau par morceau. Et le combustible encore dans les réacteurs. 2017. Janvier. Le combustible, qui a fondu, qui s'est mélangé lui-même à la fonte du réacteur, qui s'est accumulé sur le sol, qui coule, s'épand. Amas radioactif qualifié de « débris nucléaires ». Des centaines de tonnes. « Aucun humain ne peut s'en approcher ». Images prises par les robots, visionnées par les humains depuis leur centre de contrôle. Image noire. 2019. « Récemment on a appris que les débris pouvaient être déplacés ». Des hommes, dans la pénombre, l'éclairage des écrans d'ordinateur. « Pouvaient être déplacés à l'aveugle. Mais c'est tout ce qu'on sait faire. On ne sait ni les extraire ni où les entreposer. Déterminer une méthode de traitement va demander du temps ». Traveling sur les sacs noirs au bord des routes, sur les villages abandonnés, les maisons éventrées. Arrêt sur image, un vélo d'enfant, rose, dans la cour d'une maison. Un intérieur, les choses d'un intérieur. « L'énergie nucléaire pour un avenir meilleur » déglinguée et bringuebalante. Au-dessous : une vache en décomposition. Des mouches. Mais les animaux sauvages, eux, ont « repris le territoire investi par les humains au début de la construction de la centrale en 1966 »[24].

Rebours, encore. Mais ce n'est pas un flash black, c'est un retour en arrière. Une déprise. « Il y a quarante ans, dit le narrateur, nous avons rasé les montagnes, construit des murs en béton sur la mer et privé des animaux de leur habitat. À présent ce sont les humains qui perdent leurs maisons. Il y a moins de voitures et l'air est plus pur. La nuit le ciel est dégagé et la lueur des étoiles est plus belle que jamais ». Les images montrent l'entrée dans la « zone d'inspection », une nuit. Le poste des gardiens, qui cèdent le passage à un camion. « Centrale de Fukushima Daiichi à 20 km », dit le panneau. Puis on regarde le gardien lever les yeux au ciel et regarder les étoiles. « Je me suis demandé si Fukushima était revenu à son état naturel. Mais ce n'est pas le cas », dit le narrateur. Vue élargie sur le ciel étoilé. « Un sombre héritage se répand », dit-il. Traveling rapide au-dessus d'une forêt. « Lourd héritage ». « Humanité impuissante face à la nature ». On passe au-dessus de la centrale puis le ciel, quelques nuages, puis un bleu limpide, des mouettes. « Réparer sans relâche le mal que nous avons causé », dit le narrateur, « des journées et des journées encore ». Dans le bleu du ciel apparaît un homme en combinaison et masque, le regard portant au loin. Puis encore le site, les tuyaux, les camions, la couleur verte répandue au sol, de ce revêtement spécialement conçu pour accrocher les radionucléides transportés sous les semelles. Et puis des centaines de cerisiers qu'on a dû couper parce qu'ils étaient trop contaminés. Là l'effet de dramatisation est garanti : les cerisiers sont mesurés puis tronçonnés *au moment* de leur floraison. La lame dans le tronc. « Durant mes derniers jours…, dit le narrateur. Après l'accident, le cancer a envahi mon corps ». Il est au stade trois. On voit des orteils, un corps que l'on fait glisser dans le tube d'un scanner. « Il paraît que c'est dur à soigner ». Les médias imputent le cancer à la catastrophe, lui pense qu'il lui vient du stress et des années de tabagisme. Il regarde ses mains.

24. Jun Matsumoto, *The Days*, épisode 8, 2023. Série diffusée sur la plate-forme Netflix.

« Une chose que je peux faire, c'est raconter cette catastrophe aux générations futures ». De dos et au ralenti, j'ai l'impression d'avoir vu cette image mille fois, on le voit marcher dans un couloir, entrer dans une grande salle vide où il prend place, moment du jugement, prêt à faire face au « Comité d'enquête » qui doit se réunir pour comprendre ce qui s'est passé, exactement. Pourquoi le contrôle de cette centrale nous a échappé. « Certes je ne peux pas dire grand-chose, dit-il, mais je peux laisser un témoignage de mon expérience à la centrale de Fukushima Daiichi. J'étais là, ce jour-là. J'ai vu ce qui s'est passé. J'ai entendu les bruits, j'ai senti les odeurs. Et j'ai ressenti la peur ». Il est maintenant assis, seul, devant cette grande table vide. Les hommes du Comité d'enquête entrent. « Je dois transmettre ce que je sais. C'est pourquoi je ne peux pas encore mourir. J'ai décidé, pour un moment encore, de vivre ». Son brassard, « Toepco[25] directeur de la centrale ». Un des hommes, en face de lui, interroge : « Ça vous convient si vos propos, dans vos propres mots, deviennent publics ? »

En guise d'épilogue, le texte qui défile sur l'écran qui boucle la série *The Days* indique que Yoshida Masao meurt le 9 juillet 2013 à l'âge de 58 ans. Il indique aussi que les réalisateurs ont essayé de « représenter fidèlement » ce qui s'est passé… « tout en adaptant certains événements et personnages pour l'histoire ». Histoire, effectivement, qui mérite à tout le moins d'être bien racontée.

Chères et chers amis,
Merci pour vos retours, à la suite de mon dernier message et de la dernière histoire. J'ai été très touchée par vos témoignages du séisme, et les inquiétudes qui sourdent depuis si longtemps et réaffleurent régulièrement… Je n'avais pas imaginé que pour certain·es d'entre vous, le simple fait de prendre le train à Cherbourg pour Paris, de quitter la presqu'île autrement dit, allait chaque fois de pair avec la pensée fugace « s'il y a un pet'… ». Et ce récit que vous avez brodé ensemble, en me racontant cet épisode de l'alarme, et vos coups au cœur, chacun, chacune… Toi qui as entendu sonner à l'arsenal à 11 h 30 pour t'avouer à 11 h 45 que tu n'étais « même pas capable d'analyser cette sirène… » ; toi qui t'es inquiétée, mais sans trop bien savoir non plus quelle attitude adopter face à tes élèves, tu as regardé par la fenêtre, tu as vu que personne ne s'affolait, tu en as conclu que rien de grave ne se passait, mais aujourd'hui, avec le recul, en y repensant, tu te demandes comment tu réagirais si quelque chose par malheur finissait par arriver ; toi qui te rappelles une autre fois, à Flamanville, « ça a gueulé, personne n'a rien fait… » ; vous êtes plusieurs à penser que les gens « sont dans le déni » et puis vous vous dites que l'incertitude est surtout une sorte de common ground, *qui opacifie les registres d'interprétation et complique les régimes d'action…*
Merci, en tout cas, pour ces partages.

25. Procédé discret pour découpler réalité et fiction, l'opérateur de la centrale de Fukushima Daiichi étant Tepco et non Toepco

J'ai bien tardé, de mon côté, à vous faire parvenir ce nouveau récit, dont vous trouverez l'enregistrement en pièce jointe. J'étais partie à Tōwa voir la famille Ōno, dont je vous ai déjà parlé. À défaut d'une « reconstruction », qui capitaliserait sur ce malheur advenu en le surmontant, a lieu, chez eux, une relance qu'il m'importait de vous raconter, aussi par ce qu'elle dit des entremêlements de temporalités qui sont pour moi l'une des marques de ces vies en territoires nucléarisés – que la catastrophe ait eu lieu ou non. Une pensée pour Louise, en particulier, et au discours tellement émouvant que tu as prononcé durant le grand rassemblement à Cherbourg en juin 2022, contre le nouveau projet de piscines de refroidissement sur votre territoire : comme toi, et d'autres de ta génération, Monsieur et Madame Ōno n'ont pas cessé d'aimer leur région et cherchent des façons de vivre en accord avec son histoire, dans ce qu'elle a de bon et de moins bon…[26] *Et ils ne cessent pas de chercher.*
Bonne écoute,
Amicalement,
Sophie.

Histoire 4. Les allergies

Dans le fil d'informations très disparates que je reçois tous les jours sur mon téléphone, il y a celle-ci qui, en octobre dernier, a retenu particulièrement mon attention : « Les forêts de cèdres vont disparaître du Japon »[27], titre par exemple le journal *Ça m'intéresse*. Je lis que « À l'heure où on cherche à reboiser certaines parties de la planète, le Japon, lui, envisage de réduire de 20 % la superficie des forêts de cèdres… » L'article interroge : « Pourquoi une telle mesure ? »

> « [Les cèdres] seraient responsables de pertes économiques d'au moins 2,2 milliards de dollars par an, les pollens [étant] devenus un véritable fléau au Japon, selon l'Agence forestière japonaise qui a décidé de s'emparer de ce problème *"qui fait souffrir nombre de nos concitoyens"*, selon le Premier ministre japonais, Fumio Kishida, rapporte la chaîne publique NHK.
>
> 40 % de la population japonaise serait allergique aux pollens.
>
> Les allergies aux pollens sont fréquentes mais au pays du soleil levant, ce sont les cèdres et les cyprès qui sont les plus responsables de ce problème. Les deux arbres se reproduisant via la pollinisation par le vent, ils libèrent de grandes quantités de pollens dans l'air à l'arrivée du printemps.
>
> 40 % de la population japonaise, [donc], serait ainsi atteinte, selon le gouvernement, qui dénonce des frais médicaux importants et une baisse de productivité des travailleurs. Depuis

26. J'ai en tête également ici les travaux d'Alexandre Monnin sur les « communs négatifs » qui ne doivent pas être étrangers à Mathilde, d'ailleurs : Alexandre Monnin, *Politiser le renoncement*, Paris, Éditions Divergences, 2023.
27. https://www.caminteresse.fr//environnement/les-forets-de-cedres-vont-disparaitre-du-japon-11190718/.

début avril, le Premier ministre Fumio Kishida [aurait] donc chargé ses ministres de trouver une réponse ».

L'article poursuit : « Si les cèdres sont particulièrement pointés du doigt c'est parce que les Japonais en ont massivement planté après la Seconde guerre mondiale pour être autosuffisants en bois. *"Le cèdre japonais représente aujourd'hui 45 % des forêts plantées du Japon"*, souligne [un certain] Iwao Uehara, professeur au département de foresterie de l'université d'agriculture de Tokyo, sur la *BBC*.

L'absence d'exploitation du bois local a entraîné une densification des forêts de cèdres et une augmentation de la taille des arbres, ce qui a aggravé le problème de pollen. Le gouvernement compte réduire de 20 % la superficie des forêts de cèdres à travers le pays d'ici 2033 et espère ainsi faire baisser de moitié la quantité de pollen à l'horizon 2053, détaille *Courrier International*. L'abattage se ferait principalement dans des zones à proximité des grandes villes japonaises.

Selon [ce même] Professeur Uehara, le cèdre et le cyprès ne [seraient] pas les seuls responsables de ces allergies, [qui seraient] largement aggravées par la pollution de l'air. Le changement climatique et le réchauffement des températures seraient, de leur côté, coupables d'une surproduction de pollen, qui se déroule d'ailleurs plus tôt dans l'année et dure plus longtemps qu'avant ».

Il est fait mention d'un autre article du *Courrier international*[28], publié le 17 octobre, qui ajoute quant à lui que « Parmi la batterie de mesures adoptées figurent aussi le projet de remplacer les cèdres abattus par des variétés qui dégagent moins de pollen et celui de promouvoir la consommation de bois japonais dans le pays. Sans oublier l'augmentation de la production du traitement médicamenteux appelé "Slit" en anglais (contraction de *sublingual immunotherapy*, "immunothérapie sublinguale", en français), l'une des techniques de désensibilisation [aux allergies aux pollens] ».

Et voilà que Monsieur Ōno et sa petite entreprise se retrouvent au cœur d'une actualité devenue brûlante… Monsieur Ōno et sa famille sont les personnes chez qui je me rends depuis presque dix ans. Riziculteurs et agriculteurs, ils vivent à Tōwa, dans le quartier de Harimichi, à flanc de la montagne Kuchibuto, et aussi à une cinquantaine de kilomètres de la centrale nucléaire de Fukushima Daiichi. Après la catastrophe de 2011, ils n'avaient pas été déplacés et ils n'étaient pas partis de chez eux. En collaboration avec des agronomes et des experts en radioactivité, ils avaient mené une enquête, plusieurs enquêtes en fait, au fil des années, qui les avaient aidés à comprendre comment se comportaient les radioéléments, comment ils circulaient, à quoi ils avaient tendance à se fixer etc. Monsieur Ōno et ses amis et collègues avaient mis en particulier beaucoup d'énergie pour comprendre comment redémarrer l'agriculture sous ces nouvelles conditions imposées par la présence dans

28. https://www.courrierinternational.com/article/le-chiffre-du-jour-le-japon-declare-la-guerre-a-l-allergie-au-pollen.

leur environnement de faibles doses de radioactivité. C'est cela que j'avais suivi pendant plusieurs années, mais dès 2017 puis à nouveau en 2019, j'ai souvenir que Monsieur Ōno avait évoqué les difficultés particulières que posaient les forêts – qui étaient partout autour d'eux, dans lesquelles ils avaient l'habitude depuis très longtemps de faire pousser des shiitakes, entre autres choses, d'extraire du bois en petites quantités, etc. En plus de rendre possibles de telles formes d'économie parallèle, l'activité dans les forêts occupait les mois d'hiver, elle faisait liaison entre l'automne et donc les dernières récoltes du riz, et le printemps et les premières semences. Autrement dit, une des choses qu'avait faite la catastrophe de 2011 et les faibles doses de radioactivité qu'elle avait laissées ici et là, et là aussi, dans le territoire, c'est qu'elles n'avaient pas seulement troué l'espace, elles avaient aussi mité le temps.

Quand j'étais revenue chez les Ōno en 2022, après la crise du Covid, Mizuki, le fils de la famille était en passe d'être diplômé d'une école de foresterie, et avec son père et quelques amis ils avaient monté une petite entreprise d'entretien des forêts. Entreprise dont j'allais bientôt découvrir qu'elle avait partie liée avec ces histoires d'allergie, elles-mêmes très en prise avec l'histoire longue d'une exploitation des forêts forcenée qui n'aurait pas su anticiper toutes les conséquences.

Méchant retour de bâton.

31 décembre 2023. Je suis venue voir la famille Ōno avec mes enfants et mon ami. Tout à la joie de nous retrouver autour de la préparation de cette fin d'année, nous n'imaginons pas du tout à ce moment-là que nous sommes à la veille d'un grand tremblement de terre qui va dévaster des milliers de maisons dans la péninsule de Noto plus à l'ouest, et faire plusieurs centaines de morts. Monsieur Ōno nous emmène voir les parcelles boisées sur lesquelles il travaille avec son fils Mizuki depuis le mois de novembre. Six hectares au total. Ils sont dix, parfois, à couper les arbres. Je comprends qu'une partie est vendue pour la papeterie, et qu'une partie pour la construction. Et la petite entreprise, elle, garde les jeunes branches sur lesquelles s'épanouit le pollen. Parmi les arbres qui repousseront, certains serviront, peut-être, aussi à l'avenir pour inoculer, à nouveau, des shiitakes. Pour l'instant c'est encore impossible à cause de la radioactivité. Quant aux jeunes branches dont le pollen sera extrait, elles ne sont pas radioactives, me dit Monsieur Ōno, parce que la radioactivité est concentrée dans l'écorce dont on dénude les troncs avant de les envoyer pour la papeterie. L'écorce est ensuite envoyée au centre de biomasse où elle sert à faire de l'électricité.

Fin février 2024, je suis de retour à nouveau chez les Ōno. Depuis mon arrivée quelques jours auparavant, j'ai essentiellement passé mon temps à couper des branches de cèdres, assise avec les autres dans la serre. J'ai appris à reconnaître la partie intéressante, la fleur, appelée aussi cône, qui contient le pollen. J'ai appris à élaguer les rameaux qui n'en portent pas et à préparer des tronçons d'une cinquantaine de centimètres, la bonne longueur pour qu'ils puissent ensuite être mis à tremper dans l'eau des baquets, et qu'ils donnent, trois semaines durant à peu près, le pollen convoité. J'ai vu Madame Ōno venir aspirer le pollen de ces branches, à l'aide d'un aspirateur spécial, puis le filtrer – un très beau jaune – pour le mettre ensuite dans des sacs plastique qui seront envoyés à l'institut de recherche pharmaceutique Toriyakuhin[29].

Un matin pendant ce séjour, Monsieur Ōno m'emmène repérer le chemin pour rejoindre Mizuki à la montagne le jour suivant. Prendre la 359 puis la 459 vers Namie puis tourner au pont bleu, puis tout de suite à gauche, puis à droite au bâtiment rouge. De là, monter. Il y a une dizaine d'années, m'explique Monsieur Ōno tandis que nous roulons, la route était très étroite à cet endroit-là mais a été élargie pour le passage des bus scolaires mais aussi des camions qui fréquentaient la route en grand nombre ces dernières années pour rejoindre les immenses chantiers de décontamination de la radioactivité à Namie où, contrairement à Tōwa, tous les habitants avaient été évacués. Les rizières devant lesquelles nous passons sont entourées de grillages aux mailles larges, pour empêcher la venue des sangliers.

Jour suivant, donc. Il se trouve que c'est férié, pour l'anniversaire de l'empereur, mais pour les Ōno cela ne change absolument rien. Récolte de pollen toute la matinée. Et comme convenu, dans l'après-midi, je vais retrouver Mizuki en forêt. Je trouve le chemin, que m'avait indiqué monsieur Ōno la veille, abîmé par le passage de l'engin que manœuvre Mizuki. Heureusement que la neige a un peu durci le sol. Je regarde les cinq hommes travailler. Deux sont en bas et apportent les troncs déjà coupés que Mizuki treuille jusqu'en haut. Il trie, nettoie, range, dispose les troncs de manière que les deux autres hommes les scient par tronçons de deux mètres. Les range à nouveau, débarrasse le chemin pour faire de la place aux suivants, etc.

Les cèdres, raconte Monsieur Ōno avant dîner, ont été plantés en bosquets après-guerre, et aussi beaucoup dans les années 1970, prenant la place d'anciennes rizières. C'est ce qui explique, selon lui, qu'ils paraissent par grappes aujourd'hui, occupant des espaces interstices entre d'autres variétés d'arbres comme des châtaigniers. Le propriétaire de la parcelle où je suis allée voir Mizuki aujourd'hui récupère le bois et profite des bénéfices de la vente. Quant à eux, ils touchent une subvention de l'État pour aider au défrichement et à l'entretien des forêts et des sentiers dont ils aident à refaire le tracé. Et en plus, ils récupèrent les branches de cèdres pour leur entreprise de récolte du pollen. Tout cela : sur le temps d'hiver.

Un midi, justement, une émission est consacrée aux allergies au pollen, dont on annonce une venue précoce cette année. Des conseils sont donnés pour en atténuer les effets, se laver le nez et les yeux régulièrement par exemple. Et non, rectifie le médecin interviewé, le lait ne peut servir objectivement à lutter contre les allergies.

29. https://www.torii.co.jp/.

Chères toutes et tous,
Décidément, le temps n'arrête pas de se distendre, mais je vous assure, pour ma part, je suis toujours avec vous en pensée ! Depuis mon dernier envoi, le fait est que j'ai été amenée à faire plusieurs allers-retours à Aomori et à Misawa (« le Cherbourg local », comme dit Éric, qui connaît bien l'endroit !), dans le nord du Japon, pour rencontrer les membres d'une association de plaignants, qui luttent depuis plus de trente ans – trente ans ! – contre la construction puis, maintenant qu'elle est construite, contre le démarrage de l'usine de retraitement des déchets radioactifs de Rokkasho-mura… Usine construite, vous le savez, sur le modèle de celle que vous côtoyez, dans La Hague…
*Entre autres choses, j'ai assisté à l'une des séances du procès durant laquelle j'ai été totalement surprise de voir le tour que prenaient les choses, alors que, depuis mon arrivée en septembre dernier, je m'attends à tout moment que le démarrage de l'usine en question soit bel et bien annoncé ! Plus de vingt ans qu'elle est construite ! Et la catastrophe de 2011 qui a tout chamboulé, les instances de la sûreté nucléaire obligeant l'opérateur, la JNFL (*Japan Nuclear Fuel Limited*), ici comme ailleurs, à revoir toute sa copie ! Et maintenant ce nouveau séisme de janvier, dans la péninsule de Noto, qui semble bien capable de donner son coup d'arrêt définitif au projet ! Pour vous donner une idée de ce qui soudainement entre en scène : avant le procès nous a été distribué un document, remis également aux jurys, intitulé « Leçons tirées du tremblement de terre de 2024 dans la péninsule de Noto et omissions impardonnables dans l'examen de la conception sismique de l'usine de retraitement en question »*[30]*. C'est énorme. Je ne m'attendais pas à ce que le tremblement de terre de Noto intervienne de manière si frontale et si déterminante dans le procès. Quelque chose se joue dans cette actualité – je n'ose dire une aubaine – et vient fournir des arguments de/en masse pour appuyer la demande d'annulation de l'autorisation du démarrage de l'usine… À suivre.*
Comme un fait exprès, les commémorations du 11 mars 2011 sont venues s'immiscer dans cette actualité, celle que je compose, celle dont je suis les échos. Ce sont ces rebonds dont parle le récit que je joins à ce message.
Je serai bientôt de passage en France pour quelques semaines. Je passerai sûrement vous voir, si vous êtes disponibles, et nous pourrons ainsi réfléchir ensemble à la manière d'avancer avec ces histoires et celles que vous avez commencé à me raconter en retour, qu'en dites-vous ?
Amicalement,
Sophie.

30. Distribué à l'entrée de la salle du Tribunal administratif d'Aomori aux auditeurs et auditrices qui le souhaitent, le document en question, « document préparatoire n° 205 dans le cadre de la demande d'annulation de la désignation d'une usine de retraitement », est rédigé par l'avocat Kaido Yūichi. Il est daté du 22 mars 2024.

Histoire 5. Commémorer

11 mars 2024. Dans le *Tōō Nippō*, la commémoration de la Grande catastrophe de 2011 est en première page. L'article qui ouvre l'édition porte sur un jeune homme dont, comme pour beaucoup, la vie a changé drastiquement à partir de ce jour du 11 mars 2011. Étudiant à Tokyo, occupé à un petit boulot puis un autre, il s'était précipité dans la région dévastée du Tōhoku après la catastrophe et il avait compris qu'il pouvait aider les survivants simplement en les écoutant et les épaulant dans leurs tourments. Il avait décidé de s'engager dans la voie du Bouddha et la photographie le montre dans sa robe grenat, le crâne rasé et les mains jointes, devant des pierres tombales. On aperçoit de grands pins ou des cèdres derrière lui. Il reste un peu de neige au sol. Au bas de l'article, dans un petit encart, l'Agence de la Reconstruction appelle à « observer une minute de silence à partir de 14 h 46 ».

L'éditorial du journal de ce jour, quant à lui, commence ainsi : « Oublier est dans la nature de l'homme » (*ningen no saga* 人間の性). Puis le propos s'enchaîne, mobilisant les résultats d'une expérience menée par un psychologue allemand à partir desquels il avait rendu célèbre une « courbe de l'oubli » (*bōkyaku kyokusen* 忘却曲線) : suivant cette courbe, « les gens oublient 50 % de ce qu'ils ont appris au bout d'une heure, 74 % au bout d'une journée. [...] Pourtant, poursuit l'article, certains souvenirs ne disparaissent jamais, peu importe le nombre d'années écoulées ». Tels sont les souvenirs du 11 mars 2011. L'article poursuit : « Les humains sont impuissants face aux forces féroces de la nature *kiba wo muku shizen* (牙をむく自然 littéralement, quand la nature montre ses crocs) ». Le 11 mars reste également comme « le jour où la forme idéale de gestion des catastrophes a été fondamentalement réexaminée ». Lors du tremblement de terre dans la péninsule de Noto le 1er janvier 2024, « la leçon avait été tirée » (*kyōkun wo ikasareta* 教訓を生かされた) du tsunami de 2011, qui a causé des victimes en plus grand nombre que le séisme. « Immédiatement après qu'a été faite l'annonce d'un Grand tsunami, [ce 1er janvier 2024], et bien que la vague ait atteint rapidement les côtes, de nombreuses personnes ont été évacuées. "D'abord et avant tout, fuir". L'entraînement quotidien a porté ses fruits », félicite l'article.

Tout cela, ce qui reste de l'expérience de la catastrophe et ce qui peut servir à la meilleure gestion des suivantes, est compté au nombre de ce qui est appelé, dans l'article, des « souvenirs » *kioku* 記憶 – en cela, le retour d'expérience est conçu ici comme un souvenir vivant, qui n'a pas été perdu dans la « courbe de l'oubli ». L'article poursuit : « Il existe également des inquiétudes quant à la transmission de ces souvenirs *kioku no denshō* (記憶の伝承). Dans une enquête menée par un autre journal du Nord, l'*Iwate Nippō*, et l'Université d'Iwate, enquête menée auprès des élèves des écoles primaires et secondaires publiques du département d'Iwate, 64 % des personnes interrogées ont déclaré ne pas comprendre la signification de ce qu'on appelle en japonais le *tendenko* du tsunami *tsunami tendenko* (津波てんでんこ). Le *tendenko*, c'est un enseignement célèbre originaire du Sanriku, la côte nord-est du Japon, suivant lequel, en cas de tsunami, il faut "prendre la fuite sans se préoccuper des autres". Transmettre ces leçons, la leçon du *tendenko*, sauvera des vies. N'oublions pas le tremblement de terre et tirons le meilleur parti de cette expérience pour préparer le méga-séisme prévu dans la fosse du Japon et la fosse de Chishima. Et puis, dit l'article, il y a une autre chose que nous ne devons jamais oublier. "Ce jour" (*sono hi*「その日」) viendra soudainement, alors qu'on ne s'y attend pas (*yokisenu toki totsuzen* 予期せぬ時突然). C'était la même chose, il y a treize ans ».

Ne pas oublier est, dans le contexte de cette journée de commémoration doublé de celui du redressement toujours très fragile de la péninsule de Noto, un enjeu majeur. Un autre article, en page 2 de cette même édition, est consacré à ce qui est appelé la « sensibilisation à l'autonomie et à l'entraide » (*jijo.kyōjo ishiki* 自助.共助意識). Il s'agit d'un message délivré, cette fois-ci, par les Responsables de la prévention des catastrophes des municipalités du département d'Aomori – un « appel à la constitution de stocks et au renforcement de la prévention volontaire des catastrophes » (*bichiku, jishu bōsai kyōka mo uttae* 備蓄、自主防災強化も訴え). Selon les Responsables en question, « dans le cas d'une catastrophe à grande échelle, comparable au grand tremblement de terre de l'est du Japon du 11 mars 2011 ou à celui de la péninsule de Noto du 1er janvier 2024, il y a des limites à l'assistance fournie par les institutions publiques, et les gens devraient chercher à "s'auto-aider", c'est-à-dire à protéger leur propre corps, et à "s'entraider", les personnes dans l'entourage proche, au sein d'une communauté, s'aidant les unes les autres ». Une enquête par questionnaire, à l'initiative du journal, a été menée dans plusieurs villes à propos des catastrophes passées de manière à cerner ce que les habitants aimeraient demander au gouvernement national. Les villes de Hachinohe, de Goshogawara, de Misawa, ont chacune exhorté à leur façon les résidents à « prendre des dispositions pour assurer la sécurité de leurs familles » ; à « se préparer quotidiennement, notamment en s'assurant des sites et des itinéraires d'évacuation ». La ville de Misawa, en particulier ; la ville de Misawa juste au nord de Rokkasho et de son complexe nucléaire, possédant par ailleurs une base militaire américaine importante ; la ville de Misawa, survolée en conséquence quotidiennement par des F35 et des F16, 43 000 vols d'entraînement par an quand même ; la ville de Misawa, donc, « a noté que la Loi fondamentale sur les mesures de lutte contre les catastrophes inclut l'obligation, pour les résidents, de se préparer aux catastrophes et dans ses activités de sensibilisation (*keihatsu katsudō*啓発活動)[31], insiste sur l'importance de transmettre le message "protégez votre propre vie par vous-même". Les habitants doivent être conscients de leur responsabilité ».

31. 啓発 a aussi le sens d'éducation, de *enlightenment*, des lumières, de développement à l'échelle du soi.

L'article dit encore : « Certaines municipalités ont souligné la nécessité de prendre des mesures pour communiquer sur les catastrophes passées, y compris les tremblements de terre, en particulier auprès des enfants qui n'en ont pas fait l'expérience ». La délinéation des générations, ce qui les distingue les unes des autres, s'opère ici suivant un nouveau critère – relatif à *l'expérience* de la catastrophe – et distingue maintenant ceux qui ont vécu le Grand séisme de 2011 et ceux qui ne l'ont pas vécu. Ce nouveau critère pourrait faire une différence lors de la prochaine catastrophe. D'où l'importance de ces gestes à anticiper, ces dispositions à prendre, cette mémoire à entretenir (par des photographies, par exemple).

Tandis que je suis plongée dans ma lecture de ces articles, installée dans le bureau des chercheurs de la Maison franco-japonaise, Naoko passe, un sac en papier à la main. Elle distribue à chacune d'entre nous un petit paquet de biscuits, sous vide et sévèrement emballé dans un plastique épais. Le lot de biscuits lui a été donné par la Fondation franco-japonaise qui, comme nous, a probablement reconstitué récemment le stock de ses sacs d'urgence. Cinq ans. Les gâteaux seront bientôt périmés. Ce sont des gâteaux normaux, insiste Naoko, on peut tout à fait les manger pour le goûter ! Je lui montre, encore sur mon écran, les articles sur lesquels je suis en train de travailler, la préparation incessante, le qui-vive, la mémoire à usage des programmes de gestion des catastrophes à venir… Elle prend une mine inquiète, oui ça fait peur, en plus avec tous ces tremblements de terre dans la péninsule de Chiba, proche de Tokyo, récemment… Chez elle, me dit-elle, elle a bien des casques mais elle doit encore préparer des sacs…

L'un de mes collègues, le premier, a interprété la fréquence des tremblements de terre près de Tokyo, en ce moment, comme de mauvais augure. Monsieur Kimura, le masseur que je suis allée voir il a quelques jours, m'a également mise en garde et dit son inquiétude, il faut être vigilant, il faut faire attention, m'a-t-il dit – et la formule, utilisée couramment au moment de quitter quelqu'un, s'était *chargée*, elle avait comme pris du poids, sensible dans la manière de la dire.

Et ce n'est pas une vue de l'esprit parce que sans le chercher, je trouve un article daté du 1er mars, sur le site de la NHK, la Japan Broadcasting Corporation (*Nihon hōsō kyōkai* 日本放送協会) qui relaie qu'« une série de tremblements de terre au large de la côte est du département de Chiba, dont un d'intensité 4, incite l'Agence météorologique à émettre un avertissement » [32]. L'article développe : « Une série de tremblements de terre s'est produite au large de la côte est du département de Chiba depuis le 27 février. Le matin du 1er mars, un tremblement de terre de magnitude 5,2 s'est produit, et des secousses d'intensité 4 ont été observées dans les départements de Chiba et de Saitama. Dans le passé, l'activité sismique est restée active pendant une semaine à plusieurs mois après un tremblement de terre de magnitude 5 ou plus, et l'agence météorologique demande instamment à

32. https://www3.nhk.or.jp/news/html/20240301/k10014375771000.html.

la population d'être attentive aux futurs tremblements de terre ». L'article sur les tremblements de terre récents cite également un professeur émérite, Sunao Hirata, de l'université de Tokyo : il a déclaré qu'il ne pensait pas que ces tremblements de terre entraîneraient immédiatement un séisme majeur, mais il a souligné qu'il y avait une probabilité de 70 % qu'un séisme majeur de magnitude 7 se produise dans la région du Kanto méridional, donc autour de Tokyo, au cours des 30 prochaines années, ce qui pourrait se produire à tout moment. Le professeur a aussi ajouté : « Si un séisme majeur de magnitude 7 se produit dans cette région, il y a un risque de secousses violentes et de tsunami important. J'aimerais que les institutions confirment à nouveau la préparation aux tremblements de terre, et que chacun sécurise les meubles, travaille à rendre sa maison résistante aux tremblements de terre et vérifie les itinéraires d'évacuation ». Il est donc demandé, ici ou là, de « faire attention aux futurs tremblements de terre »[33].

Ici au Japon, on est toujours, dit-on, entre deux catastrophes : dans ce temps qui cherche à prolonger la mémoire de la catastrophe précédente et ainsi pouvoir être prêt pour la catastrophe suivante. On est pris dans des boucles…

33. https://news.yahoo.co.jp/articles/5cbf3db911b419590b35cdf7b4e677939a1175dd.

Bastien Bosa

L'Université du Rosario et son passé esclavagiste

Évoquer les expériences des personnes mises en esclavage dans un exercice d'histoire publique

Cet article propose une réflexion sur une proposition de « contre-récit » d'histoire institutionnelle menée à bien au sein de l'université du Rosario, située à Bogotá en Colombie. Le projet, intitulé « L'esclavage (et autres formes d'oppression raciale) dans l'histoire de l'*Universidad del Rosario* (1653-1851) »[1], vise à reconstruire une dimension complexe et douloureuse du passé de l'institution, et il a été conçu dès le départ avec un double objectif. D'une part, il s'agissait de mener à bien un projet de recherche historique conventionnel, visant à examiner de manière critique comment diverses formes d'oppression raciale avaient marqué le passé de l'université grâce à une exploration approfondie des archives disponibles. D'autre part, il s'agissait d'un projet « mémoriel », ou « d'histoire publique », visant à sensibiliser la communauté universitaire à la nécessité de reconnaître et d'analyser de manière critique son passé esclavagiste, mais aussi à proposer des mesures concrètes pour lutter aujourd'hui contre le racisme et les séquelles de ce passé au sein même de l'université.

L'une des principales inspirations du projet – et qu'il nous semble intéressant de présenter dans le cadre d'un numéro portant sur la question des récits – nous est venue de la chercheuse afro-américaine Saidiya Hartman, dont le travail, bien que relativement méconnu en France[2], a profondément renouvelé la manière d'écrire et de transmettre les histoires des victimes de la traite transatlantique et de leurs descendants. À travers trois livres, publiés au cours des trois dernières décennies, Saidiya Hartman a pointé les insuffisances éthiques, politiques et

1. Projet codirigé avec la chercheuse afrocolombienne Diana Angulo.

2. On soulignera cependant que deux de ses ouvrages ont été traduits récemment en français, ce qui contribuera certainement à une diffusion plus large de son travail. Saidiya Hartman, *À perte de mère : Sur les routes atlantiques de l'esclavage*, Paris, Brook, 2023 ; *Ead.*, *Vies rebelles, Histoires intimes de filles noires en révolte, de radicales queers et de femmes dangereuses*, Paris, Seuil, 2024.

heuristiques d'une grande partie de l'historiographie traditionnelle de la traite[3]. Son travail – qui ne s'ancre pas strictement dans un cadre disciplinaire unique, mais allie études littéraires, histoire culturelle et théorie critique – nous oblige à reconnaître que nous vivons dans un monde qui est toujours celui de la « post-vie » de l'esclavage (*the afterlife of slavery*) et que les mondes académiques – incluant à la fois les universités comme institutions et les universitaires comme personnes – n'ont généralement pas effectué une rupture radicale avec le passé pour se positionner – objectivement et subjectivement – du côté des victimes de la traite et de leurs descendants. Son premier livre, *Scenes of subjection* (publié pour la première fois en 1997 et qui vient d'être réédité pour les 25 ans de sa première publication), explore les mécanismes de la domination et de la violence raciales, telles qu'elles ont existé au temps de l'esclavage, mais aussi au-delà de ce que Saidiya Hartman appelle de façon un peu provocatrice, le « non-événement » de l'abolition. Analysant les formes de déshumanisation induites par l'esclavage, Hartman met aussi en lumière les subtilités du pouvoir en insistant sur la manière dont les formes de contrôle physique et psychologique ont façonné de façon durable les subjectivités des personnes afro-américaines. Son deuxième ouvrage – intitulé *Lose your mother* (2007) – se caractérise par son ton beaucoup plus personnel, mêlant autobiographie, histoire et essai. La stratégie narrative est celle d'un récit de voyage le long de la route de l'esclavage en Afrique de l'Ouest (et notamment au fort d'Elmina situé dans l'actuel Ghana). Explorant les thèmes de la perte, de l'oubli et du déracinement, Hartman y retrace les traces de la traite transatlantique tout en réfléchissant à son propre rapport à cette histoire en tant que descendante d'esclaves dans le monde contemporain. Enfin, le troisième livre, *Wayward Lives, Beautiful Experiments: Intimate Histories of Social Upheaval*, se penche sur les vies d'un groupe de femmes afro-américaines qui, au tournant du XXe siècle, ont subverti les normes sociales de leur époque. À travers des portraits intimes et détaillés, elle évoque les expériences de celles qui ont inventé des formes alternatives de vie et de résistance, malgré les formes d'oppressions raciales, économiques et sociales dont elles étaient victimes.

Malgré les nombreuses différences entre ces ouvrages, un fil conducteur essentiel du travail de Saidiya Hartman est le concept de « fabulation critique », qui traverse chacun d'eux et qui invite à écrire selon la logique apparemment contradictoire de la « non-fiction spéculative » : « non-fiction » parce qu'il ne s'agit pas « d'inventer des histoires », mais de rendre compte aussi précisément que possible d'un passé bien réel (dans un dialogue, certes, avec le présent) ; et

3. Les trois livres de Saidiya Hartman sont les suivants : *Scenes of Subjection: Terror, Slavery, and Self-Making in Nineteenth-Century America*, Oxford, Oxford University Press, 1997 ; *Lose Your Mother: A Journey Along the Atlantic Slave Route*, Farrar, Straus and Giroux, 2007 ; *Wayward Lives, Beautiful Experiments: Intimate Histories of Social Upheaval*, New York, W. W. Norton & Company, 2019.

« spéculative » parce que Hartman soutient que, face aux silences et aux violences des archives, les chercheurs n'ont pas d'autre choix que de recourir à la créativité et à l'imagination. L'originalité de la proposition de Hartman réside dans le fait qu'elle ne défend pas tant l'importance du « récit » pour transmettre les résultats de la recherche au-delà du public académique, que pour répondre à une nécessité à la fois éthique, politique et scientifique : « repousser les limites de l'archive ». Ainsi, la « fabulation critique » nous invite non seulement à repenser le rôle du récit dans l'écriture de l'histoire, mais aussi à complexifier notre compréhension de ce qui constitue la « vérité » d'une narration historique[4].

Pour simplifier l'argument de Hartman, on pourrait dire que la grande majorité des archives permettant aujourd'hui d'écrire une histoire des personnes mises en esclavage reflète presque toujours le point de vue et les intérêts de leurs oppresseurs. De ce fait, ces sources se caractérisent principalement par leurs silences et leurs violences[5]. La « fabulation critique » constitue, dans ce contexte, une manière de ne pas laisser le dernier mot à des documents qui, d'une part, taisent plus qu'ils ne révèlent les expériences des personnes mises en esclavage et qui, d'autre part, ont été des instruments essentiels de leur déshumanisation. Ainsi, le « travail spéculatif » peut être compris comme une arme pour ne pas permettre que les sources dont nous disposons dictent ce que nous pouvons (ou ce que nous ne pouvons pas) écrire sur les personnes dont nous essayons de reconstruire l'existence.

Après avoir présenté le projet de recherche en termes généraux, nous mentionnerons trois propositions narratives inspirées par le concept de « fabulation critique » qui visent à transmettre les résultats de l'enquête à partir d'un dialogue entre les sciences sociales et les arts : une visite physique et virtuelle conçue comme un contre-récit de l'histoire institutionnelle de l'université du Rosario ; une exposition de « Portraits imaginés » créée à l'aide d'un programme d'intelligence artificielle et une pièce de théâtre intitulée « Une ligne d'inventaire ».

4. Saidiya Hartman n'est évidemment ni la seule, ni la première à avoir proposé ce genre de réflexions. Il existe depuis longtemps, aussi bien en histoire que dans les autres disciplines sociales, de riches débats à la fois sur la question des sources et sur celle du statut du récit dans les sciences sociales. Pour une synthèse récente concernant la discipline historique, voir Sabina Loriga et Jacques Revel, *Une histoire inquiète. Les historiens et le tournant linguistique*, Paris, EHESS/Gallimard/Le Seuil, 2022 ; ainsi que l'introduction générale à ce volume d'*Enquête*.

5. La situation peut varier considérablement en fonction de l'objet d'étude. Dans le contexte de l'esclavage nord-américain, les archives ont souvent un caractère extrêmement fragmentaire, se réduisant parfois à une simple « ligne d'inventaire » concernant une personne donnée. À l'inverse, les archives utilisées pour l'écriture de *Wayward Lives, Beautiful Experiments*, qui documentent la surveillance des jeunes femmes rebelles, sont extrêmement abondantes, mais tout aussi problématiques. La fabulation critique consiste donc, suivant les cas, à naviguer entre l'absence et l'excès d'information, pour tenter de retrouver/recréer des histoires enfouies ou déformées par les documents disponibles.

Le passé esclavagiste du *Colegio Mayor del Rosario*

Le *Colegio Mayor de Nuestra Señora del Rosario*, fondé en 1653, a été l'une des premières universités de la Nouvelle-Grenade coloniale et l'*Universidad del Rosario* – comme on l'appelle aujourd'hui – demeure l'une des institutions d'enseignement supérieur les plus prestigieuses de Colombie[6]. Les archives de l'université, conservées avec soin, renferment des milliers de documents, manuscrits et imprimés, qui éclairent divers aspects de son histoire pluriséculaire et celle de la nation dans son ensemble. Il faut bien reconnaître, cependant, que jusqu'à présent, ces documents ont été principalement utilisés pour rédiger des histoires institutionnelles dépourvues de perspective critique. On peut identifier, pour simplifier, quatre registres principaux qui ont prévalu dans la représentation des personnes asservies au sein des livres qui portent sur l'histoire de l'université. Un premier registre – la « banalisation » – consiste à présenter les histoires des personnes mises en esclavage comme des « anecdotes », amusantes ou sans importance[7]. Le second registre – la « logique de l'inventaire » – consiste à reprendre (implicitement ou explicitement) la perspective comptable des esclavagistes, qui considéraient les personnes asservies comme des objets ou des marchandises[8]. Un troisième registre – la « présence absente » – renvoie à la tendance de nombreux ouvrages d'histoire à « invisibiliser » les personnes asservies, comme si elles n'avaient pas été là[9]. Enfin, le dernier registre – l'« accumulation de faits » non problématisés – se manifeste lorsque les auteurs transcrivent les sources documentaires sans commentaire ni interprétation, comme si elles pouvaient parler d'elles-mêmes[10]. De manière générale, la plupart des publications sur l'histoire de l'université ont été écrites à des fins de célébration et elles ont eu

6. On remarquera que l'université du Rosario ne représente plus, comme c'était le cas à l'époque coloniale et durant une grande partie de la période républicaine, l'institution phare pour la formation des élites politiques du pays. Cette époque révolue demeure néanmoins inscrite dans l'histoire de l'université, puisqu'elle reste celle qui a formé le plus grand nombre de présidents de la République en Colombie. Cependant, depuis la fin du XXe siècle, c'est l'université de los Andes, située elle aussi à Bogotá, qui s'est imposée comme la principale université d'élite du pays. Son positionnement dominant s'explique à la fois par les coûts élevés des droits de scolarité et par son classement en tête des palmarès internationaux d'excellence académique. Cela dit, l'université du Rosario conserve une place prépondérante aux côtés d'autres institutions privées renommées telles que l'*Externado* et la *Javeriana*. Bien qu'elle ne soit plus le premier choix des élites économiques et politiques, elle reste une université de premier plan, qui vise à maintenir les plus hauts standards internationaux, notamment en matière de recherche, tout en cherchant à s'intégrer dans les réseaux académiques mondiaux.

7. Pour une illustration parfaite de ce registre, voir Guillermo Hernandez de Alba, *Crónica del muy ilustre Colegio Mayor de Nuestra Señora del Rosario en Santa Fe de Bogotá*, Bogotá, Editorial Centro, 1938.

8. Un bon exemple de ce registre est le livre de Luis Eduardo Fajardo, Juanita Villaveces et Carlos Cañon, *Historia económica de las haciendas del Colegio Mayor del Rosario, 1700-1870*, Bogotá, Editorial Universidad del Rosario, 2003.

9. Voir, par exemple, Cecilia Restrepo, *La alimentación en la vida cotidiana del Colegio Mayor de Nuestra Señora del Rosario, 1653-1773*, Bogotá, Editorial Universidad del Rosario, 2005.

10. Voir, par exemple, le livre de María Clara Guillén, *Rectores y rectorías del colegio mayor de nuestra señora del Rosario, 1653-2003*, Bogotá, Editorial Universidad del Rosario, 2003.

tendance à négliger, par exemple, les différentes formes d'exclusion sociale – liées à la classe, à l'appartenance ethnico-raciale et au genre – qui ont caractérisé à la fois l'histoire du pays et celle de l'université[11].

Des universités qui s'intéressent à leur passé esclavagiste

À contre-pied de cette tendance des universités à ne chercher dans leur passé que ce qui peut faire aujourd'hui l'objet de célébration, notre projet visait à réfléchir – de manière critique et à partir d'un travail empirique rigoureux – aux différentes formes de domination ethnique ou raciale qui ont marqué l'histoire de l'université. Nous avons été largement inspirés en cela par des initiatives similaires ayant eu lieu dans plusieurs institutions aux États-Unis.

Un tournant significatif dans cette réévaluation des histoires institutionnelles s'est produit avec la publication du rapport *Slavery and Justice* par l'Université de Brown en 2006. Pour la première fois, une université reconnaissait publiquement la nécessité d'affronter les aspects douloureux de son histoire liés à l'oppression raciale. Il ne s'agissait pas seulement de mener des recherches, mais de proposer une réflexion globale intégrant l'histoire publique aux impératifs contemporains de justice. L'initiative de Brown a servi de modèle à d'autres institutions telles que Harvard, Columbia, Princeton et Georgetown. Ce mouvement a pris une telle ampleur qu'en 2016, un consortium intitulé *Universities Studying Slavery* a été créé, piloté par l'Université de Virginie[12]. Il rassemble aujourd'hui plus de 100 institutions d'enseignement supérieur, principalement situées aux États-Unis, mais aussi au Canada, en Irlande, en Angleterre et en Écosse. Le consortium ne comptait cependant aucune université latino-américaine jusqu'en 2022, lorsque l'*Universidad del Rosario* est devenue la première université de la région à le rejoindre.

Cette absence latino-américaine au sein du consortium peut s'expliquer de différentes manières. Une première explication, indiscutable à mon sens, est l'absence de connexions fortes entre les mondes universitaires anglophones et hispanophones, limitant le partage de méthodologies et de préoccupations académiques concernant l'histoire de la traite transatlantique et ses conséquences. Une deuxième explication, beaucoup plus problématique, consiste à penser que l'histoire de la traite transatlantique et de ses conséquences aurait beaucoup plus

11. On notera, cependant, que certains chercheurs extérieurs à l'université ont utilisé ces archives de façon critique, même si l'esclavage ne faisait pas partie de leurs préoccupations. Voir, Santiago Castro-Gómez, *La hybris del punto cero : ciencia, raza e ilustración en la Nueva Granada (1750-1816)*, Bogotá, Editorial Pontificia Universidad Javeriana, 2010 et Renán Silva, *Los ilustrados de Nueva Granada, 1760-1808 : genealogía de una comunidad de interpretación*, Medellin, Universidad Eafit, 2002.

12. Pour l'histoire de ces mouvements, voir le livre de Craig Steven Wilder, *Ebony and Ivy : Race, Slavery, and the Troubled History of America's Universities*, Londres, Bloomsbury Publishing, 2013. Pour un exemple de publication d'une université spécifique, voir la publication de Marisa Fuentes et Deborah Gray White, *Scarlet and Black : Slavery and Dispossession in Rutgers History*, New Brunswick, Rutgers University Press, 2016.

marqué le nord que le sud du continent. Il est évident, cependant, qu'il n'en est rien. En réalité, c'est même plutôt l'inverse. En effet, on estime que seules 6 % des victimes de la traite transatlantique ont été déportées vers le nord du continent, tandis que la majorité a été emmenée en Amérique latine, influençant profondément le développement historique et social de la région[13]. Il est donc clair que si les universités latino-américaines n'ont pas encore commencé à analyser de manière critique leurs connexions avec l'esclavage et diverses formes d'oppression raciale, ce n'est pas parce que ces aspects sont périphériques ou marginaux dans leur histoire. On pourrait affirmer, de manière un peu provocatrice, que la différence entre le nord et le sud du continent réside moins dans l'importance qu'a eu l'esclavage au cours du passé que dans la manière dont cette histoire, dans une période récente, a été construite – ou non – comme un « problème public », par le biais de politiques mémorielles, de recherches historiques, ainsi que de débats et controverses diverses. Cela explique, à mon sens, pourquoi dans les universités étasuniennes, la confrontation avec l'héritage historique de l'esclavage et de la discrimination raciale apparaît comme un enjeu inévitable, alors que ce n'est pas le cas dans les universités latino-américaines. Une question historique majeure peut tout à fait rester invisible si elle ne fait pas l'objet d'une attention et d'un débat public actifs.

Un autre débat important, en lien avec les formes différenciées de reconnaissance mémorielle, concerne la distinction historiographique entre « sociétés esclavagistes » (*slave societies*) et « sociétés avec des esclaves » (*societies with slaves*)[14]. Bien que cette distinction ait joué un rôle crucial pour illustrer la variabilité des systèmes esclavagistes à travers l'histoire, elle a également, de notre point de vue, contribué à minimiser ou à invisibiliser l'importance de l'esclavage dans des régions qui ne correspondaient pas au modèle des économies de plantation, comme celle de Santa Fe de Bogotá. Il est problématique de sous-entendre que les seules économies véritablement « esclavagistes » auraient été celles qui reposaient presque entièrement sur le travail des personnes mises en esclavage, et où l'esclavage façonnait chaque aspect de la vie sociale et politique (comme les colonies de plantation des Caraïbes, du Brésil ou des États du sud des États-Unis). Une telle conception tend à

13. Alex Borucki, David Eltis et David Wheat ont montré dans un article important que l'Amérique espagnole avait été, après le Brésil, la destination la plus importante des Africains réduits en esclavage dans les Amériques, devant même les colonies britanniques des Caraïbes. Selon leurs estimations, plus d'un million et demi de personnes capturées en Afrique ont été transportées directement vers les Amériques espagnoles entre 1520 et 1867. En outre, plus de 500 000 personnes supplémentaires, initialement débarquées dans d'autres colonies européennes du Nouveau Monde, telles que la Jamaïque et le Brésil, ont ensuite été transférées vers les territoires espagnols. L'Amérique espagnole, longtemps perçue comme marginale dans l'histoire de la traite transatlantique, apparaît ainsi comme un acteur central dans ce commerce, nécessitant une réévaluation des récits historiographiques traditionnels. Voir Alex Borucki, David Eltis et David Wheat, « Atlantic History and the Slave Trade to Spanish America », *The American Historical Review*, vol. 120, n° 2, 2015, p. 433-461.

14. Cette distinction a été proposée dans les années 1960 par l'historien antiquisant Moses Finley. Sur l'histoire de cette distinction, voir le livre codirigé par Catherine M. Cameron et Noel Lenski, *What is a Slave Society? The Practice of Slavery in Global Perspective*, Cambridge, Cambridge University Press, 2018.

marginaliser des contextes où l'esclavage, bien que moins central dans l'économie, n'en était pas moins structurant et violent. Notre projet veut défendre l'idée que même dans des régions où l'esclavage coexistait avec d'autres formes de travail, cela n'en réduisait en rien la brutalité du système. L'esclavage dans des contextes urbains, comme à Santa Fe de Bogotá, ou dans des régions non dominées par les plantations, restait une institution fondamentalement oppressive, marquée par l'exploitation, la déshumanisation et la violence systémique. Ce n'est donc pas la proportion d'esclaves dans la population ou leur rôle dans l'économie qui devraient déterminer la reconnaissance de la gravité de ce système (et la nécessité d'en faire l'étude), mais bien la nature même de la domination exercée sur les individus réduits en esclavage.

Une histoire « cachée à la vue de tous »[15]

Le cas de l'université du Rosario est en ce sens tout à fait exemplaire. Quand nous avons commencé le projet, nous nous attendions à trouver des documents, mais nous pensions que l'esclavage serait probablement un problème relativement périphérique dans l'histoire de l'université. En effet, en Colombie, les imaginaires dominants tendent à confiner la présence afrocolombienne aux régions du Pacifique et des Caraïbes, associant ainsi ces territoires à la diversité ethnique, tandis que Bogotá et la région andine sont perçues comme des espaces essentiellement « blanco-mestizos ». L'invisibilisation contemporaine des populations afrocolombiennes et indigènes au sein de la capitale et de ses environs va donc de pair avec une vision historiquement infondée qui relègue les indigènes à un passé pré-hispanique et qui occulte tout lien significatif entre cette région et la traite transatlantique. Or, dès la lecture des premières sources, nous avons compris que l'esclavage avait été une condition essentielle non seulement pour la création de l'université, mais aussi pour sa pérennité pendant près de deux siècles, depuis sa fondation au XVIIe siècle et pratiquement jusqu'à l'abolition de l'esclavage en 1851. Notre projet défend donc l'idée que l'histoire de l'université du Rosario offre un point d'entrée particulièrement pertinent pour lutter contre l'effacement des peuples indigènes et des Afrocolombiens dans l'histoire de la capitale. Suivant un double mouvement, nous avons essayé de montrer, d'une part, que l'université du Rosario était une institution significative pour comprendre les histoires indigènes et afrocolombiennes, et, d'autre part, que ces mêmes histoires indigènes et afrocolombiennes étaient indispensables pour comprendre sérieusement l'histoire de l'université[16].

15. Nous reprenons ici le titre – *Hidden in Plain Sight: American Slavery and the University* – d'une exposition réalisée par le *Center for the Study of Slavery and Justice*, de l'université de Brown en 2017. Voir https://simmons-center.brown.edu/sites/default/files/pdfs/16777_CSSJ_Uhall_Brochure.pdf.
16. Si notre projet, en tant qu'exercice d'histoire institutionnelle critique, ne prétend pas bouleverser l'historiographie de l'esclavage en Colombie, il nous semble qu'il permet d'interroger, sources à l'appui, certaines des bases sur lesquelles se sont construites les élites et les structures de pouvoir au centre du pays.

L'exemple le plus clair de cette « centralité invisible » est celui des *Constitutions* de l'université, rédigées par le fondateur, Cristobal de Torres, en 1654[17]. Le premier article de ces Constitutions ne fait pas référence aux élèves, ni aux professeurs, ni à la discipline, ni aux enseignements, mais aux haciendas : c'est-à-dire ces propriétés de l'université, situées dans les terres chaudes des vallées à basse altitude de la cordillère des Andes, où 40 personnes d'origine africaine avaient été mises en esclavage et 100 personnes indigènes avaient été mises en *encomienda*, et qui généraient des aliments et des revenus indispensables pour le fonctionnement de l'institution[18]. Dans un autre article, les Constitutions étaient également très claires sur le fait que l'université avait été explicitement conçue pour éduquer les descendants des conquistadors, exigeant de tous les étudiants qu'ils fassent la preuve de leur « *limpieza de sangre* » (ils devaient prouver qu'il n'y avait pas de « mauvaises races » au sein de leur famille, c'est-à-dire, dans le contexte américain, ni de personnes indigènes ayant le « sang de la terre », ni de personnes d'origine africaine)[19].

La lecture de ce texte, confirmée plus tard par celle de centaines d'autres documents, fut décisive pour nous aider à comprendre que la question raciale était incontournable pour saisir sérieusement l'histoire du *Colegio Mayor*. Et pourtant, ces aspects n'avaient jamais été véritablement abordés par l'institution : ils n'avaient pas fait l'objet d'une enquête rigoureuse et n'avaient pas été intégrés aux discours de l'institution sur elle-même. Par exemple, la « *catedra rosarista* », un cours obligatoire pour tous les étudiants de l'université, ne mentionnait pas ce thème.

Cette centralité des questions raciales dans l'histoire d'une université de Bogotá d'origine coloniale n'a cependant rien de surprenant. Il est évident que, dès les premières décennies de la *Conquista* et jusqu'au milieu du XIXe siècle, le travail forcé des personnes d'origine africaine réduites en esclavage a joué un rôle essentiel dans la production et l'exportation de biens tels que l'or, l'argent et la canne à sucre dans plusieurs régions du pays que l'on appelle aujourd'hui la Colombie. Il n'y avait aucune raison de penser que le passé du *Colegio Mayor del Rosario* aurait pu être étranger à cette histoire.

17. La plupart des documents d'archives que nous avons utilisés au cours de notre enquête sont disponibles en ligne sur le site des archives de l'université.

18. L'*encomienda* était une institution coloniale espagnole qui attribuait à un colon la responsabilité de superviser un groupe de populations indigènes, en échange de leur travail forcé et de tributs, sous prétexte de leur fournir une protection et une évangélisation chrétienne. Les haciendas étaient situées à 80 kilomètres de Bogotá, dans un village aujourd'hui appelé *Mesitas del Colegio*. On soulignera qu'il ne subsiste aujourd'hui aucune trace de cette histoire, qui est totalement absente des politiques mémorielles locales.

19. La « *limpieza de sangre* » avait son origine dans la péninsule ibérique, où elle était utilisée pour décrire les « vieux chrétiens appartenant à la religion catholique, apostolique et romaine de leurs parents et grands-parents », par opposition aux « mauvaises races de Maures, Juifs, confessés, Marranes, Gitans, et autres sectes réprouvées, ou nouvellement convertis à la foi catholique ». Voir Max S. Hering Torres, « La limpieza de sangre. Problemas de interpretación : acercamientos históricos y metodológicos », *Historia Crítica* [En ligne], n° 45, 2011, https://journals.openedition.org/histcrit/15092.

Reconstruire des portraits et des histoires singulières

L'un des partis pris du projet, comme nous l'avons déjà mentionné, était de rompre avec la logique de « l'inventaire ». En effet, celle-ci ne caractérisait pas seulement une grande partie des sources disponibles, mais elle était également implicitement présente dans les quelques livres d'histoire de l'université qui abordaient la question de l'esclavage. Le cas le plus caricatural est celui d'une histoire économique des haciendas de l'université, qui, à aucun moment ne s'écarte d'une logique comptable[20]. Il ne fait aucun doute que ce livre d'histoire quantitative est important, car il permet d'établir très clairement, que, pendant près de deux siècles, les haciendas – et, donc, les personnes mises en esclavage ou en *encomienda* – furent la principale source de revenu de l'université, constituant ainsi une condition nécessaire pour la continuité de son projet éducatif. Mais, il est également extrêmement problématique car il naturalise l'invisibilisation des esclavagisés en tant que personnes, les considérant uniquement comme des « choses fongibles », des numéros dans des tableaux statistiques. On pourra nous objecter que c'est le propre de toutes les approches statistiques que de « transformer les personnes en numéros ». Il nous semble, cependant, que la situation est particulière lorsqu'il s'agit de personnes ayant vécu dans un système construit autour de leur déshumanisation. Ainsi, s'il est absurde de nier les apports des approches quantitatives à l'historiographie de l'esclavage[21], il nous paraît essentiel de défendre – pour des raisons à la fois éthiques et scientifiques – la nécessité de contrer les logiques de déshumanisation, présentes à la fois dans les conditions de vie des personnes asservies et dans la manière dont les sources historiques les représentent.

C'est ainsi que nous sommes partis à la recherche des traces des enfants, des femmes et des hommes ayant « appartenu » au *Colegio Mayor*. Certaines de ces personnes avaient été réduites en esclavage dans les haciendas du *Colegio*, situées, nous l'avons dit, dans les « terres chaudes » où se cultive la canne à sucre ; tandis que d'autres l'avaient été au sein même du cloître, effectuant des tâches de service ou de cuisine pour les étudiants et les professeurs. Le défi que nous nous sommes fixé consistait à évoquer leurs histoires singulières et, en opposition radicale à la logique esclavagiste, à reconnaître leur humanité, soulignant à la fois les difficultés qu'elles ont rencontrées, mais aussi leurs résistances et leur quête de liberté.

Pour ce faire, nous avons utilisé des méthodologies de recherche historique classiques, en explorant les archives de l'université ainsi que d'autres fonds d'archives au sein de l'*Archivo General de la Nación* et de l'*Archivo General de Indias* à Séville.

20. Voir Luis Eduardo Fajardo, Juanita Villaveces et Carlos Cañon, *Historia económica de las haciendas del Colegio Mayor del Rosario, 1700-1870*, Bogotá, Editorial Universidad del Rosario, 2003.

21. Il suffit, pour s'en convaincre, de s'intéresser aux résultats du projet *Slave Voyages* [*www.slavevoyages.org*], qui, à partir d'une approche essentiellement quantitative, a profondément renouvelé notre compréhension de la traite transatlantique.

Nous y avons recherché des documents évoquant la vie de personnes réduites en esclavage par le *Colegio Mayor*, ainsi que de personnes libres d'origine africaine dont l'existence était associée au *Colegio Mayor*. Notre objectif était également, en dialoguant avec l'historiographie, de comprendre les contextes plus larges qui ont façonné leurs existences. Les travaux, déjà anciens, de l'historien Rafael Díaz sur le système esclavagiste urbain à Santa Fe de Bogotá au XVIIIe siècle, ont joué un rôle essentiel pour notre projet, mais il est important de souligner que le champ des études sur l'histoire de l'esclavage en Colombie a connu d'importantes évolutions ces dernières années[22]. La base de données qu'il a constituée à partir de diverses archives notariales de la ville recense plus de 6 600 cas, attestant de la présence significative et continue de l'esclavage au cœur de la capitale.

Le processus de recherche s'est révélé paradoxal. D'un côté, nous avons découvert une abondance de documents qui ont permis d'établir de manière certaine un argument central : contrairement aux imaginaires courants qui associent l'histoire de l'esclavage à d'autres régions que la région andine (comme les Caraïbes ou la côte pacifique), il est apparu évident que la question raciale était centrale pour comprendre non seulement la fondation, mais aussi la continuité de l'institution durant près de deux siècles. L'importance de la région des Caraïbes dans l'histoire de l'esclavage en Colombie tient en grande partie au fait que Carthagène des Indes fut le principal port de la traite atlantique ibérique à l'époque moderne. Cependant, il est crucial de souligner que si les zones côtières, tant atlantiques que pacifiques, étaient les principaux centres esclavagistes du pays, la capitale, Santa Fe de Bogotá, était également profondément intégrée au réseau de la traite. Comme l'a montré notre enquête, cette connexion s'opérait de plusieurs manières : d'une part, à travers l'exploitation de la main-d'œuvre asservie dans les zones de culture de la canne à sucre des régions chaudes avoisinantes (où se situaient les haciendas de l'université), et d'autre part, par l'emploi de personnes mises en esclavage dans des services domestiques au sein même de la ville (où se situe le cloître de l'université). Par ailleurs, les élites politiques et économiques de Santafé entretenaient des liens financiers et commerciaux étroits avec les systèmes esclavagistes, consolidant ainsi la participation de la capitale à cette économie.

D'un autre côté, nous avons rapidement compris que l'abondance de documents ne garantissait pas la possibilité de reconstruire les histoires individuelles qui nous intéressaient. Cette frustration s'explique par une raison simple : pratiquement aucun des documents conservés dans les archives de l'université ne permet de

22. Parmi les ouvrages récents qui ont contribué à un renouvellement des questionnements, on pourra citer : Yesenia Barragán, *Freedom's Captives : Slavery and Gradual Emancipation on the Colombian Black Pacific*, Cambridge, Cambridge University Press, 2021 et Aurora Vergara Figueroa et Carmen Luz Cosme Puntiel (eds), *Demando mi libertad. Mujeres negras y sus estrategias de resistencia en la Nueva Granada, Venezuela y Cuba, 1700-1800*, Cali, Editorial Universidad Icesi, 2018.

reconstruire la vie des personnes réduites en esclavage depuis leurs perspectives propres. Les sources disponibles sont nombreuses – actes de vente, registres et inventaires, décisions administratives –, mais elles ont toutes été produites selon la logique du système esclavagiste qui traitait les personnes comme des « biens ». Cela signifie que ce que nous savons des personnes réduites en esclavage provient uniquement des écrits des esclavagistes, qui ne mentionnaient, comme on pouvait s'y attendre, que ce qui les intéressait. Cela signifie également que les personnes asservies tendent à disparaître des archives dont nous disposons aussi rapidement qu'elles y apparaissent. Bien souvent, leur nom (ou du moins leur existence) est mentionné dans un document, puis disparaît complètement. Cette nature fugace des mentions des personnes asservies rend difficile, voire impossible, la production de récits historiques conformes au genre des histoires de vie ou des récits biographiques.

Bien évidemment, cette situation n'a rien d'unique et elle a été pensée depuis longtemps par les chercheurs s'intéressant aux populations subalternes[23]. Ainsi, les histoires qui portent sur des situations coloniales doivent toujours s'écrire, si l'on souhaite les reconstruire depuis le point de vue des colonisés, sur le fond d'une « violence des sources »[24]. Cependant, dans le contexte de l'esclavage, cette difficulté est exacerbée car la plupart des documents disponibles réduisent explicitement les personnes asservies à leur statut de « propriété ». Cet argument est important car les personnes mises en esclavages ne sont pas les seules à avoir laissé très peu de traces dans les archives. Ce qui est singulier dans leur cas, c'est que presque tous les documents écrits à leur sujet étaient également des instruments de leur « dépossession ». Ainsi, les archives ne sont pas simplement des témoins passifs d'une violence qui leur serait extérieure, mais elles constituent en elles-mêmes une forme de violence. La plupart des personnes réduites en esclavage sont présentes dans les archives de l'université (et, par conséquent, dans son histoire) uniquement en tant que « propriété » ou « marchandise », listées dans les inventaires ainsi que dans les registres d'achat et de vente. Comment peut-on raviver les histoires et les expériences de personnes qui, dans les sources, ne sont mentionnées que comme des « marchandises », de simples « lignes d'inventaire » ? Que peut-on dire sur une personne dont nous ne connaissons que le nom, l'âge et le prix ?

23. Voir à ce sujet, les réflexions développées au sein du groupe d'études subalternes (SSG) qui a travaillé sur l'histoire des sociétés postcoloniales et post-impériales. Voir Dipesh Chakrabarty, « Subaltern Studies and Postcolonial Historiography », *Nepantla : Views from South*, vol. 1, nº 1, 2000, p. 9-32.

24. Sur cette question, voir par exemple Fiona Paisley et Kirsty Reid, *Sources and Methods in Histories of Colonialism*, Abingdon, Routledge, 2017 ; Jeannette A. Bastian, John A. Aarons et Stanley Griffin (eds), *Decolonizing the Caribbean Record : An Archives Reader*, Sacramento, Library Juice Press, 2018.

La « fabulation critique » face aux silences et à la violence des sources

La solution apparemment la plus raisonnable face au silence des archives est celle du renoncement et de la prudence. Comme le disait Wittgenstein, « ce dont on ne peut parler, il faut le taire »[25]. On pourrait adapter cette phrase à l'écriture de l'histoire en disant qu'il ne faut rien dire lorsque les archives demeurent muettes. Pourtant, divers auteurs nous ont encouragés à ne pas capituler devant ce silence[26]. Deux solutions relativement classiques méritent d'être mentionnées.

La première consiste à « aller voir ailleurs ». Dans la mesure où la qualité d'un travail de recherche dépend, pour une part, de la qualité de son « questionnement » et, pour une autre, de la capacité à trouver des sources pour travailler ces questions, il semble évident que la meilleure solution, pour ne pas « renoncer » à un questionnement donné, consiste à chercher dans d'autres fonds d'archives. Dans le contexte de l'histoire de l'esclavage, abordée du point de vue des victimes, cela implique de rechercher des documents exceptionnels qui donnent la parole à ceux qui ne l'ont habituellement pas : ces rares documents où, par miracle, les « subalternes parlent », pour reprendre l'expression souvent citée de Gayatri Spivak[27]. La deuxième solution consiste à rechercher dans les documents des informations qui dépassent les intentions initiales de leurs auteurs, suivant ainsi le célèbre précepte de Marc Bloch qui invite à considérer les documents comme des « témoins malgré eux »[28]. Cette méthode est couramment utilisée en histoire coloniale, où les chercheurs ont appris à faire parler les archives « contre leur gré », en lisant « entre les lignes » ou comme la formule Laura Stoler, « *against the grain* »[29].

Ces solutions sont importantes mais elles ne peuvent résoudre toutes les difficultés. D'une part, le conseil de « chercher ailleurs » est difficilement applicable lorsque l'on entend faire l'histoire d'une institution particulière. D'autre part, bien que l'idée de devoir « torturer » les documents pour en extraire des informations

25. Ludwig Wittgenstein, *Tractatus Logico-Philosophicus*, Traduction française de Gilles-Gaston Granger, Paris, Gallimard, 1993 [1921], p. 56.
26. L'une des chercheuses qui a offert les réflexions les plus intéressantes sur cette question est Marisa Fuentes, une disciple de Saidiya Hartman qui s'inscrit, elle, pleinement au sein de la discipline historique. Marisa J. Fuentes, *Dispossessed Lives : Enslaved Women, Violence, and the Archive*, Philadelphia, University of Pennsylvania Press, 2016.
27. Gayatri Spivak, *Les subalternes peuvent-elles parler ?*, Paris, éditions Amsterdam, 2009 [1985]. Diverses histoires ont été écrites à partir de ce type de documents exceptionnels. Voir par exemple sur le cas du Brésil, le livre de Charlotte Castelnau-L'Estoile, *Páscoa et ses deux maris : une esclave entre Angola, Brésil et Portugal au XVIIe siècle*, Paris, PUF, 2019 ; sur le cas de l'Argentine, celui d'Erika Edwards, *Hiding in Plain Sight : Black Women, the Law, and the Making of a White Argentine Republic*, Tuscaloosa, University of Alabama Press, 2020.
28. Marc Bloch, *Apologie pour l'histoire ou métier d'historien*, Paris, Librairie Armand Colin, 1949, p. 60.
29. Ann Laura Stoler, *Au cœur de l'archive coloniale, Questions de méthode,* Paris, Éditions de l'EHESS, 2019 [2010].

soit essentielle, il arrive un point où cette lecture « à rebrousse-poil » devient tout simplement impossible.

Face à ces difficultés, Saidiya Hartman a proposé d'aller plus loin dans l'exploration des limites de l'archive. Dans l'un des chapitres de son livre *Lose Your Mother*[30], Hartman propose une description de l'expérience d'une jeune fille réduite en esclavage à bord d'un navire négrier, alors même que les archives auxquelles elle a eu accès ne contiennent que quatre mots à son sujet : « *the said Negro girl* ». Hartman reconnaît que les archives déterminent ce qu'il nous est possible de savoir ou non sur les vies passées. Cependant, elle estime que les archives ne doivent pas pour autant conditionner de manière absolue nos interprétations ni limiter nos récits. Elle a donc décidé, de manière délibérée, de combler les lacunes, de proposer des conclusions possibles, de dramatiser, par exemple en imaginant une amitié possible entre deux filles qui ont toutes deux été assassinées sur leur navire négrier par le capitaine. Aucun des documents disponibles ne permet d'attester cette amitié. Mais aucun document ne permet de la rejeter comme impossible. « Je voulais qu'elles aient l'une à l'autre sur le bateau, je voulais qu'elles aient ce réconfort », explique simplement Saidiya Hartman[31].

Nous pouvons, à cet égard, reprendre les mises en garde de Noémie Ndiaye concernant le danger de considérer « l'absence de preuve » comme « la preuve de l'absence »[32]. Le silence des archives sur les émotions des personnes asservies peut ainsi induire une réticence à aborder ce thème, laissant entendre, parfois à demi-mot, qu'elles étaient dénuées de sentiments ou que ceux-ci n'avaient aucune valeur. À ceux qui insistent sur la nécessité d'avoir des « preuves écrites » (« *evidence* », en anglais) explicites pour étayer toutes nos affirmations, nous pouvons rétorquer en soulignant l'« évidence » du caractère inadéquat des « preuves » écrites disponibles – produites presque exclusivement par les esclavagistes – pour pouvoir écrire une histoire sensible de l'esclavage.

Pour Hartman, écrire contre et au-delà des documents qui ont contribué à déposséder les personnes de leur existence constitue un impératif à la fois moral et heuristique. Il s'agit de créer une histoire plus « juste », dans un double sens : plus « juste » en tant que meilleur reflet de la réalité des expériences possiblement vécues par celles et ceux sur qui l'on écrit ; plus « juste » aussi, en tant qu'écriture ayant une dimension « réparatrice » face aux violences de l'histoire. On pourrait donc parler d'un double impératif de « justesse » et de « justice ».

30. Saidiya Hartman, *Lose Your Mother : A Journey Along the Atlantic Slave Route*, *op. cit.*

31. Conversation entre Saidiya Hartman et Leslie Jamison dans le cadre du programme *Pen Out Loud* https://www.youtube.com/watch?v=I0rHme5yWKE&themeRefresh=1. Voir également Saidiya Hartman, « Venus in Two Acts », *Small Axe : A Caribbean Journal of Criticism*, vol. 12, n° 2, 2008, p. 1-14.

32. Noémie Ndiaye, *Scripts of Blackness : Early Modern Performance Culture and the Making of Race*, Philadelphia, University of Pennsylvania Press, 2022.

Ce désir de « combler certaines lacunes » des sources se justifie en partie par un devoir envers le passé. Il s'agit de ne pas infliger davantage de violence à des personnes qui ont déjà profondément été maltraitées dans leur vie personnelle. De plus, il s'agit de ne plus être complices des mensonges et de la brutalité des documents produits par le pouvoir esclavagiste. Contrairement à ce qu'ils affirmaient, les personnes n'étaient pas de simples marchandises.

Mais le recours à la spéculation et à l'imagination reflète également une préoccupation éthique liée à notre présent, en particulier au fait que nous continuons à vivre dans un monde profondément marqué par l'histoire de l'esclavage et de la colonisation, un reflet visible au sein même des mondes universitaires[33]. La décision de ne pas raconter l'histoire uniquement telle que les sources dont nous disposons nous disent qu'elle a eu lieu, mais telle que nous pouvons vraisemblablement imaginer qu'elle ait pu se dérouler – bien que nous ne puissions jamais le vérifier en l'absence de sources reflétant le point de vue des personnes mises en esclavage – est aussi un geste pour ceux qui vivent aujourd'hui. Pendant longtemps, les publications académiques ont contribué, comme beaucoup des représentations dominantes de l'esclavage, à construire et à diffuser une mise en scène centrée sur la « souffrance noire ». Cette focalisation a souvent réduit les expériences des personnes esclavagisées à leur douleur et à leur victimisation, en occultant d'autres dimensions de leur humanité, telles que leurs stratégies de résistance, leurs aspirations, leurs émotions ou encore leurs contributions culturelles et sociales. Dans ce contexte, le choix de Saidiya Hartman est de cesser d'écrire pour des « voyeurs », fascinés par le spectacle de la mort des Noirs, et d'imaginer un public composé de personnes en deuil, affectées et sensibles. On le sait, les personnes mises en esclavage et leurs descendants n'ont pas été seulement victimes d'une dépossession matérielle, mais également culturelle. Le travail de Saidiya Hartman peut ainsi être compris comme une contribution pour lutter contre une des formes majeures de cette dépossession culturelle, à savoir la dépossession de l'histoire. Celle-ci se manifeste par une difficulté persistante, pour de nombreux descendants des victimes de la traite, à établir un lien intime ou tangible avec leur passé, souvent ressenti comme lointain, fragmenté ou insaisissable. Cette dépossession s'exprime également dans la relation complexe et ambivalente qu'entretiennent de nombreux descendants d'esclavagisés, en Colombie et plus largement sur le continent américain, avec le continent africain, considéré à la fois comme une source d'identification et comme un espace rendu inaccessible par les fractures de l'histoire.

33. En témoigne, dans le cas de l'université du Rosario, la sous-représentation flagrante des étudiants afrocolombiens et indigènes, ainsi que l'absence quasi totale de ces populations au sein de son corps professoral. Ce constat s'applique à bien d'autres établissements d'enseignement supérieur, aussi bien en Amérique qu'en Europe.

Il faut bien reconnaître, que, en tendance, l'histoire de l'esclavage a longtemps été écrite par et pour des hommes ; par et pour des personnes privilégiées ; par et pour des personnes racisées comme « blanches ». Cependant, il est indéniable que, depuis les dernières décennies du XXe siècle, le champ académique, en particulier aux États-Unis et dans une certaine mesure dans l'espace francophone, a connu une ouverture significative. L'émergence des *Slavery Studies*, des approches centrées sur les voix subalternes, et le *personal turn* témoignent de ces transformations. Cela dit, les nouveaux entrants, malgré leurs contributions innovantes, se trouvent parfois contraints par les normes méthodologiques et les attentes du champ académique, limitant leur capacité à opérer des ruptures véritablement radicales.

La proposition de Saidiya Hartman se situe précisément à l'intersection de ces enjeux : elle invite à repenser les formes d'écriture académique en incorporant des sensibilités littéraires et des imaginaires qui déstabilisent les méthodologies historiques classiques. En ce sens, son travail soulève des défis disciplinaires majeurs, d'autant plus qu'elle n'évolue pas dans le cadre strict de l'histoire universitaire, où les évaluations par des pairs historiens imposent souvent des critères spécifiques de rigueur méthodologique. Cette position lui permet d'explorer des modes d'écriture expérimentaux, centrés sur l'expérience subjective et l'imagination, qui offrent une alternative puissante aux récits historiques traditionnels.

Hartman est tout à fait consciente des multiples dangers qu'implique le fait de s'aventurer à imaginer des éléments que les archives ne révèlent pas (ni explicitement, ni en filigrane) : entrer dans le domaine de la fiction, et surtout, faire des projections anachroniques. Mais c'est en pleine conscience de ces dangers qu'elle défend son projet. Pour elle, il ne s'agit pas d'opposer une bonne et une mauvaise solution, mais de naviguer dans un dilemme. Soit l'on choisit de s'en tenir strictement aux sources et l'on se condamne à reproduire, au moins en partie, leur logique. Soit l'on choisit de s'en émanciper, au moins en partie, et l'on risque de sacrifier certaines des règles considérées comme essentielles pour fonder la rigueur de la discipline historique. Confrontée à ce choix, et reconnaissant que nos tentatives de reconstruction du passé seront toujours de l'ordre de la « connaissance approchée », elle décide finalement que le coût le plus élevé est celui qui consiste à respecter à la fois les traditions disciplinaires et la logique de l'archive.

Pour résumer, on peut donc dire que la fabulation critique constitue une tentative de se rapprocher des expériences singulières de personnes réduites en esclavage alors même qu'elles n'ont pas laissé de traces (ou que les seules traces dont nous disposons à leur sujet sont des fragments violents). Le défi consiste donc à raconter des « histoires impossibles » (au sens où elles sont impossibles à récupérer dans leur intégralité), en imaginant ce qui a été passé sous silence ou qui a été ignoré dans le contexte de la traite transatlantique. La proposition de « fabulation critique » constitue donc, dans l'état actuel de nos disciplines, une invitation à engager un dialogue qui transcende les frontières disciplinaires des sciences sociales. Cela implique de mobiliser des méthodologies et des sensibilités issues d'autres champs du savoir, comme la littérature, les arts visuels ou encore les modes de production des communautés elles-mêmes, pour enrichir la compréhension des silences du passé. La fabulation critique devient ainsi un espace où l'histoire, l'anthropologie, les études littéraires et les pratiques artistiques se croisent et se complètent, non pas pour effacer leurs spécificités disciplinaires, mais pour mieux interroger les limites et les possibilités de chacune face à des récits marqués par l'absence et la violence des archives.

Nous souhaitons présenter, ci-après, quelques exercices de fabulation critique mis en œuvre dans le cadre du projet à travers trois initiatives mémorielles réalisées au sein de l'université du Rosario. Ces initiatives, bien qu'informées par des recherches historiques, ne visent pas à produire un récit historique *stricto sensu*. Leur objectif principal est de transmettre et de mettre en lumière une mémoire longtemps occultée, en sensibilisant les membres de l'université (étudiants, professeurs, personnels administratifs), ainsi que le public extérieur à l'institution, à ce passé difficile et méconnu. Il s'agit avant tout d'ouvrir des espaces de réflexion et de dialogue sur les résonances contemporaines de cette histoire et sur les formes de réparation mémorielle qu'elle appelle.

Onze portraits

La principale initiative du projet – explicitement conçue suivant cette volonté de « repousser les limites des archives » – a été la construction de onze « portraits imaginés », évoquant les histoires d'hommes, de femmes et d'enfants d'origine ou d'ascendance africaine ayant tous un lien avec le passé de l'université : Antonio, Agustín, Santos, Micaela, María Luisa, José del Rosario, Josefa, María Matamba, Alfonsa et ses deux enfants, María Josefa et Ana María Cuellar. Toutes ces personnes apparaissent dans divers documents d'archives, comme ayant été réduites en esclavage par le *Colegio del Rosario* entre 1667 et 1826, certaines dans le cloître et d'autres dans les haciendas.

Comme nous l'avons compris, ces portraits que nous avons voulu esquisser étaient « impossibles », au sens où ils renvoyaient à un « passé irrécupérable ». En effet, la majorité des documents d'archives dont nous disposons sont à la fois fragmentaires et violents, et ils n'ont généralement pas grand-chose à nous dire sur les expériences des personnes réduites en esclavage. Ils ne nous enseignent presque rien, par exemple, sur leur vie quotidienne, leurs pensées ou leurs sentiments. Nous n'avons pas non plus d'images les concernant. Nous nous sommes donc retrouvés face au dilemme que nous avons déjà mentionné. D'un côté, la prudence méthodologique nous invitait, dans un souci de rigueur, à ne pas en écrire plus sur les personnes que ce que nous en disaient les documents. D'un autre côté, les indications de Hartman nous exhortaient à rompre avec la logique déshumanisante des archives qui, nous l'avons dit, n'étaient pas seulement un « reflet » de la violence passée, mais qui constituaient une forme de violence en soi.

Il y avait en jeu à la fois une question éthique et une autre liée à une certaine conception de la « vérité ». En effet, le fait de suivre la logique des documents ne conduisait pas seulement à une vision moralement problématique, mais également erronée du passé. Ainsi, paradoxalement, une grande partie des documents auxquels nous avons eu accès paraissaient nous éloigner plus qu'ils ne nous rapprochaient, des expériences des personnes réduites en esclavage, fonctionnant comme un écran ou une sorte de miroir déformant.

Dans ce contexte, le recours à la créativité et à la construction de récits possibles – plus que strictement avérés – était une manière de ne pas nous rendre – ou de ne pas nous sentir totalement désemparés – face aux violences et aux silences des documents. Paradoxalement, le recours aux outils de la fiction ou de l'imaginaire se faisait donc au nom de la volonté de s'approcher d'une forme de « vérité », inaccessible dans les archives produites dans le cadre d'un système qui a contribué à la déshumanisation systématique des personnes, les réduisant à l'état de « marchandises ».

Pour finir, l'un des arguments centraux du projet était donc que la construction des récits (et, dans ce cas, des portraits) devait commencer par la lecture des archives, mais qu'elle impliquait également de s'en autonomiser ou de s'en émanciper, au moins partiellement. Il fallait se risquer à écrire non pas seulement avec, mais aussi en dépit et contre ce que les documents nous disaient sur les personnes ayant été réduites en esclavage. Contrairement à ce qu'avaient pu nous laisser croire nos intuitions immédiates, nos récits sur les personnes asservies seraient vraisemblablement plus profonds et plus convaincants si l'on utilisait notre imagination pour nous éloigner de ce que les archives représentaient.

Évidemment, ces tentatives d'émancipation face aux archives et à leur violence étaient problématiques pour de nombreuses raisons que nous avons déjà mentionnées (la principale étant les risques de projections anachroniques ou ethnocentriques). De notre point de vue, ces risques sont bien réels mais on peut les justifier, dès lors qu'ils s'accompagnent d'une exigence de transparence, d'humilité et de réflexivité. Il est important de reconnaître, dans cette logique, que les portraits ont été construits de manière à susciter des inquiétudes et des interrogations plus que pour formuler des réponses définitives. Ces questions vont dans deux directions principales.

D'une part, les portraits ont été construits comme une invitation à réfléchir aux conditions de production des archives et aux modalités de production des récits historiques. Il s'agit de mettre en avant les documents de façon à permettre aux spectateurs de prendre la mesure des défis et des obstacles que rencontrent les chercheurs qui ont l'ambition de reconstruire les vies des personnes qui ont été mises en esclavages : comment raconter l'histoire d'hommes, de femmes et d'enfants dont la vie a été brutalisée et réduite au silence et sur lesquels nous ne disposons que d'informations fragmentaires ? Comment ces personnes sont-elles entrées dans les archives et, par la suite, dans divers récits historiques ? En quoi les conditions dans lesquelles ces vies apparaissent (et disparaissent) dans les archives sont-elles révélatrices de l'expérience de l'esclavage ?

D'autre part, les portraits invitent les spectateurs à imaginer la manière dont ces vies ont pu être vécues. Les portraits ne prétendent pas en effet « raconter ce qui s'est passé » dans la vie de chacun (puisque nous ne le saurons jamais), mais ils proposent plutôt de spéculer sur ce qui aurait pu se passer, en insérant, dans la mesure du possible, les expériences de chacun dans les contextes historiques qui les ont produites. Ce travail spéculatif est à la fois incertain et risqué. Incertain, car si les portraits se veulent des représentations plausibles des expériences (socialement et historiquement situées) de ces personnes, nous savons pourtant bien que ce sont des constructions rétrospectives et que les vies qu'ils sont censés évoquer resteront largement mystérieuses pour nous. Risqué, car si notre objectif est d'éveiller, chez les visiteurs, une sensibilité historique en affirmant de façon très claire la nature spéculative des exercices réalisés, il n'est pas certain que, pour les spectateurs, la distinction soit évidente entre ce qui est strictement avéré et ce qui relève du travail de l'imagination. Cette ambiguïté soulève une question fondamentale : comment, dans un contexte mémoriel, conjuguer rigueur historique et recours à l'imagination sans diluer la frontière entre les faits établis et les hypothèses interprétatives ? Cette tension souligne l'importance d'accompagner ces productions spéculatives d'un cadre explicatif clair, permettant d'articuler leur visée pédagogique et mémorielle tout en sensibilisant le public aux limites inhérentes aux archives historiques disponibles et aux possibilités offertes par une approche créative de la mémoire.

Les portraits ont été présentés à travers trois dispositifs principaux.

La ruta afrodiasporica *: un parcours mémoriel*

La première initiative commémorative que nous avons entreprise autour du projet a été la construction d'une visite guidée du cloître de l'université en 14 étapes, en collaboration avec le musée de l'université du Rosario (MURO). La visite peut se réaliser de manière présentielle ou virtuelle, grâce à un projet d'humanités numériques qui a été rendu public en 2023 pour célébrer le 370e anniversaire de l'université, et qui permet au public d'avoir accès à toutes les sources primaires identifiées dans le cadre de la recherche[34]. Si les différentes étapes ne sont pas toutes construites autour d'un portrait singulier, les visiteurs peuvent néanmoins

34. La version en français est disponible dans le lien suivant : https://storymaps.arcgis.com/stories/83b749c607b44832bf6eae3152c18a0b.

découvrir, au fil de leur visite, les onze portraits que nous avons esquissés. Nous les présenterons brièvement dans les lignes qui suivent, en essayant de préciser la démarche d'écriture ainsi que les logiques qui ont présidé à leur élaboration.

Les deux premiers portraits sont présentés à la deuxième étape du parcours, située dans un bâtiment connu sous le nom de *Casa Rosarista*, qui abrite plusieurs salles nommées en hommage aux *haciendas* que l'université possédait autrefois. C'est ici que les visiteurs découvrent les histoires de deux personnes mentionnées dans un inventaire de 1767. La première est une femme appelée Maria Matamba. Bien que les informations dont nous disposons à son sujet soient extrêmement fragmentaires – la seule trace qui subsiste d'elle est son nom inscrit sur une ligne d'inventaire – nous avons choisi d'imaginer son portrait en nous basant sur un cas similaire : celui d'une autre Maria Matamba, sa contemporaine, pour laquelle de nombreuses sources existent. Cette deuxième Maria Matamba, qui a vécu à la même époque dans une région proche de la première, a fait l'objet d'une étude approfondie par l'historien Rafael Díaz[35]. Ce portrait imaginé permet ainsi d'aborder la question de la résistance identitaire et des « traces d'africanité » (*huellas de africanía*), ces éléments matériels et culturels venus d'Afrique que la traite et l'esclavage n'ont pas réussi à effacer totalement. L'histoire de Maria Matamba devient alors un symbole de la résilience face à l'effacement culturel imposé par le système esclavagiste. Le deuxième portrait est celui de José del Rosario, dont le cas est particulièrement remarquable, puisqu'il fut à la fois esclave et administrateur de l'une des *haciendas* de l'université. Deux documents clés ont servi de base pour reconstituer son histoire : le premier est un inventaire qu'il a lui-même rédigé, où il s'inclut parmi la liste des biens de *l'hacienda,* soulignant ainsi de manière poignante la déshumanisation que l'esclavage imposait. Le second document est un acte de réunion signé par le recteur, qui se plaint que l'hacienda soit « passée aux mains des esclaves » et recommande une reprise en main, avec la nomination d'un nouvel administrateur. Ce portrait permet d'explorer les formes de pouvoir et d'agentivité que certaines personnes réduites en esclavage ont pu conquérir dans des contextes spécifiques, malgré les conditions oppressives. L'histoire de José del Rosario illustre que, même au sein d'un système conçu pour les subjuguer, certains esclaves parvenaient à négocier des marges de manœuvre significatives, redéfinissant leur position dans l'ordre social et exerçant une certaine influence sur leur propre destin.

À l'étape suivante, consacrée au thème de la liberté, les visiteurs découvrent les histoires d'Agustín et d'Ana María Isabel Cuellar, deux personnes qui ont réussi à échapper à l'asservissement imposé par le *Colegio Mayor*, à des époques différentes : l'un à la toute fin du XVIIe siècle, l'autre dans la première moitié du

35. Rafael Díaz, « El caso de Ana María Matamba », dans Roberto Burgos Cantor (éd.), *Rutas de libertad : 500 años de travesía*, Bogotá, Éd. Pontifica Universidad Javeriana, 2010, p. 21-25.

XIXe siècle. Tous deux se sont enfuis, l'un depuis l'hacienda et l'autre depuis le cloître, symbolisant ainsi les multiples formes de fuite et de résistance qui ont marqué l'histoire des personnes asservies dans la région andine. Si les documents dont nous disposons sur leurs vies sont, une fois de plus, fragmentaires[36], ces cas nous permettent d'évoquer une réalité presque entièrement effacée de la mémoire publique de la région : celle du « cimarronage » — c'est-à-dire l'évasion et la résistance des personnes réduites en esclavage qui fuyaient les plantations pour se libérer du joug de l'oppression — et des « *palenques* », des communautés autonomes et fortifiées fondées par ces fugitifs, où ils pouvaient reconstruire des formes de vie collective et organiser des résistances face à l'ordre esclavagiste. Ces pratiques sont en effet généralement associées à la côte caraïbe ou pacifique de la Colombie[37], mais elles ont existé dans toutes les zones où des personnes ont été réduites en esclavage, y compris dans la région andine, et en particulier à Bogotá, qui reste pourtant largement absente des représentations publiques de l'histoire de l'esclavage en Colombie. Le cas d'Agustín, bien qu'entouré de mystère, mérite une attention particulière. Nous savons peu de chose sur sa vie, mais un document révèle qu'il fut accusé de meurtre avant de s'échapper. Après sa fuite, il fut activement recherché par les autorités de l'université, qui souhaitaient le capturer pour le vendre. Si nous ne savons pas comment son histoire se termine, elle nous permet d'évoquer – en recourant à d'autres sources – les formes de criminalisation auxquelles les personnes mises en esclavage étaient confrontées. L'histoire d'Ana María Isabel Cuellar, quant à elle, met en lumière une facette moins connue du cloître universitaire, qui, loin de se limiter à son rôle de lieu d'étude et de production de savoir, fonctionnait même au XIXe siècle comme un espace où les dynamiques de l'esclavage étaient bien présentes. Sa fuite montre également que, même dans un lieu associé à la discipline et au contrôle, il était possible de trouver des fissures dans le système, qui pouvaient être exploitées pour tenter de s'affranchir de l'oppression.

La troisième étape est aussi l'occasion de présenter le « portrait imaginé » de Josefa, épouse de José del Rosario, dont l'inventaire indique qu'elle était formellement « libre », permettant ainsi de réfléchir sur les différents degrés de liberté et de servitude.

36. Les documents dont nous disposons au sujet d'Ana María, qui ne sont pas conservés au sein des archives de l'université, mais au sein de l'*Archivo General de la Nación*, sont plus fournis, car ils sont issus d'un procès dans lequel Ana María était accusée de vol. C'est au cours de la reconstruction des faits que l'on apprend qu'elle s'est échappée du *Colegio Mayor*.

37. Le cas le plus célèbre est celui de San Basilio de Palenque, dans la région de Carthagène, reconnu en 1713 comme le premier territoire libre des Amériques après avoir signé un accord avec les autorités coloniales espagnoles. Ce village, dont l'existence se prolonge jusqu'à aujourd'hui, est considéré comme un symbole de résistance et de préservation culturelle des communautés afrodescendantes en Colombie. Voir Johana Oliveros Mantilla, « Historias locales, historias de resistencia : Una aproximación a la cultura material de San Basilio de Palenque, siglos XVIII-XX », *Memorias. Revista Digital de Historia y Arqueología desde el Caribe,* n° 7, 2007, p. 76-92.

Le quatrième arrêt est situé à l'emplacement de l'ancienne cuisine. Nous y présentons les cas d'Antonio et de Maria Luisa, tous deux chargés de préparer la nourriture pour les étudiants et les professeurs. Leurs situations montrent que l'esclavage faisait partie intégrante de la vie quotidienne au sein du cloître à certaines époques. Les questions que soulève le portrait imaginé portent sur l'expérience de l'esclavage dans un contexte urbain (en comparaison avec l'hacienda).

Le cinquième arrêt, situé sur les lieux des anciens dortoirs, se concentre autour du portrait d'une femme que nous avons appelée Micaela et qui, en 1718, vivait à quelques rues du cloître. Les archives ne la nomment que comme la *Mogollona* et la décrivent comme une « mulâtre, femme de mauvaise vie » (« *mulata mujer de mal vivir* »). Son cas permet d'évoquer non seulement la présence de personnes afrodescendantes et indigènes autour de l'université, un espace traditionnellement imaginé comme « blanc » tant à l'époque coloniale qu'à l'époque républicaine, mais aussi de réfléchir, dans une perspective intersectionnelle, aux stéréotypes et aux formes d'hypersexualisation dont les femmes afrodescendantes ont été victimes depuis longtemps.

Le sixième arrêt, situé dans les bureaux du recteur, invite à un examen honnête et ouvert de la violence brutale inhérente à l'esclavage, qualifié de crime contre l'humanité lors de la Conférence mondiale contre le racisme à Durban en 2001. Il permet de présenter, tout d'abord, le portrait d'un adolescent que nous appelons Santos, mais que les archives mentionnent simplement comme « un *mulatico* », atteint de la lèpre, et que les autorités universitaires décidèrent d'échanger contre une mule. Cet arrêt permet également d'aborder le cas d'Alfonsa, une mère de 21 ans, qui apparaît avec sa fille Maria Concepción et son bébé de huit mois, José Tomas, dans un inventaire de l'hacienda San Miguel. Nous ne savons rien sur les membres de cette famille – à part le prix attribué à chacun – mais leur cas nous permet d'aborder la dislocation des dynamiques familiales, comme l'une des formes extrêmes de violences produites par l'esclavage.

Finalement, le dernier cas, présenté au douzième arrêt, est celui d'une enfant, Maria Josefa, âgée de huit ans à peine lorsqu'elle a été achetée puis vendue par Antonio Nariño au recteur du *Colegio Mayor del Rosario* en 1787. Nous ne saurons probablement jamais ce qu'elle a vécu dans la maison de Nariño ou au sein du *Colegio Mayor*, mais son cas est particulièrement frappant car Antonio Nariño est connu pour sa traduction de la Déclaration des droits de l'homme ainsi que pour le rôle qu'il a joué dans l'indépendance du pays. L'histoire de Maria Josefa nous confronte donc à un douloureux paradoxe : comment les principaux défenseurs des Lumières pouvaient-ils simultanément être impliqués dans l'achat et la vente de personnes – et notamment d'enfants – à des fins lucratives ? Ce paradoxe rappelle évidemment celui de figures comme Thomas Jefferson aux États-Unis, auteur de la Déclaration d'indépendance qui proclame que « tous les hommes sont créés égaux », mais qui possédait néanmoins des centaines de personnes réduites en esclavage et profitait directement de leur exploitation. Ces contradictions, à travers des contextes différents, révèlent les insuffisances des idéaux universalistes des Lumières face aux exclusions persistantes liées au genre, à la race et à la classe.

L'exposition des « portraits imaginés »

La deuxième initiative commémorative que nous avons proposée est une version visuelle des onze portraits que nous présentons dans le parcours[38]. Ces portraits – malgré leur apparence réaliste – sont clairement des productions de notre présent et il serait illusoire (voire trompeur) de laisser entendre qu'ils pourraient être une représentation fidèle du passé. Plus encore que les textes, en effet, les images produisent un « effet de réalité », donnant l'illusion aux spectateurs qu'elles auraient la capacité de reproduire le réel[39].

Si nous sommes bien conscients de ces risques, nous défendons malgré tout l'utilité de ces « portraits imaginés » au sein du projet comme une manière de confirmer la rupture avec la logique déshumanisante de la traite transatlantique (qui est aussi, on l'aura compris, la logique des archives de la traite). Il ne fait aucun doute que les portraits ont probablement tout faux dans la façon de représenter les différentes personnes que nous avons choisies : leur apparence physique, la forme de leur visage, leur façon de s'habiller, etc. Mais, nous savons qu'ils ont raison, cependant, sur un point sensible : ces personnes du passé étaient bien des êtres humains, et non pas seulement des biens consignés dans un inventaire, comme le laisse entendre la plupart des archives dont nous disposons. La construction de ces « portraits imaginés » doit donc être comprise comme un geste pour le présent, dans le cadre d'un projet d'histoire publique : c'est une manière de rappeler la

38. L'exposition des portraits est disponible dans le lien suivant : https://artsandculture.google.com/story/gwWRzJSZfx8ZPQ.

39. Cet « effet de réalité » confère aux images ce que Jean Claude Passeron appelle une force assertorique, c'est-à-dire qu'elles affirment implicitement une relation au vrai, même lorsqu'elles sont fabriquées de toutes pièces. Un autre aspect controversé du projet réside dans le fait que les portraits n'ont pas été réalisés par des artistes, mais grâce à un programme d'intelligence artificielle, DALL-E. Nous sommes bien conscients que l'utilisation de ces technologies soulève des questions morales et politiques importantes pour plusieurs raisons. Tout d'abord, il peut sembler contradictoire de parler d'« humanisation » des figures historiques alors même que leurs portraits ont été générés par des « non-humains ». Un second problème réside dans le fait que les logiciels d'IA sont développés par des entreprises qui reproduisent souvent des formes contemporaines d'exploitation et de violence, en particulier dans les chaînes de production technologique et les conditions de travail associées. Enfin, une troisième difficulté est liée à ce que nous pourrions appeler les « politiques de représentation » : l'IA, loin d'être neutre, risque de perpétuer des stéréotypes et des biais hérités des ensembles de données sur lesquels elle est entraînée. En représentant des personnes asservies à partir d'algorithmes, nous courons le risque de reproduire des visions anachroniques ou inadéquates du passé, ou de rouvrir des blessures historiques au lieu de contribuer à leur guérison. Nous sommes bien conscients qu'il nous est impossible d'éliminer ces risques ni de lever toutes les incertitudes liées à l'utilisation de ces nouvelles technologies. Cependant, nous assumons cette approche, dans le cadre d'un projet de sensibilisation et d'histoire publique.

violence raciste dont ces personnes ont été victimes au cours de leur vie, mais aussi de dénoncer l'effacement dont elles ont été victimes sein des histoires institutionnelles.

On notera que le fait d'exposer ces portraits dans un lieu visible et de passage de l'université avait une signification spéciale[40]. En effet, les « portraits individuels » représentent le principal genre artistique au sein des collections du musée de l'université, témoignant de la longue histoire de l'institution. Comme on pouvait s'y attendre, ces portraits – essentiellement des recteurs mais aussi des personnalités politiques ou religieuses – reflètent bien peu la diversité de la population du pays. Ainsi, aucune des peintures exposées sur les murs de l'université ne représente une personne d'origine africaine ou indigène au premier plan. Et il n'existe pas non plus de représentations de femmes, à l'exception de la *Bordadita*, la vierge patronne de l'université. Pendant longtemps, et jusqu'à aujourd'hui, les seules personnes qui ont été mises en valeur et célébrées par l'institution – à travers ces portraits – étaient des hommes *criollos* qui appartenaient aux secteurs les plus riches et les plus puissants de la société. La « *aula máxima* » – la salle où se déroulent aujourd'hui la plupart des actes cérémoniels ou protocolaires de l'institution – est probablement l'un des lieux les plus emblématiques de ce paysage universitaire. Les portraits qui en remplissent les murs ne laissent aucun doute sur le fait que l'université du Rosario est une institution chargée d'histoire; mais il apparaît également très clairement que cette histoire n'a été faite que par des hommes, blancs et puissants.

D'une manière générale, toutes les formes d'ornementation que l'on trouve dans l'environnement universitaire (plaques commémoratives, images, représentations, peintures, etc.) sont révélatrices de l'image que l'institution projette d'elle-même, que ce soit de façon consciente ou non. Or, il nous faut bien reconnaître que, comme dans le cas de nombreuses institutions d'origine coloniale, la « culture visuelle » dominante de l'université du Rosario reste fortement marquée par l'exclusion: la visibilité et la reconnaissance pour les uns, le silence et la disparition pour les autres. Dans ce contexte, l'attribution de l'excellence a été systématiquement réservée à un groupe social restreint, laissant de côté de larges secteurs de la population sur la base du genre, de l'appartenance ethnico-raciale ou de la classe. À contempler les portraits exposés sur les murs, il n'est pas difficile de conclure, en effet, que les femmes, les groupes afrodescendants ou indigènes, les classes populaires, etc. n'ont clairement pas eu leur place au sein de mondes intellectuels.

40. L'exposition a été présentée dans le *Teatrino*, un petit théâtre situé dans l'ancienne salle à manger du cloître. Tout au long de l'année 2023, ce lieu a attiré un afflux quotidien important de visiteurs, avec environ 2 000 étudiants et 150 visiteurs par jour. En plus de cette présence « spontanée », nous avons organisé, en collaboration avec le musée et les archives de l'université, divers événements: visites guidées, conférences et débats académiques.

L'université du Rosario a cependant cessé d'exiger de ses étudiants la « pureté du sang » depuis de nombreuses années : les hommes blancs *criollos* des classes supérieures ne sont plus les seuls à pouvoir y étudier. De fait, comme dans de nombreux établissements d'enseignement supérieur dans le monde, il existe, au sein de l'université du Rosario, un débat sur l'importance de la diversité : si certains secteurs au sein de l'université continuent de défendre l'idéal d'une institution socialement exclusive et politiquement conservatrice, d'autres insistent au contraire sur le fait que la défense de la diversité ne constitue pas seulement, au XXIe siècle, un impératif moral, mais une condition nécessaire pour aspirer à l'excellence. Pendant des siècles, les universités d'élite ont été construites sur un modèle qui assimilait la « qualité sociale » à la « qualité académique » : les meilleures écoles étaient conçues pour éduquer les jeunes hommes issus des classes les plus privilégiées. Ce postulat – qui est loin d'avoir entièrement disparu – ne va pourtant plus totalement de soi : loin d'être une vertu, l'absence de diversité – entendue en termes de genre, de classe ou d'appartenance ethnico-raciale – est aujourd'hui interprétée par certains – souvent sous l'influence de tendances internationales – comme une limitation pour les institutions qui visent à contribuer à la construction de la connaissance[41]. Dans le droit fil de ces changements, le Rosario a pris d'importantes initiatives pour se transformer en une institution plus inclusive : non seulement par le biais de programmes de bourses, mais aussi par la création de divers centres dédiés à la célébration et à la promotion de la diversité. Elle reste, malgré tout, une université privée, largement réservée aux étudiants issus des classes moyennes et supérieures.

Dans le contexte colombien, la reconnaissance de la diversité ethnico-raciale doit être comprise en lien direct avec la Constitution de 1991, qui a marqué un tournant historique en permettant à la Colombie de se définir pour la première fois comme une nation pluriethnique et multiculturelle. Ce cadre constitutionnel a conféré une reconnaissance juridique et symbolique aux populations indigènes et afrodescendantes, héritières de l'esclavage, accompagnée de droits spécifiques. Ces populations, longtemps perçues comme des obstacles au développement du pays, vouées à disparaître ou à être « civilisées », ont été repensées par la nouvelle Constitution comme une richesse essentielle à la nation. Loin d'être des reliques du passé, ces peuples sont désormais officiellement considérés comme des acteurs fondamentaux de la nation dont l'autonomie et les spécificités doivent être garanties. Bien que ce changement de paradigme ait imposé à l'ensemble des institutions colombiennes de réviser leurs approches, la mise en œuvre concrète de cette reconnaissance a été inégale, en particulier dans les universités. Si ces

41. Pour une réflexion critique récente sur les politiques de la diversité dans les universités étasuniennes : Amy M. Magnus, Susan Bibler Coutin et Frances Leslie, « Doing Diversity Work in Higher Education : Systemic Inequality, Institutional Change, and Campus Attitudes », *Equity in Education & Society*, vol. 3, no 3, 2024, p. 352-367.

dernières ont dû officiellement adopter les principes de diversité promus par la Constitution, en pratique, les transformations restent souvent superficielles. Cela se reflète dans la composition des corps estudiantin et professoral, ainsi que dans les programmes d'enseignement, où l'absence de progrès significatif en matière de décolonisation est flagrante. Les contenus académiques et les dynamiques internes des universités continuent à refléter une vision en décalage par rapport aux aspirations multiculturelles et pluriethniques de la société colombienne.

L'exposition des « portraits imaginés » doit donc être comprise comme un effort pour aligner les pratiques universitaires avec les principes de reconnaissance, d'inclusion et de décolonisation qui sous-tendent le projet constitutionnel. La volonté de générer un dialogue avec les portraits déjà exposés à l'université nous paraît, en ce sens, tout à fait essentielle. Dans certains cas, le dialogue était même tout à fait direct, car il nous a été possible de placer côte à côte les « portraits imaginés » de certaines personnes réduites en esclavage et les « portraits d'époque » des recteurs responsables de cette mise en esclavage. Il nous a semblé que le simple fait d'exposer les visages – fussent-ils « imaginés » – de personnes d'ascendance africaine – y compris des femmes et des enfants – représentait un pas important non seulement pour notre projet mais aussi pour l'université, comme une première tentative d'une reconnaissance publique des liens entre l'histoire de l'institution et celle de l'esclavage.

Deux intentions principales peuvent être soulignées à cet égard. La première concerne le présent et la nécessité de célébrer la diversité ethnoraciale dans les espaces publics de l'université : même si ce n'est que de manière embryonnaire, les 11 portraits que nous avons choisis peuvent contribuer à faire de notre environnement un meilleur reflet du monde pluraliste que l'université pourrait incarner. La seconde – peut-être la plus importante – concerne le passé et la nécessité de revendiquer la présence et l'importance des populations amérindiennes et afrodescendantes dans l'histoire officielle de l'université. L'un des principaux arguments de notre recherche consiste à dire que si ces populations sont, jusqu'ici, restées invisibles, ce n'est pas parce qu'elles étaient absentes, mais parce qu'elles ont été rendues invisibles. Elles font indéniablement partie du passé de l'institution, mais n'ont pas été incluses dans son histoire. Comme l'ont bien montré diverses universités nord-américaines, et notamment l'université de Brown, les histoires d'oppression raciale au sein des institutions d'éducation supérieures ont souvent été « cachées à la vue de tous »[42]. C'est-à-dire qu'elles n'avaient jamais fait l'objet d'une reconnaissance institutionnelle, alors même qu'il existait une abondance de preuves qui permettaient de démontrer de façon irréfutable que les questions raciales n'avaient pas occupé une place périphérique mais bien centrale dans le

42. *Slavery and Justice : Report of the Brown University Steering Committee on Slavery and Justice,* Brown University, 2006, https://slaveryandjustice.brown.edu/.

passé. Dans le cas du Rosario, comme nous l'avons déjà dit, il suffit d'ouvrir les premières pages des Constitutions de 1654 pour se rendre compte que les haciendas – et donc l'esclavage et l'*encomienda* – furent des questions fondamentales à la fois pour la fondation et pour le fonctionnement de l'institution.

La pièce de théâtre : « Une ligne d'inventaire »

La troisième initiative – intitulée « *Une ligne d'inventaire* » – est une pièce de théâtre qui évoque la vie des mêmes onze personnes représentées dans les « portraits imaginés ». La pièce a en effet été conçue en lien avec l'exposition et la mise en scène est faite pour donner l'impression que les personnages « sortent » de leurs tableaux respectifs. Écrite à partir des résultats du projet de recherche et dirigée par Catalina Mosquera et Julián Díaz du collectif théâtral *Diookaju Arte Afro*, la pièce utilise la performance, la danse, la musique et la vidéo comme autant d'outils narratifs qui permettent de proposer aux spectateurs une expérience aussi sensible et significative que possible.

Comme dans le cas de l'exposition, il s'agit d'entrelacer le travail sur archives et une forme d'expression artistique – dans ce cas, les arts dramatiques – pour approfondir nos exercices de « fabulation critique » autour de ce qu'auraient pu être les vies de ces personnes mises en esclavage, à la fois dans les *haciendas* et dans le cloître[43]. Ainsi, la pièce a été construite comme une succession de monologues, qui correspondent chacun à un personnage particulier. Le point de départ de chaque texte est le document d'archive qui mentionne la personne, document dont il s'agit ensuite de s'émanciper. La pièce s'intitule une « ligne d'inventaire » précisément pour nous rappeler que, comme nous l'avons déjà souligné, la présence des esclavagisés dans les archives de l'université se limite souvent à une mention dans un « livre de comptes » ou dans un « registre d'esclaves ».

Or, la liberté créative qu'offre la dramatisation permet de contrecarrer – plus facilement que dans le cas d'une recherche strictement académique – les silences et les violences des archives. Si, dans les sources disponibles, les personnes esclavagisées n'ont pas de voix propres et si elles sont systématiquement « transformées en marchandises », la pièce fait le pari de renverser les hiérarchies d'attention : elle place volontairement sur le devant de la scène des sujets historiques qui, jusqu'à présent, ont été confinés dans une sorte d'« obscurité historique ».

43. Sur l'évolution des pratiques historiographiques et la recherche de nouveaux modes d'écriture en histoire, en particulier au-delà de l'imprimé, voir le numéro spécial dirigé par Axelle Brodiez et Émilien Ruiz (dir.), « Écrire autrement ? L'histoire sociale en quête de publics », *Le Mouvement Social*, n° 269-270, 2019. Ce numéro explore l'usage de formes narratives alternatives telles que le documentaire, le théâtre et la bande dessinée. Ces formes permettent d'engager un dialogue avec des publics divers et d'élargir la portée de l'histoire sociale, en intégrant les dimensions sensibles et créatives propres aux arts vivants.

On pourrait donc dire que la création théâtrale cherche à réaliser le rêve – inaccessible aux chercheurs en sciences sociales qui restent dans les limites habituelles de leurs disciplines – de « ressusciter des vies à partir des ruines » (pour reprendre une expression de Saidiya Hartman)[44]. Ainsi, la pièce prend le risque d'imaginer des situations et des expériences dont il ne reste pas de traces dans les archives, et le jeu des acteurs permet de donner à ce travail de l'imagination une dimension « incarnée ». On notera d'ailleurs que l'écriture de la pièce ne s'est pas limitée à l'analyse des documents d'archives et des ouvrages académiques, mais qu'elle s'est également nourrie de diverses œuvres de fiction, telles que *Homegoing* de Yaa Gyasi et *Beloved* de Toni Morrison, qui explorent la vie et l'expérience de personnes réduites en esclavage dans le contexte étasunien. Ces productions culturelles ont été des inspirations importantes dans la construction de la tension dramatique de la pièce. Elles ont également permis de développer une approche plus sensible et nuancée des expériences que nous cherchions à représenter, en offrant une dimension émotionnelle et intime à des récits souvent fragmentaires ou distants dans les sources historiques.

Cela ne signifie pas, néanmoins, que la pièce puisse s'émanciper du grand défi qui touche le projet dans son ensemble et qui est, on l'aura compris, celui de devoir faire face à des questions auxquelles il est impossible d'apporter une réponse certaine ou définitive : Comment les personnes réduites en esclavage ont-elles donné un sens à leur vie en dépit de la marchandisation et de la domination qui les écrasaient ? Comment auraient-elles choisi de raconter leurs histoires ?

En ce sens, le récit de la pièce est également construit de manière à suggérer aux spectateurs qu'il y aura toujours des dimensions non résolues et contradictoires dans les tentatives de reconstruction de ces vies passées. Si l'on peut se risquer à combler certaines lacunes liées aux silences et aux biais des archives, on ne doit en revanche jamais fermer définitivement nos interprétations (puisqu'elles ne pourront jamais être définitivement vérifiées). Suivant cette logique, la pièce ne contient pas uniquement des récits spéculatifs sur ce qu'auraient pu être les vies des personnes asservies, mais aussi des réflexions sur l'impossibilité de reconstituer la vie des personnes asservies.

De fait, la pièce est explicitement construite comme un dialogue entre le passé et le présent. Le point de départ du récit est constitué par deux adolescents afrodescendants contemporains qui, un jour de protestation, se réfugient à l'université du Rosario et découvrent une série de documents liés au passé esclavagiste de l'institution. À mesure que les adolescents fouillent dans les archives, les personnes asservies surgissent une à une, comme des « fantômes » émergeant des portraits exposés sur le site : tour à tour, elles racontent leur histoire et y réfléchissent. La mise en scène est ainsi conçue comme une série d'allers-retours permanents entre les XVIIe, XVIIIe et XIXe siècles et aujourd'hui. En ce sens, les personnes asservies – auxquelles les acteurs donnent vie – ne nous invitent

44. Saidiya Hartman, « Venus in Two Acts », *op. cit.*, p. 3.

pas seulement à découvrir un passé lointain, mais aussi à problématiser et à questionner un présent encore marqué par les séquelles du passé esclavagiste.

Divers enjeux éthiques tournent autour de ce dialogue entre le présent et le passé. Le premier d'entre eux est lié à la nécessité d'affirmer, encore une fois, que ces vies, malgré le mépris et la violence dont elles ont fait l'objet, ont été – et sont encore – importantes. Sur qui les historiens écrivent-ils? Quelles sont les vies auxquelles ils accordent de l'importance? Ces questions ont plus à voir avec les enjeux éthiques du présent qu'avec le passé lui-même. Or, les histoires institutionnelles, telles qu'elles ont été écrites jusqu'ici, ont eu tendance à déterminer la « valeur historique » des individus en fonction de leur « valeur sociale ». Évidemment, cette conception peut paraître bien éloignée des standards actuels de la discipline et il y a longtemps que les historiens ne considèrent plus les groupes privilégiés comme étant les seuls capables de « faire l'histoire ».

La question des critères permettant de déterminer l'« importance historique d'une vie » est en effet un vieux débat au sein de la discipline historique. Comme l'a souligné Carlo Ginzburg, le travail de l'historien repose structurellement sur l'analyse des traces. Cette affirmation peut être interprétée de deux manières. La première consiste à considérer que le fait d'avoir laissé des « traces » dans les archives constitue une condition *sine qua non* pour qu'un individu puisse être intégré dans un récit historique. L'idée semble de bon sens: pour être « recherché », il faut d'abord être « recherchable ». Cependant, cette interprétation stricte peut entraîner une réduction de l'histoire aux vies les mieux documentées, écartant ainsi celles qui, par leur invisibilité dans les archives, seraient jugées moins significatives. La seconde interprétation met l'accent sur la capacité des historiens à travailler à partir de fragments incomplets. Comme l'ont montré de nombreuses recherches, le caractère lacunaire des archives ne doit pas empêcher l'enquête historique[45]. Même lorsque l'on ne dispose que de vestiges infimes, il est possible de proposer des reconstitutions riches de sens, révélant des vies jusque-là invisibilisées.

Les travaux de Saidiya Hartman et de Marisa Fuentes s'inscrivent dans la lignée de cette seconde interprétation, rappelant que l'association entre « importance archivistique » et « importance sociale » est problématique et que l'absence de traces abondantes ne doit pas empêcher de rendre justice à des vies reléguées au silence. En ce sens, la fabulation critique, loin de s'éloigner des exigences de la discipline historique, peut être pensée comme une tentative de réponse au défi de construire des récits qui transcendent les limites déshumanisantes des fragments disponibles. L'enjeu est donc double, éthique et méthodologique: comment, à

45. On pensera à des ouvrages déjà classiques (comme le livre d'Alain Corbin, *Le monde retrouvé de Louis-François Pinagot: sur les traces d'un inconnu (1798-1876)*, Paris, Flammarion, 1997) ou les recherches plus récentes de Manon Pignot sur les enfances en guerre et leur invisibilité dans les archives (voir par exemple: « "Les enfants ne vont pas au front": les combattants juvéniles de la Grande Guerre », *Le Mouvement Social*, vol. 4, nº 261, 2017, p. 31-47).

partir de ces fragments qui reflètent souvent une violence structurelle, produire des récits capables de restituer l'humanité et la complexité des vies oubliées, sans pour autant trahir les contraintes de la discipline ?

Un deuxième défi éthique est lié à l'importance de reconnaître et de respecter l'humanité des personnes qui ont été réduites en esclavage, invitant à réfléchir aux positions – subjectives et objectives – des chercheurs. Si le champ des études sur l'esclavage a été profondément renouvelé, c'est en partie grâce au rejet d'une vision dépassionnée et détachée à la fois des processus de recherche et des modes d'écriture. Là encore, les écrits de Saidiya Hartman et de Marisa Fuentes constituent un modèle : ces autrices ont développé des approches empiriques et théoriques sophistiquées qui soulignent la nécessité de rompre radicalement avec la violence distante et froide qui caractérise non seulement bon nombre des sources historiques disponibles pour étudier l'esclavage (telles que les actes de vente ou les inventaires), mais aussi une partie importante de l'historiographie traditionnelle.

Très loin du modèle des chercheurs « détachés émotionnellement » qui incarneraient la « vraie science », Hartman et Fuentes revendiquent l'importance des liens affectifs et politiques forts qu'elles ont – en tant que femmes afro-américaines – avec les histoires sur lesquelles elles enquêtent. On pourrait dire, en ce sens, qu'elles assument pleinement la nécessité de remplacer, dans la recherche sociale et historique, l'idéal de l'objectivité par celui d'une réflexivité sensible[46]. Leurs écrits sont la preuve que, dans certaines circonstances, les liens affectifs avec l'objet d'étude – marqués, dans ce cas particulier, par la question de la douleur – pouvaient devenir de puissants moteurs pour la construction de la connaissance (plutôt que des obstacles ou des biais qu'il faudrait « contrôler »). C'est en effet une forme de sensibilité et d'empathie avec la souffrance – relativement absente ou réprimée chez de nombreux auteurs des générations antérieures – qui leur a permis de développer de nouvelles perspectives, de construire de meilleurs récits et de proposer des réflexions plus profondes sur l'expérience de la mise en esclavage. En ce sens, le caractère poignant de leurs textes – écrits par des personnes qui assument le fait d'avoir été affectées par ce qu'elles ont découvert au cours de leurs processus d'enquête – n'enlève rien à leur niveau de sérieux et de sophistication.

Il nous semble important de clarifier, pour conclure, un malentendu récurrent : il ne s'agit pas ici de défendre l'idée suivant laquelle un engagement politique ou affectif envers l'objet d'étude garantit automatiquement la qualité des récits historiques. Il va sans dire que les « bons sentiments » ne conduisent pas nécessairement à de « bons récits historiques ». En ce sens, le fait de reconnaître

46. Notons ici aussi que ce mouvement de renouvellement ne leur est pas exclusif : il reflète plutôt des évolutions qui ont caractérisé l'ensemble des disciplines sociales et historiques. Dans le cas de l'histoire, il est évident, par exemple, que des historiennes comme Natalie Zemon Davis ou Joan Scott ont profondément contribué à réinventer la manière dont on écrit l'histoire en s'efforçant de restituer une voix et une agence aux personnes marginalisées par les archives.

une certaine sensibilité n'implique pas renoncer à une « éthique de la complexité ». Les histoires d'esclavage sont toujours moralement complexes, pleines de paradoxes et de contradictions et il est donc toujours essentiel de mettre l'accent sur les nuances, les ambiguïtés et les tensions.

Cet article a exploré les potentialités de la « fabulation critique », concept introduit par Saidiya Hartman, pour repenser l'écriture de l'histoire des personnes mises en esclavage, en particulier dans le cadre d'histoire publique, nous invitant à dépasser les silences et les violences des archives en recourant à la créativité et à l'imagination. Pour Hartman, cette forme de « non-fiction spéculative » se justifie par les circonstances exceptionnelles de l'histoire de l'esclavage, une expérience de déshumanisation dont les traces archivistiques sont elles-mêmes des instruments de cette déshumanisation. En confrontant les limites des documents, la fabulation critique nous invite à penser les vies et les expériences des personnes mises en esclavage de manière plus humaine et nuancée.

Inspiré par cette approche, nous avons essayé de montrer, dans le cadre d'un projet de recherche sur l'histoire de l'université du Rosario, comment l'utilisation de méthodes créatives pouvait enrichir notre compréhension du passé institutionnel et mettre en lumière des aspects qui étaient jusque-là restés invisibles. En créant une série de « portraits imaginés » et en développant des récits sur des personnes dont il ne subsiste parfois dans les archives qu'une ligne dans un inventaire, nous avons cherché à contrecarrer la logique de déshumanisation des documents historiques, en reconnaissant l'humanité niée des personnes asservies, ainsi que leur rôle central dans l'histoire de l'université.

Si le concept de « fabulation critique » est intrinsèquement lié, dans le travail de Saidiya Hartman, à l'histoire de l'esclavage, il est possible d'en imaginer des usages pour des recherches historiques portant sur d'autres contextes où les sources sont également fragmentaires et violentes. En travaillant à la fois en dedans et au dehors de l'archive, comme le suggère Hartman, les chercheurs peuvent s'autoriser à naviguer différemment entre les frontières de la fiction et de la non-fiction afin de proposer des récits plus riches et plus convaincants.

Enfin, il nous semble que les initiatives de « fabulation critique » posent, implicitement, la question des publics de la recherche : en reconnaissant que les premiers intéressés par l'histoire de l'esclavage sont les descendants de ses victimes, Hartman écrit une histoire qui a nécessairement une dimension critique et qui ne peut faire l'économie d'une réflexion sur les questions de la reconnaissance, de la réparation et de la guérison. Dans le cas des histoires universitaires, il nous semble que, grâce à la reconnaissance et à l'analyse critique des aspects douloureux du passé, les institutions d'éducation supérieure peuvent non seulement honorer la mémoire des victimes mais aussi contribuer à la lutte contre le racisme et les discriminations qui persistent aujourd'hui.

résumés

Marion Fontaine, Laurent Jeanpierre

Les sciences sociales au(x) bord(s) du récit
Le récit, comme objet et aussi comme horizon, fait aujourd'hui retour dans les sciences sociales. Mais ce retour n'est en fait qu'un « éternel retour » qui déclenche de vives controverses au moins depuis les années 1970. Plutôt que de revenir sur les débats épistémologiques ayant entouré les vagues narratives successives, il s'agit ici d'en présenter le mouvement général et quelques variantes disciplinaires avant de rendre compte de certains des principaux usages contemporains. Ce texte revient pour commencer sur l'expansion narrative qu'ont connue les sciences sociales. Il évoque ensuite deux lignes directrices majeures. La première propose de traiter les récits comme des objets empiriques susceptibles d'une multitude d'opérations de connaissance. La seconde envisage le récit comme un analyseur réflexif, épistémologique et critique, qui interroge le contenu et les effets du discours scientifique lui-même.

The Social Sciences Caring for Narrative
Narrative, both as an object and as a horizon, is making a comeback in the social sciences today. But this return is in fact just an « eternal return » that has sparked heated controversy at least since the 1970s. Rather than revisiting the epistemological debates surrounding the successive waves of narrative, the aim here is to present the general movement and some disciplinary variations before reporting on some of the main contemporary uses. This text begins by returning to the narrative expansion that the social sciences have undergone. It then discusses two major orientations. The first proposes to treat narratives as empirical objects susceptible to a multitude of knowledge operations. The second envisages the narrative as a reflexive, epistemological and critical analyzer, which questions the content and effects of scientific discourse itself.

Marion Fontaine est historienne et professeure au Centre d'histoire de Sciences Po. Spécialisée en histoire sociale contemporaine (histoire des mondes et des mouvements ouvriers), elle est également co-directrice d'*Enquête* et a co-dirigé à ce titre le volume *L'épreuve des frontières sociales,* Paris, EHESS, 2023 (avec Emmanuel Pedler).

Laurent Jeanpierre est sociologue et professeur de science politique à l'Université Paris 1 Panthéon-Sorbonne. Parmi ses publications, certaines portent sur l'histoire et l'épistémologie des sciences sociales comme *La perspective du possible*, Paris, La Découverte, 2022 (avec Haud Guéguen).

ELINOR OCHS

Le récit

Cet article vise à donner un certain nombre d'éléments d'analyse, du point de vue de la sociologie et de l'anthropologie linguistique, pour une étude de l'activité narrative. Celle-ci est entendue dans son sens le plus large, c'est-à-dire comme aptitude à produire et à transformer des récits, depuis les productions historiques, journalistiques ou romanesques, jusqu'aux récits produits dans les interactions conversationnelles les plus quotidiennes. L'autrice s'appuie pour ce faire, à la fois sur une ample littérature académique et sur le corpus qu'elle a constitué dans le cadre d'un ample projet collectif portant sur les processus discursifs dans les familles américaines. Après s'être interrogé sur certaines caractéristiques générales des récits, notamment leur rapport au temps et aux scansions temporelles, l'article se penche plus particulièrement sur les récits ou histoires qui jalonnent les conversations de tous les jours, et cherche à en explorer la structuration linguistique, psychologique et sociologique.

Narrative

The aim of this article is to provide several major elements and avenues of analysis, from the point of view of sociology and linguistic anthropology, for a study of narrative activity, understood in the broadest sense, i.e. the ability to produce and transform narratives, from historical, journalistic or novelistic productions to the narratives produced in the most everyday conversational interactions. The author draws on a wide range of academic literature as well as on the corpus she has compiled as part of an extensive collective project on discursive processes in American families. After examining certain general characteristics of narratives, in particular their relationship to time and temporal scansions, the article looks more specifically at the narratives or stories that punctuate everyday conversations, and seeks to explore their linguistic, psychological and sociological structuring.

ELINOR OCHS est Professeure d'Anthropologie à UCLA (University of California at Los Angeles). Spécialisée en anthropologie linguistique, elle s'est en particulier intéressée au rôle de la langue et de la culture dans le développement humain tout au long de la vie et dans l'apprentissage au sein des groupes sociaux. Son travail de terrain à Samoa, ainsi que sa collaboration avec l'anthropologue Bambi Schieffelin, ont contribué à développer le champ d'étude connu sous le nom de socialisation langagière. Parmi ses ouvrages : Elinor Ochs et Lisa Capps, *Living Narrative : Creating Lives in Everyday Storytelling* (Harvard University Press, 2001) ; Alessandro Duranti, Elinor Ochs, et Bambi Schieffelin (eds), *The Handbook of Language Socialization* (Wiley-Blackwell, 2011).

JEAN-CLAUDE PASSERON

Décrire le monde : pacte romanesque et écriture scientifique. Extraits d'un entretien avec Jean-Claude Passeron

L'article présente une version révisée et augmentée par Jean-Claude Passeron d'un entretien qu'il a eu, en novembre 1995, avec Paul Veyne et Raymonde Moulin, sur la manière dont il envisage les relations entre roman et sociologie. C'est l'occasion de revenir et de développer quelques thèses épistémologiques fortes. Quelles que soient ses méthodes d'enquête ou de compte rendu, la sociologie ne saurait, comme les autres sciences sociales, être confondue avec le roman. Cela tient avant tout au fait qu'elle travaille ses observations comme un corpus et ne peut s'éloigner de la question de la représentativité. Elle n'est donc pas située, comme on a pu le penser, entre science et littérature mais pleinement ancrée dans les sciences. Quelques œuvres rares, comme celle de Richard Hoggart, par leur manière singulière d'articuler effets de réel et effets d'intelligibilité, peuvent néanmoins parvenir à introduire un trouble dans les régimes de véridiction et les pactes de lecture respectifs des sciences sociales et de la littérature romanesque. Mais elles ne remettent pas en cause le fait que ces deux types de discours sont traversés par des exigences différentes.

Describing the World: Narrative Contract and Scientific Writing. Excerpts from an Interview with Jean-Claude Passeron

The article presents a revised and expanded version by Jean-Claude Passeron of an interview he had in November 1995 with Paul Veyne and Raymonde Moulin on his views on the relationship between the novel and sociology. It is an opportunity to revisit and develop some strong epistemological theses. Whatever its methods of investigation or account, sociology cannot, like other social sciences, be confused with the novel. This is primarily due to the fact that it works its observations as a corpus and cannot stray from the question of representativeness. It is therefore not situated, as one might have thought, between science and literature but is fully anchored in the sciences. Some rare works, such as that of Richard Hoggart, through their unique way of articulating effects of reality and effects of intelligibility, can nevertheless introduce a disturbance in the regimes of veridiction and the respective reading pacts of the social sciences and fiction literature. But they do not call into question the fact that these two types of discourse are characterized by different requirements.

Jean-Claude Passeron est sociologue et épistémologue, ancien directeur d'études à l'École des hautes études en sciences sociales. Il a fondé et dirigé la revue *Enquête* et est l'auteur, entre autres, du *Raisonnement sociologique* (1991 ; édition refondue et augmentée, 2006).

Vincent Debiais

Objet médiéval, médiéviste et médiévaliste. Récits en matière à l'épreuve du Moyen Âge

La dimension objectale du récit doit être retenue parmi les spécificités médiévales : le lien entre récit et « objet narrant » possède pour le Moyen Âge comme pour la médiévistique une complexité remarquable. L'objet-livre, paradigme d'autorité et d'efficacité dans la culture chrétienne de l'Occident médiéval, mais aussi le document diplomatique et la charte, instruments d'exercice du droit, sont dans leur production, leur présence, leur circulation et leur disparition de puissants acteurs dans la mise en ordre du social. Indépendamment du contenu narratif ou non des textes qu'ils contiennent, ils font récit, précisément parce qu'ils sont objets, et parce qu'ils racontent dans leur matérialité un Moyen Âge historique, historien et contemporain ; une histoire médiévale, médiéviste et médiévaliste par l'objet narrant. C'est à l'exploration de ces trois catégories de récits objectaux qu'est consacré cet article, sans prétention à l'épuisement.

Material Narratives, from the Middle Ages to Medievalism

The material dimension of narratives is one of the specific features of the Middle Ages: the link between narrative and the "narrating object" was remarkably complex in the Middle Ages, as it is in Medieval Studies. The book as an object, a paradigm of authority and agency in the Christian culture of the medieval West, but also the diplomatic document and the charter, instruments of the exercise of law, are, in their production, presence, circulation and disappearance, powerful instruments in the ordering of social phenomena. Regardless of the narrative or non-narrative content of the texts they contain, they tell a story, precisely because they are objects, and because in their materiality they recount a specific vision of the Middle Ages through the narrative object. This article explores some material "narrating" objects during the medieval period, for the medievalists and in the contemporary exploration of the Middle Ages.

VINCENT DEBIAIS est médiéviste et travaille sur la culture visuelle et l'anthropologie des images au Moyen Âge. Il est directeur de recherche au CNRS et membre du Centre de recherches historiques (EHESS-CNRS). Il est l'auteur d'articles sur l'écriture et l'image médiévale, et a récemment publié *Le silence dans l'art. Théologie et liturgie du silence dans les images médiévales* (Paris, 2019), *Inscrire l'art médiéval. Textes, images, objets* (Turnhout, 2024) et *Écart, excès d'image. Essai sur l'abstraction médiévale* (Paris, 2025). Il travaille actuellement à la préparation d'un ouvrage sur les images de la Transfiguration au Moyen Âge. Il anime le carnet de recherche *De Visu*.

JULIEN D'HUY

Aux sources des mythes : récits et phylomythologie

La phylomythologie est une nouvelle approche qui s'inspire des méthodes utilisées en biologie évolutive pour reconstruire l'histoire des mythes. L'idée centrale est de considérer un mythe comme une histoire qui évolue au cours du temps, se transmettant de génération en génération à travers des narrations successives, subissant des mutations, des hybridations et des extinctions, modifiant progressivement l'histoire d'origine et donnant naissance à de nouvelles versions. La réalisation d'arbres et de réseaux phylogénétiques permet d'identifier les ancêtres communs de différents mythes et mythologies, de suivre les transformations et les emprunts qu'ils ont subis au fil du temps et de comprendre les relations entre les différentes cultures qui ont produit et transmis ces successions de récits. L'approche offre ainsi une nouvelle perspective sur l'étude des mythes, en les replaçant dans un contexte historique et culturel plus large. Elle permet également de dépasser les interprétations individuelles, tout en ouvrant de nouvelles pistes de recherche qui favorisent les interconnexions entre la mythologie, l'histoire des peuplements, l'archéologie et la linguistique.

At the sources of myths: narratives and phylomythology

Phylomythology is a new approach to reconstruct the history of myths, inspired by methods applied in evolutionary biology science. The main objective of this approach is to consider a myth as a story that evolves over time, being transmitted from generation to generation through successive narratives, undergoing mutations, hybridisations and extinctions, gradually modifying the original story and giving rise to new versions. The creation of phylogenetic trees and networks allow to identify the common ancestors of different myths and mythologies; to follow the transformations and borrowings they have undergone over time; and to understand the relationships between the different cultures that have produced and transmitted by these successions of narratives. This approach offers a new perspective on the study of myths, placing them in a broader historical and cultural context. It also makes it possible to go beyond individual interpretations, while opening up new avenues of research that encourage interconnections between mythology, the history of settlements, archaeology and linguistics.

JULIEN D'HUY est un historien français, spécialisé dans l'étude des mythes et affilié au Laboratoire d'anthropologie sociale. Il a développé une nouvelle approche d'analyse des récits oraux : la phylomythologie, qu'il a étendue à d'autres champs disciplinaires. Cette méthode s'inspire de la biologie évolutive pour retracer l'histoire et l'évolution des mythes à travers le temps et les cultures. Julien d'Huy a publié de nombreux articles dans des journaux nationaux et internationaux avec comité de lecture et est l'auteur de deux livres : *Cosmogonies* (2020, réédition augmentée 2023) et *L'Aube des Mythes* (2023). Il est également l'un des coordinateurs de *Le gai sçavoir : Mélanges offerts à Jean-Loïc Le Quellec* (2023).

Charles Delattre

Mythe et récit : les enjeux d'une discipline

L'article se propose de remettre en perspective la définition du mythe grec comme récit, non pour en nier la validité, mais pour en délimiter les usages. Cette évaluation porte d'abord sur les rapports que le mot « mythe » tisse pour nous entre Antiquité et modernité, puis sur la discipline, communément appelée « mythologie », qui constitue un champ d'études propre aux sciences humaines, alors même que ses frontières sont loin d'être stables ou assurées. Le récit y occupe une place centrale, mais subit aussi l'évolution des enjeux épistémologiques consécutifs à la crise du structuralisme : en perdant son statut d'universel, il gagne en diversité, et favorise l'émergence d'une micro-mythologie. Appliquée à l'étude renouvelée des textes antiques, celle-ci met en valeur de nouvelles fonctions du récit, en particulier pour le corpus mythographique antique. Dans une perspective résolument constructionniste, le mythe cesse d'être un récit, et même un discours, pour devenir un regard porté par l'analyste moderne, susceptible d'englober toutes les formes de discours, y compris celle du récit.

Myth and narrative: the challenges of a discipline

The article aims to recontextualize the definition of Greek myth as a narrative, not to deny its validity, but to delineate its uses. This assessment first examines the connections the word "myth" weaves for us between Antiquity and modernity, and then the discipline commonly referred to as "mythology," which constitutes a field of study within the humanities, even though its boundaries are far from stable or well-defined. Narrative occupies a central place in this field, but is also subject to the evolution, following the crisis of structuralism, of epistemological issues: as narrative loses its status as a universal, it gains in diversity, fostering the emergence of a micro-mythology. Applied to the renewed study of ancient texts, this approach highlights new functions of narrative, particularly for the ancient mythographic corpus. From a resolutely constructionist perspective, the myth ceases to be a narrative, or even a discourse, and becomes a lens through which the modern analyst views texts and images. It is now able to encompass all forms of discourse, including narrative forms.

Charles Delattre est professeur de langue et littérature grecques à l'université de Lille. Ses recherches portent sur les pratiques narratives et iconographiques à partir desquelles peut se construire une mythologie antique, et sur les théories contemporaines du mythe. Ses publications comportent une enquête sur la fabrication du mythe (*Le cycle de l'anneau*, 2009), l'édition et la traduction de textes mythographiques (*Ps. Plutarque. Nommer le monde*, 2011) et l'étude de la mythographie et de la paradoxographie grecque et latine d'époque impériale. Les œuvres de J. R. R. Tolkien et d'Offenbach font également partie plus occasionnellement de ses champs d'investigation.

Matthieu Letourneux

Sérialité des récits, culture médiatique et imaginaires sociaux

Par rapport aux méthodologies traditionnelles des études littéraires, nous proposons d'opérer dans cet article un déplacement du questionnement des récits considérés dans leur singularité vers une approche portant sur les séries de récits (considérées globalement), en nous situant à l'articulation des perspectives matérielles et médiatiques de production, des formes et des encyclopédies architextuelles des œuvres, et des imaginaires culturels qui sont mobilisés par la sédimentation des récits. En délaissant le point de vue sur l'œuvre unique au profit des principes de répétitions et de variations affectant de vastes corpus narratifs fictionnels et factuels, une telle perspective permet en effet de questionner la portée collective des récits et leur manière de donner forme aux représentations d'une époque, quand bien même ces représentations seraient toujours orientées. En ce sens, l'analyse des récits dans une perspective sérielle permet de replacer les études littéraires au cœur des dynamiques de recherche des sciences humaines et sociales.

Serial narratives, media culture and social imagination
Compared to traditional methodologies in literary studies, this article proposes a shift in focus from examining narratives in their singularity to an approach centered on series of narratives (considered collectively), within a framework that combines material and media perspectives of production, the forms and architextual encyclopedias of works, and the cultural imaginaries mobilized by the sedimentation of narratives. By abandoning the point of view of the single work in favour of the principles of repetition and variation affecting vast corpora of fictional and factual narratives, such a perspective makes it possible to question the collective scope of narratives and the way in which they give shape to the representations of an era – even if these representations are always oriented. In this sense, the analysis of narratives from a serial perspective enables literary studies to be repositioned at the core of research dynamics in the humanities and social sciences.

Matthieu Letourneux est Professeur de Littérature à l'Université Paris Nanterre. Il s'intéresse aux cultures sérielles et médiatiques (*Fictions à la chaîne*, Seuil, 2017), à l'édition populaire (*Aux origines de la pop culture*, avec Loïc Artiaga, 2022, *La Librairie Jules Tallandier*, avec Jean-Yves Mollier), au rire (*L'Empire du rire*, avec Alain Vaillant, 2020), aux imaginaires criminels (*Cinéma premiers crimes*, 2015, *Fantômas, Biographie d'un criminel imaginaire*, 2013) et à la littérature de genre (*Le Roman d'aventures*, 2010). Il est rédacteur en chef de la revue *Belphégor* (https://journals.openedition.org/belphegor/) et codirige la collection « Les Prairies ordinaires » chez Amsterdam.

Émeric Nicolas

Une narration subjective de la norme
Comme le soulignait récemment François Ost, le courant « droit & littérature » est arrivé à maturité. Il ne fait plus débat que le droit est traversé par l'idée de récit. Les approches du droit par le récit et les contes se développent ces dernières années dans la littérature juridique. Cela dit, l'approche narrative, omniprésente dans la pensée comme dans les pratiques des juristes, se présente comme une narration de type objective et technicienne de la norme conformément aux postulats du juspositivisme qui domine la science du droit. Les sujets de la norme ne s'expriment pas comme narrateur à la première personne. L'approche narrative en sciences juridiques pourrait être développée dans une perspective subjectiviste, c'est-à-dire en tant qu'expérience de « narration subjective » au sens défini par l'écrivain Pierre Bergounioux. Cette approche de narration subjective pourrait être poursuivie via un dispositif hybride mêlant théorie, droit et récits de vie, à propos de la problématique de nos rapports à la norme dans nos sociétés hypermodernes et hypernormées. Elle pourrait utilement venir en complément du paradigme dominant dans le courant « droit & littérature » fondé sur l'idée d'un récit d'expert, objectif, en surplomb, extérieur aux événements vécus.

A subjective narration of the norm
As François Ost recently pointed out, the "law & literature" movement has reached maturity. It is no longer a matter of debate that law is permeated by the idea of narrative. Narrative and storytelling approaches to law have been developing in legal literature in recent years. That said, the narrative approach, omnipresent in the thinking and practices of jurists, is presented as an objective, technocratic narrative of the norm, in accordance with the postulates of juspositivism, which dominates the science of law. The subjects of the norm do not express themselves as first-person narrators. The narrative approach in legal science could be developed from a subjectivist perspective, i.e. as an experience of "subjective narration" in the sense defined by the writer Pierre Bergounioux. This subjective narrative approach could be pursued via a hybrid device combining legal theory and life stories, to address the problem of our relationship to the norm in our hypermodern and hypernormative societies. It could usefully complement the dominant paradigm in the "law & literature" movement, based on the idea of an expert, objective narrative, overhanging and external to the events experienced.

Émeric Nicolas est maître de conférences HDR en droit privé à l'Université de Picardie Jules Verne. Co-responsable de l'axe « Histoire(s) et techniques(s) de la norme » au sein du CEPRISCA, il est également chercheur associé au Centre de Recherche Juridique Pothier de l'Université d'Orléans. Ses centres d'intérêt sont la théorie du droit abordée dans une perspective interdisciplinaire de sciences sociales. Co-fondateur avec Jacqueline Guittard de la série « Face à la norme », il a coordonné les ouvrages collectifs *Barthes face à la Norme*, *Foucault face à la Norme* et *Narrations de la norme.* Il a publié à titre personnel : *Penser les flux normatifs. Essai sur le droit fluide* (Mare & Martin, 2018) et *L'Assimilation en droit. Essai de philosophie de la technique juridique* (Dalloz, 2022).

Nicole Biagioli

Remembrance : de l'écoute musicale à la médecine narrative
L'Américaine Rita Charon, après avoir mené de front des études de médecine et de littérature, a introduit la pratique de la littérature (analyse structurale des textes et écriture créative) dans la formation des médecins, des autres soignants et des patients, fondant ce que l'on appelle désormais la médecine narrative. Elle a notamment développé des ateliers d'écriture créative qui permettent d'échanger des récits autobiographiques, humanisant ainsi les rapports entre les participants ainsi que leur rapport à soi. Dans cette étude, nous rendons compte d'une variante originale de cette démarche, une expérimentation qui a consisté à faire écrire et échanger des récits portant sur les problématiques du soin, du handicap et de la maladie juste après avoir assisté à des concerts privés de musique classique. Les textes obtenus mettent en avant les sensations perçues et les idées résultant du croisement de l'écoute musicale et de l'histoire personnelle. La première partie est consacrée à la description de la formation de cette communauté narrative, la seconde au processus d'écriture et à ses produits : les textes, dont nous analysons les structures graphiques, narratives et poétiques.

Remembrance: from musical listening to narrative medicine
The American Rita Charon, after having simultaneously studied medicine and literature, has introduced the practice of literature (structural analysis of texts and creative writing) into the training of doctors, other caregivers and patients, founding what is henceforward known as narrative medicine. She has notably developed creative writing workshops which allow the exchange of autobiographical stories, humanizing the

relationships between participants as well as their relationship with themselves. In this study, we report on an original variant of this approach, an experiment which consisted of having people write and exchange stories relating to the problematic of care, disability and illness just after attending private classical music concerts. The obtained texts highlight the perceived sensations and ideas resulting from the crossover of musical listening and personal history. The first part is devoted to the description of the formation of this narrative community, the second to the writing process and its products: the texts, whose graphic, narrative and poetic structures we analyze.

Nicole Biagioli est professeure émérite au Centre Transdisciplinaire d'Épistémologie de la Littérature et des Arts vivants (Université Côte d'Azur), narratologue, didacticienne du français et animatrice d'ateliers d'écriture. Elle s'intéresse à l'écriture autobiographique, hypertextuelle, interartiale et à ses conséquences sur l'individu, le groupe et le milieu. Elle mène depuis 2016 une recherche sur le rôle du récit dans le milieu médical. Elle a traité des récits de soignants en formation, de patients (dont *Le Lambeau* de Philippe Lanson), et de groupes mixtes : soignants patients, aidants. Son prochain sujet porte sur des récits de patients en chirurgie bariatrique.

Sophie Houdart

Histoires croisées : Fukushima, La Hague, et de la difficile gestion du temps entre les deux

Comment faire récit de ce dont font l'expérience les personnes qui vivent ou se préoccupent de territoires nucléarisés ? Comment – et pour quelles raisons – faire des histoires autour du nucléaire et des manières qui lui sont propres de compromettre, d'altérer, d'abîmer ? Mais aussi de relier, d'attacher, de mélanger ? Se fondant sur une double enquête de terrain menée au Japon, notamment à Rokkashō-mura, et en France, dans La Hague – deux territoires qui concentrent un grand nombre d'infrastructures nucléaires –, cet article cherche à croiser leur histoire et à souligner leurs analogies en mobilisant les deux ressources de la correspondance et du récit.

Intersecting stories: Fukushima, La Hague, and on the difficulty to deal with time in between

How can we tell stories about the experiences of people who live in or are concerned about nuclear territories? How – and for what reasons – to make stories about nuclear power and the ways in which it compromises, alters and damages, but also connects, binds and blends? Based on a twofold field study carried out in Japan, in particular in Rokkasho-mura, and in France, in La Hague – two territories that concentrate a large number of nuclear infrastructures – this article seeks to cross their histories and to underline their analogies by mobilizing the two resources of correspondence and narrative.

Sophie Houdart est anthropologue, directrice de recherche au CNRS, spécialiste du Japon. S'intéressant aux sciences et techniques, elle a réalisé plusieurs enquêtes portant sur les modes de construction et pratiques locales de la modernité au Japon ainsi que sur le thème de la création et de l'innovation (*La cour des miracles. Ethnologie d'un laboratoire japonais,* 2008 ; *Kuma Kengo. Une monographie décalée,* 2009, *L'universel à vue d'œil,* 2012). Depuis 2011, ses travaux portent essentiellement sur la vie après la catastrophe de Fukushima. Elle poursuit aujourd'hui son travail d'enquête et sa réflexion sur les territoires nucléarisés en l'élargissant au territoire de La Hague, dans le Cotentin, et à celui de Rokkasho-mura, dans la préfecture d'Aomori.

Bastien Bosa

L'Université du Rosario et son passé esclavagiste. Évoquer les expériences des personnes mises en esclavage dans un exercice d'histoire publique

Cet article explore une initiative de contre-récit historique menée au sein de l'université del Rosario à Bogotá (Colombie), visant à reconnaître et analyser de manière critique son passé esclavagiste. Il présente un projet qui, en alliant recherche historique et mémoire publique, revisite les archives institutionnelles pour évoquer les histoires oubliées des personnes réduites en esclavage par l'université entre le XVIIe et le XIXe siècle. S'inspirant du concept de « fabulation critique » développé par Saidiya Hartman, l'article interroge les limites des archives, les biais historiques et les violences qu'elles perpétuent. Il décrit trois dispositifs narratifs – une visite mémorielle, une exposition de portraits imaginés et une pièce de théâtre – visant à sensibiliser la communauté universitaire et le grand public aux séquelles contemporaines de l'esclavage, et à alimenter une réflexion sur les mécanismes de justice réparatrice au sein de l'institution.

The Rosario University and its Slaveholding Past: Evoking the Experiences of Enslaved People in a Public History Exercise

This article explores a counter-narrative initiative carried out at Universidad del Rosario in Bogotá (Colombia), aimed at recognizing and critically analyzing its slaveholding past. It presents a project that, combining historical research with public memory, revisits the university's institutional archives to evoke the forgotten stories of individuals enslaved by the university between the 17th and 19th centuries. Drawing on Saidiya Hartman's concept of "critical fabulation," the article questions the limitations of archives, historical biases, and the violence they perpetuate. It outlines three narrative devices – a memorial tour, an exhibition of imagined portraits, and a theatrical performance – designed to raise awareness within the university community and the broader public about the contemporary legacies of slavery, while fostering reflections on mechanisms of restorative justice within the institution.

Bastien Bosa est professeur d'anthropologie à l'université du Rosario (Bogotá), spécialiste des questions de diversité ethnique et raciale et de l'histoire de la colonisation en Colombie, en France et en Australie. Après avoir dirigé une importante recherche sur l'histoire de la Sierra Nevada de Santa Marta en collaboration avec des membres du peuple arhuaco, il se concentre désormais sur l'exploration des liens entre l'université du Rosario et diverses formes de violence raciales (et en particulier la traite esclavagiste). Ses travaux actuels portent également sur les mécanismes de justice réparatrice et de mémoire publique, cherchant à intégrer des perspectives critiques sur les différentes formes de racisme qui persistent dans les espaces académiques.

Table

La collection « Enquête »

Penser global ?
Dix variations sur un thème
Antonella Romano, Jacques Revel (dir.)
2024

L'épreuve des frontières sociales
Marion Fontaine, Emmanuel Pedler (dir.)
2022

La forme spectacle
Emmanuel Pedler, Jacques Cheyronnaud (dir.)
2018

L'expérience historiographique
Autour de Jacques Revel
Antoine Lilti, Sabina Loriga, Jean-Frédéric Schaub, Silvia Sebastiani (dir.)
2016

La distinction des savoirs
Bernard Walliser (dir.)
2015

Théories ordinaires
Emmanuel Pedler, Jacques Cheyronnaud (dir.)
2013

Réévaluer l'art moderne et les avant-gardes
Hommage à Rainer Rochlitz
Esteban Buch, Denys Riout, Philippe Roussin (dir.)
2011

La cumulativité du savoir en sciences sociales
Bernard Walliser (dir.)
2010

Ce que le genre fait aux personnes
Irène Théry, Pascale Bonnemère (dir.)
2008

Naturalisme *versus* constructivisme ?
Michel de Fornel, Cyril Lemieux (dir.)
2007

Qu'est-ce qu'une discipline ?
Jean Boutier, Jean-Claude Passeron, Jacques Revel (dir.)
2006

Penser par cas
Jean-Claude Passeron, Jacques Revel (dir.)
2005

Pratiques de la description
Giorgio Blundo, Jean-Pierre Olivier de Sardan (dir.)
2003

L'argumentation
Preuve et persuasion
Michel de Fornel, Jean-Claude Passeron (dir.)
2002

Les usages politiques du passé
François Hartog, Jacques Revel (dir.)
2001

Achevé d'imprimer en avril 2025 par Corlet Imprimeur (France)
N° d'imprimeur : 25040291 – Dépôt légal : mai 2025